倉方
フランス語講座

III

語彙と表現
Vocabulaire et Expressions

倉方秀憲

TréfLE
Publishing
トレフル出版

はじめに

　「倉方フランス語講座」(全3巻)は，フランス語をより広くより深く学びたい人を対象にした新機軸のフランス語学習書です．この講座には，多くの参考書で取り上げられている会話や作文，読解などに特化した巻はありません．この講座を構成しているのは，語学学習に必須の知識をまとめた「文法」と，フランス語の諸事象を独自の視点から考察した「語形成」および「語彙と表現」です．各巻の概要は以下のとおりです．

第1巻　文法

　フランス語文法の最初歩から中・上級にいたる文法事項のほぼすべてを，段階を踏んで着実に学習します．文法は決まりごとの集まりですが，規則をただ覚えるのではなく，その規則がどのような働きをしているのか，どうしてそういう規則になっているのかを考えながら学びます．初学者にもわかりやすい丁寧な解説に加えて，備考やコラムによる補足説明があり，新たな見方や考え方が随所に示されています．

第2巻　語形成

　既存の語を利用して新たな語を作りだすことを「語形成」と言います．フランス語の語形成で最も重要な方法は，接尾辞を用いる「接尾辞派生」です．この巻では接尾辞派生を集中的に扱い，接尾辞の種類と特徴，派生語の作り方，派生の過程における諸現象を詳しく解説します．接尾辞派生のしくみがわかれば，語を構成要素に分析し，それを統合して意味を推察できるようになるので，語を読み解く力が飛躍的に増進します．

第3巻　語彙と表現

　ある程度の学習歴のある人を対象に，フランス語の語彙と表現をさまざまな面から考察していきます．フランス語の由来と変遷，語形と語義の関係(多義・同形異義・類義・対義など)，接頭辞の種類と意味，複合語の構成，「名付け」の発想と表現形態，時間・論理関係の表し方，慣用句とことわざなど，おそらくこれまでまとまって学ぶことのなかった事柄に明かりを当て，幅広い多角的な知識を身につけます．

　この講座の大きな特徴は豊富で充実した練習問題です．理解度を確かめ，知識を確実なものにするために，実践的な練習はきわめて大切です．多彩な練習問題を解き進めながらフランス語の実力を養ってください．

　皆さんがこの講座で学ぶことによって，フランス語の総合的な学力が向上することはもとより，フランス語への関心や興味が増して今後の学習がさらに進展すれば，著者にとってこの上ない喜びです．

倉方　秀憲

本書の構成

　本書は7つの章で成っています．フランス語の語彙と表現に関する点は共通していますが，それぞれの章は独立した構成になっているので，必ずしも第1章から順に進める必要はなく，より興味のあるテーマを扱っている章を先に，順不同で見ていっても構いません．

第1章　フランス語の由来と変遷

　現代フランス語の成り立ちの過程を概観します．私たちの学習の対象はフランス語の語彙の現状なのですが，フランス語の変遷のあらましと，他の言語が現代フランス語にもたらした「借用」などの現象を知ることは，語彙への興味と理解を広げ深めるはずです．なお，この章の「補遺」では，余談として，身近な語の由来や形・意味の変化について簡単な解説を加えています．

第2章　語形と語義

　ひとつの語にはいくつもの意味があるのがふつうです．また，いくつもの語において，綴りや発音が同じだったりきわめて似ていることがあり，同様のあるいは対立するものや事柄を表すことがあります．こうした多義・同形異義・類音・類義・対義などの関係性を示す例を，多くの練習問題をとおして学びます．語をばらばらに覚えるのではなく，形や意味の上での結びつきを意識し理解して語彙を増やしましょう．

第3章　接頭辞派生

　いわゆる「単語」は必ずしも単一の要素でできているのではなく，いくつかの要素が組み合わさってできている場合が多々あります．たとえば，prénom「名，ファーストネーム」は pré- と nom「名前」，apporter「持って来る」は ap- と porter「持つ，運ぶ」が結びついたものです．pré- や ap- のように語の前に付け加わる要素を「接頭辞」と言います．この章では，さまざまな接頭辞を分類・整理して学習します．

第4章　複合

　複合とは，既存の語を組み合わせて新たな意味を持つ語句（「複合語」と言います）を作り出すことです．たとえば，grand「大きな」＋ magasin「商店」→ grand magasin「デパート，百貨店」のようなプロセスです．複合は，どの言語にも見られる，語彙を豊かにするための重要な方法で，フランス語でも大いに活用されています．この章では，複合名詞をはじめ，複合副詞，複合形容詞，複合動詞などが例示されます．

第5章　名付け

　新語の形成を「名付け」の観点から探ります．ものにどのような発想で名前を付け，どのような表現を用いるか．意味から形へと，一般とは逆の方向から考察します．意味論やレトリックを考慮したこうした見方は，フランス語についてはほとんどなされていないので，きっと皆さんの知的興味を引くことでしょう．また，「二次的名付け」としての転用・短縮・略号・混成・畳語などの例も併せて紹介します．

第6章　時間・論理関係の表現

　文法事項としては別の箇所でばらばらに扱われることの多い接続詞や前置詞を，意味の共通性によってまとめ，用法の違いを探ります．まず時間関係，すなわち，ふたつの事態が同時に起こる場合や前後して起こる場合の表現を，次いで論理関係，すなわち，一方の事態が他方の原因・理由あるいは結果である場合の表現，対立した事態や仮定の事態の表現，ものや事柄を比較する表現などを見ていきます．

第7章　慣用句とことわざ

　最後に，比喩的意味を持つまとまった語群である「慣用句」と，一般に文の形をとり教訓・風刺・生活の知恵などを含む「ことわざ」を扱います．外国語学習であまり触れることのない分野ですが，慣用句やことわざはそれぞれの言語圏の社会事情や共通心理を反映していることが多いので，言語だけでなくフランスの社会や文化，ものの見方や考え方についての関心や知識も広がるでしょう．

　各章はトピックごとにいくつかの節(セクション)に分かれて，解説と例が付いています(セクションは§1から§29まで通し番号になっています)．また，適宜，補足的な注記があり，興味深い事柄や関連表現が囲み記事で載っています．さらに，最も重要なのは，それぞれの節や項に，学習事項を確認し補充するための多種多様な練習問題が配されていることです．

※『新綴り』について

　フランスでは，2016年度の新学年度から初等教育課程の教科書に「新しい綴り」(la nouvelle orthographe，本書では『新綴り』と表記)が正式に採用されました．これは，発音と綴りをできるだけ一致させ，表記を簡便化することを目的とした改変で，多くは，綴り字記号であるアクサンやハイフン(=トレ・デュニオン)に関することです．今後は新しい綴りを優先して使用することが奨励されていますが，長年用いられてきた綴りがすぐさま全面的に変わることはないでしょう．しかし，新綴りについての知識があれば，すでに一部で使用され，やがて広く採用される新綴りを用いた文に触れても，戸惑ったり誤読することはありません．そうした理由から，本書では，本文の解説や練習では従来の綴りを用い，練習問題の解答欄および備考や参考コラムで新綴りに関する注記を添えてあります．

目 次

〖参考〗一覧

第1章　フランス語の由来と変遷

　現代フランス語の語彙の大部分はラテン語に由来します．下に概略を示したように，紀元前1世紀頃にフランス(当時のガリア)にもたらされた話し言葉のラテン語が，長い年月を経て変化したのです．その過程で，他の言語から言葉を取り入れたり(=借用)，既存の語や接辞を組み合わせたり語を変形したりして(=語形成)，語彙を増やしてきました．

　この章では，フランス語の歴史的変遷を概観しながら，「借用」について解説し，適宜，練習を組み込んでいきます(「語形成」の様々な現象は第3章以降で順次取り上げます)．

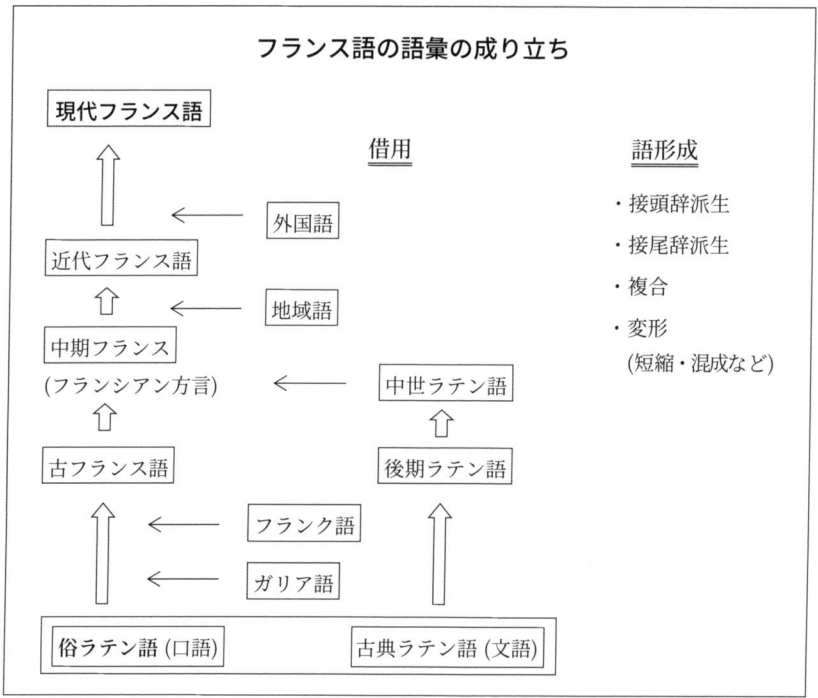

フランス語の語彙の成り立ち

§1　フランス語略史

　今日のフランス語の語彙体系や語の構造を理解するための第一歩として，フランス語が成立するまでの過程の大筋を見ていきましょう．

1．ガリア語

　古代ローマ人は現代のフランスにあたる地域を**ガリア**(フランス語ではゴール la Gaule)と呼んでいました．当時，ガリアにはケルト系の**ガリア人**が住み，アイルランド語やウェールズ語，ブルトン語などが属するケルト語派のひとつである**ガリア語**を話していました．

10

　紀元前58年から51年にかけて，カエサル(フランス語では César)が率いるローマ軍の遠征によって，ガリアの地は**ローマ帝国**に併合されました．その結果，征服者の言語である**ラテン語**が土着のガリア語にしだいに取って代わっていきます．ラテン語はまず都市部を中心に浸透し，農村や山間部に残っていたガリア語も5世紀には消滅したと考えられています．

　現代フランス語の語彙に残っているガリア語起源の語は，地名(Paris「パリ」, Orléans「オルレアン」, *etc.*)や河川名(la Seine「セーヌ」, la Loire「ロワール」, *etc.*)などの固有名詞を除けば，alouette「ひばり」，sillon「(畑の)畝(うね)溝」，chêne「小楢(こなら)」など，主として農村生活に関する約100語ほどにすぎません．なお，ガリアでは二十進法を用いており，数の70 (soixante-dix)，80 (quatre-vingts)，90 (quatre-vingt-dix)などの言い方はそのなごりです．

2. 俗ラテン語

　ガリアに住みついたローマの兵士，商人，そして移民者たちが使っていた言葉は，**俗ラテン語**と呼ばれるくだけた話し言葉であり，**古典ラテン語**といわれる文語のラテン語とはかなり異なっていました．フランス語および他のすべてのロマンス語の直接の源となったのはこうした俗ラテン語です．

　時代を経るにつれて俗ラテン語と文語ラテン語との相違は増大していきましたが，ヨーロッパ全域にまたがる帝国各地で話されていた俗ラテン語にはそれほど大きな地域的差違はありませんでした．しかしながら，ゲルマン人の侵入をうけて476年に西ローマ帝国が崩壊し，おのおのの地域が別個の社会的・文化的状況に置かれるようになると，俗ラテン語は統一性を失って地域ごとの特有言語に分化する傾向を強めていきます．こうして，フランス語，イタリア語，スペイン語など個々のロマンス語に向かっての歩みが始まりました．

3. フランク語 [ゲルマン語]

　ガリアに侵入した**ゲルマン人**の諸部族の中で，しだいに勢力を伸ばしていったのは**フランク族**で，5世紀後半にまず北ガリアを手中に収め(481年，クローヴィスがフランク王となる)，のちにその王国を南部にまで広げました(771年，シャルルマーニュ(=カール大帝)が全フランスを統一)．なお，France という国名は，「フランク族に占領された地方」を意味するラテン語の *Francia* に由来します．

　フランク族は，すでにローマ化していたガリア人(**ガロ・ローマ人**と呼ばれます)に対して政治的には優位に立ったものの，文化的には劣っていました．彼らはガロ・ローマ人と混じり合う一方，その言語を習得し，約4世紀にわたる二言語併用ののち，本来の言語たるゲルマン系の**フランク語**を忘れ去りました．

　それでも，フランク族をはじめとするゲルマン人たちは，hache「斧」，flèche「矢」，bannir「追放する」，baron「男爵」，maçon「石工」，salle「部屋」，blé「麦」，bleu「青い」，riche「金持ちの」など，戦闘や封建制度および社会生活全般にわたる約400ほどのゲルマン語起源の語を残しています．

発音に関しては，俗ラテン語で完全に消滅していた h の音がゲルマン人によって再び導入されました．その後 h の音は再び消え去ることになりますが，現在「有音の h」として扱われているものの大部分はゲルマン起源です(たとえば，上記の hache「斧」や，haïr「憎む」，honte「恥」，hardi「大胆な」など)．形容詞の haut「高い」はラテン語の *altus* に由来するので *aut* のようになるはずですが，ゲルマン語の影響で語頭に有音の h が加わっています．

また，現代フランス語に残っているゲルマン起源の語には g で始まるものがかなりあり，そのなかにはゲルマン語の w がガロ・ローマ人によって /gw/，次いで /g/ と発音され，やがて g と綴られるようになったものも含まれています．たとえば，英語の人名の *William*「ウィリアム」はフランス語では Guillaume「ギヨーム」です．

4. 古フランス語

西ローマ帝国が崩壊した後も，学者や聖職者たちはラテン語を用いていましたが，彼らのラテン語は必ずしも古典ラテン語を忠実に守ったものではなく，幾分変容した**後期ラテン語**でした(後期ラテン語はやがて，カトリック教会で使用される**中世ラテン語**となり，ヨーロッパの様々な地域で文書の記述に用いられます)．一方，一般庶民は大きく改変された俗ラテン語を話し，これが徐々に変化してフランス語が形成されていきます．

現存するフランス語最古の文献とされるのは，842 年に作成された『ストラスブールの宣誓』と呼ばれる軍事・外交上の記録です．これは，シャルルマーニュの孫で長兄のロタール 1 世に対抗するために，東フランク王国のルートヴィヒ 2 世と西フランク王国のシャルル 2 世が軍事協力を約束した文書で，両王は互いに相手国の言語を用いて兵の前で宣言しました．その時に東フランク王が用いたのが最初期のフランス語です．翌843 年，ヴェルダン条約により王国の 3 分割が確定し，その後の変遷を経て，現在のイタリア，ドイツ，フランスになりました．

ヴェルダン条約によるフランク王国の分割

西フランク王国
(シャルル2世)

東フランク王国
(ルードヴィヒ2世)

中部フランク王国
(ロタール1世)

フランス語史の上では普通，この頃から 1350 年頃までを**古フランス語**(古期フランス語とも言います)，その後 1600 年頃までを**中期フランス語**(中世フランス語とも言います)，それ以後を**近代フランス語**と呼んで区別します．

古フランス語は，名詞や形容詞が格変化するなど，現代フランス語とは異なる特徴を備えていました．格は**主格**(=主語や呼びかけのときの形)と**被制格**(=主語や呼びかけ以外で用いる広義の目的語)がありましたが，やがて格変化はなくなり，一般に被制格の形が現代フランス語へと継承されていきました．

綴り字や発音にもさまざまな変化が起こりましたが，全体的な現象としては，語の末尾の音節が消えて語が短縮されたことがあげられます．個別的な現象としては，①「a の前の c /k/ の ch /ʃ/ への変化」，②「語頭における e の添加と s の消失」，③「s の消失とアクサン・シルコンフレクスの添加」などがあります．

　①は *campus*→champ「野」などに見られる変化です(現代フランス語の campus「キャンパス」はラテン語から英語を経由して取り入れられました)．②の現象は 2 つの段階をたどります．まず，〈s+子音〉で始まる語の最初に e /e/ が加わって〈es+子音〉になり，のちに s /s/ が発音されなくなって〈é+子音〉と綴られるようになりました(たとえば，*studere*〔ラテン語〕→ *estudier*〔古フランス語〕→ étudier〔現代フランス語〕)．③も s の無音化が関係しています．語中の子音(特に t)の前の s は古フランス語の末期にすでに発音されなくなっていましたが，綴り字としては長らく保たれていました．s が綴り字からも消えたのは，17 世紀にアカデミー・フランセーズによって，s を省いてその前の母音字にアクサン・シルコンフレクスを付けるように定められてからです(たとえば，*festa*〔ラテン語〕→ *feste*〔古フランス語〕→ fête〔現代フランス語〕)．

5. 地域語への分化

　中世の早い時期に，話し言葉はフランスの北部と南部でそれぞれ別の発展の道をたどります．13 世紀までには，それらは 2 つの言語圏(=地域語群)である北の**オイル語**と南の**オック語**に分かれました(そのほかに，北西部ブルターニュ地方で話されていたブルトン語と中央東部のフランコ・プロヴァンス語などがあります)．

　オイル語は langue d'oïl，オック語は langue d'oc と言いますが，その呼称は，それぞれの言語で oui を意味する *oïl* と *oc* に由来しています．音韻的には，南のオック語よりも北のオイル語のほうがはるかに急速な変化を遂げ，オック語は長い間，出発点となった俗ラテン語に近い発音を保っていました．

　オイル語もオック語も，地域ごとに分かれた多くの方言がありましたが，主要なものは，右のイラストに載せたピカルディー方言，ノルマンディー方言，フランシアン方言(イル・ド・フランス地方)，シャンパーニュ方言，アンジュー方言，ポワトゥー方言，ベリー方言，ブルゴーニュ方言；リムーザン方言，オーヴェルニュ方言，ガスコーニュ方言，ラングドック方言，プロヴァンス方言などです．

中世のフランス言語地図

　なお，10 世紀初頭に，パリ西方のイギリス海峡沿岸に**ノルマン人**(いわゆるバイキング)が定住して(ノルマンディーの起源)，フランス語を使用し始めました．やがて，1066 年に

ノルマンディー公ウィリアム(=征服王ウィリアム)がイングランドを征服し(**ノルマン・コンクエスト**)，それに伴ってフランス語(正確にはノルマンディー方言)がイギリスにもたらされ，英語の語彙に多大の影響を及ぼすことになりました．

6. 中期フランス語 ― フランス語の公用語化

13世紀以降，パリが政治・文化の中心地となるにつれて，パリとその周辺のイル・ド・フランス地域で用いられていた**フランシアン方言**に基づいた言葉で文書が作成されるようになり，話し言葉の面でも徐々に共通語が形成されていきます．

1539年，フランソワ1世により『ヴィレル・コトレ勅令』が出されます．この勅令には，王国の司法関係のあらゆる文書にフランス語(フランシアン方言)を用いるべきとの規定が含まれており，それまでのラテン語に代わってフランス語が王国内の公用語となりました．

ルネサンス期にはイタリア語から多くの語が導入され，また書物を通じてラテン語からの借用が盛んに行われたほか，フランス語の語彙体系においてもさまざまな新語が多数作られました．その結果，16世紀のフランス語の語彙はきわめて豊富になりましたが，数多くの類義語が出現したため，無秩序で雑然とした面も増大していました．

7. 近代フランス語

17世紀に入ると，絶対王政治下の政治的・社会的条件を背景に，多数の文法家の活動や**アカデミー・フランセーズ**の設立(1635年)によって，フランス語を純化し，規範を確立しようとする動きが高まってきました．16世紀の過剰ともいえる語彙は整理されて，一語一語の意味が明確に限定されました．一方，文意を明晰にするための正確な語法(冠詞や主語人称代名詞使用の強制，過去分詞の一致の規則，など)が規定され，発音や綴り字についても標準が定められました．こうして確立された規範は現代フランス語に至るまで強い力を及ぼしています．17世紀以来，フランス語の構造は基本的には変わっておらず，その後に生じたフランス語内の変化は，若干の発音と綴り字に関してくらいだと言えましょう．たとえば，/n/, /m/ の前の鼻母音が口腔母音になったことや (année /ã-ne/ → /a-ne/, grammaire /grã-mɛːr/ → /gra-mɛːr/)，地域や社会階層の違いによって /ɛ/ とも /wa/ とも読まれていた oi の綴りを，ai /ɛ/ と oi /wa/ に区別しました(その結果，「フランス人」のFrançais と人名の「フランソワ」François が綴り字でも区別されるようになりました)．

ルイ14世の治世以降，フランス語の勢力は国外にも及び，ヨーロッパの上流階層の間に広まりました．今日では英語にその地位を奪われているものの，18世紀初頭から第1次世界大戦後に至るまで外交用語として優位を保っていました．現在フランス語は，フランス国内でだけでなく，ヨーロッパでは，ベルギー，スイス，ルクセンブルク，モナコなどでも使用され，アメリカ大陸では，カナダ，特にケベック州を中心に多くの使用者がいます．アメリカ合衆国では，ニューイングランド地方その他の他のカナダ系移民のほか，ルイジアナ州の一部住民の間で話されています．また，ハイチではフランス語が唯一の公用語ですが，住民の多くはフランス語と現地語の混交の結果生まれたクレオール語を用いており，このフランス語系クレオール語は，フランスの海外県(グアドループ，マルティニーク，フランス

領ギアナなど)を含むカリブ海地域で広く用いられています．アフリカでは，旧フランス領であった国々を中心とする20数か国の公用語になっています．また周知のように，フランス語は，国連公用語の1つであり，英語とともにオリンピックでの公式言語です．世界の広範囲にわたって，フランス語を日常語として使用しない地域においても，教養語としてフランス語を学習する人が数多くいます．

【練習1】 ガリア語・フランク語起源の語

ガリア語やフランク語に由来する語としては，解説にあげたもの以外に，次のようなものがあります．俗ラテン語や古フランス語期の語形を参考にして，次の意味の現代フランス語を空欄に書きましょう(名詞は単数形，形容詞は男性単数形，動詞は不定形を書いてください．以下の練習問題でも同様です)．確認のためあるいはヒントとして，語の最初の1文字または2文字を書いてあります．

※ 現代フランス語以外の語はイタリック体で示します．俗ラテン語や古フランス語期の語形は推定形です．

[1] **ガリア語起源の語** [現代フランス語] [俗ラテン語〜古フランス語期の語形]

1. (鳥の)くちばし	b	*beccus*
2. 土手, 堤	b	*berche*
3. 泥	b	*boe*
4. 馬	ch	*caballus*
5. (田舎の未舗装の)道	ch	*camminus*
6. (動物の)脚	p	*pate*
7. (ミツバチの)巣箱	r	*rusche*
8. 樅(もみ)	s	*sappinus*

[2] **フランク語起源の語**

1. ベンチ	b	*bank*
2. 白い	b	*blank*
3. 傷を負わせる	b	*blettjan*
4. 褐色の	b	*brunus*
5. 肘掛け椅子	f	*faldistôl*
6. ひんやりとした；新鮮な	f	*frisk*
7. 庭	j	*gardin*
8. 垣根	h	*hagja*
9. 鰊(にしん)	h	*haring*
10. 隠元豆(いんげんまめ)	h	*hariôn*
11. ポケットナイフ	c	*knif*
12. 醜い	l	*laith*

13. ドレス	r_____	*rauba*	
14. 汚い	s_____	*salo*	
15. スープ	s_____	*suppa*	
16. 抵当, 担保	g_____	*waddi*	
17. ワッフル, ゴーフル	g_____	*wafla*	
18. 戦争	g_____	*werraw*	

〔解答〕

[1] 1. bec　2. berge　3. boue　4. cheval (*c /k/ から ch /ʃ/ への変化)　5. chemin (*c /k/ から ch /ʃ/ への変化)　6. patte　7. ruche　8. sapin

[2] 1. banc　2. blanc　3. blesser　4. brun　5. fauteuil　6. frais　7. jardin　8. haie　9. hareng　10. haricot (*8., 9., 10. は有音の h)　11. canif　12. laid　13. robe　14. sale　15. soupe　16. gage　17. gaufre　18. guerre (*16., 17., 18. は w /w/ から g /g/ への変化)

【練習2】 英語に入ったフランス語

　ノルマン・コンクエストに伴い, 多数のフランス語が英語に取り入れられました. 14世紀末までに約1万語のフランス語が英語に入り, そのうち約7500語が今日の語彙に残っています. ただしそれらの大半は, 歴史的変遷を経て, 形態や意味がフランス語と異なっています.

[1] フランス語由来の英語

　次にあげるのは古フランス語(主としてノルマンディー方言)から英語に入った語の例です. それらと同語源の現代フランス語を書きましょう.

	[現代フランス語]	[英語]
1. (願いなどを)受け入れる	_____	*to agree* 同意する
2. 出席する；補佐する	_____	*to assist* 助力する
3. バカロレア合格者	_____	*bachelor* 未婚[独身]の男子
4. 山車(だし)；戦車	_____	*car* 車, 自動車
5. 2	_____	*deuce* 2の札[目]；デュース
6. キスをする	_____	*to embrace* 抱擁する
7. (花・果実の)房；《特に》ブドウの房	_____	*grape* ブドウ
8. ぶつかる, 衝突する；傷つける	_____	*to hurt* 傷つける
9. 1日；日中	_____	*journey* 旅行
10. ありがとう；《文》慈悲, 恩恵	_____	*mercy* 慈悲
11. 歴史；物語	_____	*story* 物語
12. 仕事；《古》苦痛, 苦しみ	_____	*travel* 旅行
13. 動静をうかがう；待ち構える	_____	*to wait* 待つ

[2] フランス語由来の英語と英語の本来語

　英語において，古来のゲルマン語系の語(=英語の本来語)とノルマン・コンクエストによって流入したフランス語系の語が併存していることがあります．下記の (a) は英語の本来語，(b) は古フランス語から英語に入った語です．概して，(a) は庶民が使用していた「口語的な日常語」で，(b) は上流階級で用いられていた「文語的な格式語」です．この傾向は現代の英語にも残っています．現代フランス語のほとんどはそうした区別のない一般語です．

　(b) の英語と同語源の現代フランスを書きましょう．

	[現代フランス語]	(a) [英語の本来語]	(b) [古仏語由来の英語]
(1) 名詞			
1. 牛	_____	*ox*	*beef*〔食肉の牛〕
2. 豚	_____	*pig*	*pork*〔食肉の豚〕
3. 羊	_____	*sheep*	*mutton*〔食肉の羊〕
4. 子牛	_____	*calf*	*veal*〔食肉の子牛〕
5. 子供, 児童	_____	*child*	*infant*
6. 花	_____	*blossom*	*flower*
7. 昆虫	_____	*bug*	*insect*
8. 贈り物	_____	*gift*	*present*
9. 結婚	_____	*wedding*	*marriage*
10. 自由	_____	*freedom*	*liberty*
11. 戦い	_____	*fight*	*battle*
12. 嵐	_____	*storm*	*tempest*
13. 誤り	_____	*mistake*	*error*
14. 休息	_____	*rest*	*repose*
15. 必要(性)	_____	*need*	*necessity*
(2) 形容詞			
1. 深い	_____	*deep*	*profound*
2. 空(から)の	_____	*empty*	*vacant*
3. 弱い	_____	*weak*	*feeble*
4. 十分な	_____	*enough*	*sufficient*
5. 神聖な	_____	*holy*	*sacred*
(3) 動詞			
1. 始まる	_____	*to begin*	*to commence*
2. 終わる	_____	*to end*	*to finish*
3. 出発する	_____	*to start*	*to depart*
4. 上がる	_____	*to rise*	*to mount*
5. 助ける	_____	*to help*	*to aid*

17

第1章 フランス語の由来と変遷

6. 食べ物を与える	_____	*to feed*	*to nourish*
7. 修理する	_____	*to mend*	*to repair*
8. 建てる	_____	*to build*	*to construct*
9. 叫ぶ	_____	*to shout*	*to cry*
10. 疲れさせる	_____	*to tire*	*to fatigue*
11. 理解する	_____	*to understand*	*to comprehend*

【解答】

[1] 1. agréer 2. assister 3. bachelier 4. char 5. deux 6. embrasser
7. grappe 8. heurter 9. journée 10. merci 11. histoire 12. travail
13. guetter

[2] (1) 名詞 1. bœuf 2. porc 3. mouton 4. veau 5. enfant 6. fleur
7. insecte 8. présent (*現用では présent は文語で, 一般語は cadeau)
9. mariage 10. liberté 11. bataille 12. tempête 13. erreur 14. repos
15. nécessité

(2) 形容詞 1. profond 2. vacant (*「空の」を意味する一般語は vide)
3. faible 4. suffisant 5. sacré

(3) 動詞 1. commencer 2. finir 3. partir 4. monter 5. aider 6. nourrir
7. réparer 8. construire 9. crier (*「泣く, 涙を流す」は pleurer)
10. fatiguer 11. comprendre

§2 借用

借用とは, 他の言語から語を取り入れることです. フランス語はその歴史の中で, さまざまな言語から借用を行って語彙を豊かにしてきました. 借用された語は一般にフランス語風の綴りや発音に変えられますが, 比較的最近に取り入れた英語からの借用語などはもとの形をほぼそのまま使用することがあります.

1. 古典語からの借用

ラテン語からの借用は古典研究が復活した13世紀頃から行われ, 15世紀と16世紀に飛躍的に増大しました. 学者たちによって学術専門語やさまざまな抽象語がラテン語(古典ラテン語を引き継いでいた中世ラテン語)から取り入れられ, それらがしだいに一般に広まっていったのです. またラテン語に由来する接頭辞・接尾辞や語形成要素 (co-「共に」, post-「後ろの」, -al (形容詞接尾辞), -tion (名詞接尾辞), multi-「多数の」, -cide「殺す」など)がフランス語の新たな語を作るために利用されました.

ギリシャ語の単語はさまざまな時期に, 多くはラテン語を経由してフランス語にもたらされました (diable「悪魔」, écho「こだま」, harmonie「調和」, orchestre「オーケストラ」, théorie「理論」, trésor「宝」など). 16世紀以降は, 直接ギリシャ語から借用される

語も増えました(enthousiasme「熱狂」, époque「時代, 時期」など).

しかしギリシャ語がフランス語(および他のヨーロッパ諸語)に大きな影響を与えたのは, bio-「生物, 生命」, -scope「見る道具, …鏡」など, 特に学術や科学技術関係の新語を作る際に用いられる語形成要素でした.

※ 接頭辞や語形成要素については第3章と第4章で詳しく見ます.

【練習1】 ラテン語からの借用

(A)はラテン語からの借用語です. それらのもとの意味を(B)から選んでその番号を(A)のかっこに書き入れてください. なお, 借用語の読み方は特殊なことがあるので注意しましょう(発音記号を添えてあります).

(A)

1. agenda /a-ʒɛ̃-da/ (日付入りの)手帳, スケジュール帳 ― ( )
2. album /al-bɔm/ アルバム ― ( )
3. alibi /a-li-bi/ アリバイ ― ( )
4. bis /bis/ …の2;アンコール ― ( )
5. curriculum vitæ /ky-ri-ky-lɔm-vi-te/ 履歴書 ― ( )
6. duplex /dy-plɛks/ メゾネット型アパルトマン ― ( )
7. index /ɛ̃-dɛks/ 人差し指;索引 ― ( )
8. lavabo /la-va-bo/ 洗面台 ― ( )
9. maximum /mak-si-mɔm/ 最大限 ― ( )
10. omnibus /ɔm-ni-bys/ 普通列車;乗合馬車[自動車] ― ( )
11. palmarès /pal-ma-rɛs/ 受賞者名簿 ― ( )
12. prospectus /prɔs-pɛk-tys/ パンフレット;案内書 ― ( )
13. via /vja/ …経由で ― ( )
14. vidéo /vi-de-o/ ビデオ ― ( )

(B)

1. « ailleurs » 「ほかの場所に」
2. « choses à faire » 「なすべきこと」
3. « course de la vie » 「人生の行程, 経歴」
4. « deux fois » 「二度」
5. « double » 「二重の」
6. « indicateur » 「指示するもの」
7. « je laverai » 「私は洗うだろう」
8. « je vois » 「私は見る」
9. « le plus grand » 「最大」
10. « pour tous » 「すべての人のための」
11. « qui mérite la palme » 「シュロの枝[栄冠]に値する」

12. « vue » 「眺め, 概観」（← « regarder devant » 「前を見る」から）

13. « tableau blanc » 「白い[何も書いてない]板」

14. « voie » 「道」

〚解答〛
1. (2) 2. (13) 3. (1) 4. (4) 5. (3) 6. (5) 7. (6) 8. (7) 9. (9) 10. (10)
11. (11) 12. (12) 13. (14) 14. (8)

【練習2】 ギリシャ語からの借用

　(A)はギリシャ語由来のフランス語です. それらのもとの意味を(B)から選んでその番号を(A)のかっこに書き入れてください.

(A)

1. ange　天使　　　　　　　　　　　　　　　― (　　　)

2. atome　原子　　　　　　　　　　　　　　― (　　　)

3. baptiser　洗礼を授ける　　　　　　　　　― (　　　)

4. chirurgie　外科　　　　　　　　　　　　― (　　　)

5. diplôme　免状　　　　　　　　　　　　　― (　　　)

6. drame　劇　　　　　　　　　　　　　　　― (　　　)

7. école　学校　　　　　　　　　　　　　　― (　　　)

8. église　教会　　　　　　　　　　　　　　― (　　　)

9. hippopotame　カバ　　　　　　　　　　　― (　　　)

10. ironie　皮肉　　　　　　　　　　　　　　― (　　　)

11. lycée　リセ, 高校　　　　　　　　　　　　― (　　　)

12. mètre　メートル　　　　　　　　　　　　― (　　　)

13. musique　音楽　　　　　　　　　　　　　― (　　　)

14. phrase　文　　　　　　　　　　　　　　　― (　　　)

15. scandale　顰蹙(ひんしゅく)；醜聞　　　　― (　　　)

16. utopie　ユートピア, 理想郷　　　　　　　― (　　　)

(B)

1. « action » 「行動, 行為」

2. « action d'interroger en feignant l'ignorance » 「無知を装って質問する行為」

3. « art des Muses » 「ミューズの神々の技」

4. « assemblée » 「集会；会衆」

5. « cheval de fleuve » 「河の馬」

6. « école et philosophie d'Aristote » 「アリストテレスの学校と哲学」

7. « élocution » 「話し方」

8. « en aucun lieu » 「どこにもない所に」

9. « immerger » 「水に浸す」

10. « indivisible » 「分割できない(もの)」

11. « loisir » 「余暇」

12. « messager » 「使者」

13. « mesure » 「測定」

14. « obstacle, pierre d'achoppement » 「障害(物), つまずきの石」

15. « opération manuelle » 「手作業」

16. « papier plié en deux » 「2つに折りたたんだ紙」

〔解答〕
1. (12) 2. (10) 3. (9) 4. (15) 5. (16) 6. (1) 7. (11) 8. (4) 9. (5) 10. (2)
11. (6) 12. (13) 13. (3) 14. (7) 15. (14) 16. (8)

2. 現用語からの借用

　古典語以外にさまざまな現用語からも借用が行われてきました. 当然のことながら, 地理的に隣接し政治・社会・文化上の交流があった国から導入された語がほとんどです. 以下で, いくつかの外国語からの借用について略述します.

　イタリア語からの借用は14世紀頃から増加し始め, イタリア戦争(フランソワ1世の時代)およびフランスとイタリアの王家・王族の姻戚関係(フランソワ1世の子アンリ2世とイタリア・メディチ家のカトリーヌ・ド・メディシスとの婚姻など)が成立した16世紀を頂点として, 多くの単語が取り入れられています. 関連分野も, 芸術・服飾・建築・商業・軍事に関するものなど多様です(arcade「アーケード」, balcon「バルコニー」, canon「大砲」, concert「コンサート」, fresque「フレスコ画」, parasol「パラソル」, veste「上着」, violon「バイオリン」など). 近年は pizza「ピザ」, cappuccino「カプチーノ」, paparazzi「パパラッチ」など, 日本でよく耳にする言葉がフランス語にも入っています.

　スペイン語からは17世紀初めのスペインとの戦争で若干の軍事用語が入ってきましたが, 日常語に関しては, スペイン本国およびスペインの植民地だった中南米の事物・産物を指す語がほとんどです(avocat「アボカド」, chocolat「チョコレート」, corrida「闘牛」, tabac「たばこ」など).

　アラビア語からは, 11世紀末からの十字軍の遠征により, alcool「アルコール」, algèbre「代数」, sofa「ソファー」などの単語がもたらされ, それ以後も恒常的に借用が行われています. 借用されたアラビア語のほとんどはラテン語やイタリア語, スペイン語を経由しています.

　ドイツ語からの借用は概して17世紀以後であり, 軍事関係の言葉が主でしたが, 19世紀以降はドイツで命名された科学・医学用語などが導入されました(allergie「アレルギー」, cible「標的」, sabre「サーベル」, zinc「亜鉛」など).

近代社会の成立以後フランス語に最も多く加わったものは，**英語**からの借用語です．政治・経済用語からスポーツ・料理・服飾・社会生活などに関する言葉まで，分野も多岐に渡っています(budget「予算」, film「映画」, meeting「討論集会」, pull-over「セーター」, récital「リサイタル」, rugby「ラグビー」, sandwich「サンドイッチ」, week-end「週末」, whisky「ウイスキー」など).

　20世紀に入ってからは**アメリカ英語**の単語が大量に流入しました(basket-ball「バスケットボール」, hot-dog「ホットドッグ」, jazz「ジャズ」など). あらゆる分野における「英語の氾濫」とも呼べるような事態は，フランスでも日本とほとんど変わりません.

　余談めきますが，英米語からの借用語のなかには，フランス起源の語が形や意味を変えて「里帰り」したものも含まれています. たとえば，tennis「テニス」は，プレーを始めるときの掛け声 Tenez!「(ボールを)取れ」に由来します.

　その他のヨーロッパや中近東の言語からの借用語には，**ポルトガル語**からの caravelle「カラベル船」, cobra「コブラ」など，**オランダ語**からの bière「ビール」, yacht「ヨット」など，**ロシア語**からの mazout「重油」, vodka「ウォッカ」など，**ペルシャ語**や**トルコ語**からの caravane「キャラバン」, kiosque「キオスク」などがあります.

　日本語からフランス語(や英語など)に入った語はかなりありますが，なかでも，bonsaï, futon, judo, kamikaze, karaoké, karaté, kawaï [kawaii], kimono, manga, samouraï sashimi, sushi, tatami, tempura, tofu, tsunami, zen などが一般化しています.

【練習1】 諸外国語からの借用

　次の外国語に由来するフランス語を空欄に書きましょう．借用した語をフランス語風に変えたので，綴りは似ています(ヒントとして語の最初の2文字を書いてあります). 右側に示したのはもとの語(イタリック体で表示)とその語義や成立過程です.

[1] イタリア語から

1. al _____ 　[名詞] 　< *all'arme* « aux armes ! »「武器を取れ」

2. ap _____ 　[名詞] 　< *appartamento, de apartarse* « s'écarter »「分離する」から

3. ar _____ 　[名詞] 　< *artigiano, de arte* « art »「技術」から

4. ba _____ 　[名詞] 　< *bacchetta,* diminutif de *bacchio* « bâton »「棒」の指小語

5. ba _____ 　[名詞] 　< *balleto,* diminutif de *ballo* « bal »「舞踏会」の指小語

6. ba _____ 　[名詞] 　< *banca* « banc », puis « table, comptoir des changeurs »「長椅子」，次いで「両替屋のテーブル, カウンター」

7. ca _____ 　[名詞] 　< *carnevale* « mardi gras », de *carnelevare* « ôter *(levare)* la viande *(carne)* »「謝肉の火曜日」,「肉を取り去る」から

8. gr _____ 　[形容詞] 　< *grottesca, de grotta* « grotte »「洞窟」から

9. pi _____ 　[名詞] 　< abréviation de *piano-forte, de piano* « doucement » et *forte* « fort »「そっと」と「強く」からの *piano-forte* の短縮

10. so _____ 　[名詞] 　< *soldato, de soldare* « payer une solde »「俸給を払う」から

[2]　スペイン語から

1. al .... ［名詞］　< *el lagarto* « le lézard »「トカゲ」

2. ca .... ［名詞］　< *camarada* « chambrée »「同室の人」

3. ca .... ［名詞］　< *castañeta* « châtaigne »「栗の実」

4. cé .... ［名詞］　< *cedilla* « petit z »「小さい z」

5. gu .... ［名詞］　< *guerrilla* « ligne de tirailleurs »「狙撃兵の戦列」

6. mo .... ［名詞］　< *mosquito,* diminutif de *mosca* « mouche »「ハエ」の指小語

[3]　アラビア語から

1. am .... ［名詞］　< *âmir* « chef »「長」

2. ca .... ［名詞］　< *gharrāfa* « vase de terre cuite »「素焼きの壺」

3. ca .... ［名詞］　< *qahwa* « boisson enivrante »「陶然とさせる飲み物」

4. ju .... ［名詞］　< *djubbah* « vêtement long »「長衣」

5. si .... ［名詞］　< *sarab* « boisson »「飲み物」

[4]　ドイツ語から

1. ch .... ［名詞］　< *Sauerkraut* « herbe sure »「酸っぱい草」

2. ch .... ［形容詞］< *Schick* « manière qui convient », de *schicken* « arranger »「整える」からの「適切な仕方」

3. ké .... ［名詞］　< *Käppi,* diminutif de *Kappe* « bonnet »「縁なし帽」の指小語

4. ki .... ［名詞］　< *Kirschwasser* « eau de cerise »「サクランボの水」

5. tr .... ［動詞］　< *trinken* « boire »「飲む」

[5]　英語から

1. bé .... ［名詞］　< *baby*「赤ん坊」

2. bo .... ［名詞］　< *bulldog* « chien-taureau »「牛（と闘う）犬」

3. ca .... ［名詞］　< abréviation de *plum-cake*「プラムケーキ」の短縮

4. co .... ［名詞］　< *committee*「委員会」

5. pa .... ［名詞］　< *packet boat* « bateau qui transporte les paquets »「郵便船」

6. pa .... ［名詞］　< *partner*「パートナー」

7. re .... ［名詞］　< *riding coat* « vêtement pour aller à cheval »「乗馬服」

8. ro .... ［名詞］　< *roast beef*「ローストビーフ」

[6]　その他の言語から（ポルトガル語，オランダ語，トルコ語）

1. pi .... ［名詞］　< portugais *pintada* « (poule) tachetée » ポルトガル語「斑点のある(鶏)」

2. ma .... ［名詞］　< néerlandais *mannekijn,* diminutif de *man* « homme » オランダ語「人」の指小語

3. tu .... ［名詞］　< turc *tülbend* « (plante) turban » トルコ語「ターバン(の形をした植物)」

〔解答〕

[1] 1. alarme 警報 2. appartement アパルトマン 3. artisan 職人
4. baguette 細い棒 5. ballet バレエ 6. banque 銀行 (*ちなみにbanqueroute「破産」の原義は「壊されたカウンター」. 倒産した金融業者の店のカウンターが壊されたことから) 7. carnaval カーニバル, 謝肉祭 8. grotesque 異様で滑稽な〔ローマ遺跡の洞窟に描かれていた模様から〕 9. piano ピアノ 10. soldat 兵隊

[2] 1. alligator アリゲーター 2. camarade 仲間 3. castagnettes カスタネット
4. cédille (綴り字記号の)セディーユ〔フランス語に入ってから「小さい c」と解釈された〕 5. guérilla ゲリラ隊 6. moustique 蚊

[3] 1. amiral 海軍大将 2. carafe 水差し 3. café コーヒー 4. jupe スカート
5. sirop シロップ (*sorbet「シャーベット」はイタリア語経由の同語源語)

[4] 1. choucroute ザウワークラウト〔漬物にした酸味のあるキャベツ〕
2. chic しゃれた 3. képi ケピ〔庇のついた円筒形の帽子〕
4. kirsch キルシュ, チェリーブランデー 5. trinquer 乾杯する

[5] 1. bébé 赤ん坊 2. bouledogue ブルドッグ 3. cake (レーズンやドライフルーツの入った)パウンドケーキ 4. comité 委員会 5. paquebot 大型客船
6. partenaire パートナー 7. redingote (18〜19世紀に着用された男性用)フロックコート〔もとは乗馬用. 現在は女性用のウエストシェイプコートを指す〕
8. rosbif ローストビーフ

[6] 1. pintade ほろほろ鳥 2. mannequin マネキン人形；マヌカン
3. tulipe チューリップ

【練習2】 里帰りしたフランス語

　フランス語から英語に入り, 語形や意味を変えてフランス語に戻って来た語をいくつか見てみましょう. 空欄に文字を補って完全な語にしてください.

1. hu............ [名詞] (*humeur*「機嫌」に由来する)

2. ma............ [名詞] (*magasin*「店；倉庫」に由来する)

3. tu............ [名詞] (*tonnelle* « longue voûte en berceau »「丸屋根のアーケード」に由来する)

4. sp............ [名詞] (*desport* « amusement »「楽しみ, 娯楽」に由来する)

5. ti............ [名詞] (*estiquet* « billet »「札 (ふだ)」に由来する)

6. je............ [名詞] (*Janne(s)* « Gênes »「ジェノヴァ」(の布)に由来する)

7. ra............ [名詞] (*raille* « barre »「棒」に由来する)

〔解答〕

1. humour ユーモア 2. magazine グラビア雑誌 (*雑誌一般を指す語は revue)
3. tunnel トンネル 4. sport スポーツ 5. ticket 切符 (*「札, ラベル」のを意味する現用語は étiquette) 6. jean(s) ジーンズ 7. rail レール

3. 地域語からの借用

　フランスの各地方で用いられていた語が共通語に組み入れられた場合もあります．その大部分は地方に特有な事物を指す語であり，たとえば，**ブルトン語**から goéland「カモメ」，**ノルマンディー方言**から quai「波止場」，**ピカルディー方言**から pieu「杭」，**サヴォワ方言**(フランス南東部アルプス山脈付近の地方の言葉)から luge「そり」，**プロヴァンス方言**から cigale「セミ」，**ガスコーニュ方言**から barrique「大樽」，**ベアルヌ方言**(フランス南西部バスク地方の言葉)から béret「ベレー帽」などが現代フランス語の語彙に入っています．

【練習】　地域語からの借用

　次の地域語(ブルトン語，ピカルディー方言，サヴォア方言，プロヴァンス方言)に由来する語を空欄に書きましょう(語の最初の 2 文字を書いてあります)．

1. bi＿＿＿＿＿　[名詞] < breton, *bizou* « anneau »
　　　　　　　　　　　　ブルトン語，「輪，指輪」

2. bo＿＿＿＿＿　[名詞] < picard, *boulenc* « celui qui fabrique le pain en boule »
　　　　　　　　　　　　ピカルディー方言，「丸パンを作る人」

3. ca＿＿＿＿＿　[名詞] < picard, *camberete* « petite chambre »
　　　　　　　　　　　　ピカルディー方言，「小部屋」

4. av＿＿＿＿＿　[名詞] < savoyard, *lavanche* « glissement de terrain »
　　　　　　　　　　　　サヴォア方言，「地滑り」

5. au＿＿＿＿＿　[名詞] < provençal, *aubergo,* de *harbergare* « héberger »
　　　　　　　　　　　　プロヴァンス方言，「泊める」から

6. bo＿＿＿＿＿　[名詞] < provençal, *bouiabaisso,* de *bouie* « bouillir » et *abaissa* « abaisser »
　　　　　　　　　　　　プロヴァンス方言，「沸騰する」と「火力を落とす」から

〚解答〛
1. bijou 装身具　2. boulanger パン屋　3. cabaret キャバレー　4. avalanche 雪崩
5. auberge 田舎風ホテル；《古風》宿屋　6. bouillabaisse ブイヤベース (*「沸騰する」と「魚」に由来するという説もある)

4. 二重語

　二重語とは，語源が同じでありながら今日では語形や意味が異なる語を言います．フランス語で最も多い二重語のタイプは，ラテン語起源の民衆語と学者語のペアです．現用フランス語の基本的な語彙は，ガリアで用いられていた俗ラテン語が長い年月をかけて変化したもので，民衆が伝承してきたこうした語を**民衆語**(または，民間語)と言います．一方，中世に，学者たちによってラテン語から取り入れられた語(主として学術用語)を**学者語**(または，学識語)と言います．一般に，民衆語の語形はもとのラテン語とかなり異なっていま

すが，学者語の語形は，語末部などがフランス語風の綴りに変わった以外はラテン語の形とそれほど違っていません．たとえば，mâcher「噛む」と mastiquer「咀嚼する」，frêle「弱々しい」と fragile「壊れやすい；虚弱な」は，それぞれラテン語の *masticare, fragilis* に由来する二重語で，前者が民衆語，後者が学者語です．

　二重語の関係は外国語や地域語からの**借用語**との間にも生じます．たとえば，ville「都市」/ villa「別荘」(villa はイタリア語から18世紀に借用．ともにラテン語 *villa*「田舎の屋敷，農場」に由来)，Champagne「シャンパーニュ地方」/ campagne「田舎」(campagne はノルマンディー・ピカルディー方言から．ともにラテン語の *campania*「平野」に由来)などです．

　こうした二重語において，学者語や外国語・地域語などからの借用語に対して，フランシアン方言から一般共通語となった民衆語を**本来語**(または，伝承語)と呼ぶことがあります．

　二重語としてはさらに，compagne「女性の連れ，同伴の女性」と compagnon「連れ，仲間」のように，古フランス語の**主格**(=主語や呼びかけとして用いる)と**被制格**(=主語・呼びかけ以外で用いる)がともに継承されている場合が若干あります (compagne は主格の *companio*「一緒にパンを食べる間柄の人」から，compagnon は被制格の *companionem* から)．

【練習1】 民衆語と学者語

　民衆語と学者語の二重語を見てみましょう．対応する民衆語([民]と略記)または学者語([学]と略記)を空欄に書き入れてください．語の最初の2文字あるいは3文字を書いてあります．

[1] 動詞

1. [民] ap_____　学ぶ，知る
   [学] appréhender　恐れる，心配する；《文》把握する
   〔原義は「つかむ」で，学者語は「気にかける，懸念する」に意味が推移〕
2. [民] com_____　(穴・欠損などを)埋める
   [学] cumuler　兼任する，兼備する
   〔原義は「積み上げる」〕
3. [民] dî_____　夕食をとる
   [学] déjeuner　昼食[朝食]をとる
   〔原義は「断食(jeûne)をやめる」〕
4. [民] écouter　聞く
   [学] au_____　聴診する
   〔学者語は医学用語に特化した〕
5. [民] forger　金属を鍛える，鍛造する
   [学] fa_____　製造する
   〔原義は一般的に「作る」，民衆語は意味が限定された〕

6. [民] liv _____ 配達する

   [学] libérer 解放する；釈放する

   〔原義は「(拘束を解いて)自由に(libre)する」. 民衆語は「相手の自由に委ねる」に推移〕

7. [民] nager 泳ぐ

   [学] na _____ 航海する

   〔「船(nef)で移動する」が原義. 民衆語は「人が水上を移動する」に推移〕

8. [民] ouvrer 加工する

   [学] op _____ 作業する, 操作する, 手術する

   〔ラテン語の *opera*「仕事」が語源. 民衆語は意味が限定され, 学者語は意味が多様

   化した〕

9. [民] peser 重さをはかる

   [学] pe _____ 考える, 思う

   〔学者語は「事の重さをはかる」という抽象的意味に推移〕

[2] 形容詞と名詞

1. [民] droit まっすぐな

   [学] di _____ 直線的な, 直接の

   〔ラテン語の「目標に向ける」を意味する動詞(現用フランス語では diriger)の過去分

   詞に由来する〕

2. [民] étroit 幅の狭い；窮屈な

   [学] st _____ 厳密な, 厳格な

   〔ラテン語の「締める」を意味する動詞(現用フランス語では étreindre)の過去分詞に

   由来する〕

3. [民] lo _____ 公正な, 誠実な

   [学] légal 法律の；合法的な

   〔学者語は原義を保っているが, 民衆語の意味は「法を守る」から転じた〕

4. [民] meu _____ 動産；家具

   [学] mobile 動く, 動かせる

   〔民衆語は「動かせる(もの) → 動産；家具」と意味が推移した〕

5. [民] na _____ 無邪気な, お人よしの

   [学] natif …生まれの

   〔民衆語は「生来の, 生まれつきの」から「無邪気な, お人よしの」に意味が転じた〕

6. [民] No _____ クリスマス

   [学] natal 生まれた所の

   〔原義は「生まれた(日)」. 民衆語は「キリストの誕生日」に意味が特化した〕

7. [民] raide (曲がらなくて)硬い

   [学] ri _____ 固い；厳格な；硬直した

   〔両者の意味はほぼ同じだが, 学者語のほうは比喩的な意味でも用いられる〕

8. [民] rouge　赤い

　　[学] ru＿＿＿＿＿＿　ルビー

　　〔学者語は「赤い石」の意〕

9. [民] sa＿＿＿＿＿＿　イノシシ(猪)

　　[学] singulier　奇妙な；単数の

　　〔原義は「単独の」で，民衆語は「単独で暮らす[家畜化されていない](豚)」に由来する〕

[3]　名詞

1. [民] ch＿＿＿＿＿＿　石炭，炭

　　[学] carbone　炭素；カーボン紙

　　〔原義は「炭」で，学者語はとりわけ化学用語として用いられる〕

2. [民] co＿＿＿＿＿＿　怒り

　　[学] choléra　コレラ

　　〔原義は「胆汁」で，それが原因で起こると考えられていた精神状態や病気を指すようになった〕

3. [民] ép＿＿＿＿＿＿　香辛料，スパイス

　　[学] espèce　種類

　　〔民衆語は「ある種の食料品＝香辛料」に意味が限定された〕

4. [民] év＿＿＿＿＿＿　流し(台)

　　[学] aquarium　水槽；水族館

　　〔民衆語は家庭で「洗い水をためる所」を指す〕

5. [民] hôtel　ホテル

　　[学] hô＿＿＿＿＿＿　病院

　　〔原義は「客(hôte)をもてなす所」〕

6. [民] mé＿＿＿＿＿＿　職業

　　[学] ministère　大臣職

　　〔原義は「召使いの務め，従者の任務」〕

7. [民] oi＿＿＿＿＿＿　タマネギ

　　[学] union　結合

　　〔「タマネギ」は「結合した[単一の]球根」という意味で名付けられた〕

8. [民] orteil　足指

　　[学] ar＿＿＿＿＿＿　品物；記事，論文；項目；冠詞

　　〔原義は「関節，区切り，断片」〕

9. [民] pa＿＿＿＿＿＿　手のひら

　　[学] palme　ヤシ[シュロ]の葉

　　〔学者語は「手のひらの形をした葉」の意〕

10. [民] pav＿＿＿＿＿＿ (郊外の)一戸建ての家

   [学] papillon　チョウ(蝶)

   〔民衆語は「羽を広げたチョウの形をしたもの＝天幕，テント」から意味が推移した〕

11. [民] po＿＿＿＿＿＿ 毒，毒薬

   [学] potion　水薬

   〔原義は「飲み物」だが，民衆語も学者語も意味が限定された〕

12. [民] ser＿＿＿＿＿＿ 誓い

   [学] sacrément　秘跡

   〔原義は「聖なるもの」〕

13. [民] sûreté　確かさ

   [学] sé＿＿＿＿＿＿ 安全，安心

   〔原義は「心配のないこと」．民衆語と学者語の意味・用法は一部重なる〕

14. [民] verre　ガラス

   [学] vi＿＿＿＿＿＿ (窓などの)ガラス，板ガラス

   〔学者語は限定された意味で用いられている」〕

〔解答〕

[1] 1. apprendre　2. combler　3. dîner (『新綴り』はアクサンなしの diner)
   4. ausculter　5. fabriquer　6. livrer　7. naviguer　8. opérer　9. penser

[2] 1. direct　2. strict　3. loyal　4. meuble　5. naïf　6. Noël　7. rigide
   8. rubis　9. sanglier

[3] 1. charbon　2. colère　3. épice　4. évier　5. hôpital　6. métier　7. oignon
   (『新綴り』は ognon)　8. article　9. paume　10. pavillon　11. poison
   12. serment　13. sécurité (sûreté の『新綴り』は sureté)　14. vitre

【練習2】　本来語と借用語

　次は，本来語と借用語の二重語です．古フランス語に由来する本来語([本]と略記)，または外国語や地域語からの借用語([借]と略記)を空欄に書き入れてください．語の最初の2文字あるいは3文字を書いてあります．

1. [本] ch＿＿＿＿＿＿ (中世の)騎士

   [借] cavalier　馬に乗る人 (イタリア語から；ラテン語起源)

2. [本] co＿＿＿＿＿＿ 衣装；スーツ

   [借] coutume　習慣 (イタリア語から；ラテン語起源)

3. [本] éch＿＿＿＿＿＿ はしご

   [借] escale　寄港 (イタリア語から；ラテン語起源)

4. [本] nombre　数

   [借] nu＿＿＿＿＿＿ 番号 (イタリア語から；ラテン語起源)

5. [本] œuvre 作品
   [借] op_____ オペラ（イタリア語から；ラテン語起源）
6. [本] ch_____ 数字
   [借] zéro ゼロ（イタリア語から；アラビア語起源）
7. [本] chambre 部屋
   [借] ca_____ カメラ（英語から；ラテン語起源）
8. [本] vœu 願い
   [借] vo_____ 投票（英語から；ラテン語起源）
9. [本] ch_____ 頭(かしら), 長
   [借] cap 岬（プロヴァンス方言から；ラテン語起源）
10. [本] no_____ クルミ
    [借] nougat ヌガー（プロヴァンス方言から；ラテン語起源）
11. [本] bou_____ 花束；束, 房
    [借] bosquet 木立（プロヴァンス方言から；フランク語起源）
12. [本] marcher 歩く
    [借] ma_____ 印を付ける（ノマンディー方言から；フランク語起源）

〔解答〕 1. chevalier 2. costume (*もとは「習慣的なあるいは風習にかなった身なり」)
3. échelle (*escaleの際にははしごを用いて上陸した) 4. numéro 5. opéra (*イタリア
で芸術作品の代表とみなされた) 6. chiffre 7. caméra (*ピンホールカメラの原理で
投影像を映した *camera obsura* 「暗い部屋」に由来) 8. vote 9. chef (*両方とも原義
は「頭, 先端」) 10. noix (*ヌガーの主材料としてクルミが用いられた) 11. bouquet
12. marquer (*marcher「歩く」の意味は「足跡を付ける」から)

【練習3】 被制格と主格

被制格に由来する語（[被]と略記）, または主格に由来する語（[主]と略記）を空欄に書き入
れてください. 語の最初の2文字あるいは3文字を書いてあります.

1. [被] garçon 男の子
   [主] ga_____ 《話》若者
2. [被] ho_____ 人間
   [主] on 人, 人々
3. [被] majeur より大きい；主要な
   [主] mai_____ 市長
4. [被] pas_____ 牧師
   [主] pâtre 《文》牧人

〔解答〕 1. gars 2. homme 3. maire 4. pasteur

5. 翻訳借用

外国語での呼び名をフランス語に翻訳して取り入れることを**翻訳借用**(あるいは, 敷き写し)と言います. たとえば, minijupe「ミニスカート」と lune de miel「ハネムーン, 蜜月」はそれぞれ英語の *miniskirt* と *honeymoon* の翻訳借用です. 現代フランス語では英語からの翻訳借用が大半なので, ここではそうした例を取り上げます. なお, 翻訳借用なのか同様の発想でフランス語で作られたのかはっきりしない例もかなりあります.

◆ 英語の *star, mouse* の影響で, étoile「星」に「スター」の意味が加わったり, souris「ネズミ」に「(コンピュータの)マウス」の意味が加わるなど, 既存のフランス語に外国語の意味が敷き写されることもあります.

【練習】 英語からの翻訳借用

次の語は英語のどのような表現から翻訳借用されたのでしょうか. (B)から選んでその番号を(A)のかっこに書き入れてください.

(A)

1.	après-rasage	( )	9.	libre-échange	( )
2.	chemin de fer	( )	10.	patin à roulettes	( )
3.	double-clic	( )	11.	plein-emploi	( )
4.	franc-maçon	( )	12.	prêt-à-porter	( )
5.	gratte-ciel	( )	13.	profilage	( )
6.	haut-parleur	( )	14.	soucoupe volante	( )
7.	hors-la-loi	( )	15.	station-service	( )
8.	lave-auto	( )	16.	supermarché	( )

(B)

1.	*after-shave* アフターシェーブ(ローション)	9.	*outlaw* 無法者, アウトロー
2.	*car wash* 自動洗車場	10.	*profiling* (犯罪捜査における)プロファイリング
3.	*double click* ダブルクリック	11.	*railway* 鉄道
4.	*flying saucer* 空飛ぶ円盤	12.	*ready-to-wear* 既製服
5.	*free mason* フリーメーソン	13.	*roller skate* ローラースケート
6.	*free trade* 自由貿易	14.	*service station* サービスステーション
7.	*full employment* 完全雇用	15.	*skyscraper* 摩天楼
8.	*loud speaker* 拡声器	16.	*supermarket* スーパーマーケット

〔解答〕

1. (1)　2. (11)　3. (3)　4. (5)　5. (15)　6. (8)　7. (9)　8. (2)　9. (6)　10. (13)
11. (7)　12. (12)　13. (10)　14. (4)　15. (14)　16. (16)

第1章の総合練習

【練習1】 語頭における e の添加と s の消失

　古フランス語では，語頭の〈s＋子音〉の発音を容易にするために，e を添加して〈es＋子音〉にすることがありました．やがて s は発音されなくなり，綴り字からも消えて，現代フランス語では〈é＋子音〉になっています．一方，英語では，ノルマン・コンクエスト (1066年) 以降に流入した古フランス語の語頭の e を省略する傾向があったので，英単語の語形は語源に類似しています (フランス語を経由せずもとの言語から直接借用した英単語もあります)．なお，言うまでもありませんが，同語源であっても，現在のフランス語と英語の意味がすべて一致しているわけではありません．

　古フランス語の語形や同語源の英語を参考にして，次の意味の現代フランス語を空欄に書きましょう (英語の不定詞に付く *to* は省きました)．

	[現代フランス語]	[古フランス語]	[英語]
1. 深紅の，真っ赤な	＿＿＿＿＿	*escarlate*	*scarlet*
2. 襟巻	＿＿＿＿＿	*escarpe, escharpe*	*scarf*
3. 失敗；チェス；王手	＿＿＿＿＿	*eschac, eschec*	*check, chess*
4. はしご；目盛り；階層	＿＿＿＿＿	*eschal*	*scale*
5. 学校	＿＿＿＿＿	*escole*	*school*
6. スコットランドの	＿＿＿＿＿	*escot*	*Scotch, Scottish*
7. スクリーン，画面	＿＿＿＿＿	*escren*	*screen*
8. 文字(体系)；筆跡	＿＿＿＿＿	*escriture*	*scripture*
9. ナット，雌ねじ	＿＿＿＿＿	*escroe, escroue*	*screw*
10. 綴りを言う	＿＿＿＿＿	*espeller*	*spell*
11. 香辛料	＿＿＿＿＿	*espice*	*spice*
12. 動静を探る	＿＿＿＿＿	*espier*	*spy*
13. ホウレンソウ	＿＿＿＿＿	*espinarde, espinach*	*spinach*
14. とげ	＿＿＿＿＿	*espine*	*spine*
15. スポンジ；海綿動物	＿＿＿＿＿	*esponge*	*sponge*
16. 配偶者	＿＿＿＿＿	*espous(e)*	*spouse*
17. 家畜小屋	＿＿＿＿＿	*estable*	*stable*
18. 設置する	＿＿＿＿＿	*establir*	*establish*
19. 階	＿＿＿＿＿	*estage*	*stage*
20. 状態	＿＿＿＿＿	*estate*	*state*
21. 外国の；見知らぬ	＿＿＿＿＿	*estrange*	*strange*
22. 絞殺する	＿＿＿＿＿	*estrangler*	*strangle*

〔解答〕
1. écarlate　2. écharpe　3. échec　4. échelle　5. école　6. écossais　7. écran
8. écriture　9. écrou　10. épeler　11. épice　12. épier (*名詞 espion「スパイ」の語
頭は es-. 下記の注も参照)　13. épinard　14. épine　15. éponge　16. époux (*女性形
は épouse)　17. étable　18. établir　19. étage　20. état　21. étrange　22. étrangler

◆ 添加された語頭の e が削除されずに残っているものや, 中期フランス語以降にラテン語から借用
　されたために語頭が〈s＋子音〉のままのものもあります.
　　estomac　胃　(*cf.* [英語] *stomach*)
　　esprit, spirituel　精神(の)　(*cf.* [英語] *spirit, spiritual*)
　　espace, spatial　空間(の)　(*cf.* [英語] *space, spatial*)

【練習2】 s の消失とアクサン・シルコンフレクスの添加

　中期フランス語の時期に, 古フランス語の末期にすでに発音されなくなっていた語中の
s が省かれ, そのすぐ前の母音字にアクサン・シルコンフレクスが付けられるようになりま
した. 一方, 同じ語源の語であっても, 中期フランス語以降にラテン語から借用した学者
語や, 地域語・外国語からの借用語では一般に s が保たれています.

　同語源の語を参考にして, 次の意味の現代フランス語を空欄に書きましょう.

	[現代フランス語]	[同語源の語] (*言語や品詞はさまざま)
1. 止める；逮捕する	＿＿＿＿＿＿	arrestation「逮捕」(学者語), *arrest* (英語)
2. 8月	＿＿＿＿＿＿	auguste「威厳のある」(学者語), *August* (英語)
3. 建てる	＿＿＿＿＿＿	bastide「(プロヴァンス地方の)邸宅」 (プロヴァンス方言から)
4. 棒	＿＿＿＿＿＿	bastonnade「棒で連打すること」 (イタリア語から)
5. (人間以外の)動物, 獣	＿＿＿＿＿＿	bestial「獣のような」(学者語), *beast* (英語)
6. 栗の実	＿＿＿＿＿＿	castagnettes「カスタネット」 (スペイン語から)
7. 城	＿＿＿＿＿＿	castel「小城」(プロヴァンス方言から), *castle* (英語)
8. 征服；獲得	＿＿＿＿＿＿	*conquest* (英語)
9. 値段が…する	＿＿＿＿＿＿	*cost* (英語)
10. 肋骨；海岸	＿＿＿＿＿＿	costal「肋骨の」(学者語), *coast* (英語)
11. 森	＿＿＿＿＿＿	forestier「森の」(学者語), *forest* (英語)
12. 味見する	＿＿＿＿＿＿	gustation「味覚」(学者語)

13. 急ぐこと	_____	*haste* (英語)
14. 正直な	_____	*honest* (英語)
15. 病院	_____	hospitalier「病院の」(学者語), *hospital* (英語)
16. (客を迎える側の)主人	_____	*host* (英語)
17. 島	_____	insulaire「島の」(学者語), *isle* (英語)
18. マスト, 帆柱	_____	*mast* (英語)
19. 主人	_____	*master* (英語)
20. 牡蠣(かき)	_____	*oyster* (英語)
21. (小麦粉を練った)生地	_____	*pasta* (イタリア語), *paste* (英語)
22. 貸す；提供する	_____	prestation「給付；提供」(学者語)
23. 焼く	_____	*roast* (英語)
24. (するべき)仕事	_____	*task* (英語)
25. 嵐, 暴風雨	_____	*tempest* (英語)
26. 無駄にする	_____	*waste* (英語)

〖解答〗

1. arrêter 2. août 3. bâtir 4. bâton 5. bête 6. châtaigne 7. château
8. conquête 9. coûter 10. côte 11. forêt 12. goûter 13. hâte 14. honnête
15. hôpital 16. hôte 17. île 18. mât 19. maître 20. huître 21. pâte
22. prêter 23. rôtir 24. tâche 25. tempête 26. gâcher

◆ もともと s のなかった語にアクサン・シルコンフレクスが用いられていることもあります.

grâce 優雅；恩恵 (*cf.* gracieux 優雅な)

extrême 最も端の (*cf.* extrémité 先端, 末端)

mûr 熟した (mur「壁」と区別するため)

sûr 確かな (sur「…の上に」, sur「酸っぱい」と区別するため)

dû (devoir の過去分詞男性単数形. 部分冠詞・縮約冠詞の du と区別するため)

~~ 〖参考〗 ~~~~~~

『新綴り』のアクサン・シルコンフレクス

『新綴り』では i, u に付くアクサン・シルコンフレクスを省略します. したがって, [練習2]の語の中では次の語の綴りが変わります.

2. août → aout, 9. coûter → couter, 12. goûter → gouter, 17. île → ile,

19. maître → maitre, 20. huître → huitre.

ただし, 上の注記の mûr, sûr, dû のように, アクサン・シルコンフレクスが同音異義語の区別に役立つ場合は省略しません.

なお, 第2巻『語形成』の巻末補遺にアクサン全般についての解説があります.

~~~~~~

[補遺]

身近な語の由来や語形と意味の変化について，興味深い事柄をいくつか紹介しましょう．

1. 惑星・曜日・月の名の由来

惑星・曜日・月の名の多くはラテン語やギリシャ語の名称に由来しています．

(1) 惑星

古代から知られていた水星・金星・火星・木星・土星の5惑星にはローマ神話の神の名が付けられています(それぞれの日本名は古代中国の五行説に基づいて命名されました)．発見の年代が新しい惑星については，海王星はローマ神話の神から，天王星と冥王星はギリシャ神話の神にちなんで名付けられました．

水星　Mercure　メルクリウス，マーキュリー〔商人・旅行者などの守護神〕

金星　Vénus　ウェヌス，ヴィーナス〔愛と美の女神〕

火星　Mars　マルス，マーズ〔軍神〕

木星　Jupiter　ユピテル，ジュピター〔神々の王で天界の最高神〕

土星　Saturne　サトゥルヌス〔農耕の神〕

天王星　Uranus　ウラノス〔天空の神〕(*神の名には一般に Ouranos が使われる)

海王星　Neptune　ネプトゥヌス，ネプチューン〔海神〕

冥王星(現在は準惑星)　Pluton　プルトン，プルート〔冥界の王〕

(2) 曜日

フランス語の曜日の名称はラテン語由来ですが，土曜日と日曜日はユダヤ教とキリスト教の影響でローマ暦の途中で名称が変わりました．英語の曜日名の多くはローマ神話の神を北欧神話の神に言い換えて翻訳したものです．

月曜日　lundi < *lunae dies*「lune (月)の日」
  　*英語の *Monday* も「月 (Moon)の日」

火曜日　mardi < *Martis dies*「Mars の日」
  　*英語の *Tuesday* は「テュール (Tyr)の日」

水曜日　mercredi < *Mercurii dies*「Mercure の日」
  　*英語の *Wednesday* は「オーディン (Woden)の日」

木曜日　jeudi < *Jovis dies*「Jupiter の日」
  　*英語の *Thursday* は「トール (Thor)の日」

金曜日　vendredi < *Veneris dies*「Vénus の日」
  　*英語の *Friday* は「フレイ (Frey)の日」

土曜日　samedi < *sambati dies*「sabat (安息)の日」
  　*ローマ暦では *Saturni dies*「サトゥルヌスの日」と呼ばれていた．
  　*英語の *Saturday* は「サトゥルヌス (Saturn)の日」

日曜日　dimanche < *dies dominicus*「主の日，主日」
  　*ローマ暦では *dies solis*「太陽の日」と呼ばれていた．
  　*英語の *Sunday* は「太陽 (Sun)の日」

(3) 月

月の名は，ローマ神話の神に由来するものもそれ以外もあり，さまざまです．語源がひとつに定まらないもの（4月，6月）も，途中で呼称が変化したものもあります（7月，8月）．なお，ユリウス暦以前の旧ローマ暦は現在の3月が1年の始まりの月でした．なお英語での呼び名も，綴り字・発音は当然異なりますが，由来は同じです．

1月 janvier < *januarius*「ローマ神ヤヌス（Janus）の月」

2月 février < *februarius*「浄罪の月，清め（の儀式）の月」

3月 mars < *martius*「ローマ神マルス（Mars）の月」

4月 avril < *aprilis*「ギリシャの女神アフロディテ（Aphrodite）の月」または「2番目の月」や「（花の）開く月」

5月 mai < *maius*「ローマ神話の女神マイア（*Maia*）の月」

6月 juin < *junius*「ローマの執政官 *Junius Brutus* の月」または「ローマ神話の女神ユノ（Junon）の月」

7月 juillet < *julius*「ローマの軍人・政治家 *Julius Caesar* の月」

8月 août < *augustus*「ローマ帝国初代皇帝 *Augustus Caesar* の月」

9月 septembre < *september*「（旧ローマ暦で）7番目の月」

10月 octobre < *october*「（旧ローマ暦で）8番目の月」

11月 novembre < *november*「（旧ローマ暦で）9番目の月」

12月 décembre < *december*「（旧ローマ暦で）10番目の月」

2. 民間語源

どの言語においても，言語史の知識を持たない民衆が，語形と語義に必然的な関係があると思い込み，語を誤って分析して意味づけすることがあります．形や意味の似ている他の語と関連づけて語源を解釈するこうした現象を，「民間語源」（または通俗語源，民衆語源など）と言います．民間語源はしばしば語形変化や意味変化の誘因になります．フランス語では次のような例がみられます．

◇ **bouledogue** [男] ブルドッグ

英語の *dog*「犬」は，14世紀末にフランス語に入って dogue「番犬」となっていました．*bulldog*「牛（を攻める）犬」の借用は18世紀で，犬の体型から〈boule「玉」＋ dogue〉と解釈されました．

◇ **choucroute** [女] シュークルート, ザウアークラウト〔塩漬けにして発酵させた酸味のあるキャベツでドイツの伝統料理．豚肉やソーセージなどと一緒に盛り付けて食べることが多い〕

語源はドイツ語の *Sauerkraut*「（薬味用の）酸っぱい草」．18世紀に，アルザス語の *sûrkrût* が，その音形と意味から chou「キャベツ」と croûte「食事」の複合語と解釈されました．現用語では croûte のアクサン記号がありません．

◇ faubourg [男] (かつて城郭外だった)街, 市外区；場末, 下町

ラテン語の *foris*「外」と *burgus*「城郭」に由来する古フランス語の *forsborc* が, fors がほとんど使われなくなって由来が忘れられ, 14 世紀に複合語の *faux bourg*「偽の街, 場末」となりました. 現在は単一語で, faux の x がありません.

◇ miniature [女] ミニチュア, 模型

もとは「鉛丹(minium)を塗ったもの」の意で, 彩色画や彩色文字を指しました. それらが小さかったことと, mini-「小さい…」との類推で「縮尺されたもの, 模型」の意味が生じました.

◇ ouvrable [形] 就業の

ouvrable は古語 ouvrer「仕事をする」(技術用語として現存しています)から派生した形容詞で, 「就業の」の意味ですが(例：jour ouvrable「就業日」), 就業日には店やオフィスが「開いている」ので, ouvrir「開く」の派生語と解釈されることが多く, そのため近年は, toit ouvrable「開閉式の屋根」とか fichier ouvrable avec tous les navigateurs「どのブラウザでも開けるファイル」のような表現も使われています.

3. 語の変形

9 世紀から 16 世紀に及ぶ古フランス語および中期フランス語の時代には, 多種多様の変化が起こっています(「a の前の c /k/ の ch /ʃ/ への変化」,「語頭における e の添加と s の消失」,「s の消失とアクサン・シルコンフレクスの添加」などについてはすでに §1 で見ました). こうした変化を網羅し詳述するのはもとより不可能なので, 以下でいくつかの現象を指摘し, 代表的な例をあげて簡単な説明を付けます.

(1) 異化や同化による語形変化

歴史的な音韻変化として, ある音(ひいては綴り)が, 近接する音の影響を受けて, 異なる音や同じような音に変わる現象があります. それぞれ「異化」,「同化」と言います.

(a) 異化による /l/ から /r/ への変化

◇ gaufre [女] ゴーフル, ワッフル

語源はフランク語の *wafla*「ミツバチの巣」ですが, 古フランス語で *wafre* に変化し, その後 gaufre になりました. 英語の *wafer* は古フランス語から, *waffle* は 17 世紀にオランダ語から借用された語です.

◇ titre [男] 題名

語源はラテン語の *titulus*「碑銘, 称号」で, 古フランス語は *title*. 中期フランス語の時代に titre になりました. 英語の *title* は古フランス語からの借用です.

(b) 異化による /r/ から /l/ への変化

◇ prunelaie [女] プラム園

banane「バナナ」〜 bananeraie「バナナ園」, châtaigne「クリ」〜 châtaigneraie「クリ林」のように, 植物の生育場所を表す接尾辞は一般に -raie ですが, prune「プラム」〜 prunelaie「プラム園」は, 先行する r の影響で -laie になりました.

(c) 異化による /l/ から /n/ への変化

◇ **niveau** [男] (ある基準点からの)高さ；水平(面)；水準

語源はラテン語の *libella*「水準器」(*libra*「天秤(はかり)」の指小語). 古フランス語で *livel* から *nivel* に変化し, *nivel* が niveau になりました. 英語の *level* は古フランス語からの借用です.

(d) 異化による /m/ から /n/ への変化

◇ **nappe** [女] テーブルクロス

語源はラテン語の *mappa*「テーブルナプキン」. 語頭の m は後続の p との異化作用によって, 古フランス語の時代にすでに *nape* となっていました. 英語の *map*「地図」は中世ラテン語から借用したものです.

余談ですが, 古フランス語で「テーブルナプキン」を指す語は, *nape* に「小さい」を意味する接尾辞の -ron を付けた *naperon* でした(現在は napperon「卓上マット」). この *naperon* が英語に借用されて *napron*「エプロン」となり, 不定冠詞を付けた *a napron* が *an apron* と解釈されて *apron* という語形になりました. このように, (誤って)語の本来の構造とは異なる分析を行うことを「異分析」と言います.

(e) 同化による接頭辞 ad- の変化

「…に, …へ」を意味する接頭辞の ad- は, 後続する基語(=接頭辞が付加されるもとの語)の語頭の音と同化し, 綴りも変化しました. ad-+coutume+-er → accoutumer「習慣づける」, ad-+long+-er → allonger「長くする」, ad-+proche+-er → approcher「近づける」, など. こうした例は第 3 章の §10 に数多く出てきます.

(f) 同化による /s/ から /ʃ/ への変化

◇ **chercher** [動] 探す

語源はラテン語の *circare*「回る」. 古フランス語で *cerchier* になり, 後に, 語頭の c が後ろの ch の影響で ch に変わりました. 英語の *search* は古フランス語からの借用です.

(2) 音位転換による語形変化

音位転換とは, 語中の音が互いに入れ替わる現象で, 日本語では「さんざか(山茶花)」から「さざんか」への変化などに見られます. フランス語では次のような例があります.

◇ **fromage** [男] チーズ

俗ラテン語の *caseus formaticus*「型に入れて作られた牛乳蛋白」の後半部分に由来します. *formaticus* の語頭部で音位転換が起こって fromage になりました. イタリア語では音位転換が起こらず *formaggio* です. なお英語の *cheese* はラテン語の表現の前半部分の *caseus* が変化したものです.

◇ **moustique** [男] 蚊

中期フランス語までは *mousquite* でしたが qu /k/ と t /t/ の位置が入れ替わって moustique になりました. tique「マダニ」との連想も働いたのでしょう. 英語ではスペイン語からの借用語の *mosquito* を用いています.

◇ tremper [動] 浸す，つける

ラテン語の *temperare* に由来する古フランス語の *temprer*「混ぜる；和らげる」の r が前方に移動しました．同語源の学者語である tempérer「(寒暖を) 和らげる」やその派生語の température「気温；温度」や tempérament「気質」では音位転換が起こっていません．

◇ brave [形] 勇敢な，勇ましい

イタリア語の *bravo* を借用して変形した語です (間投詞として bravo の形でも用いられています)．語源はラテン語の *barbarus*「野蛮な；粗野な」で，a と r の位置が入れ替わりました．*barbarus* は現代フランス語では barbare になっています．

(3) 綴り字や音の添加・挿入による語形変化

　概して古フランス語の時代に起こった現象で，多くは，ある音から直後の音に移行するときに瞬間的に発音される音が，独立した子音と認識されて語中に挿入されたものです．下記のような例があります．なお，当時は鼻母音の m や n も発音されていました．

◇ b の挿入 — chambre「部屋」の語源はギリシャ起源のラテン語の *camera*「丸天井の部屋」です．古フランス語の時代にはすでに b が挿入されて chambre となっており，それを借用した英語は *chamber* です．また，*numerus* に由来する nombre「数」(§2-4. の練習で既出，二重語は numéro「番号」) や，sembler「…のように思われる」(*cf.* similaire「類似した」)，humble「謙虚な」(*cf.* humilité「謙虚」) などでも b が挿入されています．

◇ d の挿入 — 前述の曜日の名の由来で見た vendredi「金曜日」(< *Veneris dies*) や，venir「来る」の単純未来形の il viendra などの例があります．

◇ r の挿入 — calendrier「カレンダー」は *calendier* の d の後に r が挿入されました．古フランス語を借用した英語の *calendar* にはその r はありません．

◇ c の綴りの挿入 — sceau「公印；保証シール」はラテン語の *sigillum*（*signum*「しるし」の指小語) に由来し，*seel → seau* と変化しましたが，綴り字上 seau「バケツ」と区別するために，c を挿入しました．scier「のこぎりで挽く」の c も人為的に付加されたものです．なお *signum* は現代フランス語では signe です．英語の *seal* と *sign* は古フランス語からの借用です．

◇ h の綴りの添加 — ラテン語以来長らく u と v の綴り字は区別されておらず，大文字では V を小文字では u と書いていました．そこで，同じ綴りの語との混同を避けるために，語頭に h の綴りが付け加えられた語があります．huile「油」，huître「牡蠣」，huit「8」などです．h が付く以前の語を借用した英語の *oil, oyster* や，huit と語源が同じ octobre「10 月 (旧ローマ暦で 8 番目の月)」，octave「オクターヴ，8 度音程」には h がありません．ちなみに，もとあった h が綴りから消えたものもあり，代表的な例は avoir「持つ」です．avoir の語源はラテン語の *habere* で，habiter「住む」や habit「服」も同語源です．

◇ 母音の挿入 — §1 の [練習1] に出てきましたが，canif「ポケットナイフ」の語源はフランク語の *knif* で，発音の便宜上，/k/ と /n/ の間に /a/ が挿入されました．英語の *knife* では，語頭の k は黙字です．

(4) 消滅した綴り字の復活

　中期フランス語の時代に，古フランス語ではすでに書かれていなかった子音字を，ラテン語の語源に合わせて復活させることがありました．たとえば，fait「事柄」をラテン語の *factum* にならって *faict* と綴ったり，doute「疑い」をラテン語の *dubita* に似せて *doubte* と書いたりしました．復活した文字は大部分の語で再び消えましたが，同音語との区別に役立つなどの理由もあって，次の綴りは現在まで続いています（かっこ内は古フランス語）．

　　compte (*conte*)「計算；勘定」< *computus*
　　corps (*cors*)「体」< *corpus*
　　doigt (*doit*)「指」< *digitus*
　　temps (*tens*)「時」< *tempus*
　　vingt (*vint*)「20」< *viginti*

　語源を間違えたまま今日まで及んでいる語もあります．代表的なのは poids「重さ」です．この語はラテン語の *pe(n)sum* に由来し，古フランス語で *pois* と綴られていましたが，類似した意味の *pondus* が語源だと誤解して d が加えられました．

(5) 語の結合

　所有形容詞や定冠詞などの限定詞や à, de, en などの前置詞が，名詞などと結合して一語として綴られるようになったものがあります．

　　mamie「いとしい女(ひと)」< ma+amie
　　tante「おば」< ta+ante (*cf.* 英語 *aunt*)

　　　◆ 古くは，母音で始まる女性名の前で所有形容詞の ma や ta を用い，エリジヨンをして m'や t'と綴りました（現用では mon, ton です）．mamie は現在でも m'amie と綴ることありますが，tante は完全に一語になっています．

　　adieu「さようなら」< (Je vous recommande) à+Dieu「神のお恵みがありますよう」
　　affaire「事柄；用事」< à+faire「なすべき(こと)」
　　aplomb「鉛直, 垂直」< à+plomb「鉛で；鉛直に」

　　　◆ 前置詞の à と後続語が結合した語はかなりあります．上記はその一部です．

　　aujourd'hui「きょう」< au+jour+de+hui「きょうの日に」

　　　◆ かつては *hui* だけで「きょう」を意味しましたが，単音節語なので jour を添えて強化しました．

　　lendemain「翌日」< le+en+demain「明日に」

　以上のほかにも，さまざまな語が結合して一体化しました．たとえば，代名詞の ceci (< ce+ci)「これ」, celui (<ce+lui)「…のそれ」, lequel (<le+quel)「どれ」, 副詞の beaucoup (<beau+coup)「とても」, aussitôt (<aussi+tôt)「すぐに」, pourquoi (<pour+quoi)「なぜ」, pourtant (<pour+tant)「それでも」, cependant (<ce+pendant)「しかしながら」, 接続詞の lorsque (<lors+que)「…する時に」, parce que (< par+ce+que)「…なので」, puisque (<puis+que)「…なのだから」, quoique (<quoi+que)「…であるのに」などです．『新綴り』ではハイフンなしで一語で綴ることが多くなるので，複数の語が一体化した語はさらに増えるでしょう．

第2章　語形と語義

　語は形と意味とで成り立っています．語の形，すなわち**語形**とは，語を構成する音声や文字の集まりです．語の意味，すなわち**語義**は，ある事物や事態を指す概念とみなすことができます．

　ひとつの語がふたつ以上の意味を持つことを**多義**と言います．ほとんどすべての語が多義であり，単一の意味しか持たない語は学術語などごく少数しかありません．

　ふたつ以上の同じ形の語が異なった意味を持つ場合があり，これは**同形異義**と呼ばれます．語形が同一ではなく類似している場合は**類音**と言います．

　また，ふたつ以上の語がほぼ同じ意味を表していたり，反対の意味を表していることもあります．前者を**類義**，後者を**対義**と言います．

　多義，同形異義，類音，類義，対義の例は限りないほどあるので，この章の練習で取り上げるのは，かなり多数ではありますが，フランス語学習で重要と思われるものに限らざるをえません．

§3　多義語

　ふつう，ひとつの語の指す事物・事態はひとつだけではありません．つまり，ほとんどすべての語はいくつもの語義を持つ**多義語**です．この節の[練習1]から[練習5]で，名詞，形容詞，動詞，前置詞の多義の例を見ていきます．[練習6]では，同じ語であっても構文の違いによって語義が異なる場合を取り上げます．また，語が多義であることはしばしば誤解を引き起こすので，「笑い話」などに利用されます．章の最後の総合練習でそうした例をいくつか紹介します．

　なお，言うまでもないかもしれませんが，多義語や同形異義語，類義語のなどの「語」は，「単語」だけでなく，意味や構文の上でまとまりのある「語群・表現」も含むゆるやかな意味で用いられます．

【練習1】　多義の名詞

　下線の語の意味に注意して，全文を日本語に訳しましょう．

1. (a) Je n'ai pas d'<u>argent</u> sur moi.

   (b) Ce collier est en <u>argent</u>.

2. (a) Il travaille dans un magasin des <u>articles</u> de sport.

   (b) C'est ce journaliste qui a écrit l'<u>article</u> de tête.

   (c) Dans cette expression, le nom est employé sans <u>article</u>.

3. (a) Ils ont une maison à la <u>campagne</u>.

   (b) Cette entreprise mène une <u>campagne</u> publicitaire mondiale.

4. (a) Tu es de quel signe ? — Je suis <u>Cancer</u>.

   (b) À son dernier concert, ce chanteur était atteint d'un <u>cancer</u>.

5. (a) Ils ont des <u>caractères</u> opposés.

   (b) À Taïwan, on utilise les <u>caractères</u> chinois traditionnels.

6. (a) Le choc lui a fracturé deux <u>côtes</u>.

   (b) La <u>côte</u> à la tombée du jour était déserte.

   (c) Les cyclistes ont peiné pour grimper la <u>côte</u> raide.

7. (a) Le bateau remonte le <u>cours</u> de la Seine.

   (b) J'ai le <u>cours</u> de littérature française cet après-midi.

8. (a) Elle prépare le dîner dans la <u>cuisine</u>.

   (b) Je connais des recettes de <u>cuisine</u> provençale.

9. (a) Vous voulez des <u>fruits</u> comme dessert ?

   (b) Cette réussite est le <u>fruit</u> de vos efforts.

10. (a) Je dessine avec un crayon à <u>mine</u> tendre.

    (b) C'est un robot qui peut détecter des <u>mines</u>.

11. (a) Il garde ses <u>objets</u> de valeur dans un coffre-fort.

    (b) Quel est actuellement votre <u>objet</u> d'étude ?

12. (a) Les dossiers sont classés par l'<u>ordre</u> alphabétique.

    (b) Tout est en <u>ordre</u> dans ma chambre.

    (c) Il faut résoudre ce problème d'<u>ordre</u> technique.

    (d) Il exécute fidèlement les <u>ordres</u> de son supérieur.

13. (a) Ils habitent dans un appartement de trois <u>pièces</u>.

    (b) Voilà un billet de cent euros et deux <u>pièces</u> de dix euros.

    (c) Avez-vous une <u>pièce</u> d'identité ?

    (d) « Ondine » est une <u>pièce</u> en trois actes de Jean Giraudoux.

    (e) Ces tasses se vendent à la <u>pièce</u>.

14. (a) Quel est le <u>prix</u> de ce bracelet ?

    (b) Elle a obtenu le premier <u>prix</u> au concours.

15. (a) L'équipe d'enquête présentera bientôt un <u>rapport</u> détaillé.

    (b) Y a-t-il un <u>rapport</u> quelconque entre ces évènements ?

16. (a) J'ai trois valises de <u>tailles</u> différentes.

    (b) Elle a la <u>taille</u> fine.

17. (a) Le <u>temps</u>, c'est de l'argent.

    (b) Quel <u>temps</u> fera-t-il demain ?

18. (a) Il faut s'inscrire avant le <u>terme</u>.

    (b) L'analgésie est un <u>terme</u> de médecine.

19. (a) Nous avons fait un <u>tour</u> en ville.

    (b) Il attend son <u>tour</u> dans la salle d'attente de l'hôpital.

〔解答〕 ※掲載した日本語訳は一例であり他の訳し方もあり得ます. 以下の練習の解答について
　　　　も同様です.

1. (a) 私はお金の持ち合わせがない.

   (b) このネックレスは銀製です.

2. (a) 彼はスポーツ用品店で働いている.

   (b) トップ記事を書いたのはこの記者だ.

   (c) この表現では, 名詞は無冠詞で用いられている.

3. (a) 彼らは田舎に家を持っている.

   (b) この企業は世界的な広告キャンペーンを繰り広げている.

4. (a) 君は何座？ ― 蟹(かに)座だ.

   (b) 最後のコンサートのとき, その歌手は癌(がん)にかかっていた.

5. (a) 彼らは性格が正反対だ.

   (b) 台湾では, 伝統的な漢字(繁体字, 正体字)が使われている.

6. (a) 衝撃で彼(女)の肋骨が2本折れた.

   (b) 日暮れ時の海岸は人けがなかった.

   (c) サイクリストは急な坂道を登るのに苦労した.

7. (a) 船はセーヌの流れを遡っている.

   (b) 私はきょうの午後, フランス文学の講義がある.

8. (a) 彼女は台所で夕食の支度をしている.

   (b) 私はプロヴァンス料理のレシピをいくつか知っている.

9. (a) デザートに果物をいかがですか？

   (b) この成功はあなた(方)の努力の賜物(たまもの)だ.

10. (a) 私は芯の柔らかい鉛筆でデッサンする.

   (b) これは地雷を探知するロボットだ.

11. (a) 彼は貴重品を金庫に保管している.

   (b) 現在あなたの研究対象は何ですか？

12. (a) 関係書類はアルファベット順に分類されている.

   (b) 私の部屋はすべてきちんと片づいている.

   (c) この技術上の問題を解決しなければならない.

   (d) 彼は上司の命令を忠実に実行する.

13. (a) 彼らは3部屋のアパルトマンに住んでいる.

   (b) 100ユーロ札が1枚と10ユーロ硬貨が2枚ある.

   (c) 身元を証明する書類をお持ちですか？

   (d) 『オンディーヌ』はジャン・ジロドゥの3幕ものの戯曲だ.

   (e) これらのカップは1個ずつ[ばらで]売られている.

14. (a) このブレスレットの値段はいくらですか？

   (b) 彼女はコンクールで1等賞を獲得した.

15. (a) 調査チームはまもなく詳細な報告書を提出するだろう．

    (b) これらの出来事の間にはなんらかの関連があるのか？

16. (a) 私は大きさの異なるスーツケースを３つ持っている．

    (b) 彼女はウエストが細い．

17. (a) 時は金(かね)なり．

    (b) あしたはどんな天気だろうか？

18. (a) 期日までに登録[申し込み]をしなくてはならない．

    (b) analgésie (無痛覚症) は医学用語だ．

19. (a) 私たちは町をひと巡りした．

    (b) 彼は病院の待合室で自分の順番を待っている．

【練習2】 多義の形容詞

下線の語の意味に注意して，全文を日本語に訳しましょう．

1. (a) Ces renseignements sont-ils certains ?

    (b) Un certain jour de printemps, ils se sont rencontrés par hasard.

2. (a) Bonjour, chers amis !

    (b) L'honneur lui était plus cher que la vie.

    (c) Elle portait une bague très chère.

3. (a) Cet enfant est curieux de tout.

    (b) J'ai croisé un curieux personnage dans la rue.

4. (a) J'ai manqué quelques fois le dernier train.

    (b) Elle est venue me voir mardi dernier.

5. (a) Elle parle plusieurs langues étrangères.

    (b) Nous sommes étrangers à cette fraude.

6. (a) Il parle d'une voix grave et calme.

    (b) Cette erreur n'est pas si grave.

7. (a) Le ciel est gris ; on dirait qu'il va pleuvoir.

    (b) À la fin du banquet, les convives étaient gris.

8. (a) Nous avons droit à la juste récompense.

    (b) L'addition du restaurant n'était pas juste.

    (c) Ce pull est trop juste pour moi.

9. (a) Ce jour-là, il y a une fête particulière à cette région.

    (b) Il n'y a rien eu de particulier aujourd'hui.

    (c) Françoise prend une leçon particulière de violon.

10. (a) Paul n'était pas présent à la réunion.

    (b) Dans les circonstances présentes, il est difficile de pousser ce projet.

11. (a) « France » est un nom propre.

    (b) J'ai payé avec mon propre argent.

    (c) Les enfants, vous avez les mains propres ?

〔解答〕

1. (a) その情報は確かですか？

   (b) ある春の日に彼らは偶然出会った.

2. (a) こんにちは，皆さん[親愛なる友人たち]！

   (b) 名誉は彼(女)にとって命よりも大切だった.

   (c) 彼女はとても高価な指輪をはめていた.

3. (a) この子は何にでも好奇心を持つ.

   (b) 私は通りで変な人[奇妙な人物]に出会った.

4. (a) 私は何度か最終列車[終電]に乗り遅れたことがある.

   (b) 彼女はこの前の水曜日に私に会いに来た.

5. (a) 彼女はいくつもの外国語を話す.

   (b) 私たちはこの不正行為に関係していない.

6. (a) 彼は低くもの静かな声で話す.

   (b) この間違いはそれほど重大ではない.

7. (a) 空が灰色だ. 雨が降り出しそうだ.

   (b) 宴会の最後には，会食者たちはほろ酔いだった.

8. (a) 私たちは正当な報酬を得る権利がある.

   (b) レストランの勘定は合っていなかった.

   (c) このセーターは私にはきつすぎる.

9. (a) その日は，この地方独特の祭りがある.

   (b) きょうは特別なことは何もなかった.

   (c) フランソワーズはバイオリンの個人授業[レッスン]を受けている.

10. (a) ポールは会議に出席していなかった.

    (b) 今の状況ではこの計画を推し進めるのは難しい.

11. (a) 「フランス」は固有名詞です.

    (b) 私は自分のお金で[自腹を切って]払った.

    (c) 子供たち，手はきれいかい？

【練習3】 多義の動詞

　下線の語の意味に注意して，全文を日本語に訳しましょう.

1. (a) Nous arriverons à Strasbourg vers 14 heures.

   (b) Je n'arrive pas à ouvrir ce couvercle : il est trop serré.

   (c) Cela peut arriver à tout le monde.

2. (a) Ce général <u>commande</u> toute l'armée de terre.

   (b) Nous <u>avons commandé</u> des pizzas à livrer à domicile.

3. (a) Les fortifications <u>défendaient</u> la ville contre les ennemis.

   (b) L'avocat <u>a défendu</u> adroitement son client.

   (c) Le médecin <u>a défendu</u> le tabac à mon père.

4. (a) Le patron du café <u>a engagé</u> une nouvelle serveuse.

   (b) J'<u>ai engagé</u> la clé dans la serrure.

   (c) Ils <u>ont engagé</u> une négociation sur les conditions de travail.

5. (a) Sophie <u>garde</u> un enfant tous les mercredis après-midi.

   (b) <u>Gardez</u> la monnaie.

6. (a) J'<u>ai laissé</u> un message sur son répondeur.

   (b) Julie est en train de travailler. <u>Laisse</u>-la tranquille.

   (c) L'infirmière <u>a laissé</u> dormir le malade.

7. (a) Les vitres <u>réfléchissent</u> la lumière.

   (b) Il est imprudent : il agit sans <u>réfléchir</u>.

8. (a) <u>Regardez</u> ce beau paysage.

   (b) Ça ne me <u>regarde</u> pas.

9. (a) Ils <u>repasseront</u> chez nous plus tard.

   (b) Il <u>repasse</u> lui-même ses chemises.

   (c) Cet élève est travailleur ; il <u>repasse</u> ses leçons tous les jours.

10. (a) J'<u>ai senti</u> que quelqu'un me suivait dans la rue.

   (b) Ces roses <u>sentent</u> bon.

11. (a) Ce restaurant <u>sert</u> une cuisine thaïlandaise traditionnelle.

   (b) Ça ne <u>sert</u> à rien ni à personne.

   (c) Ce canapé peut <u>servir</u> de lit.

   (d) Beaucoup de gens <u>se servent</u> de leur smartphone même en marchant.

〔解答〕

1. (a) 私たちは14時頃にストラスブールに着く.

   (b) どうしてもこの蓋を開けることができない. とてもきつく閉まっている.

   (c) それは誰にでも起こり得る.

2. (a) この将軍は全陸軍を指揮する.

   (b) 私たちは宅配のピザを注文した.

3. (a) 要塞が町を敵から守っていた.

   (b) 弁護士は依頼人を巧みに弁護した.

   (c) 医者は父にたばこを禁じた.

4. (a) カフェの店主は新しいウエートレスを雇った.

(b) 私は鍵を鍵穴に差し込んだ.

(c) 彼らは労働条件に関する交渉を始めた.

5. (a) ソフィーは毎週水曜日に子供の世話をしている.

(b) おつりはとっておいてください.

6. (a) 私は彼(女)の留守電に伝言を残した.

(b) ジュリーは仕事[勉強]中だ. 彼女をそっとしておきなさい.

(c) 看護師は病人を眠らせておいた.

7. (a) 窓ガラスが光を反射している.

(b) 彼は軽率だ. よく考えもせずに行動する.

8. (a) この美しい景色を眺めなさい.

(b) それは私には関係ない.

9. (a) 彼らは後でまた私たちの家に寄るだろう.

(b) 彼は自分でシャツにアイロンをかける.

(c) この生徒は勤勉だ. 毎日学課[授業]の復習をする.

10. (a) 誰かが通りで私の後をつけているような気がした.

(b) このバラはいい匂い[香り]がする.

11. (a) このレストランは伝統的なタイ料理を出す.

(b) それは何の役にも誰の役にも立たない.

(c) このソファーはベッド代わりになる.

(d) 多くの人が歩きながらでさえスマートフォンを使っている.

【練習4】 feu の多義

名詞 feu の意味に注意して，全文を日本語に訳しましょう.

1. « Au feu ! »

2. Avant, nous bavardions souvent au coin du feu.

3. D'après un sondage, plus de 40% des Français traversent au feu rouge.

4. Elle a mis la casserole sur le feu.

5. Il n'y a pas de fumée sans feu.

6. J'ai senti le feu me monter au visage.

7. La princesse portait un collier de diamants qui jetait mille feux.

8. La voiture roulait tous feux éteints.

9. Le conférencier a parlé avec feu.

10. Le gangster a sorti son feu.

11. Le quatorze juillet, on tire des feux d'artifice partout en France.

12. Les soldats ont ouvert le feu.

13. Pendant la guerre, mon grand-père est allé au feu.

14. Vous avez du feu ? — Ah, non, désolé, je ne fume pas.

〔解答〕

1. 「火事だ!」

2. 以前，私たちはよく炉端でおしゃべりをしたものだ.

3. ある調査によれば，フランス人の40％以上が赤信号でも横断する.

4. 彼女は鍋を火にかけた.

5. 火のない所に煙は立たぬ.

6. 私は顔がほてってくるのを感じた.

7. 王女はきらきらと輝くダイヤモンドの首飾りをつけていた.

8. 車は無灯(火)で走っていた.

9. 講演者は熱弁をふるった[情熱をこめて話した].

10. ギャングはピストルを取り出した.

11. 7月14日に，フランスの各地で花火が打ち上げられる.

12. 兵士たちは砲撃を開始した.

13. 戦時中，祖父は戦地へ赴いた.

14. 火をお持ちですか? ―いいえ，すみませんが，私はたばこを吸わないので.

【練習5】 pour の多義

前置詞 pour の意味に注意して，全文を日本語に訳しましょう.

1. C'est une question très importante pour nous.

2. Cet homme a été condamné pour vol.

3. Comme le maire était malade, son adjoint a assisté à la cérémonie pour lui.

4. Dans cette librairie, il y a beaucoup de livres pour enfants.

5. Êtes-vous pour cette proposition ?

6. Ils partiront pour l'Italie la semaine prochain.

7. J'ai pour principe de ne pas intervenir dans les affaires des autres.

8. J'ai pu obtenir ce livre rare pour cinquante euros.

9. Ma mère cultive des fleurs pour son plaisir.

10. Mon frère de quinze ans est grand pour son âge.

11. Nous avons loué une villa pour un mois.

12. Pour la politique sociale, ce pays est en retard.

〔解答〕

1. これは私たちにとってとても重要な問題だ.〔利害・判断の対象〕

2. その男は窃盗で有罪判決を受けた.〔原因・理由〕

3. 市長が病気だったので，彼に代わって助役が式典に参列した.〔代理〕

4. この本屋には子供向けの本がたくさんある.〔あて先・用途〕

5. あなたはこの提案に賛成ですか?〔賛成・支持〕

6. 彼らは来週イタリアへ(向けて)出発する予定だ.〔方向・目的地〕

7. 他人の問題に口をさしはさまないのが私の主義だ.(← 主義として…することを持つ)〔資格・特性〕

8. 私は50ユーロでこの稀覯本を手に入れることができた.〔交換・代価〕

9. 母は自分の楽しみのために花を栽培している.〔目的〕

10. 私の15歳の弟は年の割に背が高い.〔対比・割合〕

11. 私たちは1か月の予定で別荘を借りた.〔予定の時期・期間〕

12. 社会福祉政策に関しては,この国は遅れている.〔主題〕

【練習6】 構文による多義

下線の語句の有無や位置による意味の違いに注意して,全文を日本語に訳しましょう.

[1] 目的語の有無

1. (a) Elle a blanchi les draps.

   (b) Elle a blanchi.

2. (a) Je ne bois pas de café le soir.

   (b) Je ne bois pas, je suis sobre.

3. (a) Il a changé ses plans.

   (b) Il a changé de profession.

4. (a) Madame Durand conduit ses invitées jusqu'à la porte.

   (b) Madame Durand conduit prudemment.

5. (a) Georges a perdu toute sa fortune.

   (b) Georges a perdu au jeu.

6. (a) Claude rentre sa voiture au garage.

   (b) Claude rentre tard.

7. (a) Retourne le steak : il va trop cuire.

   (b) Il est retourné à son pays natal.

[2] 形容詞の補語の有無

1. (a) Ce vin est bon.

   (b) Ce vin est bon à jeter.

2. (a) Cet enfant est bien couvert.

   (b) Cet enfant est couvert de boue.

3. (a) Je suis fatigué ; je ne tiens plus debout.

   (b) Je suis fatigué de tes vantardises.

4. (a) C'est un drap propre.

   (b) C'est un terrain propre à la viticulture.

5. (a) Elle est très sensible.

   (b) Elle est très sensible au bruit.

[3]　形容詞の位置の違い

1. (a)　Voilà la dernière œuvre de la série.

   (b)　Voilà l'œuvre dernière de la série.

2. (a)　C'est un type drôle.

   (b)　C'est un drôle de type.　(*drôle を名詞の前に置くときは de を入れる)

3. (a)　J'ai acheté une voiture nouvelle.

   (b)　Ma nouvelle voiture n'est pas du dernier modèle.

4. (a)　Un malheur s'est abattu sur cette famille pauvre.

   (b)　Un malheur s'est abattu sur cette pauvre famille.

〖解答〗

[1]

1. (a)　彼女はシーツを洗濯した.

   (b)　彼女は白髪になった.

2. (a)　私は夜はコーヒーを飲まない.

   (b)　私は飲まない. 酒を控えている.

3. (a)　彼は計画を変えた [変更した].

   (b)　彼は職を変えた [転職した].

4. (a)　デュラン夫人は招待客を玄関まで送る.

   (b)　デュラン夫人は慎重に運転する.

5. (a)　ジョルジュは全財産を失った.

   (b)　ジョルジュは賭けに負けた.

6. (a)　クロードは車をガレージに入れる.

   (b)　クロードは遅く帰宅する.

7. (a)　ステーキを裏返しなさい. 焼けすぎてしまう.

   (b)　彼は生まれ故郷へ戻った.

[2]

1. (a)　このワインはおいしい.

   (b)　このワインは捨てたほうがいい.

2. (a)　この子はしっかり着込んでいる.

   (b)　この子は泥だらけだ.

3. (a)　私は疲れた. もう立っていられない.

   (b)　私は君の自慢話にうんざりしている.

4. (a)　これは清潔なシーツだ.

   (b)　これはブドウ栽培に適した土地だ.

5. (a)　彼女は感受性が強い.

   (b)　彼女は音に敏感だ.

[3]

1. (a) これはシリーズの最新作だ.
   (b) これはシリーズの最後の作品だ.
2. (a) あれは面白いやつだ.
   (b) あれは変なやつだ.
3. (a) 私は新型車を買った.
   (b) 私の新車は最新型ではない.
4. (a) 不幸がその貧しい家族を襲った.
   (b) 不幸がその哀れな家族を襲った.

~~ 〖参考〗 ~~~~~~

多義語における意味のつながり

多義語のもともとの語義を特定できないことはしばしばありますが, ある時期にひとつの語義から他の語義が誘発され, それが何度も繰り返されて多義が生じたと考えられます. したがって, 多義語に含まれるそれぞれの意味の間には, 多くの場合何らかのつながりが感じられます. そうした意味的つながりは, 大きく次の3つに分けることができるでしょう.

(1) 包摂関係

より大きなカテゴリー(「類」と呼ばれます)と, より小さなカテゴリー(「種」と呼ばれます)の関係です. もとは「類」を指していた語が「種」を指すようになったり, その逆のケースがあります. たとえば, œuf は卵一般を指しますが, 通常, 鶏の卵を指します. 類を指す語が種を意味する現象です. 一方, panier はもとはパンを入れるかごを指す言葉でしたが, 現在では(柄のついた)かご一般を指します.

(2) 類似性

形や特性が似た事物の間に見られる語義の拡大です. 人の口である bouche は地下鉄などの入口や河口に意味が広がっています. pomme / voix - douce「甘い – リンゴ / 声」や eau / attitude - froide「冷たい - 水 / 態度」のように, 異なる種類の感覚を同じようにとらえることもあります. réfléchir の「反射する」と「熟考する」は, 光などをはねかえすという具象的事柄と考えをめぐらすという抽象的事柄に類似性を見出すことができます.

(3) 関連性

ここで言う「関連性」は「包摂関係」と「類似性」以外の関連のすべてを含みます. その多くは, 空間的あるいは時間的な隣接関係です. たとえば, plat「皿」→「(皿に盛った)料理」は空間的隣接, soirée「晩」→「夜のパーティ, 夜の公演」は時間的隣接による語義の拡大です. campagne はもともと「平野, 平原」を指す言葉でしたが, 平原地帯である「田舎」と平原で行われた「戦闘」の意味が生じ, さらに, 類似性によって「キャンペーン」などの意味が生じました. 包摂関係・類似性・関連性による意味拡大が繰り返されて, いくつもの語義に展開した例は少なくありません.

包摂関係・類似性・関連性については第5章「名付け」でまた取り上げます.

~~~~~~

§4 同形異義語

　形が同じで意味の異なる語を**同形異義語**と言います。同形異義語は3つのタイプに分けることができます。

　(1) 同綴同音語 ── 綴り字も発音も同じ完全な同形。

　　［例］tour /tuːr/「一周」と　tour /tuːr/「塔」

　(2) 同音異綴語 ── 発音は同じだが綴り字が異なる。

　　［例］pain /pɛ̃/「パン」と　pin /pɛ̃/「松」

　(3) 同綴異音語 ── 綴り字は同じだが発音が異なる。

　　［例］est /ɛ/「…です」(être の活用形) と　est /ɛst/「東」

　フランス語では、(1) の同綴同音語はあまり多くなく、そのほとんどは、綴りが同じであっても、品詞や名詞の性が異なります。一方、(2) の同音異綴語の例は数多く見つかります。フランス語の単語は一般に音節数が少ないこと、同じ音を表す母音字や子音字がいくつもあること、語末の子音字を発音しないことなどがその理由です。(3) の同綴異音語は稀です。フランス語は綴り字の読み方の規則が厳密であり例外はごく少数しかないからです。

　なお、同形異義なのか多義なのかを決めかねる場合があります。語源が同じか否かや複数の意味の間に関連性を認めるか否かが一応の基準ですが、今日では同形異義語と見なされていても、語源をたどれば実は同じ語であるという例も少なくありません。たとえば voler¹「飛ぶ」と voler²「盗む」は一般に別の語と感じられていますが、voler² の意味はハヤブサが獲物をくわえて飛び去るという行為に由来しています。

　以下の練習で同形異義語の例を見ていきます。かなりの数を取り上げていますが、それら以外にも多数の同形異義語があることは言うまでもありません。

【練習1】 同綴同音語 ── 名詞

　綴り字も発音も同じ語(=同綴同音語)を用いた文を並べてあります。それぞれの文に適切な形(単数形か複数形)を書き入れましょう。最初の1文字は書いてあります。

[1] 両方とも男性名詞

1. (a) Le d＿＿＿＿＿＿＿ est un mammifère marin.

   　　　イルカは海に生息する哺乳類である。

   (b) Qui est-ce que le chef d'entreprise désignera comme son d＿＿＿＿＿＿＿ ?

   　　　企業主は誰を後継者に指名するだろうか？

2. (a) Un r＿＿＿＿＿＿＿ de soleil a percé les nuages.

   　　　一筋の陽光が雲間から漏れた。

   (b) Les dictionnaires sont sur le r＿＿＿＿＿＿＿ du bas de la bibliothèque.

   　　　辞典は書架の下の棚にある。

3. (a) Une voiture de sport venait à toute vitesse en s＿＿＿＿＿＿＿ inverse.

   　　　スポーツカーが反対方向からフルスピードで走ってきた。

(b) L'être humain a cinq s _____ .

人間には五感が備わっている.

4. (a) Elle se fait du s _____ pour l'avenir de son fils.

彼女は息子の将来を心配している.

(b) Les fleurs du s _____ sont jaunes ou orangées.

キンセンカの花は黄色かオレンジ色がかっている.

[2] 両方とも女性名詞

1. (a) Il a déménagé, mais je ne connais pas sa nouvelle a _____ .

彼は引っ越したが，私は彼の新しい住所を知らない.

(b) Le cuisinier découpe le poisson avec a _____ .

料理人は巧みに魚を切り分ける.

2. (a) Tu veux boire de la b _____ ?

君はビールを飲みたいかい？

(b) Le mort a été mis en b _____ .

死者は棺に入れられた.

3. (a) Elle portait des b _____ noires.

彼女は黒いブーツを履いていた.

(b) De nos jours, on fait des b _____ de paille à l'aide des machines.

今日では，藁束は機械を使って作られる.

4. (a) Un serveur range des c _____ à champagne sur la table.

ウエーターがシャンパングラスをテーブルに並べる.

(b) Au salon de coiffure, elle s'est fait faire une c _____ et un shampoing.

美容院で，彼女はカットと洗髪をしてもらった.

5. (a) Tu as mauvaise m _____ . Tu es malade ?

君は顔色が悪いね. 病気なのかい？

(b) On exploite des m _____ de cuivre dans cette région.

この地方では銅の鉱山を採掘している.

6. (a) Tu préfères les pommes ou les p _____ ?

君はリンゴと桃のどっちが好き？

(b) Mon père est allé à la p _____ avec ses amis.

父は友人たちと釣りに行った.

7. (a) Il était vêtu d'un costume gris à r _____ .

彼は縞のグレーのスーツを着ていた.

(b) Les r _____ sont reconnaissables par leur corps plat et leurs nageoires en forme d'ailes.

エイは平たい胴体と翼の形をしたヒレでそれとわかる.

[3] 男性名詞と女性名詞

1. (a) Il lit un gros l ....

   彼は分厚い本を読んでいる.

   (b) Elle a acheté une l .... de beurre.

   彼女はバターを500グラム買った.

2. (a) Le m .... de ce couteau est en corne de buffle.

   このナイフの柄は水牛の角(つの)でできている.

   (b) Elle porte un chemisier blanc à m .... longues.

   彼女は長袖の白いブラウスを着ている.

   (C) Le tunnel sous la M .... relie le sud-est du Royaume-Uni et le nord de la France.

   イギリス海峡の下を通るトンネルは英国南東部とフランス北部を結んでいる.

3. (a) Il a achevé de rédiger son m .... de maîtrise.

   彼は修士論文を書き終えた.

   (b) Son nom restera dans la m .... des gens.

   彼(女)の名前は人々の記憶に残るだろう.

4. (a) Avant d'utiliser cet appareil, il faut comprendre le m .... d'emploi.

   この器具を使う前に，使用法を理解しなければならない.

   (b) Le bleu est à la m .... cette saison.

   ブルーが今シーズンの流行だ.

5. (a) Pour faire des gâteaux secs, elle verse de la pâte dans les m ....

   ガトーセックを作るために，彼女は型に生地を流し込む.

   (b) Les Belges aiment les m .... marinière.

   ベルギー人はムール貝の白ワイン蒸しが好きだ.

6. (a) Il a été nommé au p .... de directeur commercial.

   彼は営業部長の地位に任命された.

   (b) Je vais à la p .... chercher un paquet recommandé.

   私は書留小包を取りに郵便局へ行く.

7. (a) Elle n'achète que des articles en s ....

   彼女はセールの商品しか買わない.

   (b) Lui, un simple soldat, ne touche pas une grosse s ....

   彼は兵卒なので大した俸給は受け取っていない.

8. (a) Mon grand-père fait un petit s .... après le déjeuner.

   祖父は昼食の後にちょっとひと眠りする.

   (b) La s .... des dégâts causés par l'inondation est estimée à 20 millions d'euros.

   洪水でもたらされた被害の金額は2千万ユーロと見積もられている.

(c) Il travaillait comme une bête de s_____ pour faire vivre sa famille.

彼は家族を養うために駄獣[馬車馬]のように働いていた.

9. (a) « Le T_____ du monde en quatre-vingts jours » est un roman d'aventures de Jules Verne.

『80日間世界一周』はジュール・ヴェルヌの冒険小説だ.

(b) Les potiers façonnent des poteries au t_____.

陶工はろくろで陶器を作る.

(c) La t_____ Eiffel est le symbole de Paris.

エッフェル塔はパリのシンボルだ.

10. (a) Elle a mis des roses dans un v_____ en cristal.

彼女はクリスタルガラスの花瓶にバラの花を生けた.

(b) Le poisson-chat s'est caché dans la v_____ au fond de l'étang.

ナマズは池の底の泥の中に隠れた.

11. (a) La mariée porte un v_____ blanc.

新婦は白いベールをかぶっている.

(b) Ils ont traversé l'Atlantique en bateau à v_____.

彼らは帆船で大西洋を横断した.

[4] 男性名詞と男女の変化をする名詞の男性形

1. (a) J'aime la salade d'a_____ et de tomates.

私はアボカドとトマトのサラダが好きだ.

(b) Elle a consulté un a_____ pour demander le divorce.

彼女は離婚請求をするために弁護士に相談した.

2. (a) Les c_____ sont une espèce de moustique, ils sont généralement pas dangereux.

家蚊は蚊の一種で, 一般に危険性はない.

(b) Je vous présente mon c_____ Philippe.

私のいとこのフィリップを紹介します.

3. (a) Autrefois, beaucoup de m_____ travaillaient dans cette mine.

かつて, この鉱山では大勢の鉱夫が働いていた.

(b) Les m_____ n'ont pas le droit de vote.

未成年者には投票権がない.

〔解答〕

[1] 1. (a) dauphin (b) dauphin 2. (a) rayon (b) rayon 3. (a) sens (b) sens
4. (a) souci (b) souci

[2] 1. (a) adresse (b) adresse 2. (a) bière (b) bière 3. (a) bottes (b) bottes

4. (a) coupes (b) coupe   5. (a) mine (b) mines   6. (a) pêches (b) pêche

   7. (a) raies (b) raies

[3] 1. (a) livre (b) livre   2. (a) manche (b) manches (c) Manche

   3. (a) mémoire (b) mémoire   4. (a) mode (b) mode

   5. (a) moules (b) moules   6. (a) poste (b) poste   7. (a) solde (b) solde

   8. (a) somme (b) somme (c) somme   9. (a) Tour (b) tour (c) tour

   10. (a) vase (b) vase   11. (a) voile (b) voiles

[4] 1. (a) avocats (b) avocat   2. (a) cousins (b) cousin

   3. (a) mineurs (b) mineurs.

【練習2】 同綴同音語 — 動詞

同綴同音の動詞を用いた文を並べてあります．それぞれの文に適切な形を書き入れましょう．最初の1文字は書いてあります．

[1] 直説法現在, 不定詞, 過去分詞などが同形.

1. (a) La boulangère c＿＿＿＿ souvent avec ses clients.〔現在〕

     パン屋の女主人はよく客たちとおしゃべりをする．

  (b) La grève des transports c＿＿＿＿ des embouteillages partout dans la capitale.〔現在〕

     交通機関のストは首都のいたるところで渋滞を引き起こしている．

2. (a) Elle l＿＿＿＿ une des pièces de son appartement à une étudiante.〔現在〕

     彼女はアパルトマンの一室を女子学生に貸している．

  (b) Tout le monde l＿＿＿＿ cet exploit.〔現在〕

     誰もがこの快挙を称賛している．

3. (a) L'inspecteur principal a p＿＿＿＿ des policiers autour de la bijouterie.

     〔過去分詞〕

     主任捜査官は宝飾店の周りに警察官を配置した．

  (b) Tu as p＿＿＿＿ la lettre ?〔過去分詞〕

     君は手紙を投函した？

4. (a) Il s'est fait v＿＿＿＿ sa voiture.〔不定詞〕

     彼は車を盗まれた．

  (b) On a vu un aigle v＿＿＿＿ lentement dans le ciel.〔不定詞〕

     ワシが空をゆっくりと飛んでいるのが見えた．

[2] 時制や人称によって活用形が同じになることがある.

1. (a) Je ne s＿＿＿＿ pas d'accord.〔現在〕

     私は賛成ではない．

  (b) Je ne s＿＿＿＿ pas ton conseil.〔現在〕

     私は君の助言に従わない．

2. (a) Elle p .... sa fille tous les matins. 〔半過去〕

   彼女は毎朝娘の<u>髪をとかしていた</u>.

   (b) Elle p .... un tableau dans son atelier. 〔半過去〕

   彼女はアトリエで絵を<u>描いていた</u>.

3. (a) Il a p .... ce matin. 〔過去分詞〕

   今朝<u>雨が降った</u>.

   (b) Ça m'a p .... tout de suite. 〔過去分詞〕

   それはすぐに私の<u>気に入った</u>.

4. (a) Il v .... à la campagne. 〔現在〕

   彼は田舎で<u>暮らしている</u>.

   (b) Il v .... sa grand-mère en rêve. 〔単純過去〕

   彼は祖母を<u>夢に見た</u>.

〔解答〕

[1] 1. (a) cause (b) cause 2. (a) loue (b) loue 3. (a) posté (b) posté

 4. (a) voler (b) voler

[2] 1. (a) suis (< être) (b) suis (< suivre)

 2. (a) peignait (< peigner) (b) peignait (< peindre)

 3. (a) plu (< pleuvoir) (b) plu (< plaire)

 4. (a) vit (< vivre) (b) vit (< voir)

【練習3】 同綴同音語 ― 異なる品詞

　同綴同音語を用いた文を並べてあります．名詞の数や形容詞の性・数，動詞の活用などに注意して，それぞれの文に適切な形を書き入れましょう．最初の1文字は書いてあります．

[1] 名詞と形容詞

1. (a) Dès qu'on a donné a ...., les habitants ont commencé à se réfugier.

   <u>警戒警報</u>が発せられるや住民は避難を開始した.

   (b) Mon grand-père est a .... pour son âge.

   祖父は年の割には<u>体がよく動く</u>.

2. (a) Ils ont fait beaucoup de f .... pour aménager leur appartement.

   彼らはアパルトマンの改修のために多くの<u>費用</u>をかけた.

   (b) Les légumes f .... sont pleins de vitamines.

   <u>生鮮</u>野菜はビタミンが豊富だ.

3. (a) Ce village se situe à quelques m .... de Londres.

   その村はロンドンから数<u>マイル</u>のところにある.

   (b) Cette entreprise compte environ m .... employés.

   この企業には約<u>千人</u>の社員がいる.

57

第2章　語形と語義

4. (a) Quel est le meilleur m................ d'acquérir une langue étrangère ?
外国語を習得する最良の<u>方法</u>は何だろう？

(b) La vendeuse était une femme d'âge m................ très sympathique.
店員はとても感じの良い<u>中年</u>女性だった.

5. (a) Au lycée, j'ai étudié la p................ et la chimie.
高校で，私は<u>物理</u>と化学を学んだ.

(b) Ses troubles p................ sont dus à un accident de voiture.
彼(女)の<u>身体障害</u>は自動車事故によるものだ.

6. (a) Geneviève, perdue dans ses rêveries, regardait dans le v.................
ジュヌヴィエーヴは夢想にふけって，<u>虚空</u>を見つめていた.

(b) La mer était calme. Il n'y avait aucune v................ sur la côte.
海は穏やかだった. 海岸には<u>波</u>ひとつなかった.

(c) J'éprouvais une inquiétude v.................
私は<u>漠然とした</u>不安を感じていた.

[2] 名詞・形容詞と動詞不定詞

1. (a) Elle va chez le b................ acheter de la viande hachée.
彼女は<u>肉屋</u>へ挽肉を買いに行く.

(b) Les bouchons de liège sont utilisées surtout pour b................ les bouteilles de vin.
コルク栓はとりわけワインボトルに<u>栓をする</u>のに使われる.

2. (a) Un vieux c................ conduisait le fiacre.
年老いた<u>御者(ぎょしゃ)</u>が辻馬車を操っていた.

(b) Il faut c................ la bonne réponse.
正しい答えに<u>印(しるし)を付け</u>なさい.

3. (a) Le père de Pierre est c................ municipal.
ピエールの父は市会<u>議員</u>だ.

(b) Il y a quelques restaurants que je peux vous c................ dans ce quartier.
この界隈に<u>お勧め</u>できるレストランが何軒かあります.

4. (a) Le p................ de mon jardin est en fleurs.
私の庭の<u>桃の木</u>に花が咲いている.

(b) Il est interdit de p................ sur ce lac.
この湖で<u>釣り</u>をするのは禁じられている.

5. (a) Cette viande est très t.................
この肉はとても<u>柔らかい</u>.

(b) Les relations internationales risquent de se t................ davantage.
国際関係がより<u>緊張する</u>恐れがある.

[3]　名詞・形容詞と動詞活用形 (以下の文中では直説法現在形)

1. (a) Cet é ＿＿＿＿＿ est très actif.
　　　この生徒はとても活発だ.

　 (b) Ici, on é ＿＿＿＿＿ de la volaille en plein air.
　　　ここでは家禽を屋外で飼育している.

2. (a) Il possède une vaste f ＿＿＿＿＿ en Normandie.
　　　彼はノルマンディーに広大な農場を所有している.

　 (b) Le voyageur continue à marcher d'un pas f ＿＿＿＿＿.
　　　旅人はしっかりした足取りで歩き続けている.

　 (c) Elle f ＿＿＿＿＿ sa boutique à neuf heures du soir.
　　　彼女は夜9時に店を閉める.

3. (a) Ce train ne s'arrête pas à la prochaine g ＿＿＿＿＿.
　　　この列車は次の駅には止まらない.

　 (b) Je g ＿＿＿＿＿ ma voiture dans le parking sous-sol.
　　　私は車を地下駐車場に駐車させる.

4. (a) La lune est belle cette n ＿＿＿＿＿.
　　　今夜は月がきれいだ.

　 (b) Le tabac n ＿＿＿＿＿ à la santé.
　　　たばこは健康を害する.

5. (a) J'ai cliqué l'icône avec la s ＿＿＿＿＿.
　　　私はアイコンをマウスでクリックした.

　 (b) Quand je lui s ＿＿＿＿＿, elle me sourit en retour.
　　　私が彼女にほほ笑むと, 彼女は私にほほ笑み返してくれる.

6. (a) La chambre était s ＿＿＿＿＿ et froide.
　　　部屋は暗くて寒かった.

　 (b) Le navire en détresse s ＿＿＿＿＿ lentement.
　　　難破船はゆっくり沈んでいる.

〔解答〕
[1]　1. (a) alerte (b) alerte　2. (a) frais (b) frais
　　　3. (a) milles (b) mille　4. (a) moyen (b) moyen
　　　5. (a) physique (b) physiques　6. (a) vague (b) vague (c) vague
[2]　1. (a) boucher (b) boucher　2. (a) cocher (b) cocher
　　　3. (a) conseiller (b) conseiller　4. (a) pêcher (b) pêcher
　　　5. (a) tendre (b) tendre
[3]　1. (a) élève (b) élève (< élever)　2. (a) ferme (b) ferme (c) ferme (< fermer)
　　　3. (a) gare (b) gare (< garer)　4. (a) nuit (b) nuit (< nuire)
　　　5. (a) souris (b) souris (< sourire)　6. (a) sombre (b) sombre (< sombrer)

【練習4】 同音異綴語 ― 名詞，動詞

　フランス語には発音が同じで綴り字が異なる語(=同音異綴語)が数多くあります. 主なものを見ていきましょう. 発音表記に対応する語を併記してあるので，それぞれの文の意味に合ったものを選び，適切な形にして書き入れてください. 綴り字が同じで品詞や意味の異なる語がある場合，すなわち表示した語を2度用いる場合は(*同綴異義語あり)の注記を付けてあります.

[1] どれも男性名詞

1. /bu-lo/ ― bouleau, boulot

(a) Il est au chômage ; il cherche du ＿＿＿＿＿＿.
　　彼は失業中だ. 仕事を探している.

(b) Nous avons fait une promenade dans une forêt de ＿＿＿＿＿＿ blancs.
　　私たちは白樺の森を散歩した.

2. /de-sɛ̃/ ― dessein, dessin

(a) Il avait des ＿＿＿＿＿＿ secrets.
　　彼にはひそかな思惑があった.

(b) Les enfants font des ＿＿＿＿＿＿ à la craie.
　　子供たちがクレヨンで絵を描いている.

3. /ɛks-prɛs/ ― exprès, express (*同綴異義語あり)

(a) Envoyez cette lettre en ＿＿＿＿＿＿.
　　この手紙を速達で送ってください.

(b) Je prends l'＿＿＿＿＿＿ de 10 heures 20.
　　私は10時20分の急行列車に乗ります.

(c) Un ＿＿＿＿＿＿, s'il vous plaît.
　　エスプレッソコーヒーを1つお願いします.

4. /fɔ̃/ ― fond, fonds

(a) Il a investi des ＿＿＿＿＿＿ dans cette entreprise.
　　彼はその企業に資金をつぎこんだ.

(b) L'eau est claire et on peut voir le ＿＿＿＿＿＿ du ruisseau.
　　水が澄んでいて小川の底が見える.

5. /gɔlf/ ― golf, golfe

(a) Ce golfeur professionnel a commencé le ＿＿＿＿＿＿ à l'âge de 5 ans.
　　このプロゴルファーは5歳でゴルフを始めた.

(b) Du haut de la colline, on a une vue sur tout le ＿＿＿＿＿＿.
　　丘の頂上から湾を一望できる.

6. /kœːr/ ― chœur, cœur

(a) Les choristes chantent en ＿＿＿＿＿＿ des chants de Noël.
　　合唱隊員がクリスマスの歌を声を合わせて歌う.

(b) Son fils avait le _____ malade et il a subi une opération.

　　彼(女)の息子は<u>心臓</u>を患っていて，手術を受けた.

7. /pɔːr/ ― porc, port (*同綴異義語あり)

(a) Dans ce menu, on peut choisir un rôti de _____ ou une blanquette de veau.

　　このコースはロースト<u>ポーク</u>か子牛のブランケットを選ぶことができる.

(b) Le paquebot va entrer dans le _____.

　　大型客船がまもなく<u>入港</u>する.

(c) Lorsqu'on fait du deux roues, le _____ du casque est obligatoire.

　　2輪車に乗るときは，ヘルメットの<u>着用</u>が義務づけられている.

8. /pu/ ― pou, pouls

(a) Le chien errant était couvert de _____.

　　野良犬は<u>シラミ</u>だらけだった.

(b) Le médecin a pris le _____ du malade.

　　医者は病人の<u>脈</u>をとった.

9. /pwa/ ― poids, pois

(a) Les enfant n'aiment généralement pas les petits _____.

　　子供は概して<u>グリンピース</u>が好きではない.

(b) Ma femme a perdu du _____ en suivant un régime.

　　妻はダイエットを続けて<u>体重</u>を落とした.

10. /pwɛ̃/ ― poing, point

(a) Ce candidat a obtenu dix-huit _____ sur vingt à l'épreuve écrite.

　　この受験者は筆記試験において20点満点で18<u>点</u>を取った.

(b) Il a donné un coup de _____ au visage de l'agresseur.

　　彼は暴漢の顔面に<u>パンチ</u>を食らわした.

11. /siɲ/ ― cygne, signe

(a) Deux _____ nagent gracieusement sur l'étang.

　　2羽の<u>白鳥</u>が優雅に池を泳いでいた.

(b) Il m'a fait _____ de la main de m'approcher de lui.

　　そばに来るようにと彼は私に手で<u>合図</u>をした.

12. /ʃɑ̃/ ― champ, chant

(a) Elle prend des leçons de _____ et de violon.

　　彼女は<u>歌</u>とバイオリンのレッスンを受けている.

(b) Qu'est-ce qu'on cultive dans ce _____ ?

　　この<u>畑</u>では何を栽培しているのですか？

13. /tɛ̃/ ― teint, thym

(a) Le _____ est utilisé comme aromate en particulier dans la cuisine provençale.

　　<u>タイム</u>はとりわけプロヴァンス料理で香辛料として使われる.

(b) Le patron du café a le visage rond et le _____ coloré.

カフェの主人は丸顔で血色のよい顔色をしている.

[2] どれも女性名詞

1. /a-mã:d/ — amande, amende

(a) C'est moi qui ai fait ces gâteaux aux _____.

私がこのアーモンドケーキを作りました.

(b) Il a payé une _____ pour stationnement interdit.

彼は駐車違反で罰金を払った.

2. /ã:kr/ — ancre, encre

(a) Le paquebot a levé l'_____ pour l'escale suivante.

大型客船は次の寄港地に向けて錨を上げた.

(b) On écrit rarement à l'_____ ces derniers temps.

最近はインクで書くことはめったにない.

3. /kan/ — cane, canne, Cannes

(a) _____ est célèbre pour son festival de cinéma international.

カンヌは国際映画祭で有名だ.

(b) La vieille dame marchait avec une _____.

老婦人は杖をついて歩いていた.

(c) Les œufs de _____ sont plus gros que ceux de poule.

アヒルの卵はニワトリの卵よりも大きい.

4. /po:z/ — pause, pose

(a) Et si on faisait une petite _____ ?

少し休憩しないか?

(b) Le modèle a pris plusieurs _____ pour les photos.

モデルは写真のためにいくつものポーズをとった.

5. /sɛn/ — scène, Seine

(a) La _____ traverse Paris du sud-est au sud-ouest.

セーヌはパリを南東から南西へと貫いて流れている.

(b) Le public a applaudi l'acteur quand il est entré en _____.

観客はその俳優が舞台に登場すると拍手を送った.

[3] 男性名詞と女性名詞

1. /bal/ — bal, balle

(a) Il aime jouer à la _____ avec ses enfants.

彼は子供たちとボール遊びをするのが好きだ.

(b) Pour fêter l'anniversaire du prince, le roi donne un grand _____.

王子の誕生日を祝うために,王は大舞踏会を催す.

2. /baːr/ ― bar, barre

(a) Cet homme d'une force herculéenne a facilement courbé la _____ de fer.
その怪力男はやすやすと鉄の棒を曲げた.

(b) Nous nous sommes donné rendez-vous à 19 heures au _____ de l'hôtel.
私たちは19時にホテルのバーで待ち合わせる約束をした.

3. /faːr/ ― fard, phare

(a) La vendeuse m'a proposé quelques _____ pour les yeux.
女性店員はアイメーク用の化粧品をいくつか私に勧めた.

(b) Pour voir la route dans le brouillard, il a allumé les _____ de sa voiture.
霧の中で道が見えるように, 彼は車のヘッドライトをつけた.

4. /fil/ ― fil, file

(a) J'utilise un souris sans _____ pour mon ordinateur.
私はパソコンにコードレスのマウスを使っている.

(b) L'automobiliste n'a pas mis le clignotant avant de changer de _____.
運転者は車線を変える前にウインカーを出さなかった.

5. /fwa/ ― foi, foie, fois

(a) Cette œuvre de bienfaisance est soutenue par beaucoup de gens de bonne
_____.
この慈善事業は多くの善意の人々によって支えられている.

(b) Cette terrine de _____ gras est vraiment délicieuse.
このフォワグラのテリーヌは本当においしい.

(c) Tu vas au cinéma combien de _____ par mois ?
君は月に何度映画に行く？

6. /gɑːz/ ― gaz, gaze

(a) Ça sent le _____. Il faut ouvrir les fenêtres pour aérer.
ガス臭い. 窓を開けて換気をしなければ.

(b) Elle a stérilisé la plaie et mis de la _____ dessus.
彼女は傷口を消毒しガーゼを当てた.

7. /kɔk/ ― coq, coque

(a) Pour le petit-déjeuner, je préfère les œufs à la _____ aux œufs au plat.
朝食には, 私は目玉焼きよりも半熟の(=殻付きの)卵のほうがいい.

(b) Quand je vivais à la campagne, j'entendais le _____ chanter à l'aube.
私が田舎で暮らしていたときは, 夜明けに雄鶏が鳴くのが聞こえた.

8. /kɔl/ ― col, colle

(a) Il soufflait un vent froid ; j'ai relevé le _____ de mon manteau.
冷たい風が吹いていた. 私はコートの襟を立てた.

(b) Prête-moi ton bâton de _____ ; je vais cacheter l'enveloppe.

君のスティック<u>糊</u>を貸してくれ. 封筒に封をするんだ.

9. /kɔ̃:t/ — compte, comte, conte

(a) Il a retiré de l'argent de son _____ avant d'aller faire des achats.

彼女は買い物をしに行く前に<u>口座</u>からお金を引き出した.

(b) Ma grand me lisait des _____ de fées jusqu'à ce que je m'endorme.

母は私が寝入るまで，<u>おとぎ話</u>を読んでくれたものだ.

(c) Tu as lu « Le _____ de Monte-Cristo » de Dumas ?

君はデュマの『モンテクリスト<u>伯</u>』を読んだことがあるかい？

10. /lak/ — lac, laque

(a) Elle vaporise de la _____ pour fixer la coiffure.

彼女は髪型を固定するために<u>(ヘア)ラッカー</u>を吹きかける.

(b) L'hôtel où nous avons séjourné se trouve au bord d'un _____.

私たちが滞在したホテルは<u>湖畔</u>にある.

11. /mal/ — mal, malle

(a) Ce voyageur est monté dans le train avec une grosse _____.

その旅行者は大きな<u>トランク</u>を持って列車に乗り込んだ.

(b) J'ai _____ à la tête et j'ai de la fièvre, sans doute à cause d'un rhume.

おそらく風邪のせいで，私は頭が<u>痛く</u>て，<u>熱</u>がある.

12. /mɛ:r/ — maire, mer, mère

(a) Elle est _____ de quatre enfants.

彼女は4人の子供の<u>母</u>だ.

(b) Nous avons passé cet été au bord de la _____.

私たちはこの夏を<u>海辺</u>で過ごした.

(c) Qui est le _____ actuel de Paris ?

現在のパリ<u>市長</u>は誰ですか？

13. /mɔ-ral/ — moral, morale

(a) Aujourd'hui, la _____ publique est-elle mieux observée qu'avant ?

今日，公衆<u>道徳</u>は以前よりも守られているだろうか？

(b) Il s'est remonté le _____ avec un petit verre de cognac.

彼は小さなグラス1杯のコニャックで<u>元気</u>を取り戻した.

14. /o-tœ:r/ — auteur, hauteur

(a) Cet acteur est aussi _____ dramatique et metteur en scène.

この俳優はまた<u>劇作家</u>であり演出家でもある.

(b) Quelle est la _____ de ce monument historique ?

この記念建造物の<u>高さ</u>はどれくらいですか？

15. /po/ ─ peau, pot

(a) Elle m'a offert des fleurs en _____.
   彼女は私に鉢植えの花をプレゼントしてくれた.

(b) Le bébé a la _____ douce.
   赤ん坊はなめらかな肌をしている.

16. /pwal/ ─ poêle (*同綴異義語あり), poil

(a) Autrefois, on utilisait un _____ à bois pour chauffer la salle de classe.
   昔は，教室を暖房するのに薪(まき)ストーブを使っていた.

(b) Comment fait-on cuire cette viande ? À la _____ ou au gril ?
   この肉をどのように焼こうか？ フライパンそれとも焼き網で？

(c) Un cheval de _____ roux tirait la charrette sur le chemin de campagne poussiéreux.
   赤毛の馬がほこりっぽい田舎道で荷車を引いていた.

17. /sɔl/ ─ sol (*同綴異義語あり), sole

(a) Chantons : « do, ré, mi, fa, _____, ... »
   歌いましょう，「ド，レ，ミ，ファ，ソ，…」

(b) J'ai commandé une _____ meunière.
   私はシタビラメ(舌平目)のムニエルを注文した.

(c) Le _____ était tout détrempé par la pluie.
   地面は雨でぐしょぐしょになっていた.

18. /sta-ty/ ─ statue, statut

(a) La _____ de Henri IV est située sur la place du Pont-Neuf.
   アンリ4世の像はポン-ヌフ広場にある.

(b) Quel était le _____ social de l'écrivain au XVIIIᵉ siècle ?
   18世紀における作家の社会的地位はどのようであったか？

19. /ʃɛn/ ─ chaîne, chêne

(a) Cette table est en _____.
   このテーブルはコナラ[オーク材]でできている.

(b) N'ayez pas peur : le chien est attaché avec une _____.
   怖がることはありません．犬は鎖でつながれています.

20. /vis/ ─ vice, vis

(a) L'oisiveté est mère de tous les _____.
   無為はあらゆる悪徳の母である.

(b) Tu as bien serré toutes les _____ ?
   すべてのねじをしっかり締めたかい？

[4] 動詞現在形

1. /gut/ — goûte (< goûter), goutte (< goutter)

(a) Ferme bien le robinet : il _____.

　　蛇口をしっかり閉めなさい. しずくが落ちている.

(b) Le chef _____ la sauce.

　　シェフはソースの味見をする.

2. /pɑ̃:s/ — panse (< panser), pense (< penser)

(a) « Je _____ donc je suis. » 〔哲学者 René Descartes の言葉〕

　　「我思う, ゆえに我あり.」

(b) Une infirmière _____ un blessé.

　　看護師がけが人の手当をしている.

〔解答〕

[1] 1. (a) boulot (b) bouleau　2. (a) desseins (b) dessins

　　3. (a) exprès (*形容詞 exprès, expresse「厳しく定められた」の男性形も同音. 同綴
　　の副詞の exprès「故意に」の発音は/ɛks-prɛ/) (b) express (*train express の略)
　　(c) express (*café express の略)　4. (a) fonds (b) fond　5. (a) golf (b) golfe
　　6. (a) chœur (b) cœur　7. (a) porc (b) port (c) port　8. (a) poux (b) pouls
　　9. (a) pois (b) poids　10. (a) points (b) poing　11. (a) cygnes (b) signe
　　12. (a) chant (b) champ　13. (a) thym (b) teint

[2] 1. (a) amandes (b) amende　2. (a) ancre (b) encre　3. (a) Cannes (b) canne
　　(c) cane　4. (a) pause (b) poses　5. (a) Seine (b) scène

[3] 1. (a) balle (b) bal　2. (a) barre (b) bar (*魚の「ニシウミスズキ」も同形)
　　3. (a) fards (b) phares (*「灯台」の意味もある)　4. (a) fil (b) file　5. (a) foi (b) foie
　　(c) fois　6. (a) gaz (b) gaze　7. (a) coque (b) coq　8. (a) col (b) colle
　　9. (a) compte (b) conte (c) Comte (*作品のタイトルでは最初の名詞の 1 文字目を
　　大文字で書くのが一般的)　10. (a) laque (b) lac　11. (a) malle (b) mal
　　12. (a) mère (b) mer (c) maire　13. (a) morale (b) moral　14. (a) auteur
　　(b) hauteur　15. (a) pot (b) peau (*フランス南西部の都市 Pau も同音)
　　16. (a) poêle (b) poêle (c) poil　17. (a) sol (b) sole (c) sol　18. (a) statue
　　(b) statut　19. (a) chêne (b) chaîne (『新綴り』は chaine)　20. (a) vices (b) vis

[4] 1. (a) goutte (b) goûte (『新綴り』は goute < gouter)
　　2. (a) pense (b) panse

【練習 5】 同音異綴語 — 異なる品詞

　　発音表記に対応する語を併記してあるので, それぞれの文の意味に合ったものを選び,
適切な形にして書き入れてください.

[1]　名詞と形容詞

1. /dɑ̃ːs/ — danse, dense

(a) Elle fait de la ＿＿＿＿＿＿＿＿ moderne.
　　彼女はモダンダンスをやっている.

(b) On ne voyait rien à cause du brouillard ＿＿＿＿＿＿＿＿.
　　濃い霧のために何も見えなかった.

2. /di-fe-rɑ̃/ — différend, différent

(a) Il a eu un ＿＿＿＿＿＿＿＿ avec son voisin.
　　彼は隣人ともめごとを起こした.

(b) J'ai un avis ＿＿＿＿＿＿＿＿ de vous.
　　私はあなたとは違った意見です.

3. /lɛ/ — laid, lait

(a) Ce vieillard était ＿＿＿＿＿＿＿＿ à faire peur.
　　その老人はぞっとするほど醜かった.

(b) Je ne mets pas de ＿＿＿＿＿＿＿＿ dans mon café.
　　私はコーヒーにミルクを入れない.

4. /mu/ — mou, moue

(a) Cet enfant fait la ＿＿＿＿＿＿＿＿ tout le temps.
　　この子はしょっちゅうふくれ面(つら)をする.

(b) Nous étions assis sur un canapé ＿＿＿＿＿＿＿.
　　私たちは柔らかいソファーに座っていた.

5. /myːr/ — mur, mûr, mûre

(a) C'est de la confiture de ＿＿＿＿＿＿＿＿.
　　これは黒イチゴのジャムだ.

(b) Ce melon n'est pas encore ＿＿＿＿＿＿＿＿.
　　このメロンはまだ熟していない.

(c) Elle a fait repeindre les ＿＿＿＿＿＿＿＿ de la cuisine.
　　彼女は台所の壁を塗り替えさせた.

6. /o/ — eau, haut

(a) C'est le plus ＿＿＿＿＿＿＿＿ immeuble de la ville.
　　これは町で一番高いビルだ.

(b) L'＿＿＿＿＿＿＿＿ de robinet n'est pas potable dans ce pays.
　　この国では水道の水は飲めない.

7. /pɛːr/ — pair (*同綴異義語あり), paire, père

(a) Cet enfant ressemble à son ＿＿＿＿＿＿＿＿.
　　この子は父親似だ.

(b) Il a plusieurs _____ de chaussures de sport.

　　彼は何足ものスポーツシューズを持っている.

(c) Le développement industriel va de _____ avec les progrès techniques.

　　産業の発展と技術の向上は<u>相伴</u>うものだ.

(d) Les pages _____ de ce livre sont illustrées.

　　この本の<u>偶数</u>ページはイラストが入っている.

8. /sal/ — sale, salle

(a) Le mouchoir est _____ ; il faut le laver.

　　ハンカチが<u>汚れ</u>ている. 洗わなくては.

(b) On a construit une nouvelle _____ de concert.

　　新しいコンサート<u>ホール</u>が建った.

9. /sɛt/ — cet, sept, set

(a) Ce joueur de tennis a remporté le premier _____ du deuxième match.

　　このテニス選手は第2ゲームの最初の<u>セット</u>を獲得した.

(b) _____ hôtel est très confortable.

　　<u>この</u>ホテルはとても快適だ.

(c) « Les _____ Samouraïs » est l'un des films japonais les plus célèbres.

　　『<u>七人の侍</u>』は最も有名な日本映画のひとつだ.

10. /sɛ̃/ — cinq, sain, saint, sein

(a) Ce jeune homme est _____ de corps et d'esprit.

　　この若者は心身ともに<u>健康</u>だ.

(b) Elle a nourri ses enfants au _____.

　　彼女は子供たちを<u>母乳</u>で育てた.

(c) Le 1ᵉʳ novembre est la fête de tous les _____.

　　11月1日は諸<u>聖人</u>の祝日だ.

(d) Son revenu est de _____ mille euros par mois.

　　彼(女)の収入は月<u>5</u>千ユーロだ.

11. /so/ — saut, sceau, seau, sot

(a) Il est _____ de continuer des efforts inutiles.

　　無駄な努力を続けるのは<u>愚か</u>だ.

(b) Le chien a franchi la clôture d'un seul _____.

　　犬はひと<u>跳び</u>で柵を越えた.

(c) Le diplôme est authentifié par le _____ de l'université.

　　卒業証書は大学の<u>公印</u>で認証されている.

(d) Sur la plage, un petit garçon joue avec un _____ et une pelle.

　　浜辺では小さな男の子が<u>バケツ</u>とシャベルで遊んでいる.

12. /ʃɛːr/ — chair, chaire, cher, chère

(a) L'abbé a prononcé un sermon en _____ .
   神父は説教壇で説教をした.

(b) Le collier qu'elle aimerait acheter est très _____ .
   彼女が買いたがっているネックレスはとても高価だ.

(c) Les convives ont fait bonne _____ au banquet.
   会食者たちは宴会でごちそうを食べた.

(d) Les femmes peintes par Renoir sont généralement bien en _____ .
   ルノワールに描かれた女性はたいてい肉づきがよい.

13. /ʃo/ — chaud, chaux

(a) Attention ! Le thé est très _____ .
   気をつけて！ お茶はとても熱いから.

(b) En Andalousie, on trouve de nombreuses maisons blanchies à la _____ .
   アンダルシア地方では，石灰で白く塗られた数多くの家を見かける.

14. /tɔ̃/ — thon, ton (*同綴異義語あり)

(a) Ce n'est pas _____ stylo, c'est le mien.
   それは君のペンではなく，僕のだ.

(b) Elle m'a répondu d'un _____ sec.
   彼女はそっけない口調で私に答えた.

(c) Les Japonais aiment le sashimi de _____ .
   日本人はマグロの刺身が好きだ.

[2] 名詞と代名詞

1. /mwa/ — moi, mois

(a) Nous nous réunissons entre amis une fois par _____ .
   私たちは月に一度，仲間うちで集まる.

(b) Viens avec _____ .
   私と一緒に来なさい.

2. /sɛl/ — celle, sel, selle

(a) Ce plat manque de _____ .
   この料理は塩が足りない.

(b) Cette opinion n'est pas _____ de tout le monde.
   この意見はみんなのものではない.

(c) La _____ du vélo est un peu trop haut pour l'enfant.
   自転車のサドルは子供には少し高すぎる.

3. /twa/ — toi, toit

(a) Il chante mieux que _____ .
   彼は君より歌がうまい.

(b) Le _____ de la maison a été arraché par l'ouragan.

家の屋根が暴風雨ではぎ取られた.

[3] 名詞, 形容詞, 前置詞, 副詞, 接続詞

1. /dɑ̃/ — dans, dent

(a) Brosse-toi les _____ avant d'aller au lit.

ベッドに入る前に歯を磨きなさい.

(b) Qu'est-ce qu'il y a _____ cette boîte ?

この箱の中に何がありますか？

2. /gɛːr/ — guère, guerre

(a) Il faut absolument éviter la _____.

絶対に戦争を避けなければならない.

(b) Mon grand-père ne sort _____.

祖父はあまり外出しない.

3. /kaːr/ — car (*同綴異義語あり), quart

(a) Elle va sûrement voir ce film, _____ elle adore l'acteur principal.

彼女はきっとこの映画を見に行くだろう，主役の俳優が大好きだから.

(b) Il est onze heures moins le _____.

11 時 15 分前だ.

(c) Il y a un service de _____ entre ces deux villes.

この 2 つの都市の間を長距離バスが運行している.

4. /nɔ̃/ — nom, non

(a) Quel est le _____ de votre chien ?

あなたの飼い犬は何という名前ですか？

(b) Répondez par oui ou _____.

はいかいいえで答えなさい.

5. /ɔːr/ — hors, or (*同綴異義語あり), ores

(a) Cette bague est en _____ pur.

この指輪は純金です.

(b) Le réchauffement global est d'_____ et déjà en cours.

地球の温暖化は今やすでに進行している.

(c) Quel est le pourcentage des femmes mariées qui travaillent _____ de la maison ?

家の外で働く既婚女性の割合はどれくらいですか？

(d) Thierry n'aimait pas la musique, _____ il est devenu chanteur.

ティエリーは音楽が好きではなかった，ところが彼は歌手になった.

6. /syːr/ — sur (*同綴異義語あり), sûr

(a) Cette boisson rafraîchissante a un goût _____.
   この清涼飲料は酸っぱい味がする.

(b) Il est _____ de son succès.
   彼は自分の成功を確信している.

(c) Le magazine est _____ la table.
   雑誌はテーブルの上にある.

7. /tɑ̃/ — tant, temps

(a) Le _____ passe vite !
   時は早く過ぎる!

(b) Ne vous découragez pas _____ !
   そんなに落胆しないで!

8. /to/ — taux, tôt

(a) Il est parti _____ le matin.
   彼は朝早く出かけた.

(b) Le _____ de croissance économique reste stationnaire.
   経済成長率は横ばいだ.

9. /trɛ/ — trait, très

(a) Ce problème est _____ difficile.
   この問題はとても難しい.

(b) J'ai souligné des mots importants d'un _____ rouge.
   私は重要な語に赤線でアンダーラインを引いた.

10. /tro/ — trop, trot

(a) Ce jeune homme est _____ maladroit.
   あの若者はあまりに不器用だ.

(b) Le cheval allait au _____ dans la forêt.
   馬は森の中を速足で進んでいた.

11. /u/ — août, ou, où

(a) Je ne sais pas _____ elle habite.
   彼女がどこに住んでいるか私は知らない.

(b) Je prends mes vacances en _____.
   私は8月に休暇を取る.

(c) La réparation sera faite demain _____ après-demain.
   明日か明後日には修理が終わるでしょう.

12. /vɛːr/ — ver, verre, vers (*同綴異義語あり), vert

(a) Ce récit est écrit en _____.
   この物語は韻文で書かれている.

(b) Donnez-moi un _____ d'eau.

水を1杯ください.

(c) La plupart des Japonais boivent du thé _____ tous les jours.

日本人の多くは毎日緑茶を飲む.

(d) Le bateau se dirigeait _____ le sud.

船は南の方へ向かっていた.

(e) Le tronc de l'arbre est mangé de _____.

木の幹は虫に食われている.

[4] 名詞と動詞不定詞・過去分詞

1. /kɥiːr/ ─ cuir, cuire

(a) Elle fait _____ le ragoût à petit feu.

彼女はシチューをとろ火で煮る.

(b) J'ai acheté un blouson de _____.

私は革のブルゾンを買った.

2. /mɛtr/ ─ maître, mètre, mettre

(a) Ce basketteur mesure plus de deux _____.

このバスケットボール選手は身長が2メートル以上ある.

(b) Il faut _____ un smoking pour assister à cette soirée.

このパーティーに出席するにはタキシードを着用しなければならない.

(c) On dit que le chien ressemble à son _____.

犬は飼い主に似ると言われている.

3. /ne/ ─ né (< naître, 『新綴り』は naitre), nez

(a) Je suis enrhumé et j'ai le _____ bouché.

私は風邪をひいて，鼻が詰まっている.

(b) Mon grand-père est _____ le 22 février 1946 à Tokyo.

祖父は1946年2月22日に東京で生まれた.

4. /par-ti/ ─ parti, parti (< partir), partie

(a) Il est _____ en voyage.

彼は旅行に出かけた.

(b) Le roman paraîtra en deux _____.

小説は2部に分けて出版されるだろう.

(c) Les deux _____ politiques ont conclu une alliance électorale.

両党は選挙協力を取り決めた.

[5] 名詞と動詞現在形

1. /blɔk/ ─ bloc, bloque (< bloquer)

(a) Le gardien de but _____ le ballon.

ゴールキーパーがボールをブロックする.

(b) Les murs sont faits en _____ de béton.

塀はコンクリートブロックでできている.

2. /bu/ — boue, bout, bout (< bouillir)

(a) L'eau _____.

湯が沸騰している.

(b) Le théâtre se trouve est au _____ de cette rue.

劇場はこの通りの突き当りにあります.

(c) Tu as de la _____ sur tes chaussures.

君の靴に泥が付いているよ.

3. /ɛːr/ — air (*同綴異義語 3 語あり), aire, ère, erre (< errer)

(a) Arrêtons-nous pour une petite pause à la prochaine _____ de service.

この次のサービスエリアで止まってちょっと休憩しよう.

(b) Elle regardait dehors d'un _____ triste.

彼女は悲しげな様子で外を眺めていた.

(c) Il fredonne souvent de vieux _____.

彼は古い曲をよく口ずさむ.

(d) L'_____ chrétienne commence à la naissance de Jésus-Christ.

キリスト紀元[西暦]はイエス・キリストの誕生に始まる.

(e) Le patient se repose à la campagne où l'_____ est pur.

患者は空気の澄んだ田舎で静養している.

(f) Un chien _____ dans les rues.

犬が通りをさまよっている.

4. /fɛ̃/ — faim, feint (< feindre), fin (*同綴異義語あり)

(a) Cet enfant n'est pas malade ; il _____ une maladie.

この子は病気ではない. 病気のふりをしているのだ.

(b) Donne-moi à manger. Je meurs de _____ !

食べるものをちょうだい. 腹がすいて死にそうなんだ!

(c) Elle a les cheveux _____ et soyeux.

彼女は細くてつやのある髪をしている.

(d) Il ne faut pas révéler la _____ de ce film.

この映画の結末を明かしてはいけない.

5. /ku/ — cou, coud (< coudre), coup, coût

(a) Elle _____ elle-même ses robes.

彼女はドレスを自分で縫う.

(b) La tempête a porté un grand _____ à l'agriculture de cette région.

嵐はこの地方の農業に大打撃を与えた.

(c) Le _____ de la vie en Suisse est plus élevé qu'en France.

スイスの生活費はフランスよりも高い.

(d) Ma fille, folle de joie, m'a sauté au _____.

娘は狂喜して私の首に飛びついた.

6. /li/ — lie, lit, lit (< lire)

(a) Il _____ beaucoup de romans policiers.

彼は多くの推理小説を読む.

(b) Je me réveille mal et j'ai du mal à sortir de mon _____.

私は寝起きが悪くて，ベッドからなかなか出られない.

(c) La _____ du vin se dépose au fond de la bouteille.

ワインの澱(おり)は瓶の底に沈殿する.

7. /pɛ̃/ — pain, peint (<peindre), pin

(a) Ce peintre ne _____ que des paysages.

この画家は風景しか描かない.

(b) Les collines de Provence sont plantées d'oliviers, de _____, de cyprès.

プロヴァンスの丘陵にはオリーブや松や糸杉が植わっている.

(c) Les enfants adorent le _____ au chocolat.

子供たちはチェコレートパンが大好きだ.

8. /pus/ — pouce, pousse, pousse (< pousser)

(a) Au supermarché, elle fait des achats et son mari _____ un chariot.

スーパーマーケットでは，彼女が買い物をして夫がカートを押す.

(b) Il a annoncé « OK » en levant le _____.

彼は親指を立ててオーケーだと知らせた.

(c) Vous savez comment cuisiner les _____ de bambou ?

筍(たけのこ)の料理の仕方を知っていますか？

9. /tɑ̃:t/ — tante, tente, tente (< tenter)

(a) Elle a une _____ qui habite en Bretagne.

彼女にはブルターニュに住んでいるおばがいる.

(b) Il ne _____ jamais rien qu'il ne pense pouvoir réussir.

彼は成功できると思わないことは決して試みない.

(c) Nous avons monté notre _____ dans le camping au bord de la rivière.

私たちは川のほとりのキャンプ場にテントを張った.

10. /vwa/ — voie, voit (< voir), voix

(a) Cette chanteuse a une très belle _____.

この女性歌手はとても美しい声をしている.

(b) Il fait noir, on ne _____ rien !

真っ暗だ，何も見えない！

(c) Le train pour Marseille part de la _____ 2.

マルセイユ行きの列車は2番線から出る.

11. /ʒu/ — joue, joue (< jouer), joug

(a) Elle s'est penchée vers la petite fille et l'a embrassée sur la _____.

彼女は女の子のほうに身をかがめて，頬にキスをした.

(b) Il est difficile de secouer le _____ des préjugés.

偏見のくびき[束縛]を払いのけるのは難しい.

(c) Il _____ tandis que tous les autres travaillent.

ほかの皆が働いているのに，彼は遊んでいる.

[6] 名詞と動詞現在形とさまざまな品詞

1. /kuːr/ — cour, courent (< courir), cours, court (*同綴異義語あり)

(a) Cette chambre donne sur la _____.

この部屋は中庭に面している.

(b) Dans ce stade, il y a quatre _____ de tennis.

この競技場にはテニスコートが4面ある.

(c) Je n'ai jamais manqué le _____ de français.

私はフランス語の授業を一度も休んだことがない.

(d) Les coureurs _____ en peloton.

ランナーたちは一団となって走っている.

(e) Quand les jours deviennent _____ et froids, on aime bien rester chez soi.

日が短く寒くなると，自宅にとどまっていたくなるものだ.

2. /mɛ/ — mai, mais, met (< mettre), mets

(a) Elle ne _____ pas de sucre dans son café.

彼女はコーヒーに砂糖を入れない.

(b) Il a bien travaillé, _____ il n'a pas réussi.

彼はよく働いたが，うまくいかなかった.

(c) La dinde aux marrons est un _____ traditionnel du repas de Noël.

七面鳥の栗詰めはクリスマスの食事の伝統的な料理だ.

(d) Les lilas fleurissent en _____.

ライラックは5月に花が咲く.

3. /prɛ/ — près, prêt (*同綴異義語あり)

(a) J'habite _____ d'ici.

私はこの近くに住んでいます.

(b) Le dîner est _____. À table !

夕食の用意ができましたよ．テーブルにつきなさい！

(c) Pour ouvrir un nouveau magasin, il a demandé un _____ à sa banque.

新店舗を開店するために，彼は銀行に融資を頼んだ.

4. /pɥi/ — puis, puis (<pouvoir), puits

(a) _____ -je modifier ma réservation ?
予約を変更できますか?

(b) Les villageois puisent de l'eau au _____ .
村人たちは井戸で水を汲んでいる.

(c) Prenez la première rue à droite, _____ la deuxième à gauche.
最初の通りを右に行き,それから2つめを左に行きなさい.

5. /sɑ̃/ — cent, sang, sans, sent (< sentir)

(a) Ça _____ bon !
いい匂いがする.

(b) Il ne faut pas entrer ici _____ permission.
許可なしにここに入ってはいけない.

(c) La victime de l'accident, allongée par terre, perdait du _____ .
事故の犠牲者は地面に横たわり,血を流してしていた.

(d) Plus de _____ personnes ont assisté à la conférence.
100人以上が講演を聞きに来た.

6. /vɛ̃/ — vain, vainc (< vaincre), vin, vingt, vint (< venir)

(a) Cette valise pèse _____ kilos.
このスーツケースは重さが20キロあります.

(b) Le courage _____ la peur.
勇気は恐怖を克服する.

(c) Le printemps _____ et les boutons de rose commencèrent à s'ouvrir.
春が来て,バラのつぼみが開き始めた.

(d) Les Français boivent moins de _____ qu'avant.
フランス人は以前ほどワインを飲まない.

(e) Vous ferez peut-être de _____ efforts.
あなたは無駄な努力をするかもしれません.

〔解答〕
[1] 1. (a) danse (b) dense 2. (a) différend (b) différent 3. (a) laid (b) lait
4. (a) moue (b) mou 5. (a) mûre (『新綴り』はアクサンなしの mure) (b) mûr
(c) murs 6. (a) haut (b) eau 7. (a) père (b) paires (c) pair (d) paires
8. (a) sale (b) salle 9. (a) set (b) Cet (c) Sept (*南仏の都市 Sète も同音)
10. (a) sain (b) sein (c) saints (d) cinq (*/sɛ̃k/とも発音する)
11. (a) sot (b) saut (c) sceau (d) seau 12. (a) chaire (b) cher (c) chère (d) chair
13. (a) chaud (b) chaux 14. (a) ton (b) ton (c) thon
[2] 1. (a) mois (b) moi 2. (a) sel (b) celle (c) selle 3. (a) toi (b) toit

[3]　1. (a) dents (b) dans　2. (a) guerre (b) guère

　　3. (a) car (b) quart (c) car (*autocar の略)　4. (a) nom (b) non

　　5. (a) or (b) ores (c) hors (d) or　6. (a) sur (b) sûr (c) sur

　　7. (a) temps (b) tant　8. (a) tôt (b) taux　9. (a) très (b) trait

　　10. (a) trop (b) trot　11. (a) où (b) août (*/ut/とも発音する.『新綴り』はアクサン
なしの aout) (c) ou

　　12. (a) vers (b) verre (c) vert (d) ver (e) vers (*ver の複数形)

[4]　1. (a) cuire (b) cuir

　　2. (a) mètres (b) mettre (c) maître (『新綴り』はアクサンなしの maitre)

　　3. (a) nez (b) né　4. (a) parti (b) parties (c) partis

[5]　1. (a) bloque (b) bloc　2. (a) bout (b) bout (c) boue

　　3. (a) aire (b) air (c) air (d) ère (e) air (f) erre

　　4. (a) feint (b) faim (c) fins (d) fin

　　5. (a) coud (b) coup (c) coût (『新綴り』はアクサンなしの cout) (d) cou

　　6. (a) lit (b) lit (c) lie　7. (a) peint (b) pins (c) pain

　　8. (a) pousse (b) pouce (c) pousses　9. (a) tante (b) tente (c) tente

　　10. (a) voix (b) voit (c) voie　11. (a) joue (b) joug (c) joue

[6]　1. (a) cour (b) courts (c) cours (d) courent (e) courts

　　2. (a) met (b) mais (c) mets (d) mai　3. (a) près (b) prêt (c) prêt

　　4. (a) Puis (b) puits (c) puis　5. (a) sent (b) sans (c) sang (d) cent

　　6. (a) vingt (b) vainc (c) vint (d) vin (e) vains

【練習6】　同綴異音語

　次の文には綴りが同じで発音の異なる語(=同綴異音語, 下線を引いてある)が含まれています. 発音に注意しながら読みましょう.

1.　(a)　Il est content de ce résultat.
　　　　　　彼はこの結果に満足している.

　　(b)　Ils content les légendes de leur peuple sous une forme chorale.
　　　　　　彼らは合唱形式で民族の伝説を語る.

2.　(a)　Il est négligent ; il ne range presque pas sa chambre.
　　　　　　彼はだらしない. ほとんど部屋を片づけない.

　　(b)　Ils négligent leurs enfants.
　　　　　　彼らは子供たちをほったらかしにしている.

3.　(a)　La chapelle du couvent a été récemment rénovée.
　　　　　　修道院のチャペルは最近改修された.

　　(b)　Les poules couvent leurs œufs et élèvent leurs poussins.
　　　　　　雌鶏は卵を孵(かえ)して, 雛を育てる.

4. (a) Je lis un roman de Balzac en ce moment.

私は目下バルザックの小説を読んでいる.

(b) Le lis est considéré comme symbole de la virginité.

ユリは純潔の象徴とみなされている.

5. (a) Ce mot dans la phrase est employé au sens figuré.

文中のこの語は比喩的な意味で用いられている.

(b) Je ne me sens pas bien ; j'ai mal au cœur.

私は気分がよくない. 吐き気がする.

6. (a) Cette vis est desserrée.

このねじは緩んでいる.

(b) Je vis seul dans cette ville.

私はこの町で一人で暮らしている.

7. (a) Il y a des fils et des aiguilles dans cette petite boîte.

この小箱に糸と針が入っている.

(b) Ils aiment aveuglément leur fils unique.

彼らは一人息子を溺愛している.

8. (a) Ce n'est pas un homme qui est fier de ses richesses.

彼は自分の財産を自慢するような男ではない.

(b) Je ne sais plus à qui me fier.

私はもう誰を信頼すればよいのかわからない.

9. (a) Il travaille depuis longtemps comme reporter à la télévision.

彼は長年テレビレポーターとして仕事をしている.

(b) On a décidé de reporter la réunion d'une semaine.

会議を一週間延期することが決まった.

10. (a) Elle a mis au mur un poster de son acteur favori.

彼女は好きな俳優のポスターを壁に貼った.

(b) J'ai oublié de poster la lettre.

私は手紙を投函するのを忘れた.

11. (a) Cet immeuble a plus de deux cents mètres de haut.

このビルは高さが 200 メートル以上ある.

(b) Un euro vaut maintenant à peu près un dollar trente cents.

1 ユーロは現在約 1 ドル 30 セントに相当する.

〔解答〕

1. (a) content /kɔ̃-tɑ̃/ (b) content /kɔ̃:t/ 2. (a) négligent /ne-gli-ʒɑ̃/ (b) négligent /ne-gli:ʒ/ 3. (a) couvent /ku-vɑ̃/ (b) couvent /ku:v/ 4. (a) lis /li/ (b) lis /lis/
5. (a) sens /sɑ̃s/ (b) sens /sɑ̃/ 6. (a) vis /vis/ (b) vis /vi/ 7. (a) fils /fil/ (b) fils /fis/

8. (a) fier /fjɛːr/ (b) fier /fje/ 9. (a) reporter /rə-pɔr-tɛːr/ または /rə-pɔr-tœːr/ (『新綴り』は reporteur /rə-pɔr-tœːr/) (b) reporter /rə-pɔr-te/
10. (a) poster /pɔs-tɛːr/ (b) poster /pɔs-te/ 11. (a) cents /sɑ̃/ (b) cents /sɛnt/

§5 類音語

　たとえば，accident「事故」と incident「ちょっとした事件」のように，語形(特に音形)が似ていて意味の異なる語を**類音語**と言います．類音は，記憶の曖昧さと相まって，言い間違いを引き起こす要因となります．また，類音語は多義語や同形異義語とともに，いわゆる「しゃれ」という言葉遊びに利用されます．

【練習1】 さまざまな類音語

　名詞・動詞・形容詞・副詞などの類音語を並べてあります．どちらか適切な語を選び，空欄に書き入れましょう(必要な性・数の変化や動詞の活用(直説法現在形)をしてください)．

1. allusion / illusion
(a) Il se fait des _____ ; il s'apercevra un jour de son erreur.
　　彼は<u>幻想</u>を抱いている．いつか自分の間違いに気がつくだろう．
(b) J'ai compris tout de suite à quoi il faisait _____ .
　　彼が何を<u>ほのめかし</u>ているのか私はすぐにわかった．

2. attention / intention
(a) J'ai l'_____ de visiter tous les musées de cette ville.
　　私はこの町のすべての美術館を見学する<u>つもり</u>です．
(b) L'énorme panneau publicitaire a attiré l'_____ des passants.
　　巨大な広告パネルは通行人の<u>注意</u>を引いた．

3. dénouement / dénuement
(a) Dans ce pays, beaucoup de gens sont dans un grand _____ .
　　この国では，多くの人が<u>貧窮</u>している．
(b) L'affaire a fini par un _____ tragique.
　　事件は悲劇的<u>結末</u>に終わった．

4. évasion / invasion
(a) Ce pays ont longtemps subi des _____ étrangères.
　　この国は長いこと外国の<u>侵略</u>をこうむってきた．
(b) On dit que quelques prisonniers ont fait une _____ cette nuit.
　　昨夜，数名の囚人が<u>脱走</u>したらしい．

5. justesse / justice
(a) Il traite avec _____ tous ses subordonnés.
　　彼は部下全員を<u>公平</u>に扱っている．

(b) J'ai pu attraper de _____ le dernier train.

　　私はぎりぎりのところで終電に間に合った.

6. capter / capturer

(a) Ici, on peut _____ des émissions de télévision du pays voisin.

　　ここでは隣国のテレビ放送を受信できる.

(b) Il est interdit de _____ des animaux sauvages dans cette zone.

　　この地域で野生動物を捕獲することは禁じられている.

7. coasser / croasser

(a) Un corbeau _____.

　　カラスがカアカア鳴いている.

(b) Une grenouille _____.

　　カエルがケロケロ鳴いている.

8. compréhensible / compréhensif

(a) Ses explications sont très _____.

　　彼(女)の説明はとても理解しやすい.

(b) Ses parents sont très _____.

　　彼(女)の両親はとても理解がある.

9. officiel / officieux

(a) Ce n'est qu'une information _____.

　　これは非公式な情報でしかない.

(b) Le premier ministre est en visite _____ au Mexique.

　　首相はメキシコを公式訪問中だ.

10. partial / partiel

(a) Elle travaille à temps _____.

　　彼女はパートタイムで働いている.

(b) Il a perdu le match par un arbitrage _____.

　　彼は不公平な判定で試合に負けた.

11. prodige / prodigue

(a) C'est un _____ : comme ça, il gaspillera toute sa fortune.

　　彼は浪費家だ. こんな風だと全財産を遣い果たすだろう.

(b) C'est un _____ : il a composé ses premières œuvres à l'âge de six ans.

　　彼は神童だ. 6歳のときに最初の作品を作曲した.

12. respectable / respectueux

(a) Le garçon voulait devenir une personne _____.

　　少年は尊敬に値する人になりたいと思っていた.

(b) Le visiteur m'a parlé sur un ton _____.

　　訪問者は私に丁寧な口調で話しかけた.

13. spacieux / spatial

  (a) Le couloir conduisait au salon _____.

     廊下は<u>広々とした</u>応接間に続いていた.

  (b) Le lancement de la navette _____ a été remis au lendemain.

     <u>スペース</u>シャトルの打ち上げは翌日に延期された.

14. vénéneux / venimeux

  (a) C'est un champignon _____.

     これは<u>毒</u>キノコだ.

  (b) C'est un serpent _____.

     これは<u>毒</u>ヘビだ.

15. auparavant / dorénavant

  (a) _____, l'entrée principale sera fermée à 22 heures.

     <u>今後</u>, 正門は２２時に閉まります.

  (b) Vous serez opéré jeudi prochain. _____, il faudra faire un certain nombre d'examens.

     あなたの手術は次の木曜日です. <u>その前に</u>いくつかの検査をしなければなりません.

〔解答〕

1. (a) illusions (b) allusion   2. (a) intention (b) attention

3. (a) dénuement (b) dénouement   4. (a) invasions (b) évasion

5. (a) justice (b) justesse   6. (a) capter (b) capturer

7. (a) croasse (b) coasse   8. (a) compréhensibles (b) compréhensifs

9. (a) officieuse (b) officielle   10. (a) partiel (b) partial

11. (a) prodigue (b) prodige   12. (a) respectable (b) respectueux

13. (a) spacieux (b) spatiale   14. (a) vénéneux (b) venimeux

15. (a) Dorénavant (b) Auparavant

【練習２】 類音による間違い

　誤った類音語を文意に合った正しい語にしましょう. ヒントとして正しい語の綴りの一部を示してあります.

  1. Cet enfant a une grande <u>attitude</u> [_____] pour la musique.

    この子供には音楽に対するすぐれた<u>素質</u>がある. 〔ヒント：...titue〕

  2. Bernard est un bon <u>chevalier</u> [_____].

    ベルナールは<u>乗馬</u>が上手だ. 〔ヒント：...valier〕

  3. Un camion est entré en <u>collusion</u> [_____] avec un autocar.

    トラックが長距離バスに<u>衝突</u>した. 〔ヒント：coll......ion〕

4. Il a trahi ma confidence [   ].

   彼は私の信頼を裏切った．〔ヒント：confi...ce〕

5. On consume [   ] plus d'électricité en été.

   夏はより多くの電力を消費する．〔ヒント：cons...me〕

6. Si tu n'es pas sage, tu seras privé de désert [   ].

   良い子にしていないと，デザートを取り上げますよ．〔ヒント：des...〕

7. Elle portait un jean éliminé [   ] aux genoux.

   彼女は膝(ひざ)のすり切れたジーンズをはいていた．〔ヒント：élim...〕

8. Cet acteur a été ennobli [   ] par la reine d'Angleterre.

   その俳優はイギリス女王に爵位を授けられた．〔ヒント：...nobli〕

9. Acceptera-t-il un travail mal énuméré [   ]?

   彼は報酬の安い仕事を引き受けるだろうか？〔ヒント：...munéré〕

10. Une troupe de policiers a fait éruption [   ] dans la salle.

    警官隊が会場になだれ込んだ．〔ヒント：...ruption〕

11. C'est un des musiciens imminents [   ] d'aujourd'hui.

    彼は現代の卓越した音楽家の一人だ．〔ヒント：...minents〕

12. Ses visites fréquentes sont vraiment importants [   ].

    彼(女)の頻繁な訪問はじつに煩わしい．〔ヒント：import...〕

13. C'est une erreur par impudence [   ].

    それは軽率さによる間違いだ．〔ヒント：...udence〕

14. Cet homme a été inculqué [   ] de meurtre.

    その男は殺人容疑で取り調べを受けた．〔ヒント：incul...〕

15. Nous avons pris une villa en locution [   ] pour les vacances.

    バカンスのために私たちは別荘を借りた．〔ヒント：loc...ion〕

16. J'ai éprouvé de la piété [   ] pour cet orphelin.

    私はその孤児に哀れみの情を覚えた．〔ヒント：pi...〕

17. Qui est le premier empereur roman [   ]?

    初代のローマ皇帝は誰ですか？〔ヒント：rom...〕

〔解答〕
1. aptitude (*attitude 姿勢，態度)　2. cavalier (*chevalier 騎士)
3. collision (*collusion 共謀)　4. confiance (*confidence 打ち明け話)
5. consomme (*consume < consumer 焼き尽くす)
6. dessert (*désert 砂漠)　7. élimé (*éliminé < éliminer 取り除く)
8. anobli (*ennobli < ennoblir 気高くする)　9. rémunéré (*énuméré 列挙された)
10. irruption (*éruption 噴火)　11. éminents (*imminents 差し迫った)
12. importuns (*importants 重要な)　13. imprudence (*impudence 破廉恥)

82

14. inculpé (*inculqué < inculquer 教え込む)　15. location (*locution 句)

16. pitié (*piété 信心)　17. romain (*roman ロマンス語の；ロマネスクの)

§6　類義語

　語形は異なるが意味が似ている語を**類義語**(または類語)と言います. **同義語**と言うこともありますが, 2つ(以上)の語の意味がまったく同じ「完全同義」はきわめて稀で, ほとんどの場合は, 下で述べるように, なんらかの違いのある「部分同義」や「近似的同義」ですから, 誤解を避けるためには類義語と呼ぶほうが適切でしょう.

　部分同義とは, いくつかの語の意味が部分的に重なることを言います. 部分同義語は文脈によって置き換えが可能な場合もそうでない場合もあります. たとえば, envoyer と lancer については, 下記(a)の文脈ではどちらを用いても大きな意味の違いはありませんが, (b)の文脈ではどちらか一方しか使えません.

(a)　envoyer / lancer un ballon dans le jardin　庭にボールを投げ入れる

　　envoyer / lancer une navette spatiale　スペースシャトルを打ち上げる

(b)　envoyer (×lancer) un colis par bateau　小包を船便で送る

　　lancer (×envoyer) un cri　叫び声を上げる

　また, 同義的な動詞(および動詞表現)であっても, 構文(前置詞の有無や種類, 主語・述語関係など)が異なることがあります.

　　Il a abandonné son projet. / Il a renoncé à son projet.　彼は計画を断念した.

　　J'aime ce tableau. / Ce tableau me plaît.　私はこの絵が好きだ.

　近似的同義においては, 次のような, 使用域や丁寧さやニュアンスの違いがあります.

(1)　地域や時代による違い.

　［例］ベルギー, スイスなどでは soixante-dix を septante と言います. この語はかつてはフランスでも使われていました.

(2)　社会集団や分野による違い.

　［例］jaunisse「黄疸(おうだん)」は医学用語では ictère と言います.

(3)　スピーチレベルによる違い.

　［例］tromper「だます」はふつうの言い方ですが, くだけた言い方では feinter, 改まった言い方では abuser などの語が用いられます. スピーチレベルの判断は個人差や年代差があり, 仏仏辞典や仏和辞典の記述も一様ではありません.

(4)　感情的ニュアンスや評価に関する違い.

　［例］「驚いた」を表す語は, surpris < étonné < stupéfait の順で意味が強くなります.
　　また, 同じ事態を述べるのに une femme maigre「やせた女性」や une femme mince「ほっそりした女性」, un homme courageux「勇敢な男」や un homme téméraire「無謀な男」などと言います.

【練習1】 意味の似た名詞・形容詞

文脈に最もふさわしい名詞・形容詞を選び，適切な形にして(性・数の一致など)空欄に書き入れましょう．

[1] 〈endroit / lieu / place〉 (＊2度用いる語がある)

1. Ce meuble prend trop de ＿＿＿＿＿＿＿＿.
   この家具は場所を取りすぎる．

2. Ici, c'est un ＿＿＿＿＿＿＿＿ idéal pour faire du camping.
   ここはキャンプをするのに理想的な場所だ．

3. J'ai remis le livre à sa ＿＿＿＿＿＿＿＿ dans la bibliothèque.
   私は本を本棚のもとの場所に戻した．

4. Quel est votre ＿＿＿＿＿＿＿＿ de naissance ?
   あなたの出生地はどこですか？

[2] 〈prudent / raisonnable / sage〉 (＊2度用いる語がある)

1. Cet élève est ＿＿＿＿＿＿＿＿, il ne fréquente pas les mauvais camarades.
   この生徒は分別がある．悪い仲間とは付き合わない．

2. Chéri, sois ＿＿＿＿＿＿＿＿, ne roule pas trop vite.
   あなた，慎重にね，あまりスピードを出さないで．

3. Comme il est ＿＿＿＿＿＿＿＿, il nous donnera de bons conseils.
   彼は賢明だから，私たちによい助言を与えてくれるだろう．

4. Dans le bus, les enfants ne font pas de bruit et restent ＿＿＿＿＿＿＿＿.
   バスの中で，子供たちは騒がずに，いい子にしている．

[3] 〈court / éphémère / momentané / passager / provisoire / temporaire〉
   (＊各語を1度用いる)

1. C'est une averse ＿＿＿＿＿＿＿＿, attendons un peu sous le porche.
   通り雨だ，ポーチの下で少し待とう．

2. Ce titre n'est que ＿＿＿＿＿＿＿＿. On discutera pour trouver le meilleur.
   このタイトルは暫定的なものです．最良のものを見つけるために議論をしていきます．

3. Il a trouvé un travail de livreur, mais ce n'est qu'un emploi ＿＿＿＿＿＿＿＿.
   彼は配達人の仕事を見つけたが，臨時雇いだ．

4. Marcel est obèse ; il a le souffle ＿＿＿＿＿＿＿＿ en marchant.
   マルセルはとても太っていて，歩くとすぐに息切れがする．

5. Nous nous excusons de l'interruption ＿＿＿＿＿＿＿＿ de l'émission.
   番組が一時中断したことをお詫びいたします．

6. « Rien ne dure. Tout est ＿＿＿＿＿＿＿＿ », dit un philosophe.
   「続くものは何もない．すべてはつかの間である」とある哲学者は言っている．

〔解答〕
[1] 1. place 2. endroit 3. place 4. lieu [2] 1. raisonnable 2. prudent
3. sage 4. sages [3] 1. passagère 2. provisoire 3. temporaire 4. court
5. momentanée 6. éphémère

【練習2】 意味の似た動詞

文脈に最もふさわしい動詞を選び，適切な形にして空欄に書き入れましょう. 形は直説法現在, 不定詞, 過去分詞のいずれかです.

〈 apercevoir / contempler / dévisager / distinguer / épier / examiner / inspecter / observer / regarder / surveiller / voir 〉

1. Ceux qui _____ longtemps la télévision sont moins nombreux qu'avant.
   長時間テレビを見る人は以前ほど多くない.

2. J'ai _____ l'actrice célèbre malgré la foule qui l'entourait.
   群衆が取り囲んでいたが，有名女優の姿がちらっと見えた.

3. Le brouillard épais nous empêche de _____ la route, les arbres, les champs.
   濃い霧のせいで道路や木や畑を見分けることができない.

4. Le détective _____ les gens qui entrent et sortent du bar.
   探偵はバーに出入りする人たちを見張っている.

5. Le gardien de prison _____ les prisonniers.
   看守が囚人たちを監視している.

6. Le maire a _____ les travaux de construction du gymnase municipal.
   市長は市営体育館の建設工事を視察した.

7. Les hommes ont _____ la jeune femme d'une manière indiscrète.
   男たちは若い女性をぶしつけにじろじろ見た.

8. Mon frère a acheté un télescope pour _____ les étoiles.
   兄は星を観察するために望遠鏡を買った.

9. Nous avons _____ ce problème sous tous ses aspect.
   私たちはあらゆる面からこの問題を検討した.

10. Tous les touristes _____ ce magnifique paysage.
    観光客は誰もがその素晴らしい景色に見とれる.

11. Vous _____, là-bas, une maison au toit rouge ?
    あそこに赤い屋根の家が見えますか？

〔解答〕
1. regardent 2. aperçu 3. distinguer 4. épie 5. surveille 6. inspecté
7. dévisagé 8. observer 9. examiné 10. contemplent 11. voyez

【練習3】 構文の異なる類義語

下線の動詞をかっこ内の動詞に置き換えて，全文を書き改めましょう．動詞の時制は最初の文と同じです．構文(前置詞の有無や種類など)の違いに注意してください．

1. Il accepetera de collaborer avec nous.

   彼は私たちと共同で仕事をすることを承諾するだろう.

   (consentir à ...)

   → _____

2. J'aime mieux le thé que le café.

   私はコーヒーよりも紅茶が好きだ.

   (préférer ... à ...)

   → _____

3. Ils annoncent leur mariage à leurs connaissances.

   彼らは知人たちに結婚を知らせる.

   (faire part de ... à ...)

   → _____

   (informer ... de ...)

   → _____

4. Il appartient à notre club.

   彼は私たちのクラブに属している.

   (faire partie de ...)

   → _____

5. Ils sont arrivés au sommet.

   彼らは山頂に着いた.

   (atteindre ...)

   → _____

6. L'équipe française a battu l'équipe allemande.

   フランスチームはドイツチームに勝った.

   (l'emporter sur ...)

   → _____

7. Il a confié cette mission à son secrétaire.

   彼はその任務を秘書に託した.

   (charger ... de ...)

   → _____

8. Si tu ne travailles pas davantage, tu échoueras à ton examen.

   もっと勉強しないと，君は試験に落ちるよ.

(rater ...)

→ _____

9. Les enfants n'écoutent pas toujours leurs parents.

子供たちはいつも親の言うことを聞くわけではない.

(obéir à ...)

→ _____

10. Il essaie de trouver une bonne solution.

彼は良い解決策を見つけようと努力している.

(chercher à ...)

→ _____

11. Il fait confiance à ses subordonnés.

彼は部下を信頼している.

(avoir confiance en ...)

→ _____

(se fier à ...)

→ _____

(compter sur ...)

→ _____

12. Il s'est marié avec la fille unique d'un riche commerçant.

彼は裕福な商人の一人娘と結婚した.

(épouser ...)

→ _____

(prendre pour femme ...)

→ _____

13. Face au danger, il a montré un courage étonnant.

危険に直面して，彼は驚くべき勇気を示した.

(faire preuve de ...)

→ _____

14. Le directeur a permis à l'élève de quitter la classe avant l'heure.

校長は生徒に早退することを許した.

(autoriser ... à ...)

→ _____

15. Il a promis de terminer ce travail en trois jours.

彼はこの仕事を3日で終えると約束した.

(s'engager à ...)

→ _____

16. Je me rappelle les vacances de mon enfance.

    私は子供の頃のバカンスを思い出す.

    (se souvenir de ...)

    → _____

17. Il souligne l'importance des réformes.

    彼は改革の重要性を強調した.

    (insister sur ...)

    → _____

18. Surveillez vos enfants où que vous soyez.

    どこにいても子供を見守りなさい.

    (veiller sur ...)

    → _____

19. J'utilise ma carte de crédit pour les achats au supermarché.

    スーパーでの買い物に私はクレジットカードを使う.

    (se servir de ...)

    → _____

〔解答〕

1. Il consentira à collaborer avec nous.
2. Je préfère le thé au café.
3. Ils font part de leur mariage à leurs connaissances.
    Ils informent leurs connaissances de leur mariage.
4. Il fait partie de notre club.
5. Ils ont atteint le sommet.
6. L'équipe française l'a emporté sur l'équipe allemande.
7. Il a chargé son secrétaire de cette mission.
8. Si tu ne travailles pas davantage, tu rateras ton examen.
9. Les enfants n'obéissent pas toujours à leurs parents.
10. Il cherche à trouver une bonne solution.
11. Il a confiance en ses subordonnés.
    Il se fie à ses subordonnés.
    Il compte sur ses subordonnés.
12. Il a épousé la fille unique d'un riche commerçant.
    Il a pris pour femme la fille unique d'un riche commerçant.
13. Face au danger, il a fait preuve d'un courage étonnant.
14. Le directeur a autorisé l'élève à quitter la classe avant l'heure.
15. Il s'est engagé à terminer ce travail en trois jours.

16. Je me souviens des vacances de mon enfance.

17. Il insiste sur l'importance des réformes.

18. Veillez sur vos enfants où que vous soyez.

19. Je me sers de ma carte de crédit pour les achats au supermarché.

【練習4】 類義の文

2つの文がほぼ同じ意味になるように，動詞を選び，適切な活用形にして空欄に書き入れましょう．2つの文の動詞の時制は同じです．エリジョンする箇所があります．

[1] 主語が同じ

〈 devoir / laisser / manquer / serrer / suivre / tenir / tomber / vouloir 〉

1. Ces chaussures sont un peu justes.　この靴は少しきつい．

→ Ces chaussures me _____ un peu.　この靴は少し窮屈だ．

2. Elle a sûrement perdu son chemin.　彼女はきっと道に迷ったのだ．

→ Elle _____ perdre son chemin.　彼女は道に迷ったに違いない．

3. Hier, j'ai rencontré par hasard un vieil ami.　きのう，旧友と偶然に出会った．

→ Hier, je _____ sur un vieil ami.　きのう，旧友とばったり会った．

4. Il s'attache trop à l'argent.　彼は金銭にこだわりすぎる．

→ Il _____ trop à l'argent.　彼は金銭に執着しすぎる．

5. Mon mari n'a pas le sens esthétique.　私の夫は美的センスがない．

→ Mon mari _____ de sens esthétique.　私の夫は美的センスが欠けている．

6. Ne me dérange pas, s'il te plaît !　私の邪魔をしないでちょうだい！

→ _____-moi tranquille, s'il te plaît !　私をそっとしておいてちょうだい！

7. Nous avons avancé le long du ruisseau.　私たちは小川に沿って進んだ．

→ Nous _____ le ruisseau.　私たちは小川をたどって行った．

8. Que signifie ce mot ?　この単語は何を意味しますか？

→ Que _____ dire ce mot ?　この単語はどういう意味ですか？

[2] 主語が異なる

〈 descendre / garder / gêner / mener / mettre / se rappeler / servir 〉

1. Ça m'a pris un mois pour achever cette œuvre.

この作品を仕上げるのに私はひと月かかった．

→ Je _____ un mois pour achever cette œuvre.

私はこの作品を仕上げるのにひと月費やした．

2. Ce voyage me laissera un bon souvenir.

この旅行は私によい思い出を残すでしょう．

→ Je _____ un bon souvenir de ce voyage.

私はこの旅行によい思い出を持ち続けるでしょう．

3. Je ne suis pas à l'aise avec mon père.

　　私は父と一緒だとくつろげない.

　　→ L'accompagnement de mon père me _____.

　　　父と一緒だと私は気詰まりだ.

4. On se sert de cet outil pour fixer des vis aux murs.

　　壁にねじ釘を打ち込むのにこの道具を使う.

　　→ Cet outil _____ à fixer des vis aux murs.

　　　この道具は壁にねじ釘を打ち込むのに使われる.

5. Son nom m'échappe.

　　彼(女)の名前が思い浮かばない.

　　→ Je ne _____ pas son nom.

　　　彼(女)の名前を思い出せない.

6. Un ami m'a logé chez lui pendant mon séjour à Lyon.

　　リヨン滞在中友人が私を家に泊めてくれた.

　　→ Je _____ chez un ami pendant mon séjour à Lyon.

　　　私はリヨン滞在中友人の家に泊まった.

7. Vous pouvez aller à la place par cette rue.

　　この通りを通れば広場に行けます.

　　→ Cette rue vous _____ à la place.

　　　この通りは広場に通じています.

〖解答〗

[1] 1. serrent　2. a dû　3. suis tombé(e)　4. tient　5. manque　6. Laisse
　　7. avons suivi　8. veut

[2] 1. J'ai mis　2. garderai　3. gêne　4. sert　5. me rappelle　6. suis descendu
　　7. mène (*mènera も可能)

【練習5】 古語と現用語の類義語

　　次の(A)の語は, かつて使われた語や今では古めかしくなった語です(辞書では《古》や《古風》などの略号で示されています). 同じ意味の現用語を(B)の欄に書きましょう.

(A) 古語や古風な語　　　　　　　　　(B) 現用語

1. aéroplane　飛行機　　　　　　_____

2. commodités　便所　　　　　　_____

3. mère-grand　祖母　　　　　　_____

4. motocyclette　オートバイ　　_____

5. réclame　広告　　　　　　　　_____

6. stylographe　ペン　　　　　　_____

〔解答〕

1. avion 2. toilettes 3. grand-mère 4. moto 5. publicité 6. stylo

【練習6】 スピーチレベルが異なる類義語

次の(A)はスピーチレベルが異なる語で，(B)は現用の標準的な語です．(A)と同じ意味の語を(B)の欄からから選び，かっこ内に番号を書きましょう．《話》は主として会話で用いられる語，《文》は主として書き言葉で用いられる語，《詩》は韻文で用いられて特殊な意味をもつ語です．

(A) スピーチレベルが異なる語		(B) 標準的な語
1. bagnole《話》	－( )	(1) agent (de police), policier 警官，警察官
2. bécane《話》	－( )	(2) argent 金(かね)
3. bouffer《話》	－( )	(3) arrêter 捕まえる
4. flic《話》	－( )	(4) autrefois 昔，かつて
5. fric《話》	－( )	(5) bicyclette, vélo 自転車
6. se gourer《話》	－( )	(6) boire 酒を飲む
7. gueule《話》	－( )	(7) bouche；figure 口；顔
8. picoler《話》	－( )	(8) cadeau 贈り物
9. pincer《話》	－( )	(9) champs cultivés 田畑
10. trouillard《話》	－( )	(10) danger 危険
11. jadis《文》	－( )	(11) hiver 冬
12. péril《文》	－( )	(12) lune 月
13. présent [男性名詞]《文》	－( )	(13) manger 食べる
14. trépasser《文》	－( )	(14) mourir 死ぬ
15. astre de la nuit《詩》	－( )	(15) peureux 臆病者
16. astre du jour《詩》	－( )	(16) soleil 太陽
17. bise《詩》	－( )	(17) se tromper 間違える
18. sillon [複数形で]《詩》	－( )	(18) voiture 車

〔解答〕

1. (18)　2. (5)　(*日常語では vélo が一般的)　3. (13)　4. (1)　(*flic はもとは agent (de police)「制服の警官・巡査」を指したが，意味が広がり policier「私服刑事を含む警察官一般」を指す)　5. (2)　6. (17)　7. (7)　(*gueule の一般の意味は「(肉食獣などの)口」)　8. (6)　9. (3)　(*pincer の一般の意味は「つまむ，挟む」)　10. (15)　11. (4)　12. (10)　13. (8)　14. (14)　15. (12)　(*astre de la nuit の文字どおりの意味は「夜の天体」)　16. (16)　(*astre du jour の文字どおりの意味は「昼の天体」)　17. (11)　(*bise の一般の意味は「寒風」)　18. (9)　(sillon の一般の意味は「(畑の)畝溝(うねみぞ)」)

【練習7】 軽蔑的ニュアンスの類義語

次の(A)の語は軽蔑的ニュアンスを含んでいます. 同じ意味の中立的評価の語を(B)の欄に書きましょう.

(A) 軽蔑的ニュアンスの語	(B) 中立的評価の語
1. une odeur douceâtre　甘ったるい匂い	une odeur _____　甘い匂い
2. une matière mollasse　ぶよぶよした物質	une matière _____　やわらかい物質
3. une maison vieillotte　古ぼけた家	une _____ maison　古い家
4. un individu inconnu　見知らぬやつ	un _____ inconnu　見知らぬ男
5. de la vinasse　安ワイン	du _____ ワイン
6. écrivasser　書きなぐる	_____ 書く
7. peinturer　色を塗りたくる	_____ 色を塗る

〔解答〕

1. douce　2. molle　3. vieille　4. homme　5. vin　6. écrire　7. peindre

【練習8】 意味の強さが異なる類義語 ― 形容詞 (1)

下線を引いた形容詞と類義の, 意味のより強い(=「とても…, 非常に…」などを意味する)形容詞を下記から選び, 適切な形にして空欄に書き入れましょう(意味のより強い形容詞はいくつかあり得ますが, ここではひとつに絞っています).

〈 angoissé / ardent / brûlant / catégorique / délicieux / émouvant / énorme / exagéré / fanatique / glacial / impitoyable / indispensable / interminable / limpide / magnifique / minuscule / stupéfiant / urgent / vaste 〉

1. un regard anxieux　不安そうなまなざし　― un regard _____
2. un beau paysage　美しい景色　― un paysage _____
3. un bon gâteau　おいしいケーキ　― un gâteau _____
4. du café chaud　熱いコーヒー　― du café _____
5. un prix cher　高い値段　― un prix _____
6. de l'eau claire　澄んだ水　― de l'eau _____
7. une critique dure　厳しい批評　― une critique _____
8. une nouvelle étonnante　意外な知らせ　― une nouvelle _____
9. un supporteur fervent　熱烈な応援者　― un supporteur _____
10. un vent froid　冷たい風　― un vent _____
11. une grosse roche　大きな岩　― une roche _____
12. une grande plaine　広い平原　― une _____ plaine
13. un cortège long　長い行列　― un cortège _____
14. des connaissances nécessaires　必要な知識　― des connaissances _____

15. un refus <u>net</u>　はっきりした拒否　　　― un refus ＿＿＿＿＿＿

16. une <u>petite</u> boutique　小さな店　　　― une boutique ＿＿＿＿＿＿

17. un travail <u>pressant</u>　急ぎの仕事　　　― un travail ＿＿＿＿＿＿

18. des paroles <u>touchantes</u>　心にしみる言葉 ― des paroles ＿＿＿＿＿＿

19. une discussion <u>vive</u>　活発な議論　　　― une discussion ＿＿＿＿＿＿

〔解答〕

1. angoissé　2. magnifique　3. délicieux　4. brûlant　5. exagéré　6. limpide

7. impitoyable　8. stupéfiante　9. fanatique　10. glacial　11. énorme　12. vaste

13. interminable　14. indispensables　15. catégorique　16. minuscule

17. urgent　18. émouvantes　19. ardente

【練習９】　意味の強さが異なる類義語 ― 形容詞 (2)

　下線を引いた形容詞と類義の，意味のより強い (=「とても…，非常に…」などを意味する) 形容詞を下記から選び，適切な形にして空欄に書き入れましょう.

〈 affligé / exigu / génial / identique / livide / ravi / séduisant / stupéfait 〉

1. Cette actrice est <u>charmante</u> [......................].
   この女優はすてきだ.

2. Elle est <u>heureuse</u> [......................] de vous voir.
   あなたに会えて彼女は喜んでいる.

3. Son visage était <u>pâle</u> [......................].
   彼(女)の顔は青白かった.

4. Ces deux photos de paysage sont <u>pareilles</u> [......................].
   この２枚の風景写真はよく似ている.

5. Notre appartement est <u>petit</u> [......................].
   私たちのアパルトマンは狭い.

6. Tout le monde est <u>surpris</u> [......................].
   みんなが驚いている.

7. Ce musicien est <u>talentueux</u> [......................].
   この音楽家は才能がある.

8. Ses parents sont <u>tristes</u> [......................].
   彼(女)の両親は悲しんでいる.

〔解答〕

1. séduisante　2. ravie　3. livide　4. identiques　5. exigu　6. stupéfait

7. génial　8. affligés

【練習10】 意味の強さが異なる類義語 ― 動詞

下線を引いた動詞と類義の,意味のより強い(=「とても…,強く…」などを意味する)動詞を選んで,その直説法現在形を空欄に書き入れましょう.

〈 adorer / allumer / condamner / haïr / supplier / terroriser / vouloir 〉

1. Elle aime [   ] les sucreries.
   彼女は甘いものが好きだ.

2. Je déteste [   ] ses façons.
   私は彼(女)の態度が嫌いだ.

3. La lumière du jour éclaire [   ] la salle.
   日の光がホールを照らしている.

4. Cette affaire effraie [   ] les villageois.
   その事件で村人たちはおびえている.

5. Elle prie [   ] son fils de rester avec elle.
   彼女は一緒にいてほしいと息子に頼んでいる.

6. Ses collègues reproche [   ] sa conduite égoïste.
   同僚たちは彼(女)の利己的な行動を非難している.

7. Frédéric souhaite [   ] faire ses études aux États-Unis.
   フレデリックはアメリカに留学することを望んでいる.

94

〔解答〕
1. adore   2. hais   3. illumine   4. terrorise   5. supplie   6. condamnent
7. veut

§7 対義語

ある語の語義と対立する語義を持つ語を**対義語**(たいぎご)と言います(反義語, 反意語, 反対語, 対語などとも呼ばれます). 対義には以下のようなタイプがあります.

(1) **相対的対義** ― grand「大きい」/ petit「小さい」, bon「良い」/ mauvais「悪い」のような, ある基準や他との比較に基づく相対的対立です. 両者の間に明確な境界がなく, 「少し…,かなり…」など, 程度の異なる中間段階があります. 段階的対義とも言います.

(2) **背反的対義** ― présent「出席している」/ absent「欠席している」, endroit「(紙・布などの)表」/ envers「裏」のように, 一方でなければもう一方であり, 中間状態のない場合です. 相補的対義や両極的対義とも言います.

(3) **時空的対義** ― midi「正午」/ minuit「午前零時」, devant「前に」/ derrière「後ろに」のような, 時間や空間についての位置が反対の場合です.

(4) **方向的対義** ― 主として, 逆の方向性を持つ行為について言います. monter「上る」/ descendre「降りる」のような別の事態を指す場合と, acheter「買う」/ vendre「売る」

のように，同じ事態を逆の立場からとらえて表現する場合とがあります．

(5) **関係的対義** — mari「夫」/ femme「妻」, professeur「先生」/ élève「生徒」に見られるような，関係概念における対立です．père「父」/ mère「母」, père「父」/ fils「子」のように，どの関係性をとらえるかによって対義語が異なることがあり，日本語の「犬猿の仲」とフランス語の être comme chien et chat「犬と猫のようである」のように，言語・文化によって異なる場合もあります．

　ほとんどの語は多義ですから，それぞれの語義(で用いられている文脈)に応じて対義語は変わりえます．たとえば，actif「活発な」/ inactif「不活発な」, actif「積極的な」/ passif「消極的な」などです．

　※ actif / inactif のような接頭辞の有無や種類による対義については，第3章「接頭辞派生」で詳しく見ます．

【練習1】 対義語 ― 形容詞

　下記の左右の表現が対義になるように，空欄に形容詞を書き入れましょう(最初の1文字は書いてあります)．形容詞が修飾する名詞がある場合は性・数を一致させてください．

1. être assis ↔ être d＿＿＿＿＿＿＿
   座っている ⇔ 立っている

2. le beau temps ↔ le m＿＿＿＿＿＿ temps
   晴天 ⇔ 悪天候

3. un beau visage ↔ un visage l＿＿＿＿＿＿
   美しい顔 ⇔ 醜い顔

4. un pays chaud ↔ un pays f＿＿＿＿＿＿
   熱い国 ⇔ 寒い国

5. le mois dernier ↔ le mois p＿＿＿＿＿＿
   先月 ⇔ 来月

6. une question difficile ↔ une question f＿＿＿＿＿＿
   難しい問題 ⇔ 易しい問題

7. la main droite ↔ la main g＿＿＿＿＿＿
   右手 ⇔ 左手

8. être en bonne santé ↔ être m＿＿＿＿＿＿
   健康である ⇔ 病気である

9. un livre épais ↔ un livre m＿＿＿＿＿＿
   厚い本 ⇔ 薄い本

10. une équipe forte ↔ une équipe f＿＿＿＿＿＿
    強いチーム ⇔ 弱いチーム

11. une chanson gaie ↔ une chanson t＿＿＿＿＿＿
    陽気な歌 ⇔ 悲しい歌

12. une montage haute ↔ une montagne b _____
    高い山 ⇔ 低い山

13. être innocent ↔ être c _____
    無罪である ⇔ 有罪である

14. une jeune femme ↔ une v _____ femme
    若い女性 ⇔ 年老いた女性

15. un soldat lâche ↔ un soldat c _____
    臆病な兵士 ⇔ 勇気のある兵士

16. une rue large ↔ une rue é _____
    広い通り ⇔ 狭い通り

17. un sac léger ↔ un sac l _____
    軽い袋 ⇔ 重い袋

18. un rythme lent ↔ un rythme r _____
    ゆっくりしたリズム ⇔ 速いリズム

19. une place libre ↔ une place o _____
    空いた席 ⇔ ふさがった席

20. des cheveux longs ↔ des cheveux c _____
    長い髪 ⇔ 短い髪

21. être marié ↔ être c _____
    結婚している ⇔ 独身である

22. être mineur ↔ être m _____
    未成年である ⇔ 成年に達している

23. un lac naturel ↔ un lac a _____
    自然[天然]湖 ⇔ 人造[人工]湖

24. une serviette propre ↔ une serviette s _____
    きれいなタオル ⇔ 汚れたタオル

25. une école publique ↔ une école p _____
    公立学校 ⇔ 私立学校

26. une famille riche ↔ une famille p _____
    金持ちの一家 ⇔ 貧しい一家

27. du linge déjà sec ↔ du linge encore h _____
    もう乾いている洗濯物 ⇔ まだ湿っている洗濯物

28. un quartier silencieux ↔ un quartier b _____
    静かな界隈 ⇔ 騒がしい界隈

29. un étudiant studieux ↔ un étudiant p _____
    勤勉な学生 ⇔ 怠惰な学生

30. les étages supérieurs ↔ les étages i _____
   上層階 ⇔ 下層階

31. une bouteille vide ↔ une bouteille p _____
   空(から)の瓶 ⇔ 中身の入った瓶

32. une victime vivante ↔ une victime m _____
   生存している犠牲者 ⇔ 死亡した犠牲者

33. un vrai nom ↔ un f _____ nom
   本名 ⇔ 偽名

〔解答〕
1. debout 2. mauvais 3. laid 4. froid 5. prochain 6. facile 7. gauche 8. malade
9. mince 10. faible 11. triste 12. basse 13. coupable 14. vieille 15. courageux
16. étroite 17. lourd 18. rapide 19. occupée 20. courts 21. célibataire
22. majeur 23. artificiel 24. sale 25. privée 26. pauvre 27. humide
28. bruyant 29. paresseux 30. inférieurs 31. pleine 32. morte 33. faux

【練習2】 多義の形容詞の対義語

並べた表現が対義になるように，適切な形容詞を選んで空欄に書き入れましょう．形容詞が修飾する名詞がある場合は性・数を一致させてください．

[1] 〈confus / foncé / sombre / trouble〉

1. une chambre claire 明るい部屋
   ↔ une chambre _____ 暗い部屋

2. L'eau est claire. 水は澄んでいる．
   ↔ L'eau est _____. 水は濁っている．

3. une explication claire 明快な説明
   ↔ une explication _____ 不明瞭な説明

4. une robe bleu clair ライトブルーのドレス
   ↔ une robe bleu _____ ダークブルーのドレス

[2] 〈actuel / moderne / nouveau / récent〉

1. être est le plus ancien dans le service 課で一番の古株である
   ↔ être le plus _____ dans le service 課で一番の新米である

2. l'ancien français 古フランス語
   ↔ le français _____ 現代フランス語

3. un livre ancien 古書
   ↔ un livre _____ 新刊書

4. l'ancien président de la République 前[元]共和国大統領
   ↔ l'_____ président de la République 現共和国大統領

[3] 〈cordial / en conserve / fané / fatigué / pourri / rance / rassis / sec / tiède / usé〉

1. un accueil <u>frais</u>　冷淡な扱い，冷遇
   ↔ un accueil ＿＿＿＿＿＿　心のこもった扱い，歓待

2. une baguette <u>fraîche</u>　焼きたてのバゲット
   ↔ une baguette ＿＿＿＿＿＿　少し固くなったバゲット

3. du beurre <u>frais</u>　新鮮なバター
   ↔ du beurre ＿＿＿＿＿＿　酸敗したバター

4. un cheval <u>frais</u>　元気な馬
   ↔ un cheval ＿＿＿＿＿＿　疲れた馬

5. une fleur <u>fraîche</u>　みずみずしい花
   ↔ une fleur ＿＿＿＿＿＿　しおれた花

6. des légumes <u>frais</u>　生鮮野菜
   ↔ des légumes ＿＿＿＿＿＿　缶詰の野菜

7. un œuf <u>frais</u>　新鮮な卵
   ↔ un œuf ＿＿＿＿＿＿　腐った卵

8. de la peinture <u>fraîche</u>　塗りたてのペンキ
   ↔ de la peinture ＿＿＿＿＿＿　乾いたペンキ

9. un vent <u>frais</u>　ひんやりとした風
   ↔ un vent ＿＿＿＿＿＿　生暖かい風

10. une veste <u>fraîche</u>　新品同様のジャケット
    ↔ une veste ＿＿＿＿＿＿　着古したジャケット

[4] 〈abrupt / aigre / criard / excessif / rugueux / salé / sec / sévère / vif / violent〉

1. un caractère <u>doux</u>　優しい性格
   ↔ un caractère ＿＿＿＿＿＿　粗暴な性格

2. l'eau <u>douce</u> (des lacs)　(湖の)淡水
   ↔ l'eau ＿＿＿＿＿＿ (de la mer)　(海の)塩水

3. être <u>doux</u> avec ses enfants　子供に優しい
   ↔ être ＿＿＿＿＿＿ avec ses enfants　子供に厳しい

4. cuire à feu <u>doux</u>　弱火で煮る[焼く]
   ↔ cuire à feu ＿＿＿＿＿＿　強火で煮る[焼く]

5. un fruit <u>doux</u>　甘い果物
   ↔ un fruit ＿＿＿＿＿＿　酸っぱい果物

6. la peau <u>douce</u>　なめらかな肌
   ↔ la peau ＿＿＿＿＿＿　ざらざらした肌

7. un prix <u>doux</u>　穏当な値段
   ↔ un prix ＿＿＿＿＿＿　高すぎる値段

8. un versant <u>doux</u>　なだらかな斜面

　　↔ un versant ＿＿＿＿＿　切り立った斜面

9. du vin <u>doux</u>　甘口のワイン

　　↔ du vin ＿＿＿＿＿　辛口のワイン

10. une voix <u>douce</u>　ソフトな声

　　↔ une voix ＿＿＿＿＿　耳障りな[かん高い]声

〔解答〕

［1］ 1. sombre　2. trouble　3. confuse　4. foncé (*色を示す形容詞(ここでは bleu) とその後の形容詞(ここでは clair, foncé)はどちらも無変化)

［2］ 1. nouveau　2. moderne　3. récent　4. actuel

［3］ 1. cordial　2. rassise　3. rance　4. fatigué　5. fanée　6. en conserve 7. pourri　8. sèche　9. tiède　10. usée

［4］ 1. violent　2. salée　3. sévère　4. vif　5. aigre (*類義語 acide) 6. rugueuse (*類義語 rêche)　7. excessif　8. abrupt　9. sec　10. criarde

【練習3】 対義語 — 名詞

　下記の左右の表現が対義になるように，空欄に名詞を書き入れましょう(最初の1文字は書いてあります).

1. l'aube ↔ le c＿＿＿＿＿

　　夜明け ⇔ 夕暮れ

2. l'avant de la voiture ↔ l'a＿＿＿＿＿ de la voiture

　　車の前部(座席) ⇔ 車の後部(座席)

3. le bien ↔ le m＿＿＿＿＿

　　善 ⇔ 悪

4. le bonheur ↔ le m＿＿＿＿＿

　　幸福 ⇔ 不幸

5. le plein été ↔ le plein h＿＿＿＿＿

　　真夏 ⇔ 真冬

6. la guerre ↔ la p＿＿＿＿＿

　　戦争 ⇔ 平和

7. l'intérieur de la boîte ↔ l'e＿＿＿＿＿ de la boîte

　　箱の内側 ⇔ 箱の外側

8. la nécessité ↔ le h＿＿＿＿＿

　　必然 ⇔ 偶然

9. la nuit ↔ la j＿＿＿＿＿

　　夜間 ⇔ 日中

10. le paradis ↔ l'e..............
    天国 ⇔ 地獄

11. le sud-est ↔ le n..............
    南東 ⇔ 北西

12. la vie ↔ la m..............
    生 ⇔ 死

〔解答〕
1. crépuscule 2. arrière 3. mal 4. malheur 5. hiver 6. paix 7. extérieur
8. hasard 9. journée 10. enfer 11. nord-ouest 12. mort

【練習4】 対義語 ― 前置詞

下記の左右の表現が対義になるように，適切な語句を選んで空欄に書き入れましょう．

〈 après / au-dessous de / contre / dans / derrière / en face de / en provenance de / hors de / jusqu'à / sans / sous 〉

1. à côté de l'église ↔ _____ l'église
    教会の隣に ⇔ 教会の向かいに

2. un train à destination de Paris ↔ un train _____ Paris
    パリ行きの列車 ⇔ パリ発の列車

3. une note au-dessus de la moyenne ↔ une note _____ la moyenne
    平均以上の点数 ⇔ 平均以下の点数

4. avant le repas ↔ _____ le repas
    食事の前に ⇔ 食事の後に

5. partir avec son parapluie ↔ partir _____ son parapluie
    傘を持って出かける ⇔ 傘を持たずに出かける

6. se promener dans la ville ↔ se promener _____ la ville
    町の中を散歩する ⇔ 町の外を散歩する

7. depuis midi ↔ _____ midi
    正午から ⇔ 正午まで

8. devant la maison ↔ _____ la maison
    家の前に ⇔ 家の後ろに

9. il y a une semaine ↔ _____ une semaine
    1週間前に ⇔ 1週間後に

10. être pour la proposition ↔ être _____ la proposition
    提案に賛成である ⇔ 提案に反対である

11. sur la table ↔ _____ la table
    テーブルの上に ⇔ テーブルの下に

【練習5】 対義語 ― 副詞

下線の語句の対義になるように，適切な語句を選んで空欄に書き入れましょう．

〈 ailleurs / après-demain / beaucoup / dehors / en avance / encore / ensemble /
lentement / maintenant / moins / près / rarement / récemment / tard / toujours /
verticalement 〉

1. Avant, j'habitais chez mes parents ; _____, je vis seul(e).
   以前，私は親の家に住んでいたが，今は一人で暮している．

2. Il est revenu à Paris avant-hier et il repartira _____.
   彼はおとといパリに戻って来て，あさってまた出かける．

3. Ne restez pas dehors ; entrez _____.
   外にいないで，中に入りなさい．

4. Tu as déjà fini ? — Non, j'ai _____ quelque chose à faire.
   もう終わったの？ ―いや，まだやることがある．

5. Vous n'êtes pas arrivés en retard à la séance ? — Non, nous sommes arrivés
   _____.
   君たちは開演に遅れなかったかい？ ―いや，早めに着いたよ．

6. Le japonais s'écrit horizontalement ou _____.
   日本語は縦にも横にも書かれる．

7. Il n'est plus ici : il est parti _____.
   彼はもうここにはいない，ほかの所へ行った．

8. Ils se sont quittés il y a longtemps et ils se sont revus _____.
   彼らはずっと前に別れて，最近再会した．

9. Est-ce qu'ils viendront individuellement ou _____ ?
   彼らは別々に来るのですか，それとも一緒にですか？

10. Il n'est jamais en colère, il est _____ de bonne humeur.
    彼は決して怒らない，いつも機嫌がいい．

11. Le bureau de poste n'est pas loin d'ici, il est tout _____.
    郵便局はここから遠くない，すぐ近くだ．

12. Il mange très peu, alors que sa femme mange _____.
    彼はほんの少ししか食べないが，奥さんはたくさん食べる．

13. Les utilisateurs sont plus ou _____ mécontents de ce produit.
    ユーザーはこの製品に多かれ少なれ不満を持っている．

14. En cette saison, il pleut <u>souvent</u>, il fait beau _____.

    この季節はしばしば雨が降り, たまにしか晴れない.

15. Il est rentré <u>tôt</u>, mais elle est rentrée _____.

    彼は早く帰宅したが, 彼女は遅く帰宅した.

16. Vous parlez trop <u>vite</u>. Parlez plus _____, s'il vous plaît.

    話すのが早すぎます. もっとゆっくり話してください.

〔解答〕

1. maintenant 2. après-demain 3. dedans 4. encore 5. en avance
6. verticalement 7. ailleurs 8. récemment 9. ensemble 10. toujours
11. près 12. beaucoup 13. moins 14. rarement 15. tard 16. lentement

【練習6】 対義語 ― 動詞

　下線の動詞と対義の動詞を選び, 適切な形にして空欄に書き入れましょう. 数が多いので2つのグループに分けてあります.

[1] 動詞が現在形か不定詞になる.

　〈acheter / s'appauvrir / descendre / détester / différer / distinguer / douter / enlaidir / enseigner / fermer / gagner / hésiter / ignorer / négliger / s'obscurcir / oublier / prêter / raccourcir / refuser / répondre / trouver / vieillir〉

1. C'est lui-même qui décide s'il <u>accepte</u> ou _____ cette proposition.

   この提案を受け入れるか断るかを決めるのは彼自身だ.

2. Tu <u>aimes</u> le rock ? ―Non, je _____ ça.

   ロックは好きかい? ―いいや, 嫌いだ.

3. Je me demande si je dois <u>allonger</u> cette jupe ou la _____.

   このスカートの丈を長くした方がいいかしら, 短くした方がいいかしら.

4. Les élèves <u>apprennent</u>-ils bien ce que leur maître leur _____ ?

   生徒は先生が教えることをちゃんと学んでいますか?

5 J'ai <u>cherché</u> partout, mais je n'ai pas pu _____.

   あちこち探したが, 見つけることはできなかった.

6. Je <u>confonds</u> souvent ces sœurs jumelles.

   ―Moi aussi, je ne peux pas les _____.

   あの双子の姉妹をよく取り違える. ―私も同じ, 二人を区別することができない.

7. Tu <u>crois</u> ce qu'il t'a dit ? ―Mais non, j'en _____ beaucoup.

   彼の言ったことを信じるかい? ―とんでもない, 大いに疑っているよ.

8. <u>Décidez-vous</u> immédiatement sans _____ !

   ためらわずにすぐ決めなさい!

9. Elle <u>dépense</u> tout ce que son mari _____.
   彼女は夫の稼ぐ分をみんな使ってしまう.

10. Le ciel ne <u>s'éclaircit</u> pas, il _____.
    空は明るくなってはいない，暗くなっている.

11. Le maquillage comme ça n'<u>embellit</u> l'actrice, il l'_____.
    あんな化粧は女優をきれいに見せない，醜く見せる.

12. Je voudrais t'<u>emprunter</u> quelques CD. − OK. Je t'en _____ quand tu veux.
    CD を何枚か借りたいのだけれど. ― オーケー. いつでも貸すよ.

13. Peu de gens <u>s'enrichissent</u> en spéculant, la plupart _____.
    (*空欄に入れる動詞は 3 人称複数形)
    相場を張って金持ちになる人はほとんどいない，たいがいは貧乏になる.

14. Quand on t'<u>interroge</u>, tu dois _____.
    尋ねられたら，答えなければいけない.

15. L'ascenseur <u>monte</u> et _____ tout seul dès qu'on a appuyé sur le bouton.
    ボタンを押すとすぐにエレベーターはひとりでに昇り降りする.

16. Ce magasin <u>ouvre</u> tôt le matin et _____ tard le soir.
    この店は朝早く開き，夜遅く閉まる.

17. Cet acteur <u>rajeunit</u> au lieu de _____ !
    この俳優は老けないで若返っている！

18. Il ne <u>ressemble</u> pas du tout à son frère, ils _____ l'un de l'autre en tout.
    彼は兄にまったく似ていない，彼らはあらゆる点で互いに異なっている.

19. Est-ce que tu <u>sais</u> quand il reviendra ? −Non, je l'_____.
    彼がいつ戻って来るか知っているかい？ ― いいや，知らない.

20. Elle <u>soigne</u> bien ses enfants tandis que sa voisine _____ les siens.
    彼女はよく子供の面倒をみるが，隣の人は子供をほったらかしにしている.

21. Mon grand-père <u>se souvient</u> des évènements de son enfance, mais il _____ des évènements récents.
    祖父は子供の頃の出来事は覚えているが，最近の出来事は忘れる.

22. Tu <u>vends</u> la voiture que tu viens d'_____ ?
    君は買ったばかりの車を売るの？

[2] 動詞が現在形以外の活用形になる. (活用形の表示のない場合は複合過去の過去分詞)
⟨ accélérer / apprendre / commencer / défendre / détruire / échouer / emprunter / ennuyer / envoyer / grossir / interdire / mentir / perdre / pleurer / punir / reculer / revenir / sortir / se taire / tirer ⟩

1. Il est <u>allé</u> à Bruxelles et en est _____ hier.
   彼はブリュッセルに行って，きのう戻って来た.

2. Le film m'a bien amusé. —Moi, il m'a un peu _____.

映画はとてもおもしろかった. —私は, 少し退屈した.

3. N'aie pas peur ! Si on t'attaque, je te _____. 〔単純未来〕

心配しないで！ 君が攻撃されたら, 私が守る.

4. Notre directeur change sans cesse d'avis : il autorise le lendemain ce qu'il a _____ la veille.

部長はしょっちゅう意見を変える. 前日に禁止したことを翌日には許可するのだ.

5. Plus ils avançaient, plus leurs ennemis _____. 〔半過去〕

彼らが前進するにつれて, 敵は後退していった.

6. Ce temple a été construit et _____ à plusieurs reprises.

この寺院は幾度も建造され破壊された.

7. Elle n'as pas dit la vérité, elle a _____.

彼女は本当の事を言わなかった, 彼女は嘘をついたのだ.

8. En entrant dans le musée, j'ai croisé un vieil ami qui en _____. 〔半過去〕

美術館に入ろうとしていたとき, 私はそこから出てくる旧友とすれ違った.

9. Il faut finir ce qu'on a _____.

始めた事は終えなければならない.

10. Je me demande si notre équipe gagnera ou _____. 〔単純未来〕

私たちのチームは勝つだろうか負けるだろうか.

11. Mais non, elle n'a pas maigri, je trouve même qu'elle a _____.

いいや, 彼女は痩せなかった. 太ったとさえ思う.

12. Cet élève oublie tout ce qu'il a _____ en classe !

この生徒は授業で習ったことをみんな忘れてしまう！

13. Lui seul parlait, les autres _____. 〔半過去〕

彼一人が話し, ほかの人たちは黙っていた.

14. Non, ne pousse pas la porte, _____-la ! 〔命令形〕

そうじゃないよ, ドアを押すんじゃなくて, 引くんだ！

15. Il n'a pas ralenti en voyant l'agent de police, au contraire il a _____.

彼は警官を見てもスピードを落とさなかった. 逆にスピードを上げた.

16. Avez-vous reçu le mail que je vous ai _____ ?

あなたに送ったメールを受け取りましたか？

17. Autrefois, selon la conduite des enfants, on les récompensait ou on les _____. 〔半過去〕

かつては, 子供の素行に応じて, 褒美を与えたり罰したりした.

18. Il faut rendre l'argent qu'on a _____.

借りた金は返さなければならない.

19. Si tu fais des efforts, tu réussiras, sinon tu _____. 〔単純未来〕

努力すれば成功するだろうし, そうでなければ失敗するだろう.

20. Il existe un proverbe français qui dit : « Tel qui rit vendredi, dimanche _____. » 〔単純未来〕

「金曜日に笑う者は日曜日に泣くだろう」というフランスのことわざがある.

〔解答〕

[1] 1. refuse 2. déteste 3. raccourcir 4. enseignent 5. trouver
6. distinguer 7. doute 8. hésiter 9. gagne 10. s'obscurcit 11. enlaidit
12. prête 13. s'appauvrissent 14. répondre 15. descend 16. ferme
17. vieillir 18. diffèrent 19. ignore 20. néglige 21. oublie 22. acheter

[2] 1. revenu 2. ennuyé 3. défendrai 4. interdit 5. reculaient 6. détruit
7. menti 8. sortais 9. commencé 10. perdra 11. grossi 12. appris
13. se taisait 14. tire 15. accéléré 16. envoyé 17. punissait 18. emprunté
19. échoueras 20. pleurera

【練習7】 男性と女性の対義語

次の「男性」を指す語に対応する「女性」を指す語を書きましょう.

[1]「男性」と別の語を用いて「女性」を表す.

1. homme 男 _____ 女
2. monsieur 男性, 紳士 _____ 女性, 婦人
3. monsieur …氏 _____ …夫人
4. garçon 男の子 _____ 女の子
5. mari 夫 _____ 妻
6. père 父 _____ 母
7. papa パパ _____ ママ
8. fils 息子 _____ 娘
9. petit-fils 孫息子 _____ 孫娘
10. grand-père 祖父 _____ 祖母
11. pépé おじいちゃん _____ おばあちゃん
12. frère 兄, 弟 _____ 姉, 妹
13. oncle おじ _____ おば
14. tonton おじちゃん _____ おばちゃん
15. neveu 甥(おい) _____ 姪(めい)

[2] 男性形の語末部分が変化する.

1. acheteur 買い手 _____
2. acteur 俳優 _____

3. boulanger パン屋 _____

4. candidat 候補者, 出願者 _____

5. chanteur 歌手 _____

6. compositeur 作曲家 _____

7. cousin いとこ _____

8. danseur ダンサー _____

9. directeur (組織の)長 _____

10. écolier 小学生 _____

11. éditeur 出版者 _____

12. époux 配偶者 _____

13. étudiant 学生 _____

14. inventeur 発明者 _____

15. joueur 競技者, 演奏者 _____

16. lycéen 高校生 _____

17. menteur 嘘つき _____

18. musicien 音楽家 _____

19. patron 経営者 _____

20. paysan 農民 _____

21. résident 居住者 _____

22. traducteur 翻訳者 _____

23. vendeur 店員 _____

24. veuf やもめ _____

25. visiteur 見物人, 訪問者 _____

[3] 接尾辞 -esse を付加する(語幹が変化するものもある).

1. prince 王子 _____

2. duc 公爵 _____

3. comte 伯爵 _____

4. vicomte 子爵 _____

5. maître 主人；先生 _____

6. hôte (客を迎える側の)主人 _____

7. abbé 大修道院長 _____

8. nègre 黒人 _____

9. traître 裏切者 _____

10. diable 悪魔 _____

[4] 共通点はあるが変化の大きいもの.

1. dieu 神 _____

2. empereur 皇帝 _____

3. roi 王 _____

4. héros 英雄 _____

5. compagnon 連れ, 相棒 _____

6. copain 友達 _____

7. ambassadeur 大使 _____

8. enchanteur 魔法使い _____

9. pécheur 罪人(つみびと) _____

10. vengeur 復讐者 _____

〔解答〕

[1] 1. femme 2. dame 3. madame 4. fille 5. femme 6. mère 7. maman
  8. fille 9. petite-fille 10. grand-mère 11. mémé 12. sœur 13. tante
  14. tata 15. nièce

[2] 1. acheteuse 2. actrice 3. boulangère 4. candidate 5. chanteuse
  6. compositrice 7. cousine 8. danseuse 9. directrice 10. écolière
  11. éditrice 12. épouse 13. étudiante 14. inventrice 15. joueuse
  16. lycéenne 17. menteuse 18. musicienne 19. patronne 20. paysanne
  21. résidente 22. traductrice 23. vendeuse 24. veuve 25. visiteuse

[3] 1. princesse 2. duchesse 3. comtesse 4. vicomtesse 5. maîtresse
  6. hôtesse 7. abbesse 8. négresse 9. traîtresse 10. diablesse

[4] 1. déesse 2. impératrice 3. reine 4. héroïne 5. compagne 6. copine
  7. ambassadrice 8. enchanteresse 9. pécheresse 10. vengeresse

※ 男性と女性の対義語の形については，第2巻『語形成』の第1章と第2章に解説があります．

~~ 〔参考〕 ~~~~~~

「雄」と「雌」を指す語

　動物の雄と雌も，人の場合と同様に，別の語で表したり語形変化で表します．

(1) 別語で表す

牛　bœuf [taureau] / vache 　　(*taureau は「去勢されていない雄牛」)	ヤギ(山羊)　bouc / chèvre
	シカ (鹿)　cerf / biche
馬　cheval / jument	イノシシ(猪)　sanglier / laie
豚　cochon [porc] / truie 　　(*「食用の豚」や「豚肉」を指すときは 　　porc のほうが一般的)	サル (猿)　singe / guenon
	ノウサギ(野兎)　lièvre / hase
	ニワトリ(鶏)　coq / poule
羊　mouton [bélier] / brebis 　　(*bélier は「去勢されていない雄羊」)	ガチョウ(鵞鳥)　jars / oie

(2) 語形が変化する

犬	chien / chienne	ライオン	lion / lionne
猫	chat / chatte	トラ (虎)	tigre / tigresse
ウサギ (兎)	lapin / lapine	クマ (熊)	ours / ourse
ロバ	âne / ânesse	ラクダ	chameau / chamelle
ラバ	mulet / mule	カモ (鴨)	canard / cane
キツネ (狐)	renard / renarde	キジ (雉)	faisan / faisane
オオカミ (狼)	loup / louve	シチメンチョウ (七面鳥)	dindon / dinde

~~~~~~

§8 オノマトペ

　オノマトペとは，物が発する音や動物の鳴き声などを描写したり，様態・感情・感覚などを音によって表す語句のことで，日本語の擬音語，擬声語，擬態語などに相当します．フランス語でも日本語でも，オノマトペの表記の仕方はひとつだけではありませんし，独特の表現も数多く作り出されています．この節で示したのは一般的に用いられているものだけです．

　オノマトペは，本来は独立した語であり，品詞としては間投詞として分類されますが，オノマトペから作られた名詞や動詞もあります．

【練習1】 オノマトペの種類

　(A)のかっこの部分に当てはまるオノマトペを(B)から選んで，番号を書き入れましょう．

[1] 物音を表すオノマトペ．

(A)

1. (　　) － Attention ! Une branche vient de craquer.
   ぽきっ！ －危ない！ 木の枝が折れた．

2. (　　) － Il avait si soif qu'il a bu un verre d'eau d'un seul trait.
   ぐびぐび！ —彼はとても喉が渇いていたのでコップの水を一気に飲んだ．

3. (　　) － Le cocher a fouetté son cheval.
   ピシッ！ — 御者は馬に鞭を入れた．

4. (　　) － Le moteur a enfin démarré.
   ぶるんぶるん！ — やっとエンジンがかかった．

5. (　　) － Les gangsters ont tiré en direction des policiers.
   ぱん！ぱん！ — ギャングは警官隊に向けて発砲した．

6. (　　) － Les pompiers arrivent.
   ピーポー！ ピーポー！ — 消防隊が到着する．

7. (　　) － L'homme en colère est sorti en claquant la porte.
   ばたん！ — 怒った男はドアを乱暴に閉めて出て行った．

8. (　　) − Oh là là ! Mon portable est tombé dans l'eau.

　　ぽちゃん！ ― あらら！携帯電話が水に落ちた.

9. (　　) − On frappe à la porte.

　　こつ！こつ！ ― 誰かがドアをノックをしている.

10. (　　) − Soudain, on a entendu un bruit d'explosion.

　　どかん！ ― 突然，爆発音が聞こえた.

11. (　　) − Tu peux répondre au téléphone, s'il te plaît ?

　　りーん！ ― 電話に出てくれる？

12. (　　) − Un sac de pommes de terre est tombé de la camionnette.

　　どすん！ ― ジャガイモの袋が小型トラックから落ちた.

(B)

(1) Bang ! /bɑ̃:ŋ/

(2) Clac ! /klak/

(3) Crac ! /krak/

(4) Dring ! /driŋ/

(5) Glouglou ! /glu-glu/

(6) Pan ! Pan ! /pɑ̃, pɑ̃/

(7) Patatras ! /pa-ta-tra/

(8) Pin-pon ! Pin-pon ! /pɛ̃-pɔ̃, pɛ̃-pɔ̃/

(9) Plouf ! /pluf/

(10) Toc ! Toc ! /tɔk, tɔk/

(11) Vlan ! /vlɑ̃/

(12) Vroum ! /vrum/

[2] 様態・感情などを表すオノマトペ.

(A)　(*1.と 2.はくだけた言い方なので否定の ne が省略されています)

1. (　　), c'est pas grave, on recommence.

　　なあに，たいしたことはない，やり直そう.

2. (　　)！C'est pas possible !

　　まさか！ありえないよ！

3. Elle parlait de son mari, de ses enfants, (　　).

　　彼女は夫のことやら子供のことやらをぺちゃくちゃとしゃべっていた.

4. Et alors, ça t'a plu ? − (　　), pas tellement...

　　で，気に入った？ ― まあね，それほどでもないけれど…

5. (　　)！J'ai eu chaud !

　　ふう！危ないところだった！

6. (　　)！J'ai oublié mon parapluie dans le train.

　　しまった！傘を電車に忘れてきた.

7. (　　)！Je me suis cogné contre le coin de la table.

　　痛い！テーブルの角にぶつかった.

8. (　　)... Je ne sais pas trop.

　　えーと… あまりよく知らないんだ.

9. (　　)！Tu ne trouves pas que ça sent bizarre ici ?

　　くんくん！ここは変なにおいがすると思わないか？

10. (　)! Je suis de ton côté.

　　もちろん！僕は君の味方だよ.

11. (　)! Les vacances passent trop vite !

　　ああ！バカンスはあっという間に過ぎてしまう！

12. (　)! Quelle foule !

　　すごい！なんて人ごみだ！

13. (　)! Qu'est-ce que c'est dégoûtant, ce plat !

　　おえっ！なんてまずいんだ, この料理は！

14. (　)? Qu'est-ce que tu as dit ?

　　えっ？何て言ったの？

15. (　)! Taisez-vous !

　　しっ！黙りなさい！

(B)

(1) Aïe /aj/	(8) Hein /ɛ̃/
(2) Bah /bɑ/	(9) Hélas /e-lɑːs/
(3) Berk /bɛrk/	(10) La vache /la-vaʃ/
(4) Bof /bɔf/	(11) Mon œil /mɔ̃-nœj/
(5) Chut /ʃyt/	(12) Ouf /uf/
(6) et patati et patata	(13) Pardi /par-di/
/e-pa-ta-ti-e-pa-ta-ta/	(14) Snif /snif/
(7) Euh /ø/	(15) Zut /zyt/

【解答】

[1]　1. (3) (*派生動詞は craquer)　2. (5) (*派生動詞は glouglouter)

　3. (2) (*派生動詞は claquer)　4. (12) (*派生動詞は vrombir)　5. (6)　6. (8)

　7. (11)　8. (9)　9. (10)　10. (1)　11. (4)　12. (7)

[2]　1. (2)　2. (11)　3. (6)　4. (4)　5. (12)　6. (15)　7. (1)　8. (7)

　9. (14) (sniff とも綴るが『新綴り』は snif)　10. (13)　11. (9)

　12. (3) (*Beurk とも言う)　13. (10)　14. (8)　15. (5)

【練習2】　オノマトペ由来の名詞

　オノマトペが名詞として用いられることがあります. (A)の文脈に合った語を(B)から選んで, かっこ内に番号を書き入れてください.

(A)

1. À la Belle Époque, les robes longues qui faisaient le (　) étaient à la mode.

　　ベルエポックには, 衣(きぬ)擦れの音を立てるロングドレスが流行していた.

2. Arrêtez de faire du (　)!

　　無駄口を叩くのはやめなさい！

3. Ce film a fait un (　　).

   その映画は大当たりした.

4. En Provence, on entend le (　　) des cigales en été.

   プロヴァンスでは，夏にセミの鳴き声が聞こえる.

5. Faites un double (　　) sur cette icône.

   このアイコンをダブルクリックしなさい.

6. Il n'y a pas un seul (　　), tout le monde est silencieux.

   ささやき声ひとつなく，全員が黙っている.

7. Il passe des heures à racler son (　　).

   彼は何時間も安物のバイオリンをキーキー鳴らしている.

8. J'aime le (　　) du vin versé dans le verre.

   グラスにつがれるワインのとくとくという音が私は好きだ.

9. L'apparition des joueurs a provoqué du (　　) dans tout le stade.

   選手たちが姿を現すと競技場全体がどよめいた.

10. Le chant du (　　) est aussi célèbre que celui du rossignol.

    カッコウの鳴き声はウグイスの鳴き声と同じくらい有名である.

11. Le clarinettiste a fait un (　　) et a gâché l'exécution.

    クラリネット奏者が調子はずれの音を出して演奏を台無しにした.

12. Le coq a chanté (　　).

    雄鶏がコケコッコーと鳴いた.

13. Les villageois dansent sur les (　　) de la fête.

    村人たちが祭の演奏に合わせて踊っている.

14. On n'entendait que le (　　) de l'horloge accrochée au mur

    柱に掛けられた大時計のチクタクという音だけが聞こえていた.

15. Pour réveiller son fils encore endormi, elle lui a fait (　　) aux pieds.

    まだ眠っている息子の目を覚ませるために，彼女は息子の足をくすぐった.

16. Ta chambre est encombré de (　　).

    君の部屋はがらくたでいっぱいだね.

(B)

(1) blabla /bla-bla/

(2) boum /bum/

(3) bric-à-brac /bri-ka-brak/

(4) brouhaha /bru-a-a/

(5) clic /klik/

(6) cocorico /kɔ-kɔ-ri-ko/

(7) couac /kwak/

(8) coucou /ku-ku/

(9) cricri /kri-kri/

(10) crincrin /krɛ̃-krɛ̃/

(11) flonflons /flɔ̃-flɔ̃/

(12) froufrou /fru-fru/

(13) glouglou /glu-glu/

(14) guiliguili /gi-li-gi-li/

(15) murmure /myr-myːr/

(16) tictac /tik-tak/

〔解答〕
1. (12) (*ハイフンを入れて frou-frou とも綴るが『新綴り』はハイフンなし. 派生動詞は froufrouter)　2. (1) (*blablabla とも言う)　3. (2)　4. (9) (*cri-cri とも綴るが『新綴り』はハイフンなし)　5. (5) (*派生動詞は cliquer)　6. (15) (*派生動詞は murmurer)　7. (10)　8. (13) (*派生動詞は glouglouter)　9. (4)　10. (8)　11. (7)　12. (6)　13. (11)　14. (16) (*tic-tac とも綴るが『新綴り』はハイフンなし)　15. (14) (*guili-guili とも綴るが『新綴り』はハイフンなし)　16. (3)

【練習3】 オノマトペ由来の動詞

　(A)の動物について,「…が鳴く, ほえる, 音を立てる」などを表す動詞を(B)から選んで, かっこ内に番号を書き入れましょう. 動詞は不定詞を載せてあります. なお, これらの動詞は動物以外についても用いられることがあり, 主なものを解答欄で注記しました.

(A)

1. l'abeille, la guêpe ― (　) ミツバチ, スズメバチが羽音を立てる
2. l'âne ― (　) ロバが鳴く
3. le canard ― (　) アヒルが鳴く
4. le canari, le moineau ― (　) カナリア, スズメが鳴く
5. le cerf ― (　) シカが鳴く
6. le chat ― (　) et (　) 猫が鳴いて喉を鳴らす
7. le cheval ― (　) 馬がいななく
8. la chèvre, le mouton ― (　) ヤギ, 羊が鳴く
9. le chien ― (　) 犬がほえる
10. le chien, le loup ― (　) 犬, オオカミが遠ぼえする
11. le chiot ― (　) 子犬が鳴く
12. la chouette, le hibou ― (　) フクロウ, ミミズクが鳴く
13. le cochon, le sanglier, l'ours ― (　) 豚, イノシシ, クマが鳴く
14. le corbeau ― (　) カラスが鳴く
15. le dindon ― (　) シチメンチョウが鳴く
16. l'éléphant ― (　) ゾウが鳴く
17. la grenouille ― (　) カエルが鳴く
18. la grue, la cigogne ― (　) ツル, コウノトリが鳴く
19. le lapin, le rat ― (　) ウサギ, ネズミが鳴く
20. le lion ― (　) ライオンがほえる
21. le pigeon ― (　) ハトが鳴く
22. le tigre ― (　) トラがほえる
23. la vache ― (　) 牛が鳴く

(B)

(1) aboyer	(13) grogner
(2) barrir	(14) hennir
(3) bêler	(15) huer
(4) bourdonner	(16) hurler
(5) braire	(17) japper
(6) bramer	(18) meugler
(7) coasser	(19) miauler
(8) couiner	(20) nasiller
(9) craqueter	(21) pépier
(10) croasser	(22) ronronner
(11) feuler	(23) roucouler
(12) glouglouter	(24) rugir

〔解答〕

1. (4) (*機械などの「ブーン」という音も表す)

2. (5) (*鳴き声は hi-han, 『新綴り』はハイフンなしの hihan)

3. (20) (*nez「鼻」の関連語で, 原義は「鼻声を出す」)

4. (21) (*鳴き声は小鳥一般に用いる cui-cui, 『新綴り』はハイフンなしの cuicui)

5. (6)   6. (19) (22) (*鳴き声は miaou, 喉を鳴らす音は ronron)   7. (14)

8. (3) (*鳴き声は bê, bé, bée などと綴る)

9. (1) (*ほえ声を表すオノマトペに由来するらしいが, 現用のオノマトペは ouah)

10. (16)   11. (17)   12. (15) (*「やじる, 罵声を浴びせる」の意味でよく用いられる)

13. (13) (*「ぶつぶつ不平を言う」の意味もある)   14. (10) (*鳴き声は croa(-)croa)

15. (12) (*鳴き声は glouglou. なお glouglou, glouglouter は液体の流れ出る音も表す.
cf. 前出の [練習 2] 8.)

16. (2)   17. (7)   18. (9) (*「ぱちぱち」など小さな乾いた音についても言う)

19. (8)   20. (24) (*「うなり声をあげる; (風・海などが)うなる」の意味でも用いられる)

21. (23)   22. (11) (*猫のうなり声についても言う)

23. (18) (*beugler, mugir とも言う. 鳴き声は meuh)

第2章の総合練習

【練習1】 blanc の多義と類義語

　次の文中の blanc「白い」と置き換えが可能な語句を下記から選び，適切な形にしてかっこ内に書き入れましょう．語句は1度ずつ用います．[練習2]と[練習3]も同様です．

〈 incolore / innocent / pâle / sans sommeil / vierge 〉

1. Elle était blanche [＿＿＿＿＿＿] de peur.
   彼女は恐怖で顔面蒼白だった．

2. Il y a des pages blanches [＿＿＿＿＿＿] à la fin du livre.
   本の最後に白紙のページがある．

3. J'ai passé une nuit blanche [＿＿＿＿＿＿].
   私は眠れない夜を過ごした．

4. Je me demande si cet inculpé est tout à fait blanc [＿＿＿＿＿＿].
   この被疑者がまったく潔白なのか私は疑問に思う．

5. Voulez-vous un flacon en verre blanc [＿＿＿＿＿＿] ou en verre coloré ?
   透明ガラスの小瓶と色付きガラスの小瓶のどちらをお望みですか？

〔解答〕
1. pâle　2. vierges　3. sans sommeil　4. innocent　5. incolore

【練習2】 repas の多義と類義語

　次の文中の repas「食事」と置き換えが可能な語を下記から選び，かっこ内に書き入れましょう (repas も下記の語も男性名詞なので文中の限定詞は変化しません)．

〈 casse-croûte / déjeuner / dîner / festin / pique-nique / réveillon / souper 〉

1. Après un repas [＿＿＿＿＿] bien arrosé, on a envie de faire la sieste.
   たっぷりワインの出た昼食の後は，昼寝をしたくなる．

2. Caviar, foie gras, langouste : quel repas [＿＿＿＿＿] !
   キャビア，フォアグラ，イセエビ，何という大宴会だ！

3. Ce restaurant sert le repas [＿＿＿＿＿] après minuit.
   このレストランは零時過ぎに夜食を出す．

4. La veille de Noël, tous mes amis se réunissent pour le repas [＿＿＿＿＿].
   クリスマスイブに，友人全員が夜通しの祝宴のために集まる．

5. Nous faisons quelquefois un repas [＿＿＿＿＿] en forêt.
   私たちは時々森でピクニックをする．

6. On nous distribue un repas [＿＿＿＿＿] lors de l'excursion.
   遠足の時には私たちに弁当が配られる．

7. Samedi soir, nous avons pris un repas [＿＿＿＿＿] ensemble.
   土曜日の晩，私たちは一緒に夕食をした．

1. déjeuner   2. festin   3. souper   4. réveillon   5. pique-nique (『新綴り』は piquenique)   6. casse-croûte (『新綴り』は casse-croute)   7. dîner (『新綴り』は diner)

【練習3】 faire の多義と類義語

　次の文中の (se) faire と置き換えが可能な語を下記から選び, 適切な形(現在形, 不定詞, 過去分詞のいずれか)にしてかっこ内に書き入れましょう.

〈 se bonifier / causer / commettre / construire / cultiver / devenir / écrire / effectuer / égaler / fabriquer / former / gagner / s'habituer / interpréter / mesurer / nettoyer / paraître / parcourir / peser / pratiquer 〉

1. Ce colis fait [　　　　　] plus de cinq kilos.
　　この小包は(重さが) 5 キロ以上ある.

2. Cet acteur a fait [　　　　　] Hamlet plusieurs fois.
　　この俳優はハムレットを何度も演じた.

3. Cet écrivain a fait [　　　　　] beaucoup de romans.
　　この作家は多くの小説を書いた.

4. Cet immeuble fait [　　　　　] 100 mètres de haut.
　　このビルは高さが 100 メートルある.

5. 5 ％ de 300 font [　　　　　] 15.
　　300 の 5 パーセントは 15 だ.

6. Il a fait [　　　　　] beaucoup d'argent en vendant son terrain.
　　彼は地所を売って大金を得た.

7. Il fait [　　　　　] lui-même ses meubles.
　　彼は自分で家具を作る.

8. Il fait [　　　　　] vieux pour son âge.
　　彼は年の割に老けて見える.

9. Ils ont du mal à se faire [　　　　　] au climat de ce pays.
　　彼らはこの国の気候に慣れるのに苦労している.

10. L'objectif de ce cours est de faire [　　　　　] des ingénieurs système.
　　この講座の目標はシステムエンジニアを養成することだ.

11. L'ouragan a fait [　　　　　] de grands dégâts dans cette région.
　　暴風雨がこの地方に大きな被害をもたらした.

12. Le ciel se fait [　　　　　] sombre.
　　空が暗くなる.

13. Le premier ministre s'est engagé à faire [　　　　　] des réformes.
　　首相は改革を実行すると約束した.

14. Le TGV <u>fait</u> [＿＿＿＿＿] le trajet Paris-Genève en trois heures.

   TGVはパリ・ジュネーヴ間の行程を3時間で走る.

15. Le vin <u>se fait</u> [＿＿＿＿＿] en vieillissant.

   ワインは古くなるにつれて味がよくなる.

16. Les femmes de chambre <u>font</u> [＿＿＿＿＿] toutes les chambres de l'hôtel.

   ルームメイドがホテルのすべての部屋を清掃する.

17. Mon petit frère a encore <u>fait</u> [＿＿＿＿＿] des bêtises.

   私の弟はまたばかげたことをした.

18. On <u>fait</u> [＿＿＿＿＿] du blé dans ce champ.

   この畑では小麦が栽培されている.

19. On va <u>faire</u> [＿＿＿＿＿] un immeuble sur ce terrain vague.

   この空き地にもうすぐビルが建てられる.

20. Quel sport est-ce que vous <u>faites</u> [＿＿＿＿＿] ?

   あなたはどんなスポーツをしていますか？

〔解答〕

1. pèse 2. interprété 3. écrit 4. mesure 5. égalent 6. gagné 7. fabrique

8. paraît (『新綴り』は paraitre, parait) 9. s'habituer 10. former 11. causé

12. devient 13. effectuer 14. parcourt 15. se bonifie 16. nettoient

17. commis 18. cultive 19. construire 20. pratiquez

【練習4】 多義と類義

次の(a), (b)...の下線の語のいずれとも置き換えが可能な語を見つけましょう.

[例] (a) C'est un des <u>problèmes</u> sociaux les plus importants d'aujourd'hui.

        これは今日の社会問題の最も重大なもののひとつである.

   (b) Les téléopérateurs répondent aux <u>interrogations</u> de la clientèle.

        テレフォンオペレーターは客からの質問に答える.

   [答] <u>question</u> (*名詞は単数形を書く)

1. (a) Ma mère se conduisait toujours avec <u>retenue</u>.

        私の母はいつも控えめに振る舞っていた.

   (b) On n'a plus de <u>provisions</u> d'eau minérale.

        もうミネラルウォーターの買い置きがない.

   [答] ＿＿＿＿＿＿＿ (*名詞は単数形を書く)

2. (a) C'est vraiment un travail <u>pénible</u>.

        それは本当につらい仕事だ.

   (b) Ce boîtier est en métal <u>solide</u>.

        この収納ケースは丈夫な金属でできている.

(c) Cet instrument est difficile à manier.

この道具は扱いにくい.

(d) Il est trop sévère avec ses enfants.

彼は子供たちに厳しすぎる.

[答] ＿＿＿＿＿＿＿＿ (*形容詞は男性単数形を書く)

3. (a) Cette femme portait une jupe ample et longue.

その女性はゆったりした長いスカートをはいていた.

(b) Il s'est montré généreux avec ses camarades.

彼は仲間に気前のよいところを見せた.

[答] ＿＿＿＿＿＿＿＿ (*形容詞は男性単数形を書く)

4. (a) Elle enseigne l'anglais aux petits enfants.

彼女は小さな子供たちに英語を教えている.

(b) Il étudie plusieurs langues étrangères.

彼はいくつもの外国語を学んでいる.

[答] ＿＿＿＿＿＿＿＿ (*動詞は不定詞を書く)

5. (a) Cette crème protège la peau des rayons UV.

このクリームは紫外線から肌を守る.

(b) Le médecin lui a interdit l'alcool.

医者は彼(女)にアルコールを禁じた.

[答] ＿＿＿＿＿＿＿＿ (*動詞は不定詞を書く)

6. (a) Elle a obtenu le premier prix au concours.

彼女はコンクールで一等賞を獲得した.

(b) Notre équipe a remporté le match.

私たちのチームは試合に勝った.

[答] ＿＿＿＿＿＿＿＿ (*動詞は不定詞を書く)

〔解答〕

1. réserve 2. dur 3. large 4. apprendre 5. défendre 6. gagner

【練習 5】 多義性の利用

ユーモアを加えたりエスプリを効かす方法として，多義性を利用することがあります.
また，多義性によって生じる誤解は笑い話などによく用いられます.

[1] 次の下線部は 2 つの解釈が可能です. どのような解釈でしょう.

[例] — Quel est le gâteau qu'on peut manger pendant un orage ?

— Éclair.

「雷雨の最中に食べることのできるケーキは何？」

「エクレア / 稲光り.」

1. — Quel est le plaisir pour un chef d'orchestre ?

   — C'est d'aller acheter sa <u>baguette</u> chez le boulanger.

   「指揮者にとっての喜びは何？」

   「パン屋に ＿＿＿＿＿＿＿ / ＿＿＿＿＿＿＿ を買いに行くこと．」

2. — Pourquoi le taureau est-il toujours sombre ?

   — Parce que sa femme <u>est vache</u> !

   「雄牛はどうしていつも落ち込んでいるのか？」

   「妻が ＿＿＿＿＿＿＿ / ＿＿＿＿＿＿＿ だから！」

3. — Pourquoi les Américains ont-ils froid ?

   — Parce que Christophe Colomb <u>les a découverts</u> !

   「アメリカ人はどうして寒いのか？」

   「クリストファー・コロンブスが ＿＿＿＿＿＿＿ / ＿＿＿＿＿＿＿ から！」

4. Une maman citron dit à ses enfants :

   — Pour vivre longtemps, il ne faut jamais <u>être pressé</u> !

   母親のレモンが子供たちに言う．

   「長生きするには，決して ＿＿＿＿＿＿＿ / ＿＿＿＿＿＿＿ いけないよ！」

5. Un morceau de sucre a le coup de foudre pour une cuillère et il lui demande :

   — Où pouvons-nous nous rencontrer ?

   — Dans <u>un café</u> !

   角砂糖がスプーンにひと目ぼれして，尋ねる．

   「どこでお会いできますか？」

   「＿＿＿＿＿＿＿ / ＿＿＿＿＿＿＿ で！」

6. D'après une femme volage : « Les hommes, c'est comme les comptes en banque : s'ils n'ont pas beaucoup d'argent, <u>ça n'a pas beaucoup d'intérêt.</u> »

   移り気な女性が言うことには，「男って，銀行口座みたいなものよ．お金がたくさんなければあまり ＿＿＿＿＿＿＿ / ＿＿＿＿＿＿＿ がないわ．」

7. Un romancier donne une conférence. L'auditoire s'ennuie visiblement. Il lit un passage de son roman : « Avec méfiance, je marchais <u>en rasant</u> les murs... »
   Alors, de la salle une voix monte : « Eh oui, même les murs ! »

   ある小説家が講演をしている．聴衆は明らかに退屈している．彼は自作の小説の一節を読み上げる．「私は警戒して，壁＿＿＿＿＿＿＿ / 壁＿＿＿＿＿＿＿ 歩いていた…」
   すると，会場から声が上がった．「なるほど，壁もか！」

[2] 多義性はしばしば誤解をもたらします．次の下線部を聞き手はどのように解釈したのでしょうか．

1. Dans un pré, un peintre rencontre un berger et il lui dit :

   — Est-ce que je peux <u>peindre vos moutons</u> ?

   — Ah, non ! dit le berger. Après, je pourrais plus vendre la laine !

牧場で，ひとりの画家が羊飼いに出会って言う．

「羊の絵を描いていいですか？」（＿＿＿＿＿＿＿＿）

「とんでもない！」と羊飼いは言う．「そうしたら，羊毛を売れなくってしまう！」

2. — Je suis très inquiet. Toute la journée, je vois des points noirs.

　　— Tu as vu l'oculiste ?

　　— Non, pas l'oculiste. Des points noirs...

　　「すごく心配なんだ．一日中，黒い点が見えるんだよ．」

　　「目医者に診てもらったのかい？」（＿＿＿＿＿＿＿＿）

　　「いいや，目医者じゃない．黒い点だよ…」

3. Il y a foule dans le grand magasin. M. Dupont a disparu, entraîné par la cohue...
Mme Dupont s'adresse à un vendeur :

　　— J'ai perdu mon mari...

　　— Deuxième étage, à gauche, madame. Rayon deuil...

　　デパートは混んでいる．デュポン氏が人ごみに巻き込まれて姿を消した… デュポン
　　夫人は店員に問い合わせる．

　　「夫を見失ったのですが…」（＿＿＿＿＿＿＿＿）

　　「3階の左手です，奥様．葬儀用品売り場…」

4. Une petite fille rentre de l'école avec son bulletin de notes.

　　— Maman, tu connais la dernière ?

　　— Non, fait sa mère, je n'ai pas vu le journal télévisé.

　　— Eh bien, c'est moi !

　　女の子が成績通知表を持って学校から帰って来る．

　　「ママ，誰がびりだか知ってる？」（＿＿＿＿＿ ＿＿＿）

　　「いいえ」と母親が言う．「テレビのニュースを見てないわ．」

　　「それはね，私なの！」

5. Un homme entre dans un restaurant.

　　— Garçon, est-ce que vous servez des nouilles, ici ?

　　— Bien sûr, monsieur. Ici, tout le monde est égal !

　　男がレストランに入って来る．

　　「ギャルソン，ここではヌードルを出すかね？」（＿＿＿＿＿＿＿＿＿＿＿＿）

　　「もちろんです．ここではみんな平等です！」

6. Un soldat est attablé à la terrasse d'un bistrot. Et comme un général vient à passer,
il se dresse comme un ressort pour le saluer.

　　— Bravo ! dit le général. Mais est-ce que vous savez quel est mon grade ?

　　— Pour sûr, mon général ! Vous êtes général !

　　— Très bien ! Et qu'est-ce que ça commande, un général ?

　　— Oh ! Ce que vous voudrez ! Pour moi, ce sera un autre pastis...

兵士がビストロのテラスのテーブルに座っている．将軍がたまたま通りかかったので，兵士はバネのように立ち上がり，敬礼をする．

「たいへん結構！」と将軍は言う．「で，君は私の階級が何だか知っているかね？」

「もちろんです，将軍！ あなたは将軍です！」

「そのとおり！ で，何を指揮するのかな，将軍というのは？」（＿＿＿＿＿＿＿＿＿＿）

「ああ，お望みのものを！ 私は，パスティスをもう1杯…」

〔解答〕

[1]

 1. バゲット / 指揮棒　2. 雌牛 / 意地悪　3. 発見した / 服を脱がした

 4. 急いでは / 搾られては　5. カフェ[喫茶店] / コーヒーの中　6. 利子 / 興味

 7. 壁すれすれに / 壁をうんざりさせて

[2]

 1. 羊に色を塗って　2. 目医者が見えた　3. 夫をなくした　4. 最新のニュースを

 5. 間抜けに食事を出す　6. 注文する

【練習6】 同音性・類音性の利用

　笑い話やなぞなぞには，多義性と同じく，語や語句の同音性や類音性が利用されます．下線部のもう1つの語・語句とその意味は何でしょうか．

[例]　— Quelle est la lettre de l'alphabet que les Anglais préfèrent boire ?

　　　— T.

　　　「イギリス人が飲むのが好きなアルファベットの文字は何？」

　　　「T.」（Thé 紅茶）

1. — Quelle est la lettre de l'alphabet très coupante ?

　　— H.

　　「よく切れるアルファベットの文字は何？」

　　「H.」（＿＿＿＿＿＿＿＿＿）

2. — Que fait un canard aveugle qui veut se marier ?

　　— Il cherche une cane blanche.

　　「結婚を望んでいる盲目の雄アヒルは何をするか？」

　　「白い雌アヒルを探し求める.」（＿＿＿＿＿＿＿＿＿＿＿＿）

3. — Un bateau arrive au quai. Pourquoi les passagers se hâtent-ils de finir leur courrier ?

　　— Parce qu'on va jeter l'ancre.

　　「船が埠頭に着く．どうして乗客は急いで手紙を書き終えるのか？」

　　「もうすぐ錨を下ろすから.」（＿＿＿＿＿＿＿＿＿＿＿＿＿）

4. C'est un écureuil qui est arrêté sur la route de la police.

   — Il est interdit de traverser cette route. Je vais vous donner une <u>amende</u>.

   — Ah, je préfère une noisette.

   一匹のリスが道路上で警察に捕まる.

   「この道路を横断することは禁じられている. <u>罰金刑</u>を与える.」

   (   )

   「ああ, ハシバミの実のほうがいいな.」

5. On prépare une petite fête au bureau. Le directeur ordonne à la secrétaire :

   — Mademoiselle, voulez-vous <u>mettre</u> les bouteille <u>au frais</u> ?

   — À ceux de qui, monsieur ?

   オフィスでちょっとしたパーティーの準備をしている. 部長が秘書に命じる.

   「<u>ボトルを涼しい所に保存して</u>もらえるかな?」 (   )

   「どなたのにですか?」

6. — Quel est le dessert préféré des araignées ?

   — La <u>mouche</u> au chocolat.

   「クモが好きなデザートは何?」

   「チョコレートの<u>ハエ</u>.」 (   )

7. Une femme raconte à son mari : « Le docteur m'a dit de faire manger moins de sucreries aux enfants parce qu'ils vont <u>attraper le diable bête</u>. »

   妻が夫に話す.「甘いものをあまり子供に食べさせるなってお医者さまに言われたわ. ばかな悪魔をつかまえるからだって.」 (   )

〔解答〕

1. Hache 斧(おの)   2. canne blanche 白い杖(つえ)

3. jeter l'encre インクを捨てる   4. amande アーモンド

5. mettre ... aux frais …を経費につけて

6. mousse ムース   7. attraper le diabète 糖尿病にかかる

【練習7】 Charade

この章の「語形と語義」の復習を兼ねて, charade をしましょう. charade はクイズ形式の言葉遊びで, 一般に「言葉当て遊び」と訳されます. ある言葉(ふつうはひとつの語)を当てさせるのですが, それを構成する音節に分けて, それぞれについてヒントを出し, 最後に全体のヒントを出します. 解答者はヒントから各音節の表す単語を推測し, 最後にそれらの単語の発音を結びつけて謎の言葉を見つけます.

charade の基本的な形式は « Mon premier est ..., mon second est ..., mon tout est ... »「私の最初は…, 私の2番目は…, 私の全体は…」です. たとえば,

Mon premier est le contraire de « haut ».

Mon deuxième est le contraire de « tard ».

Mon tout se déplace sur l'eau.

　私の最初は「高い」の反対です.

　私の2番目は「遅く」の反対です.

　私の全体は水上を移動します.

　答えは，bas「低い」+ tôt「早く」→ bateau「船」.

　音節の数が増えればそれに伴ってヒントの数が増えていきます. ヒントの形式にはバリエーションがあります. また，ヒントの語と全体の答えの語の音節がずれたり，類似した母音の/a/と/ɑ/, /ɔ/と/o/, /œ/と/ø/と/ə/を同じように扱ったりするなど，発音についてはやや大まかです.

　charade は，語の意味と綴りと発音の総合的な練習になるので，楽しみながらフランス語学習に役立てることができます.

　それでは，次のヒントから導かれる語を当ててください. 比較的簡単なものから始めて，少しずつ難しくなります.

1. Mon premier est un animal qui a des moustaches et qui boit du lait.

   Mon deuxième est un récipient destiné surtout à contenir liquides et aliments.

   Mon tout se met sur la tête.

　　私の最初は口ひげを持ちミルクを飲む動物です.

　　私の2番目は主に液体や食品を収めるために使われる容器です.

　　私の全体は頭の上にのせられます.

　　[答] ＿＿＿＿＿＿＿＿＿＿＿＿＿＿＿＿＿＿＿＿＿＿＿＿＿＿＿＿＿

2. Les trains s'arrêtent à mon premier.

   Mon deuxième augmente chaque année.

   Mon tout est un espace réservé généralement aux voitures.

　　列車は私の最初で止まります.

　　私の2番目は毎年増えます.

　　私の全体は一般に車専用の空間です.

　　[答] ＿＿＿＿＿＿＿＿＿＿＿＿＿＿＿＿＿＿＿＿＿＿＿＿＿＿＿＿＿

3. Dans mon premier, on peut parfois trouver des vaches.

   Mon deuxième est le contraire de « oui ».

   Tout le monde possède mon tout.

　　私の最初の中で時折牛が見かけられます.

　　私の2番目は「はい」の反対です.

　　だれもが私の全体を持っています.

　　[答] ＿＿＿＿＿＿＿＿＿＿＿＿＿＿＿＿＿＿＿＿＿＿＿＿＿＿＿＿＿

4. Mon premier est une réunion où l'on danse.

   Mon deuxième est le contraire de l'amour.

   Mon tout est un mammifère marin.

   　私の最初はその場で人が踊る集まりです.

   　私の2番目は愛の反対です.

   　私の全体は海に生息する哺乳類です.

   [答] _____

5. Mon premier est un animal qui porte de longues cornes ramifiées.

   Mon deuxième est un oiseau qui porte de longues plumes ornementales.

   Mon tout est un reptile sans pattes, au corps allongé.

   　私の最初は枝分かれした長い角(つの)を持つ動物です.

   　私の2番目は長い飾りの羽根を持つ鳥です.

   　私の全体は足がなく体が細長い爬虫(はちゅう)類です.

   [答] _____

6. Mon premier sert à couper le bois.

   Mon deuxième est au milieu de la figure.

   Mon troisième porte les voiles d'un bateau.

   Mon tout est une distraction, un art.

   　私の最初は木を切るのに使われます.

   　私の2番目は顔の真ん中にあります.

   　私の3番目は船の帆を支えます.

   　私の全体は娯楽であり芸術です.

   [答] _____

7. Mon premier est le synonyme de « mari ».

   Mon deuxième gonfle les voiles.

   On met le couvert sur mon troisième.

   Mon tout est le synonyme de « terrible ».

   　私の最初は mari の同義語です.

   　私の2番目は帆をふくらませます.

   　私の3番目の上に食器類を置きます.

   　私の全体は terrible の同義語です.

   [答] _____

8. Mon premier de Pinocchio s'allonge quand il ment.

   Mon deuxième n'est pas habillé.

   Mon troisième dirige les bateaux en mer la nuit.

   Mon tout est une plante qui épanouit des fleurs sur l'eau.

ピノキオの私の最初は嘘をつくと伸びます.

私の2番目は服を着ていません.

私の3番目は夜に海上の船を案内します.

私の全体は水の上に花を咲かせる植物です.

[答] _____

9. Mon premier est la première lettre de l'alphabet.

Mon deuxième, on souffle dans à la chasse. *(On souffle dans mon deuxième à la chasse.)*

Mon troisième est un petit cube utilisé dans divers jeux.

Mon quatrième est un pronom qui n'est employé que comme sujet.

Mon tout est un instrument de musique qui accompagne souvent les chansons.

私の最初はアルファベットの最初の文字です.

狩りをするときに私の2番目を吹きます.

私の3番目はさまざまなゲームで使われる小さい立方体です.

私の4番目は主語としてしか用いられない代名詞です.

私の全体はよく歌の伴奏をする楽器です.

[答] _____

〔解答〕

1. chat「猫」+ pot「壺」→ chapeau「帽子」

2. gare「駅」+ âge「年齢」→ garage「車庫」

3. pré「牧場」+ non「いいえ」→ prénom「名, ファーストネーム」

4. bal「ダンスパーティー」+ haine「憎しみ」→ baleine「クジラ」

5. cerf「シカ」+ paon /pã/「クジャク」→ serpent「ヘビ」

6. scie「のこぎり」+ nez「鼻」+ mât「マスト」→ cinéma「映画」

7. époux「夫」+ vent「風」+ table「テーブル」→ épouvantable「恐ろしい」

8. nez「鼻」+ nu「裸の」+ phare「灯台」→ nénuphar「睡蓮」

9. a「ア」+ cor「角笛」+ dé「さいころ」+ on「人々」→ accordéon「アコーディオン」

124

第3章　接頭辞派生

　接頭辞とは，新しい語を作るために，既存の語の語頭に加えられる要素(=まとまりのある文字群)です．接頭辞を用いて新しい語を作ることを**接頭辞派生**と言います．接頭辞の大半は，フランス語のもとになったラテン語(およびラテン語を経由したギリシャ語)の前置詞や副詞に由来しますが，現用フランス語の前置詞や副詞が接頭辞として機能していることもあります．

　接頭辞と似た働きをする要素として**語形成要素**(合成語要素や造語要素とも言います)があります．語形成要素はラテン語やギリシャ語の名詞や形容詞に由来し，一般に他の語形成要素と組み合わさって語を形成しますが，接頭辞的に自立語と組み合わさることもあります．したがって，接頭辞の特性を厳密に定義して語や語形成要素と区別するのは難しく，文法書や辞書での扱いも一律ではありません．本章では，語の前に付く要素(=接頭辞および接頭辞的に機能する語や語形成要素)を一律に「接頭辞」として扱い，それらを意味や用法に基づいて分類・整理してあります．なお，語形成要素は第4章の§16で扱います．

　接頭辞が付いた語の多くは，古い時代に作られているので，語形や意味がかなり変化しています．以下のセクションで，現用フランス語の観点から〈接頭辞＋基語(=接頭辞が付加されるもとの語)〉を分析しますが，基語が自立語としては現存していない派生語であっても，語彙学習上重要だと思われるものは載せています．

　多様な接頭辞を整理して理解するために，この章は大きく3つのセクションに分かれています．

(1) 名詞・形容詞を基語にして名詞・形容詞を形成する接頭辞 (§9)

(2) 名詞・形容詞・動詞を基語にして動詞を形成する接頭辞 (§10)

(3) 動詞を基語にして動詞を形成する接頭辞 (§11)

[表記上の注意]

① 接頭辞を単独で表示するときはハイフンを付けます．派生語では接頭辞と基語を1語として綴るのが一般的ですが，ハイフンを入れることもあり，どちらか一定していないこともあります(ハイフンを入れる場合については解説の箇所でその旨を記します)．

② 派生語が作られた時代には独立した語であった基語が，現在では独立語として用いられなくなったり，意味が大きく変わったりしていることがあります．そうした基語はイタリック体で示します．また，古い時代のフランス語や英語などの外国語もイタリック体で示します．

③ 同一の接頭辞が異なった形をとることがあり，それを**異形**と呼びます．異形は見出しの接頭辞の後に{　}に入れて載せてあります．

④ 同形の接頭辞であっても，意味や用法上，明らかに別の接頭辞と考えられるものは肩付きの数字の1, 2などで示しました．

　※語と語を組み合わせる**複合**は第4章で見ます．また，**接尾辞派生**ついては第2巻『語形成』に詳しく載っています．

§9 名詞・形容詞を基語にして名詞・形容詞を形成する接頭辞

　名詞や形容詞に付き，派生語も名詞や形容詞になる接頭辞から見ていきましょう．接頭辞の付いた派生語の品詞は基語の品詞と同じなのが原則ですが，時には名詞から派生した語が形容詞になったりその逆のこともあります．以下に，それぞれの接頭辞についての簡単な説明と，代表的な派生語のいくつかを載せます．

　※ このセクションでは，ラテン語・ギリシャ語起源の接頭辞に，参考として(ラ), (ギ)の表示を付けてあります．また，現用語では独立語として用いられない要素をイタリック体で示しています．

1.「数」を表す接頭辞

uni-　「1，単一」（ラ）

ラテン語起源で，数詞の un と語源が同じです．

　　unicorne 一角獣 ← uni- + corne「角(つの)」

　　uniforme 一様な；制服 ← uni- + forme「形態」

mono-　{異形：mon-}「1，単一」（ギ）

現在も造語力の大きい接頭辞ですが，古くからある語では同じギリシャ語起源の語形成要素と結びついています．

　　monorail モノレール ← mono- + rail「レール」

　　monotone 単調な ← mono- + *tone*「調子」

　　monologue 独白 ← mono- + *logue*「談話」

　　monarchie 君主制 ← mon- + *archie*「統治，支配」

bi-　{異形：bis-}「2」（ラ）

副詞・名詞の bis と語源が同じで，bis- の形で用いられることもあります．

　　biscuit ビスケット ← bis- + cuit「焼いた」

　　bilingue 2か国語を使える，バイリンガルの ← bi- + *lingue*「言語」

　　◆ ギリシャ語起源の「2」の di(s)-は，学術語以外ではほとんど使われません．
　　　　dioxyde 二酸化物 ← di- + *oxyde*「酸化物」

tri-, tré-[1]　「3」（ギ・ラ）

数詞の trois と同語源です．

　　triangle 3角形 ← tri- + angle「角(かど)」

　　tricolore 3色の ← tri- + *colore*「色」

　　trimestre 3か月；(3か月の)学期 ← tri- + *mestre*「月」

　　trépied 三脚台 ← tré- + pied「足」

　　　　※ tré-[2] は§9-8.に出てきます．

multi-, pluri-　「多数」（ラ）

multi-は現代社会を反映した多くの新語に用いられています．同義の pluri-は multi-ほど造語力がありません（下記の multinational, multidisciplinaire は plurinational, pluridisciplinaire とも言います).

    multimédia　マルチメディア　← multi- + média「メディア」

    multinational　多国家の, 多国籍の　← multi- + national「国の」

    multidisciplinaire　学際的な　← multi- + discipline「学問分野」+ -aire (形容詞接尾辞)

    multitude　多数　← multi- + -tude (名詞接尾辞)

poly-「多数」(ギ)

多くは学術語で, ギリシャ語起源の語形成要素と結びついています.

    polysémie　多義　← poly- + sémie「意味」

    polyglotte　数か国語を話す　← poly- + glotte「舌」

    polygame　一夫多妻[一妻多夫]の(人)　← poly- + game「結婚」

omni-「すべての, あらゆる」(ラ)

主に学術語で用いられていましたが, 現用の一般語にも使われるようになっています.

    omnivore　雑食性の；雑食(性)動物　← omni- + vore「食う(もの)」

    omniscience　全知　← omni- + science「知識」

【練習】「数」を表す接頭辞

    下線部に uni-, mono-, bi-, tri-, multi-, poly-, omni- のいずれかを書き入れて, 示された意味の語を作りましょう.

1.　３角形の土地　　　　　　　un terrain .... angulaire
2.　創立200周年(記念祭)　　　le .... centenaire de la fondation
3.　単色[モノクロ]画像　　　　une image .... chrome
4.　総合病院　　　　　　　　　une .... clinique
5.　多色プリンター　　　　　　une imprimante .... colore
6.　サイクリングをする　　　　faire de la .... cyclette
7.　片足の人　　　　　　　　　un(e) .... jambiste
8.　片側駐車　　　　　　　　　le stationnement .... latéral
9.　偏執症　　　　　　　　　　la .... manie
10.　月2回発行の雑誌　　　　　une revue .... mensuelle
11.　季刊誌　　　　　　　　　　une revue .... mestrielle
12.　億万長者の実業家　　　　　un homme d'affaire .... millionnaire
13.　一人親[単親]家庭　　　　　la famille .... parentale
14.　国家独占；専売　　　　　　le .... pole d'État
15.　神の遍在　　　　　　　　　l' .... présence de Dieu
16.　多人種国家　　　　　　　　une nation .... raciale
17.　総合運動競技場　　　　　　un stade .... sports
18.　多音節語　　　　　　　　　un mot .... syllabe

~~ 〖参考〗 ~~~~~~

4以上の数を表す接頭辞

4以上の数を表す主な接頭辞をあげます.

4 ― quadr(a)-, quadri- (ラ) / tétra- (ギ)
　　quadrangulaire 4角形の, tétraèdre 4面体(の)

5 ― quinqu(a)- (ラ) / pent(a)- (ギ)
　　quinquennal 5年ごとの, pentathlon 5種競技

6 ― sex-, se- (ラ) / hexa- (ギ)
　　sextuor 6重奏団, semestre 6か月(の学期), hexagone 6角形

7 ― sept- (ラ) / hept(a)- (ギ)
　　septennal 7年ごとの, heptagone 7角形

8 ― oct(a)-, octi-, octo- (ラ, ギ)
　　octaèdre 8面体(の), octogone 8角形

10 ― déci- (ラ) / déca- (ギ)
　　décilitre デシリットル, décalitre デカリットル
　　　　♦ メートル法で用いられる déci- は「10分の1」, déca- は「10倍」を意味します.

100 ― cent(i)- (ラ) / hect(o)- (ギ)
　　centenaire 百歳(以上)の；百周年, hectopascal ヘクトパスカル
　　　　♦ メートル法で用いられる centi- は「100分の1」, hecto- は「100倍」を意味します.

1000 ― mill(i)- (ラ) / kilo- (ギ)
　　millénaire 千年(以上)の；千年祭, kilogramme キログラム
　　　　♦ メートル法で用いられる milli- は「1000分の1」, kilo- は「1000倍」を意味します.

~~~~~~

2. 「大きさ，程度」を表す接頭辞

mini- 「小さい」 (ラ)

ラテン語起源ですが, 現代フランス語に取り入れられたのは1960年代で, 特にファッションやレジャー関連の語に用いられました.

　　minijupe ミニスカート ← mini- + jupe「スカート」
　　minigolf ミニゴルフ ← mini- + golf「ゴルフ」
　　　♦ mini- の対義で「大きい」を意味する接頭辞は maxi- です.
　　　　maxijupe マキシスカート ← maxi- + jupe「スカート」

micro- 「非常に小さい」 (ギ)

mini- よりも強意的で，学術語や専門語のみならず，一般語にもよく用いられます．原則的にハイフンは用いませんが，母音で始まる語の前や新語ではハイフンを入れことがあります．ただし『新綴り』ではすべてハイフンなしで綴ります．

microbus マイクロバス ← micro- + bus「バス」(minibus「ミニバス」より小さい)

microbiologie 微生物学 ← micro- + biologie「生物学」

microfibre マイクロファイバー ← micro- + fibre「繊維」

microphone マイクロホン ← micro- + *phone*「音，声；話す」

♦ micro は「マイク」の意味で自立語として用いられ，複合合語の要素にもなります．

micro-cravate (ネクタイ・上着などに付ける) ピンマイク

♦「非常に大きい」を意味する接頭辞として，ギリシャ語起源の méga-, mégalo- があります．

mégalithe 巨石 ← méga- + *lithe*「石」

mégalomanie 誇大妄想 ← mégalo- + manie「偏執；妄想」

demi- 「半分，半ば」 (ラ)

数量や程度が半分ほどであることを表します．独立した語としても用いられ，その場合は女性形にもなります(une heure et demie「1時間半」など)．そのため，接頭辞的用法の demi- も半ば自立語のように扱われ，後続語との間にハイフンが入ります．

demi-heure 半時間，30分 ← demi- + heure「1時間」

demi-douzaine 半ダース ← demi- + douzaine「1ダース」

demi-botte ハーフブーツ ← demi- + botte「ブーツ」

demi-frère 異父[異母]兄弟 ← demi- + frère「兄弟」

demi-sel 薄塩の ← demi- + sel「塩」

semi- 「半ば」 (ラ)

専門用語を作るのに用いられることが多く，おそらく demi- の影響で，ハイフンを入れて書くのが一般的です．

semi-auxiliaire 準助動詞(の) ← semi- + auxiliaire「助動詞」

semi-conducteur 半導体 ← semi- + conducteur「導体」

♦ ギリシャ語起源の hémi- も「半分」を意味しますが，日常語としても用いられるのはほぼ次の語だけです．

hémisphère (地球の)半球 ← hémi- + sphère「球」

mi- 「半ば」 (ラ)

時間・空間・様態を表す語に付きます．古くからある語以外はハイフンを用います．

minuit 午前零時；真夜中 ← mi- + nuit「夜」

midi 正午；真昼 ← mi- + *di*「日；昼」

à mi-chemin 途中に[で] ← mi- + chemin「道」

mi-clos 半ば閉じた ← mi- + clos「閉じた」

quasi- 「ほとんど」（ラ）

副詞の quasi が接頭辞化したものです．主に事態を表す名詞とハイフンでつなぎます．

quasi-totalité　ほぼ全体　← quasi- + totalité「全体」

quasi-mariage　事実婚　← quasi- + mariage「結婚」

【練習】「大きさ，程度」を表す接頭辞

下線部に mini-, micro-, demi-, semi-, mi-, quasi- のいずれかを書き入れて，示された意味の語を作りましょう．

1. 半自動小銃　　　　　　　　　　un fusil ....-automatique
2. (ホテルの客室などの)ミニバー　un ....bar
3. ショートストッキング　　　　des ....-bas
4. ハーフボトル，小瓶　　　　　une ....-bouteille
5. 大体の確信　　　　　　　　　la ....-certitude
6. ミニコンポ，小型ステレオセット　une ....chaîne
7. 冷蔵食品，チルド食品　　　　une ....-conserve
8. どっちつかずの[あいまいな]態度　une attitude ....-figue, ...-raisin
9. マイクロフィルム　　　　　　un ....film
10. 準決勝　　　　　　　　　　　une ....-finale
11. ほとんど不可能であること　　la ....-impossibilité
12. 中くらいの長さの髪　　　　　les cheveux ....-longs
13. 電子レンジ　　　　　　　　　un four à ....-ondes
14. 間(あい)の季節〔春か秋〕　　la ....-saison
15. 半額料金　　　　　　　　　　le ....-tarif
16. ハーフタイム；パートタイム　un ....-temps
17. 半回転，Uターン　　　　　　un ....-tour
18. 小声で　　　　　　　　　　　à ....-voix
19. 半母音　　　　　　　　　　　une ....-voyelle

〔解答〕

1. semi-automatique　2. minibar　3. mi-bas　4. demi-bouteille
5. quasi-certitude　6. minichaîne　7. semi-conserve　8. mi-figue, mi-raisin
(*字義訳は「半ばイチジク，半ばブドウ」)　9. microfilm　10. demi-finale
11. quasi-impossibilité　12. mi-longs　13. micro-ondes (『新綴り』はハイフンなし．
「電子レンジ」は un micro-onde [un microonde] とも言う)　14. demi-saison
15. demi-tarif　16. mi-temps　17. demi-tour　18. à mi-voix　19. une semi-voyelle

3. 「上下，過不足」を表す接頭辞

(1) 上，プラス方向を表す

sur- 「上；超過」(ラ)

前置詞 sur と同語源・同形で，大きな造語力を持っています．位置が「上」というだけでなく，時間や程度が「越[超]えている」という意味も表します．

  surface 表面 ← sur- + face「顔；面」

  surlendemain 翌々日 ← sur- + lendemain「翌日」

  surréalisme 超現実主義，シュルレアリスム ← sur- + réalisme「現実主義」

super- 「上；超越」(ラ)

かつては「上」の意味を表し動詞の派生にも用いられましたが，現在では，程度や規模を強調する「超…」を意味する接頭辞として名詞を作ります．日常語では，単独用法の形容詞や間投詞として，「最高の，すばらしい」の意味で用いられます．英語から借用(あるいは翻訳借用)した表現もあります．

  supermarché スーパーマーケット ← super + marché「市場」

  superstar スーパースター ← super + star「スター」

  superordinateur スーパーコンピュータ ← super + ordinateur「コンピュータ」

  ♦ 学術語では「超越」の意味で supra- が用いられます．

    supraconducteur 超伝導体 ← supra- + conducteur「導体」

extra- 「外；極度」(ラ)

元来は「…の外部」を意味しますが，現在では「極めて…」の意味で大きな造語力を持ちます．単音節の形容詞の前ではふつうハイフンを入れます．日常語では，「極上の」の意味で自立語としても用いられます．

  extraterrestre 地球外の；地球外生物 ← extra- + terrestre「地球の」

  extraordinaire 並はずれた ← extra- + ordinaire「普通の，並みの」

  extra-fin 極小の，極細の；極上の ← extra- + fin「細かい，細い；上質の」

  ♦『新綴り』では extra- はすべてハイフンなしで綴ります．

ultra- 「超越」(ラ)

学術語では「…を越[超]えた」を表しますが，super- 同様，程度を強調する「超…」の意味でよく用いられます．

  ultrasensible 超高感度の ← ultra- + sensible「感度のよい」

  ultraplat 超薄型の ← ultra- + plat「薄い」

hyper- 「過度，極度」(ギ)

この接頭辞も元来は学術語ですが，近年は，特に話し言葉で，super- より強い程度を表す接頭辞として用いられます．

  hypermarché 大型スーパーマーケット ← hyper- + marché「市場」

  hypernerveux 神経過敏な(人) ← hyper- + nerveux「神経質な(人)」

archi- {異形：arch-} 「首位；極度」（ギ）

　「首位の，最上位の」がもとの意味ですが，この意味では造語力がなくなり，近年は，「ずば抜けた，極度の」の意味の接頭辞として，特に話し言葉でよく使われています.

　　archiprêtre 首席司祭 ← archi- + prêtre「司祭」

　　archange /ar-kɑ̃:ʒ/ 大天使 ← arch- + ange「天使」

　　archevêque /ar-ʃə-vɛk/ 大司教 ← arch- + évêque /e-vɛk/「司教」

　　archicélèbre 極めて有名な ← archi- + célèbre「有名な」

(2) 下，マイナス方向を表す

sous- {異形：sou-} 「下；下位」

　前置詞 sous と同語源・同形で，造語力が大きく，位置・階級・程度などに関して幅広く用いられます. 一般に後続語とハイフンで結び，母音の前ではリエゾンをして /suz/ と発音します. 古くからある語では sou- と綴られてハイフンなしのことがあります.

　　sous-sol 地階；地下(室) ← sous- + sol「地面：床(ゆか)」

　　sous-officier 下士官 ← sous- + officier「将校，士官」

　　sous-qualifié 資格不足の ← sous- + qualifié「資格を備えた」

　　soussigné (書類の)下に署名した ← sous- + signé「署名した」

　　soucoupe (コーヒーカップなどの)受け皿，ソーサー ← sou- + coupe「カップ」

sub- {異形：suc-, suf-, sup-, sus-} 「下；下位；準じる」（ラ）

　かつては多くの動詞を形成しましたが，現在では主に学術語で用いられます.

　　subtropical 亜熱帯の ← sub- + tropical「熱帯の」

　　suffixe 接尾辞 ← suf- + fixe「くっついた，固定した」

infra- 「下；低い」（ラ）

　主に学術語で用いられます.

　　infrason 超低周波音 ← infra- + son「音」

hypo- 「下；下部」（ギ）

　主に学術語で用いられます.

　　hypogastre 下腹部 ← hypo- + gastre「腹，胃」

　　hypothèse 仮説 ← hypo- + thèse「説」（原義は「置くこと，置かれたもの」）

【練習１】「上，プラス方向」を表す接頭辞

　下線部に sur-, super-, extra-, ultra-, hyper-, archi- のいずれかを書き入れて，示された意味の語を作りましょう.

　1. 活動過多の(人)　　　　　　　　　.............actif

　2. ハイオクタン価ガソリン　　　　　.............carburant

　3. 極めて知能指数の高い　　　　　　.............doué

　4. 極めて丈夫な　　　　　　　　　　.............-fort

5. 大ばかの	................fou
6. 超大国；巨大企業	................grand
7. 超人的な	................humain
8. 超軽量の	................léger
9. (透視などの)超能力がある	................lucide
10. あだ名，異名	................nom
11. 超満員の	................plein
12. (映画などの)超大作	................production
13. 過度に感じやすい(人)	................sensible
14. 超音波	................son

〔解答〕

1. hyperactif　2. supercarburant　3. surdoué　4. extra-fort (『新綴り』は extrafort)
5. archifou　6. supergrand　7. surhumain　8. ultraléger　9. extralucide
10. surnom　11. archiplein　12. superproduction　13. hypersensible　14. ultrason

【練習2】 「下，マイナス方向」を表す接頭辞

　下線部に sous-, sou-, sub- のいずれかを書き入れて，示された意味の語を作りましょう.

1. 潜在意識の	................conscient
2. 副社長	................-directeur
3. 海中の，海底の；潜水艦	................-marin
4. 副産物	................-produit
5. 副題；(映画の)字幕	................-titre
6. (大都市の)郊外の，近郊の	................urbain

〔解答〕

1. subconscient　2. sous-directeur　3. sous-marin　4. sous-produit
5. sous-titre　6. suburbain

4. 「前後」を表す接頭辞

(1) 前，前方を表す

avant- 「前」

空間的および時間的な「前」を意味し，主に名詞とハイフンで結びます．前置詞・副詞の
avant が接頭辞的に用いられたものなので，avant-～（および後出の arrière-～, après-～）
を複合語とみなすこともできます.

　　avant-bras 前腕 ← avant- + bras「腕」
　　avant-dernier 最後から二番目の(人) ← avant- + dernier「最後の(人)」

pré- 「前」（ラ）

古くからある語では空間的な意味も表しますが，現在ではもっぱら時間的な「前」の意味で用いられます.

prénom 名, ファーストネーム ← pré- + nom「名前」

préfabriqué プレハブの ← pré- + fabriqué「製造された」

précaution 用心, 慎重さ ← pré- + caution「保証金, 担保」

anté- ｛異形：anti-[1], ant-｝「前」（ラ）

主に時間的な「前」を表します. 現在では造語力はほとんどありません.

antédiluvien ノアの洪水以前の；大昔の ← anté- + diluvien「大洪水の」

antichambre (主要な部屋の手前にある)控えの間 ← anti- + chambre「部屋」

antan 《古》去年 ← ant- + an「年」

※ anti-[2]は§9-5.に出てきます.

pro- 「前に, 前方へ」（ラ）

位置・方向の意味では現在ではほとんど造語力がありません.

prospectif 未来(予測)の；前望的な ← pro- + *spectif*「見る」

profond (底の)深い ← pro- + fond「底」

programme プログラム ← pro- + *gramme*「書かれたもの」

prologue プロローグ ← pro- + *logue*「談話」

◆ pro-は「…の代わりに」も意味します.

pronom 代名詞 ← pro- + nom「名詞」

また「…に好意を持つ, 賛成の」も表し, この意味では造語力が大きく, 主に形容詞を作ります.

proaméricain 親米の ← pro- + américain「アメリカの」

ex-[1] 「以前の, もとの」（ラ）

20世紀の中頃から形容詞の ancien の代わりに用いられるようになりました. 身分を表す名詞とハイフンでつなぎます. 日常語では ex だけで「もとの夫[妻], もとの恋人」を指します.

ex-mari もとの夫, 前夫 ← ex- + mari「夫」

ex-femme もとの妻, 前妻 ← ex- + femme「妻」

ex-député 元代議士 ← ex- + député「代議士」

※ ex-[2]は§10-4.に出てきます.

(2) 後, 後方を表す

après- 「後」

時間的な「後」を表します. 後続語との間にハイフンが入ります.

après-midi 午後 ← après- + midi「正午」

après-rasage ひげ剃り後の(ローション) ← après- + rasage「ひげ剃り」

arrière- 「後」

空間的および時間的な「後」を表します．後続語との間にハイフンが入ります．

arrière-bouche 口の奥 ← arrière- + bouche「口」

arrière-goût 後味 ← arrière- + goût「味」

◆ arrière-は，親族名と結びついて「より遠い関係の；遠縁の」を意味します．

arrière-grand-père 曽祖父， arrière-cousin(e) 遠縁のいとこ；またいとこ

post- 「後」 (ラ)

時間的な「後」を表します．

postsynchronisation アフレコ ← post- + synchronisation「同時録音」

postmoderne ポストモダン(の) ← post- + moderne「近代の」

rétro- 「後方へ，遡(さかのぼ)って」 (ラ)

現在ではほとんど造語力がありません．下記の rétroviseur と rétrograde を短縮した rétro は男性名詞や形容詞として用いられます．

rétroviseur バックミラー ← rétro- + viseur「ファインダー；照準器」

rétrograde 後退する；復古調の ← rétro- + *grade*「歩む，行く」(現用は名詞で「階級」)

rétrospectif 懐古的な ← rétro- + *spectif*「見る」

【練習1】 「前」を表す接頭辞

下線部に avant-, pré- のいずれかを書き入れて，示された意味の語を作りましょう．

1. (食品が)調理済みの　　　　　　　　　　　..............cuit
2. 有史以前の　　　　　　　　　　　　　　　..............historique
3. (洗濯物の)予洗い　　　　　　　　　　　..............lavage
4. 試写会，プレミアショー　　　　　　　　..............-première
5. 計画案；草案　　　　　　　　　　　　　..............-projet
6. 前書き，序文　　　　　　　　　　　　　..............-propos
7. 定年前退職　　　　　　　　　　　　　　..............retraite

〔解答〕

1. <u>pré</u>cuit　2. <u>pré</u>historique　3. <u>pré</u>lavage　4. <u>avant</u>-première　5. <u>avant</u>-projet
6. <u>avant</u>-propos　7. <u>pré</u>retraite

【練習2】 「後」を表す接頭辞

下線部に après-, arrière-, post- のいずれかを書き入れて，示された意味の語を作りましょう．

1. 店の奥の部屋　　　　　　　　　　　　　..............-boutique
2. (治療後の)アフターケアー　　　　　　　..............cure

3. 博士号取得後の	................doctoral
4. 下心	................-pensée
5. ひ孫たち	................-petits-enfants
6. リンス	................-shampo(o)ing
7. 大学卒業後の	................universitaire
8. (販売後の)アフターサービス	................-vente

〔解答〕
1. <u>arrière</u>-boutique　2. <u>post</u>cure　3. <u>post</u>doctoral　4. <u>arrière</u>-pensée
5. <u>arrière</u>-petits-enfants　6. <u>après</u>-shampo(o)ing (『新綴り』は après-shampoing)
7. <u>post</u>universitaire　8. <u>après</u>-vente

5.「反対，防止」を表す接頭辞

anti-²〔異形：ant-〕「反対，対抗」（ギ）

造語力の大きい接頭辞です．基語との間にハイフンを入れないのがふつうですが，母音の前でハイフンを入れることもあります．古くからある語では母音の前で ant- も用いられます.

　　antitabac 喫煙に反対の，嫌煙の ← anti- + tabac「たばこ」
　　antipathie 反感，嫌悪 ← anti- + *pathie*「感情」
　　antirouille 錆を防ぐ；錆止め[錆落とし]製品 ← anti- + rouille「錆」
　　anti-âge 抗加齢の，アンチエイジングの ← anti- + âge「年齢」
　　anti-américain 反米の ← anti- + américain「アメリカの」
　　antarctique 南極の ← ant- + arctique「北極の」

　　♦『新綴り』では anti- はすべてハイフンなしで綴ります．したがって，anti-âge は antiâge，anti-américain は antiaméricain となります．なお，antiaméricain の対義語は proaméricain「親米の」(§9-4 (1) の注記で既出)．

　　※ anti-¹ は §9-4. に出てきました．

contre-〔異形：contr-〕「対抗，対立；逆方向」

前置詞 contre と同じ語源です．母音で始まる語および新語では，一般に後続語とハイフンで結びます．母音の前で contr- を用いることもあります.

　　contre-attaque 反撃，逆襲 ← contre- + attaque「攻撃」
　　contrordre 命令の取り消し ← contr- + ordre「命令」

　　♦ contre- は「補助，補足」や「近接」を表すこともあります.
　　　contre-essai (性能などの)再試験 ← contre- + essai「(性能などの)試験」
　　　contre-plaqué 合板，ベニヤ板 ← contre- + plaqué「押し[張り]つけた」
　　　contre-filet (牛肉の)サーロイン〔ヒレと隣り合った部位〕← contre- + filet「ヒレ」

　　♦『新綴り』では contre- はすべてハイフンなしで綴ります．母音の前では末尾の e がなくなります：contrattaque, contressai, contreplaqué, contrefilet.

para-¹, pare- ｛異形：par-｝ 「防止」

　para-¹ は，parasol（イタリア語 *parasole* ← *para-* + *sole*「太陽，日」）などに用いられて
いるイタリア語接頭辞を借用したものです．pare- は動詞 parer「(危険などを)避ける」
の活用形が接頭辞化したものです．母音の前で par- になります．para- はハイフンなし，
pare- はハイフン入りがふつうです

　　　parachute パラシュート ← para- + chute「落下」

　　　parapluie 雨傘 ← para- + pluie「雨」

　　　pare-boue (車輪の後ろの)泥よけ ← pare- + boue「泥」

　　　pare-feu 防火装置；防火用具 ← pare- + feu「火，火事」

　　　paravalanche 雪崩(なだれ)止め，雪崩防壁 ← par- + avalanche「雪崩」

　　　　※ para-² は§9-9.に出てきます．

【練習】 「反対，防止」を表す接頭辞

　下線部に anti-, contre-, para-, pare- のいずれかを書き入れて，示された意味の語を作り
ましょう．

1. (大通りに沿った)側道 　　　　　　　................-allée
2. 抗生物質 　　　　　　　　　　　　　................biotique
3. (自動車などの)フロントガラス 　　　................-brise
4. 防音の，騒音防止の 　　　　　　　　................bruit
5. 抗癌(がん)の；抗癌剤 　　　　　　　................cancéreux
6. (自動車の)バンパー 　　　　　　　　................-chocs
7. (事件などの)余波，影響 　　　　　　................coup
8. 痛みを緩和[抑制]する，鎮痛の 　　　................douleur
9. 反例 　　　　　　　　　　　　　　　................-exemple
10. 逆光 　　　　　　　　　　　　　　　................-jour
11. 反軍国主義 　　　　　　　　　　　　................militarisme
12. 解毒剤 　　　　　　　　　　　　　　................poison
13. 汚染[公害]防止の 　　　　　　　　　................pollution
14. 反対の方向；反対の意味 　　　　　　................sens
15. 消毒の，殺菌の；消毒剤 　　　　　　................septique
16. 耐震の 　　　　　　　　　　　　　　................sismique
17. (自動車の)日よけ，サンバイザー 　　................-soleil
18. 不慮の出来事 　　　　　　　　　　　................temps
19. 避雷針 　　　　　　　　　　　　　　................tonnerre
20. (風雨よけの)よろい戸，雨戸 　　　　................vent
21. ついたて，屏風(びょうぶ) 　　　　　................vent
22. 盗難防止の(装置) 　　　　　　　　　................vol

6.「否定，欠如」を表す接頭辞

in-[1] {異形：im-, il-, ir}「否定」(ラ)

否定を表す代表的接頭辞です．b と m と p の前で im-，l の前で il-，r の前で ir- となります．ただし新しい語では，l と r の前でも in- の形のまま用いることがあり，m の前の im- を鼻母音で発音することがあります．

inconfortable 快適でない ← in- + confortable「快適な」

insuccès 不成功 ← in- + succès「成功」

inattentif /i-na-tɑ̃-tif/ 不注意な ← in- + attentif「注意深い」

impair 奇数の ← im- + pair「偶数の」

impossible 不可能な ← im- + possible「可能な」

immobile /i(m)-mɔ-bil/ 動かない ← im- + mobile「動く」

immangeable /ɛ̃-mɑ̃-ʒabl/ 食べられない (例外的発音．×/i(m)--mɑ̃-ʒabl/)
← im- + mangeable「食べられる」

innombrable /i(n)-nɔ̃-blabl/ 数え切れない ← in- + nombrable「数えられる」

illégal 違法の，不法の ← il- + légal「法律の；合法的な，適法の」

irrégulier 不規則な ← ir- + régulier「規則正しい」

inracontable 語り得ない (例外的綴り．×irracontable)
← in- + racontable「語ることができる」

　　　※ in-[2] は§10-2. で扱います．

dé-[1] {異形：dés- ; dis-}「否定」(ラ)

かつては多くの語形成で用いられましたが，現在では新語を作ることはほとんどありません．母音の前で dés- と綴ります．dis- は dé- の古形です．

défavorable 不都合な；好意的でない ← dé- + favorable「好都合な；好意的な」

déplaisant 不快な，嫌な ← dé- + plaisant「快適な，気持ちよい」

désaccord 意見の対立；不和 ← dés- + accord「意見の一致；仲のよさ」

discourtois 無作法な，無礼な ← dis- + courtois「礼儀正しい，丁重な」

　　◆ difficile「難しい」は古形の dis- + facile「やさしい」に由来します．

　　　※ 動詞形成に用いる場合は§10-5. で扱います．

a-¹ ｛異形：an-｝ 「欠如」（ギ）

「…のない」という欠如の意味が中心です．現在では造語力はほとんどありません．母音の前で an- になります．

apesanteur 無重力 ← a- + pesanteur「重力」

apathie 無気力, 無感動 ← a- + *pathie*「感情」

anarchie 無政府状態；無政府主義 ← an- + *archie*「統治, 支配」

anonyme 匿名の ← an- + *onyme*「名」

※ a-² は §10-1. に出てきます．

mal- 「否定；悪, 誤, 不十分」

副詞 mal が接頭辞化したもので, 否定のみならず, 「悪い, 誤った, 不十分な」などのマイナス評価も表します．新しい語形成では, 形態と意味がはっきりしているので, in- よりも好んで用いられます．

maladroit 不器用な ← mal- + adroit「器用な」

malchance 不運 ← mal- + chance「運, 幸運」

malsain 健康に悪い；不健全な ← mal- + sain「健康によい, 健全な」

malcommode 不便な ← mal- + commode「便利な」(incommode より一般的)

◆ 前置詞の malgré「…にもかかわらず」は mal- + gré「好み, 意向」に由来します．

mé- ｛異形：més-｝ 「悪く, 悪い；…でない」

起源はフランク語(ゲルマン語派の言語)ですが, 意味合いは mal- とほぼ同じです．現在では造語力はほとんどありません．母音の前では異形の més- が用いられます．

mécontent 不満な ← mé- + content「満足した」

mésaventure 不運な出来事 ← més- + aventure「(意外な)出来事」

【練習1】 in- とその異形

下線部に in- あるいはその異形を書き入れて, 示された意味の語を作りましょう．派生語の発音に注意してください．

1. 思いがけない ....attendu
2. 飲めない ....buvable
3. できない, 無能な ....capable
4. 不確かな ....certain
5. 意識を失った ....conscient
6. 独立した ....dépendant
7. 消化不良 ....digestion
8. 間接の ....direct
9. 等しくない ....égal
10. 形をなさない ....forme

11. 人の住まない，無人の ....habité

12. 絶え間のない ....interrompu

13. 不当な；不公平な ....juste

14. 無限の ....limité

15. (字が)読めない ....lisible

16. (服などが)着られない ....mettable

17. 不滅の，不朽の ....mortel

18. 忍耐力のない ....patient

19. 無礼な ....poli

20. 軽率な ....prudent

21. 非現実的な ....réel

22. 思慮のない ....réfléchi

23. 不満な ....satisfait

24. 役に立たない ....utile

〔解答〕

1. inattendu /i-na-tɑ̃-dy/ 2. imbuvable 3. incapable 4. incertain 5. inconscient
6. indépendant 7. indigestion 8. indirect 9. inégal /i-ne-gal/ 10. informe (*基語
は名詞，派生語は形容詞) 11. inhabité /i-na-bi-te/ 12. ininterrompu /i-nɛ̃-tɛ-rɔ̃-py/
13. injuste 14. illimité 15. illisible 16. immettable (*例外的発音：/ɛ̃-mɛ-tabl/)
17. immortel /i(m)-mɔr-tɛl/ 18. impatient 19. impoli 20. imprudent 21. irréel
22. irréfléchi 23. insatisfait 24. inutile /i-ny-til/

【練習2】 dé- とその異形

下線部に dé-, dés-, dis- のいずれかを書き入れて，示された意味の語を作りましょう.

1. 不愉快な ....agréable

2. 劣勢；不利な点 ....avantage

3. 不連続な ....continu

4. 絶望 ....espoir

5. 不名誉 ....honneur

6. 幻滅 ....illusion

7. 不誠実な ....loyal

8. 乱雑 ....ordre

9. つやを消した ....poli

10. 不釣り合い ....proportion

11. 似ていない ....semblable

12. 非対称 ....symétrie

〔解答〕
1. désagréable 2. désavantage 3. discontinu 4. désespoir 5. déshonneur
6. désillusion 7. déloyal 8. désordre 9. dépoli 10. disproportion
11. dissemblable 12. dissymétrie (*接頭辞 a-¹ の付いた asymétrie も類義)

【練習3】 a-, mal-, mé- とその異形

下線部に a-, mal-, mé- あるいはそれらの異形を書き入れて，示された意味の語を作りましょう.

1. (身体の)不調；違和感	....	aise
2. アレルギーを起こさない	....	allergique
3. ノンカロリーの	....	calorique
4. 誤解	....	entendu
5. 不和	....	entente
6. 体調不良	....	forme
7. 不幸な	....	heureux
8. 異常な	....	normal
9. 悪臭を放つ	....	odorant
10. 政治色のない	....	politique

〔解答〕
1. malaise 2. anallergique 3. acalorique 4. malentendu 5. mésentente
6. méforme 7. malheureux 8. anormal 9. malodorant 10. apolitique

7. 「共同，同一」などを表す接頭辞

co- {異形：con-, com-, col-, cor-} 「共同の，共に」 (ラ)
現代の語形成では常に co- の形で用いられますが，古い時代の語形成では con- や，b, m, p の前で com-, l の前で col-, r の前で cor- も用いられています.
　　coopération 協力 ← co- + opération「作業，活動」
　　copropriétaire 共同所有者 ← co- + propriétaire「所有者」
　　condisciple 学友，同級生 ← con- + disciple「弟子，門弟」
　　corrélatif 相関的な ← cor- + relatif「関係のある」 (re- が ré- に変化する)

syn- {異形：sym-} 「共に」 (ギ)
主に学術語で用いられます. b, m, p の前では sym- と綴ります.
　　synthèse 総合；合成 ← syn- + *thèse*「置くこと」(自立語としての現用の意味は「説」)
　　sympathie 好感，共感 ← sym- + *pathie*「感情」
　　symphonie 交響曲 ← sym- + *phonie*「音」

équi- 「等しい」 (ラ)

多く学術語で用いられますが，日常語になっているものもあります．発音は /e-ki/.

équidistance 等距離 ← équi- + distance「距離」

équilatéral 等辺の ← équi- + latéral「側面の」

équinoxe 昼夜平分時 ← équi- + *noxe*「夜」(nuit の古形)

équivaloir 同等である，等価である ← équi- + valoir「価値がある」

équivoque 意味が 2 つ(以上)ある，あいまいな ← équi- + *voque*「声，言葉」

homo- 「同じ，同一の」 (ギ)

ほとんどが学術語です．対義の接頭辞は hétéro-「異なる」．

homogène 均質の，同質の ← homo- + *gène*「生まれ」

cf. 対義語は hétérogène「不均質の」．

homographe 同綴(異義)の ← homo- + *graphe*「書かれたもの，綴り」(自立語として の現用の意味は「グラフ」)

homonyme 同形(異義)の ← homo- + *onyme*「名」(homo- が hom- に変化)

homophone 同音(異義)の ← homo- + phone「音」

homosexuel 同性愛の ← homo- + sexuel「性の，性的な」

cf. 対義語は hétérosexuel「異性愛の」．

【練習】 co- とその異形

下線部に co- あるいはその異形を書き入れて，示された意味の語を作りましょう．

1. 共著者 ....auteur
2. 同じ都市の住民 ....citoyen
3. チームメイト ....équipier
4. 同業者，同僚 ....frère
5. 同居，同棲 ....habitation
6. 並び合った，並立[平行]した ....latéral
7. 共同借家人 ....locataire
8. 同国人 ....patriote
9. 副操縦士 ....pilote
10. 共同責任の ....responsable
11. 連署人 ....signataire

〔解答〕

1. coauteur 2. concitoyen 3. coéquipier 4. confrère 5. cohabitation
6. collatéral. 7. colocataire 8. compatriote 9. copilote 10. coresponsable
11. cosignataire

8. 「間，向こう」などを表す接頭辞

entre- ｛異形：entr-｝ 「間；相互」

前置詞 entre が接頭辞化したものです．新語では基語とハイフンでつなぐことがあります．母音で始まる語の前では末尾の e を省略した entr- を用います．

 entre-deux-guerres 両大戦間 ← entre- + deux「2」+ guerre(s)「戦争」

 entremets (料理の)アントルメ ← entre- + mets「(一皿ごとの)料理」

 entrevue 会談，会見 ← entre- + vue「見ること」

 entraide 助け合い，相互扶助 ← entr- + aide「助け，援助」

inter- 「間；相互」 (ラ)

最初は学術語として用いられていましたが，現在は一般語にも使われています．

 interligne 行間 ← inter- + ligne「行」

 international 国際的な ← inter- + national「国の」

 interdépendance 相互依存 ← inter- + dépendance「依存」

  ◆ 英語からの借用語の interview「インタビュー」は中期フランス語の entrevue が英語化したものです．

trans- ｛異形：tra-, tré-[2]｝ 「横切って」 (ラ)

かつては動詞形成(⇨§11-8.)にも用いられましたが，新しい語形成では多く場所に関する形容詞と結びつきます．

 transcontinental 大陸横断の ← trans- + continental「大陸の」

  ◆ ギリシャ語起源の接頭辞 dia- も「通って，横切って」を意味し，主に学術語で用いられます．

   dialogue 対話 ← dia- + *logue*「談話」

   diagonal 対角(線)の ← dia- + *gone*「角(かど)」

  ※ tré-[1] は§9-1.に出てきました．

outre- 「越えて，向こうに」

前置詞・副詞の outre が接頭辞化したものです．主として場所を表す名詞とハイフンで結びつき，副詞(時に形容詞や名詞)として用いられる語を作ります．

 outre-Atlantique 大西洋の向こうに，アメリカで ← outre- + Atlantique「大西洋」

 outre-tombe 死後に ← outre- + tombe「墓」 (*cf.* d'outre-tombe 死後の)

【練習1】 entre-, inter-

下線部に entre-, entr-, inter- のいずれかを書き入れて，示された意味の語を作りましょう．

1. 幕間(まくあい)   .... acte
2. 相互作用   .... action
3. 交換可能な，互換性のある   .... changeable
4. 大陸間の   .... continental

5. リブロース, 肋間肉	................côte
6. 話し相手	................locuteur
7. 中2階	................sol
8. その間に	................-temps
9. 都市間の	................urbain

〔解答〕

1. entracte　2. interaction　3. interchangeable　4. intercontinental
5. entrecôte　6. interlocuteur　7. entresol (*「床(ゆか)の間に」の意)
8. entre-temps (『新綴り』は entretemps)　9. interurbain

【練習2】　trans-, outre-

　下線部に trans-, outre-のいずれかを書き入れて, 示された意味の語を作りましょう.

1. アルプス横断トンネル	tunnel ....alpin
2. 大西洋横断定期船	paquebot ....atlantique
3. イギリス海峡越えの旅行	voyage (d') ....-Manche
4. (フランスの)海外県	département d' ....-mer
5. ライン川の向こうの領土, ドイツ	territoire (d') ....-Rhin
6. シベリア横断鉄道	chemin de fer ....sibérien

〔解答〕

1. transalpin　2. transatlantique　3. outre-Manche　4. outre-mer　5. outre-Rhin
6. transsibérien

9. その他の位置関係を表す接頭辞

intro-, intra-「内部」（ラ）

　intro- は古い語形成に, intra- は学術関係の新語形成に用いられています.

　　introduction　導入　← intro- + *duction*「導くこと」

　　intracommunautaire　共同体内の　← intra- + communautaire「共同体の」

　　intraveineux　静脈内の　← intra- + veineux「静脈の」

circon-, circum-「周囲」（ラ）

　circon- は古い語形成に, circum- /sir-kɔm/ は学術関係の新語形成に用いられています.

　　circonférence　円周　← circon- + *férence*「運ぶもの」

　　circonscription　区域, 区画　← circon- + *scription*「書くこと」

　　circonstance　状況　← circon- + *stance*「立つもの」

　　circumpolaire　(地球の)極の周囲の　← circum- + polaire「極の」

　　circumnavigation　(船による)大陸[世界]一周　← circum- + navigation「航海」

péri- 「周囲, 周辺」 (ギ)

学術関係の新語形成に用いられます. i で始まる語以外ではハイフンなしで結びつきます.

    périscolaire 課外の ← péri- + scolaire「学校の」

    péri-informatique 情報[コンピュータ]周辺機器(の) ← péri- + informatique「情報科学(の)」

    périscope 潜望鏡 ← péri- + *scope*「見る道具, …鏡」

    périphérie 周囲, 周辺 ; (都市の)周辺部 ← péri- + *phérie*「運ぶ」

    périphrase 遠まわしな言い方, 婉曲な表現 ← péri- + phrase「文 ; 言葉」

    périmètre 周囲(の長さ), 外周 ← péri- + *mètre*「計測」

para-² 「傍ら ; 副次的, 補助の」 (ギ)

古い語形成では「傍ら」を表しますが, 近年では「副次的な, 補助の」の意味で学術関係の新語形成に用いられます.

    paramédical 医療補助の ; 医療隣接部門の ← para- + médical「医学の」

    parascolaire 学校外の, 課外の ← para- + scolaire「学校の」

    parasite 寄生虫 ← para- + *site*「食物」

    paragraphe パラグラフ, (文章の)節 ← para- + *graphe*「書かれたもの」

    ♦ parascolaire と périscolaire は類義語です.「課外活動」は activités parascolaires とも activités périscolaires とも言います.

    ※ para-¹ は §9-5. に出てきました.

épi- 「上, 外 ; 終わり, 最後 ; 副次的, 付帯」 (ギ)

現在は造語力はありません.

    épiderme 表皮, 上皮 ← épi- + *derme*「皮」

    épilogue 終章, エピローグ ← épi- + *logue*「話」

    épisode エピソード, 挿話 ← épi- + *sode*「入ること」

vice- ｛異形 : vi-｝「副, 代理」(ラ)

主に官職や高い地位を表す名詞とハイフンでつなぎます. 異形の vi- は古い語形成に現れます.

    vice-président 副大統領, 副会長 ← vice- + président「大統領, 会長」

    vicomte 子爵 ← vi- + comte「伯爵」

【練習】 さまざまな位置関係を表す接頭辞

    下線部に intra-, circum, péri-, para-, épi-, vice- のいずれかを書き入れて, 示された意味の語を作りましょう.

1. 副領事 ....-consul
2. (建物に刻まれた)碑銘 ....graphe
3. 月を回る人口衛星 satellite .... lunaire

4. 筋肉(内)注射	injection .... musculaire
5. 言い換え(の文), パラフレーズ	.... phrase
6. 都市周辺地域	zone .... urbaine

〔解答〕
1. vice-consul　2. épigraphe　3. circumlunaire　4. intramusculaire
5. paraphrase　6. périurbaine

§10　名詞・形容詞・動詞を基語にして動詞を形成する接頭辞

　名詞や形容詞や動詞の基語から動詞を作る接頭辞を見ていきます. これらの大部分はラテン語および古フランス語の時期の前置詞がもとになっているので, 歴史的変遷によって, しばしば, いくつもの異形が生じています.

　名詞や形容詞から作られた接頭辞付きの動詞は -er 動詞か -ir 動詞に限られ, 多くは他動詞になります. 基語が動詞の場合はその限りではありません. なお, 動詞を基語にして新たな動詞を形成する接頭辞は, この節だけでなく次の§11でも扱います.

　この節の練習を進めていく際には気にする必要はありませんが, 派生動詞が名詞や形容詞を含んでおり, 接頭辞付きの動詞も接頭辞なしの動詞も存在する場合については, 名詞・形容詞に接頭辞と動詞語尾が付いたものと, 名詞・形容詞から動詞が作られ, その動詞に接頭辞が付いたものがあります.

1.　a-² 〔異形：ac-, ad-, af-, ag-, al-, an-, ap-, ar-, as-, at-〕

　接頭辞の a- は前置詞の à 「…に, …へ」と語源が同じです. したがって, 基語が名詞・形容詞のときは, 派生動詞は一般に「…に接近[到達]させる, …(の状態)にする」を意味します. 時に, 「…を近づける, 付ける, 与える」の意味になります. また, 以下の練習で見るように, 派生語の意味対象はしばしば基語の表すものよりも広がります.

　基語が動詞のときは「近づいてくる」行為を表しますが, 「完全に…する, …し遂げる」のニュアンスを加えたり, 比喩的な意味に転じたりすることもあります.

　c (および q), f, g, l, n, p, r, s, t の前では, それぞれ, 異形の ac-, af-, ag-, al-, an-, ap-, ar-, as-, at- が現れることがあります. c (および q), f, r, s, t の前では常に異形を用いますが, g, l, n, p の前では a- と異形のどちらになるかは決まっていません. これら以外の綴り字の前では a- を用いますが, 母音の前および古い語形成では ad- を用いることがあります.

　　aliter ベッドに寝かせる ← lit ベッド

　　attrister 悲しませる ← triste 悲しい

　　apporter 持って来る ← porter 持つ, 運ぶ

　　abattre (打撃を加えて)倒す；打ち殺す ← battre 殴る, 打つ

　　　※ 欠如の意味の a-¹ は§9-6.に出てきました.

【練習1】　規則的派生の -er 動詞

　最初の練習は，基語から規則的に派生語を作れる -er 動詞です．接頭辞 a-(またはその異形)を用いて，示された意味の動詞を作りましょう．基語は名詞または形容詞です．形容詞は男性単数形を載せてあります．a- の異形を用いる場合はかっこ内に示してあります．

[1]　名詞基語

1. 付き添う，一緒に行く　　　〈compagne 連れ〉(ac-...)　　＿＿＿＿＿＿
2. 肘(ひじ)をつく　　　　　　〈coude 肘〉(ac-...) (*代名動詞)　(s')＿＿＿＿＿
3. 習慣づける　　　　　　　　〈coutume 習慣〉(ac-...)　　＿＿＿＿＿＿
4. 乳を飲ませる　　　　　　　〈lait 乳〉(al-...)　　＿＿＿＿＿＿
5. (1列に)並べる　　　　　　〈ligne 線；列〉　　＿＿＿＿＿＿
6. 寄せ集める　　　　　　　　〈masse 塊；多量の集まり〉　　＿＿＿＿＿＿
7. 注釈を付ける　　　　　　　〈note メモ；注釈〉(an-...)　　＿＿＿＿＿＿
8. おびえさせる　　　　　　　〈peur 恐れ〉　　＿＿＿＿＿＿
9. 整える　　　　　　　　　　〈rang 列〉(ar-...)　　＿＿＿＿＿＿
10. 食卓につく　　　　　　　　〈table 食卓〉(at-...) (*代名動詞)　(s')＿＿＿＿＿
11. (呼び)集める，群がらせる　〈troupe 集団〉(at-...)　　＿＿＿＿＿＿

[2]　形容詞基語

1. 適合させる　　　　　　　　〈apte 適した〉(ad-...)　　＿＿＿＿＿＿
2. 細く[細かく]する；製錬する　〈fin 細い，細かい；上質の〉(af-...)　＿＿＿＿＿＿
3. 悪化させる　　　　　　　　〈grave 重大な，深刻な〉(ag-...)　　＿＿＿＿＿＿
4. ぴったり合わせる　　　　　〈juste 適切な〉　　＿＿＿＿＿＿
5. 長くする，伸ばす　　　　　〈long 長い〉(al-...)　　＿＿＿＿＿＿
6. 取り消す　　　　　　　　　〈nul 無の〉(an-...)　　＿＿＿＿＿＿
7. 近づける　　　　　　　　　〈proche 近い〉(ap-...)　　＿＿＿＿＿＿
8. 隣接する　　　　　　　　　〈voisin 隣の〉　　＿＿＿＿＿＿

147

〔解答〕

[1] 1. accompagner　2. accouder　3. accoutumer　4. allaiter　5. aligner
　　6. amasser　7. annoter　8. apeurer　9. arranger　10. attabler　11. attrouper
[2] 1. adapter　2. affiner　3. aggraver　4. ajuster　5. allonger　6. annuler
　　7. approcher　8. avoisiner

【練習2】　変則的派生の -er 動詞

　基語が形を変える変則的派生の -er 動詞です．接頭辞 a-(またはその異形)を用いて，示された意味の動詞を作りましょう．基語は名詞または形容詞です．形容詞は男性単数形を載せてあります．派生動詞の語幹はかっこ内に示してあります．

[1] 名詞基語

1. 接岸する 〈côte 海岸, 沿岸〉 (accost-...) ＿＿＿＿＿＿

2. 掛ける 〈croc (物をつるす) 鉤(かぎ)〉 (accroch-...) ＿＿＿＿＿＿

3. 背にして置く 〈dos 背〉 (adoss-...) ＿＿＿＿＿＿

4. 飢えさせる 〈faim 飢え〉 (affam-...) ＿＿＿＿＿＿

5. 膝(ひざ)をつく 〈genou 膝〉 (agenouill-...) (*代名動詞) (s')＿＿＿＿＿＿

6. 積み上げる 〈monceau 堆積〉 (amoncel-...) ＿＿＿＿＿＿

7. 対(つい)にする 〈paire 対, ペア〉 (appari-...) ＿＿＿＿＿＿

8. 哀れみを誘う 〈pitié 哀れみ〉 (apitoy-...) ＿＿＿＿＿＿

9. 包囲する 〈siège 腰掛け；包囲〉 (assiég-...) ＿＿＿＿＿＿

10. 喉を渇かせる 〈soif 喉の渇き〉 (assoiff-...) ＿＿＿＿＿＿

[2] 形容詞基語

1. 短縮する 〈bref 短い〉 (abrég-...) ＿＿＿＿＿＿

2. 軽くする 〈léger 軽い〉 (allég-...) ＿＿＿＿＿＿

3. より良くする 〈meilleur より良い〉 (amélior-...) ＿＿＿＿＿＿

4. (借金などを)返済する 〈quitte 借りを返した〉 (acquitt-...) ＿＿＿＿＿＿

5. 断言する；保証する 〈sûr 確かな〉 (assur-...) ＿＿＿＿＿＿

〖解答〗

[1] 1. accoster　2. accrocher　3. adosser　4. affamer　5. agenouiller
　　6. amonceler　7. apparier　8. apitoyer　9. assiéger　10. assoiffer

[2] 1. abréger　2. alléger　3. améliorer　4. acquitter　5. assurer

~~ 〖参考〗 ~~~~~~

接頭辞の付かない派生動詞

　[練習1]と[練習2]で見たような a- 付きの -er 動詞のほかに，a- の付かない -er 動詞が存在することがあります.

　　couder くの字形に曲げる (← coude 肘)

　　longer 沿って行く (← long 長い)

　　noter 書き留める (← note メモ；注釈)

　　ranger きちんと並べる；整理する (← rang 列)

　　siéger 議席を占める；(機関などが) 本部を置く (← siège 腰掛け)

　　voisiner (avec ... と) 隣り合う (← voisin 隣の)

　このセクションでは個々に指摘をしませんが，同一基語から接頭辞付きと接頭辞なしの動詞が派生しているのは，接頭辞 a- と -er 動詞以外にも数多くあり，この後の練習でも出てきます. なお，接頭辞なしの動詞の派生については第2巻『語形成』に詳しい解説があります.

~~~~~~

【練習3】 規則的派生の -ir 動詞

　規則的派生の -ir 動詞です．接頭辞 a-（またはその異形）を用いて，示された意味の動詞を作りましょう．基語は名詞または形容詞です．形容詞は男性単数形を載せてあります．a- の異形を用いる場合はかっこ内に示してあります．

[1]　名詞基語

1.　達する，至る　　　　　　　　　〈bout 端，終わり〉　　　　　_____
2.　月に到着する　　　　　　　　　〈lune 月〉　　　　　　　　　_____
3.　全滅させる　　　　　　　　　　〈néant 無〉　　　　　　　　_____
4.　爵位を授ける，貴族に叙する　　〈noble 貴族〉　　　　　　　_____
5.　着陸する　　　　　　　　　　　〈terre 陸〉 (at-...)　　　　_____

[2]　形容詞基語

1.　愚かにする　　　　　　　　　　〈bête 愚かな〉　　　　　　　_____
2.　弱める　　　　　　　　　　　　〈faible 弱い〉 (af-...)　　　_____
3.　強固にする　　　　　　　　　　〈ferme しっかりした〉 (af-...)　_____
4.　大きくする　　　　　　　　　　〈grand 大きい〉　　　　　　_____
5.　重くする　　　　　　　　　　　〈lourd 重い〉　　　　　　　_____
6.　痩(ゃ)せさせる　　　　　　　　〈maigre 痩せた〉　　　　　　_____
7.　薄くする，ほっそりさせる　　　〈mince 薄い，ほっそりした〉　_____
8.　小さくする　　　　　　　　　　〈moindre より小さい〉　　　_____
9.　貧しくする　　　　　　　　　　〈pauvre 貧しい〉 (ap-...)　　_____
10.　鈍くする，鈍重にする　　　　　〈pesant 重たげな〉 (ap-...)　_____
11.　平らにする　　　　　　　　　　〈plan 平らな〉　　　　　　　_____
12.　平たくする　　　　　　　　　　〈plat 平たい〉　　　　　　　_____
13.　深くする　　　　　　　　　　　〈profond 深い〉 (ap-...)　　_____
14.　丸くする　　　　　　　　　　　〈rond 丸い〉 (ar-...)　　　　_____
15.　賢くする　　　　　　　　　　　〈sage 賢い〉 (as-...)　　　　_____
16.　衛生的にする；健全化する　　　〈sain 健康な，健康によい〉 (as-...)　_____
17.　暗くする　　　　　　　　　　　〈sombre 暗い〉 (as-...)　　　_____
18.　柔らかくする，柔軟にする　　　〈souple 柔軟な〉 (as-...)　　_____
19.　耳を聞こえなくする　　　　　　〈sourd 耳の聞こえない〉 (as-...)　_____
20.　優しい気持ちにする　　　　　　〈tendre 優しい〉 (at-...)　　_____

149

〔解答〕

[1] 1. aboutir　2. alunir　3. anéantir　4. anoblir　5. atterrir
[2] 1. abêtir　2. affaiblir　3. affermir　4. agrandir　5. alourdir　6. amaigrir
　　7. amincir　8. amoindrir　9. appauvrir　10. appesantir　11. aplanir
　　12. aplatir　13. approfondir　14. arrondir　15. assagir　16. assainir
　　17. assombrir　18. assouplir　19. assourdir　20. attendrir

【練習4】 変則的派生の -ir 動詞

変則的派生の -ir 動詞です. 接頭辞 a-(またはその異形)を用いて, 示された意味の動詞を作りましょう. 基語は名詞または形容詞です. 派生動詞の語幹はかっこ内に示してあります.

[1] 名詞基語

着水する 〈mer 海〉 (amerr...) ＿＿＿＿＿＿

[2] 形容詞基語 (*派生語はイタリック体で示した女性形から作られる)

1. 穏やかにする, 和らげる 〈doux, *douce* 穏やかな〉 (adouc-...) ＿＿＿＿＿＿

2. 解放する;切手を貼る 〈franc, *franche* 自由な〉 (affranch-...) ＿＿＿＿＿＿

3. 柔らかくする 〈mou, *molle* やわらかい〉 (amoll-...) ＿＿＿＿＿＿

4. 従わせる 〈sujet, *sujette* 服従した〉 (assujett-...) ＿＿＿＿＿＿

〔解答〕

[1] amerrir

[2] 1. adoucir　2. affranchir (*「切手を貼る」のは, 郵税を支払ったこと(=郵税の支払いから解放されていること)の証明)　3. amollir　4. assujettir

【練習5】 接頭辞と基語動詞

次の派生動詞は接頭辞と基語動詞で形成されています. 接頭辞 (a- またはその異形)と基語動詞を見つけましょう.

	[接頭辞]	[基語動詞]
1. acclamer 歓呼の声で迎える	＿＿	＿＿＿＿
2. accourir 駆けつける	＿＿	＿＿＿＿
3. accroître 増大させる	＿＿	＿＿＿＿
4. accueillir (人を)迎える, もてなす	＿＿	＿＿＿＿
5. adjoindre 付ける, 加える	＿＿	＿＿＿＿
6. admettre 入ることを許す	＿＿	＿＿＿＿
7. adresser (郵便物を)送る;(人を)差し向ける	＿＿	＿＿＿＿
8. advenir 起こる, 生じる	＿＿	＿＿＿＿
9. amener 連れて来る	＿＿	＿＿＿＿
10. apercevoir (ちらっと)見かける	＿＿	＿＿＿＿
11. apparaître 現れる	＿＿	＿＿＿＿
12. apposer 貼る;添付する	＿＿	＿＿＿＿
13. apprendre 学ぶ, 習う;知る	＿＿	＿＿＿＿
14. approuver 賛同する	＿＿	＿＿＿＿
15. attendre 待つ	＿＿	＿＿＿＿
16. attirer 引き寄せる	＿＿	＿＿＿＿

〔解答〕　＊基語動詞の意味を添えてあります．派生動詞の意味と比べてみましょう．

1. ac-+clamer「大声で叫ぶ」　2. ac-+courir「走る」　3. ac-+croître「増大する」（『新綴り』はアクサンなし）　4. ac-+cueillir「（果実・花などを）摘む」　5. ad-+joindre「結合する」　6. ad-+mettre「置く，入れる」　7. a-+dresser「（まっすぐに）立てる」
8. ad-+venir「来る」　9. a-+mener「導く」　10. a-+percevoir「知覚する」
11. ap-+paraître「現れる」（*派生語と類義だが paraître は改まった語．『新綴り』はアクサンなし）　12. ap-+poser「置く」　13. ap-+prendre「取る」　14. ap-+prouver「証明する」　15. at-+tendre「（ぴんと）張る；差し出す」　16. at-+tirer「引く」

2. en-¹ ｛異形：em-｝，in-² ｛異形：im-, il-, ir-｝

　en-/ã/ と in-/ɛ̃/ (= en- の古形) は，前置詞の en と語源が同じで，一般に，「…の中に入れる，…の状態にする」を意味します．派生語の意味の拡大や基語が動詞のときに加わるニュアンスについては a- の場合とほぼ同じです．

　異形の em-, im- は b, m, p の前で，il- は l の前で，ir- は r の前で用います．

　en-, em- は常に (n, m の前でも) 鼻母音 /ã/ で発音し，en- は母音の前で /ã-n/ となります（前置詞 en のリエゾンと同様の現象）．in-, im- は綴り字の読み方の原則どおりです．

　　encourager 励ます ← courage 勇気
　　emprisonner 投獄する ← prison 刑務所
　　importer 輸入する ← porter 持つ，運ぶ

　　　※ 否定の意味の in-¹ は§9-6.に出てきました．

【練習1】　規則的派生の -er 動詞

　規則的派生の -er 動詞です．接頭辞 en-, in- またはその異形を用いて，示された意味の動詞を作りましょう．基語は名詞または形容詞です．

[1]　en- またはその異形を用いる.

1.　包装する，梱包する 〈balle (商品の)大包み，荷〉 _____
2.　(船・飛行機などに)乗り込む 〈barque 小舟〉 _____
3.　ブルジョワ化する 〈bourgeois ブルジョワ(の)〉 _____
4.　額に入れる，枠を付ける 〈cadre 額縁；枠，フレーム〉 _____
5.　鎖でつなぐ 〈chaîne 鎖〉 _____
6.　損害を与える 〈dommage 損害〉 _____
7.　糸を通す 〈fil 糸〉 _____
8.　燃え上がらせる 〈flamme 炎〉 _____
9.　質に入れる；拘束する；雇用する 〈gage 担保；質(草)〉 _____
10.　(管・通路などを)詰まらせる 〈gorge 喉〉 _____
11.　(家畜・家禽を)肥育する 〈graisse 脂肪；脂，油脂〉 _____

12. 酔わせる 〈ivre 酔った〉 ＿＿＿＿＿＿

13. 倉庫に入れる 〈magasin 倉庫〉 ＿＿＿＿＿＿

14. (新居に) 入居する 〈ménage《古》家〉 ＿＿＿＿＿＿

15. (木を) 根づかせる 〈racine 根〉 ＿＿＿＿＿＿

16. 風邪をひかせる 〈rhume 風邪〉 ＿＿＿＿＿＿

17. 血だらけにする 〈sanglant 血まみれの〉 ＿＿＿＿＿＿

18. 埋める；埋葬する 〈terre 地面〉 ＿＿＿＿＿＿

[2] in- またはその異形を用いる.

1. 登録する 〈matricule 登録簿〉 ＿＿＿＿＿＿

2. おじけづかせる 〈timide 内気な〉 ＿＿＿＿＿＿

〔解答〕

[1] 1. emballer 2. embarquer (*派生動詞は「小舟に乗る」から「船・飛行機などに乗る」に意味が拡大した) 3. embourgeoiser 4. encadrer 5. enchaîner (『新綴り』は chaine, enchainer) 6. endommager 7. enfiler 8. enflammer 9. engager 10. engorger (*意味の拡大) 11. engraisser 12. enivrer (*発音は /ā-ni-vre/ が正しいが, /e-ni-vre/ も一般化しつつある) 13. emmagasiner 14. emménager 15. enraciner 16. enrhumer 17. ensanglanter 18. enterrer

[2] 1. immatriculer 2. intimider

【練習2】 変則的派生の -er 動詞

変則的派生の -er 動詞です. 接頭辞 en- および in- を用いて, 示された意味の動詞を作りましょう. 基語は名詞または形容詞です. 派生動詞の語幹はかっこ内に示してあります.

[1] en- またはその異形を用いる.

1. 深く悲しませる 〈deuil 喪；悲嘆〉 (endeuill...) ＿＿＿＿＿＿

2. (衣服を) はおる, 着る 〈dos 背〉 (endoss...) ＿＿＿＿＿＿

3. (深く) 打ち込む 〈fond 底；奥〉 (enfonc...) ＿＿＿＿＿＿

4. オーブンに入れる 〈four オーブン〉 (enfourn...) ＿＿＿＿＿＿

5. 美しくする, 飾る 〈joli きれいな〉 (enjoliv...) ＿＿＿＿＿＿

6. つかむ, 握る 〈poing 握りこぶし〉 (empoign...) ＿＿＿＿＿＿

7. 毒を盛る 〈poison 毒〉 (empoisonn...) ＿＿＿＿＿＿

8. 陽光で満たす 〈soleil 太陽, 日光〉 (ensoleill...) ＿＿＿＿＿＿

9. 積み上げる；詰め込む 〈tas 山積み〉 (entass...) ＿＿＿＿＿＿

10. (郵便物などを) 送る 〈voie 交通路；進路〉 (envoy...) ＿＿＿＿＿＿

[2] in- またはその異形を用いる.

1. 合体させる 〈corps 体〉 (incorpor...) ＿＿＿＿＿＿

2. 責任を負わせる；非難する 〈crime 犯罪〉 (incrimin...) ＿＿＿＿＿＿

3. 明るく[明かりで]照らす 〈lumière 光, 明かり〉(illumin...) ＿＿＿＿＿＿

4. 革新的である 〈neuf 新しい；斬新な〉(innov...) ＿＿＿＿＿＿

5. 題[タイトル]を付ける 〈titre 題名, タイトル〉(intitul..) ＿＿＿＿＿＿

〔解答〕

[1] 1. endeuiller 2. endosser 3. enfoncer 4. enfourner 5. enjoliver
   6. empoigner 7. empoisonner 8. ensoleiller 9. entasser 10. envoyer
[2] 1. incorporer 2. incriminer 3. illuminer 4. innover 5. intituler

【練習3】 規則的派生の -ir 動詞

　規則的派生の -ir 動詞です．接頭辞 en- を用いて，示された意味の動詞を作りましょう．
基語は形容詞です．

1. 痺(しび)れさせる 〈gourd 痺れた, かじかんだ〉 ＿＿＿＿＿＿

2. 醜くする 〈laid 醜い〉 ＿＿＿＿＿＿

3. 気高くする 〈noble 気高い〉 ＿＿＿＿＿＿

4. 金持ちにする 〈riche 金持ちの〉 ＿＿＿＿＿＿

〔解答〕

1. engourdir 2. enlaidir 3. ennoblir (*発音は /ã-nɔ-bliːr/) 4. enrichir

【練習4】 変則的派生の -ir 動詞

　変則的派生の -ir 動詞です．接頭辞 en- または em- を用いて，示された意味の動詞を作り
ましょう．基語は名詞または形容詞です．派生動詞の語幹はかっこ内に示してあります．

1. 美しくする 〈beau 美しい〉(embell...) ＿＿＿＿＿＿

2. 高い競り値を付ける 〈cher 高い〉(enchér...) ＿＿＿＿＿＿

3. (体を)痛める 〈douleur 痛み〉(endolor...) ＿＿＿＿＿＿

4. (人・体を)鍛える, 強くする 〈dur 固い；強い〉(endurc...) ＿＿＿＿＿＿

5. 大胆にする 〈hardi 大胆な〉(enhard...) ＿＿＿＿＿＿

6. 高慢にする 〈orgueil 高慢〉(enorgueill...) ＿＿＿＿＿＿

〔解答〕

1. embellir 2. enchérir 3. endolorir 4. endurcir 5. enhardir (*hardi は有音の
h なので, enhardir の発音は /ã-ar-diːr/) 6. enorgueillir (*発音は /ã-nɔr-gœ-jiːr/)

【練習5】 接頭辞と基語動詞

　次の派生動詞は接頭辞と基語動詞で形成されています．接頭辞(en-, in- またはその異形)
と基語動詞を見つけましょう．

	[接頭辞]	[基語動詞]
1. embrouiller もつれさせる	_____	_____
2. entailler 切込みを入れる	_____	_____
3. immigrer (他国から)移住する	_____	_____
4. implanter 導入する, 定着させる	_____	_____
5. imposer 強いる, 押しつける	_____	_____
6. informer 知らせる, 通知する	_____	_____

〔解答〕 ＊基語動詞の意味を添えてあります. 派生動詞の意味と比べてみましょう.
1. em-+brouiller「かきまぜる」 2. en-+tailler「切る」 3. im-+migrer「移住する」
4. im-+planter「植える」 5. im-+poser「置く」 6. in-+former「作り上げる」

3. en-² 〔異形：em-〕

前項で見た en-¹ とは異なり, 基語になるのは動詞だけで,「離れ去る」行為を表します.
ただし, 異形の使用や発音については en-¹ と同じです.

emporter 持って行く, 持ち去る ← porter 持つ, 運ぶ

【練習】 接頭辞と基語動詞

次の派生動詞は接頭辞と基語動詞で形成されています. 接頭辞(en-または em-)と基語動
詞を見つけましょう.

	[接頭辞]	[基語動詞]
1. emmener 連れて行く	_____	_____
2. s'enfuir 逃げ去る	_____	_____
3. enlever 取り上げる, 取り除く	_____	_____
4. entraîner 押し流す, 運び去る	_____	_____

〔解答〕 ＊基語動詞の意味を添えてあります. 派生動詞の意味と比べてみましょう.
1. em-+mener「導く」 2. en-+fuir「逃げる」 3. en-+lever「上げる」
4. en-+traîner「引きずる」(『新綴り』は trainer, entrainer)

4. é- 〔異形：ex-², ef-, es-〕

一般に,「切り離す, 送り出す；外に(向かって)…する」を意味します. ex-²は é- の古形
です. ef-, es-はそれぞれ f, s の前で用います.

égoutter (洗った野菜などの)水を切る ← goutte しずく

exporter 輸出する ← porter 持つ, 運ぶ

※ ex-¹ は§9-4.に出てきました.

【練習1】 規則的派生の -er 動詞

規則的派生の -er 動詞です. 接頭辞 é- またはその異形を用いて, 示された意味の動詞を作りましょう. 基語は名詞または形容詞です. [1] で é- の異形を用いる場合はかっこ内に示してあります.

[1] é-, ef-, es- を用いる.

1. 熱湯で洗う；熱湯に通す 〈chaud 熱い；暖かい〉 ＿＿＿＿＿＿
2. 照らす 〈clair 明るい；明らかな〉 ＿＿＿＿＿＿
3. (時間的に)短くする 〈court 短い〉 ＿＿＿＿＿＿
4. 葉を摘む, 花びらをむしる 〈feuille 葉〉 (ef...) ＿＿＿＿＿＿
5. 努める, 努力する 〈force 力〉 (ef-...) (*代名動詞) (s')＿＿＿＿＿＿
6. 喉を切って殺す 〈gorge 喉〉 ＿＿＿＿＿＿
7. 驚嘆させる 〈merveille 驚異；驚嘆の的〉 ＿＿＿＿＿＿
8. (肉・野菜などを)薄切りにする 〈mince 薄い〉 ＿＿＿＿＿＿
9. (果物の)種を取る 〈pépin 種〉 ＿＿＿＿＿＿
10. 先端を折る[すりへらす] 〈pointe (とがった)先, 先端〉 ＿＿＿＿＿＿
11. 浄化する；純化する 〈pur 純粋な〉 ＿＿＿＿＿＿
12. 息切れさせる 〈souffle 息〉 (es-...) ＿＿＿＿＿＿
13. (扇などで)あおぐ, 風を送る 〈vent 風〉 ＿＿＿＿＿＿

[2] ex- を用いる.

祖国を離れる 〈patrie 祖国〉 (*代名動詞) (s')＿＿＿＿＿＿

〔解答〕

[1] 1. échauder 2. éclairer 3. écourter 4. effeuiller 5. efforcer 6. égorger
7. émerveiller 8. émincer 9. épépiner 10. épointer 11. épurer
12. essouffler 13. éventer [2] expatrier

【練習2】 変則的派生の -er 動詞

変則的派生の -er 動詞です. 接頭辞 é- を用いて, 示された意味の動詞を作りましょう. 基語は名詞, 形容詞, 副詞です. 派生動詞の語幹はかっこ内に示してあります.

1. クリームを分離する 〈crème クリーム〉 (écrém...) ＿＿＿＿＿＿
2. 陽気にする 〈gai 陽気な〉 (égay...) ＿＿＿＿＿＿
3. 声を限りに叫ぶ 〈gosier 喉〉 (égosill...) (*代名動詞) (s')＿＿＿＿＿＿
4. 種[実]を取る 〈graine (植物の)種〉 (égren...) ＿＿＿＿＿＿
5. 遠ざける 〈loin 遠くに〉 (éloign...) ＿＿＿＿＿＿
6. 脱毛する 〈poil 毛, 体毛〉 (épil...) ＿＿＿＿＿＿
7. ほこりを払う 〈poussière ほこり〉 (épousset...) ＿＿＿＿＿＿
8. 蒸発する 〈vapeur 蒸気〉 (évapor...) ＿＿＿＿＿＿

〔解答〕
1. écrémer 2. égayer 3. égosiller 4. égrener 5. éloigner 6. épiler
7. épousseter 8. évaporer

【練習3】 形容詞基語の -ir 動詞

形容詞基語の -ir 動詞です. 接頭辞 é- を用いて, 示された意味の動詞を作りましょう. 変則的派生の動詞の語幹はかっこ内に示してあります.

[1] 規則的派生

　　幅を広げる　　　〈large 幅の広い〉　　　　　　　　　_____

[2] 変則的派生

　　明らかにする　　〈clair 明るい；明らかな〉 (éclairc...)　　_____

〔解答〕
[1] élargir　　[2] éclaircir

【練習4】 接頭辞と基語動詞

次の派生動詞は接頭辞と基語動詞で形成されています. 接頭辞(é- またはその異形)と基語動詞を見つけましょう.

		[接頭辞]	[基語動詞]
1.	échanger 交換する	_____	_____
2.	échauffer (徐々に)温める	_____	_____
3.	écouler 流通させる	_____	_____
4.	élever 上げる；建てる；育てる	_____	_____
5.	émettre (光・音などを)発する	_____	_____
6.	émigrer (他国へ)移住する	_____	_____
7.	émouvoir 感動させる	_____	_____
8.	éprouver 試す；感じる	_____	_____
9.	étendre 広げる, 伸ばす	_____	_____
10.	étonner 驚かせる	_____	_____
11.	éveiller 呼び起こす, 目覚めさせる	_____	_____
12.	s'exclamer 声を上げる, 叫ぶ	_____	_____
13.	exposer 展示する	_____	_____

〔解答〕　＊基語動詞の意味を添えてあります. 派生動詞の意味と比べてみましょう.
1. é-+changer「変える」　2. é-+chauffer「熱する」　3. é-+couler「流れる」
4. é-+lever「上げる」　5. é-+mettre「置く, 入れる」　6. é-+migrer「移住する」

7. é-+mouvoir「動く」　8. é-+prouver「証明する」

9. é-+tendre「(ぴんと)張る；差し出す」(*cf.* extension 伸ばすこと)

10. é-+tonner「雷が鳴る」　11. é-+veiller「夜更かし[徹夜]する」

12. ex-+clamer「大声で叫ぶ」　13.「ex-+poser 置く」

5. dé-¹ ｛異形：dés-, des- ; dis-, di-, dif-｝

　名詞・形容詞を作るときの dé-¹ は「…でない」という否定を表しましたが(⇨§9-6.)，動詞を作るときは，一般に，「…を取り除く，…から離す[離れる]」という除去や分離を表します. しばしば, 接頭辞なしの(あるいは他の接頭辞の付いた)派生動詞の対義語になります.

　　démoder 流行遅れにする ← mode 流行

　　dérouiller 錆(さび)を落とす ← rouille 錆　(*cf.* rouiller 錆つかせる)

　基語が動詞の場合は，否定や除去・分離を意味することもありますが，多くは「…とは反対のことをする」という逆方向の行為を表します. 異形の dés- は母音の前に, des- は s の前に現れます. dis-, di-, dif- が用いられているのは古い語形成です.

　　désobéir 従わない ← obéir 従う

　　déshabiller 服を脱がせる ← habiller 服を着せる

　　disjoindre 分離する ← joindre 結合する

【練習1】 -er 動詞

　接頭辞 dé-(またはその異形)を用いて，示された意味の -er 動詞を作りましょう. 基語はほとんどが名詞で形容詞は稀です.

[1] 規則的派生

1. 武器を取り上げる	〈arme 武器〉	＿＿＿＿＿
2. (商品・箱などの)荷解きをする	〈balle (商品の)大包み, 荷〉	＿＿＿＿＿
3. (船・飛行機などから)降りる	〈barque 小舟〉	＿＿＿＿＿
4. (管の)詰まりを直す；(瓶の)栓を抜く	〈bouche 口；開口部〉	＿＿＿＿＿
5. (電気器具の)プラグを抜く	〈branche 枝；枝状のもの〉	＿＿＿＿＿
6. 開封する	〈cachet 封印〉	＿＿＿＿＿
7. (コーヒーから)カフェインを取り除く	〈caféine カフェイン〉	＿＿＿＿＿
8. 積み荷を下ろす	〈charge 荷, 積荷〉	＿＿＿＿＿
9. 釘を抜く	〈clou 釘〉	＿＿＿＿＿
10. (貼ってあるものを)はがす；離陸する	〈colle 糊〉	＿＿＿＿＿
11. (服の)襟ぐり大きくする	〈collet《古》襟, 襟ぐり〉	＿＿＿＿＿
12. 狼狽(ろうばい)させる	〈contenance 態度, 様子〉	＿＿＿＿＿
13. 落胆させる	〈courage 勇気, 元気〉	＿＿＿＿＿
14. 損害賠償をする	〈dommage 損害〉	＿＿＿＿＿

15. (商品・荷物を)通関させる 〈douane 税関〉 ＿＿＿＿＿＿＿

16. 形をゆがめる 〈forme 形〉 ＿＿＿＿＿＿＿

17. 解放する；引き出す 〈gage 担保；質(草)〉 ＿＿＿＿＿＿＿

18. 氷が溶ける；(氷を)溶かす 〈gel 凍結, 氷結〉 ＿＿＿＿＿＿＿

19. (しずくなどが)したたり落ちる 〈goutte しずく〉 ＿＿＿＿＿＿＿

20. 草取りをする, 雑草を除去する 〈herbe 草〉 ＿＿＿＿＿＿＿

21. 正体をあばく 〈masque 仮面〉 ＿＿＿＿＿＿＿

22. (よそへ)引っ越す, 旧居を引き払う 〈ménage 《古》家〉 ＿＿＿＿＿＿＿

23. 故障を直す 〈panne 故障〉 ＿＿＿＿＿＿＿

24. 移動させる 〈place 場所〉 ＿＿＿＿＿＿＿

25. 根こそぎにする 〈racine 根〉 ＿＿＿＿＿＿＿

26. 染みを抜く 〈tache 染み〉 ＿＿＿＿＿＿＿

27. (地中から)掘り出す, 発掘する 〈terre 地面〉 ＿＿＿＿＿＿＿

28. (顔を)じろじろ見る 〈visage 顔〉 ＿＿＿＿＿＿＿

29. 覆いを取る 〈voile 覆い, ベール〉 ＿＿＿＿＿＿＿

[2] 変則的派生

1. ボタンをはずす 〈bouton ボタン〉(déboutonn...) ＿＿＿＿＿＿＿

2. (掛けてあるものを)はずす 〈croc (物をつるす)鉤〉(décroch-...) ＿＿＿＿＿＿＿

3. 興味を失う 〈intérêt 興味〉(désintéress...) (se)＿＿＿＿＿＿＿

4. (果物の)種[核]を取る 〈noyau (果実の)種, 核〉(dénoyaut...) ＿＿＿＿＿＿＿

5. むき出しにする 〈nu 裸の, むき出しの〉(dénud...) ＿＿＿＿＿＿＿

6. (肉・魚の)骨を取り除く 〈os 骨〉(désoss...) ＿＿＿＿＿＿＿

7. 脱線する 〈rail レール〉(déraill...) ＿＿＿＿＿＿＿

8. 塩抜きをする 〈sel 塩〉(dessal...) ＿＿＿＿＿＿＿

9. (ねじなどを)抜く 〈vis ねじ〉(déviss...) ＿＿＿＿＿＿＿

〔解答〕

[1] 1. désarmer　2. déballer　3. débarquer　4. déboucher　5. débrancher
　6. décacheter (*発音は /de-kaʃ-te/)　7. décaféiner　8. décharger　9. déclouer
　10. décoller　11. décolleter (*発音は /de-kɔl-te/)　12. décontenancer
　13. décourager　14. dédommager　15. dédouaner　16. déformer　17. dégager
　18. dégeler (*発音は /de-ʒ(ə-)le/)　19. dégoutter　20. désherber　21. démasquer
　22. déménager　23. dépanner　24. déplacer　25. déraciner　26. détacher
　27. déterrer　28. dévisager (*もとの意味は「顔をひっかく」)　29. dévoiler

[2] 1. déboutonner　2. décrocher　3. (se) désintéresser　4. dénoyauter
　5. dénuder　6. désosser　7. dérailler　8. dessaler　9. dévisser

【練習2】 -iser で終わる動詞

接頭辞 dé-(またはその異形)を用いて，-iser で終わる動詞を作りましょう．基語は名詞あるいは形容詞です．

[1] 名詞および形容詞基語の規則的派生

1. 地方に分散する　　　　　　〈central 中央の〉　　　　　_____
2. (たばこの)ニコチンを減らす　〈nicotine ニコチン〉　　_____
3. ネズミを駆除する　　　　　　〈rat ネズミ〉　　　　　　_____

[2] 名詞および形容詞基語の変則的派生

1. 非核武装化する　　〈nucléaire (原子)核の〉(dénucléar...)　_____
2. 消臭[脱臭]する　　〈odeur におい〉(désodor...)　　　　　_____
3. 非パリ化する　　　〈parisien パリの〉(déparisian...)　　_____

〔解答〕

[1] 1. décentraliser　2. dénicotiniser　3. dératiser

[2] 1. dénucléariser　2. désodoriser　3. déparisianiser

【練習3】 接頭辞と基語動詞

次の派生動詞は接頭辞と基語動詞で形成されています．接頭辞(dé- またはその異形)と基語動詞を見つけましょう．

	[接頭辞]	[基語動詞]
1. déchausser 靴を脱がせる		
2. décoiffer 髪を乱す		
3. décommander 注文を取り消す		
4. décomposer 分解する，分割する		
5. déconseiller …しないように勧める		
6. découcher 外泊する		
7. découvrir 発見する；覆いを取る		
8. décroître 減少する		
9. défaire 解体する，くずす，ほどく		
10. défavoriser 不利にする		
11. défier 挑戦する，挑む	(se)	
12. dégonfler しぼませる		
13. délasser 疲れをいやす		
14. délier ほどく		
15. démentir (人の言うこと・情報などを)打ち消す		
16. démettre 脱臼させる；解任する		
17. démonter (機械などを)分解する，解体する		

18. déplaire 気に入らない _____ _____
19. déplier (折り畳んだものを)広げる _____ _____
20. déposséder 奪う, 取り上げる _____ _____
21. dérégler (機械・体調などを)狂わせる _____ _____
22. dérouler (巻いたものを)広げる _____ _____
23. désapprouver 賛成しない _____ _____
24. désespérer 絶望する _____ _____
25. desserrer (ねじ・ネクタイなどを)ゆるめる _____ _____
26. desservir 食器を下げる _____ _____
27. désunir (人を)離反させる _____ _____
28. détendre (張っていたものを)ゆるめる _____ _____
29. disposer 配置する _____ _____
30. disqualifier 失格させる _____ _____

〖解答〗

1. dé-+chausser　2. dé-+coiffer　3. dé-+commander　4. dé-+composer
5. dé-+conseiller　6. dé-+coucher (*「自宅から離れて泊まる」)　7. dé-+couvrir
8. dé-+croître (『新綴り』は croitre, décroitre)　9. dé-+faire　10. dé-+favoriser
11. dé-+fier (*cf.* se fier「信頼する」)　12. dé-+gonfler　13. dé-+lasser　14. dé-+lier
15. dé-+mentir (*「うそ [虚偽] を正す」)　16. dé-+mettre　17. dé-+monter
18. dé-+plaire　19. dé-+plier　20. dé-+posséder　21. dé-+régler　22. dé-+rouler
23. dés-+approuver　24. dés-+espérer　25. des-+serrer　26. des-+servir
27. dés-+unir　28. dé-+tendre　29. dis-+poser　30. dis-+qualifier

6. dé-² {異形：dés-, des-}

　前項で見た dé-¹ とは異なり, 否定的な意味はありません. 基語になるのは動詞だけで, 「完全に [しっかりと] …する」という強意のニュアンスを加えたり, 比喩的な意味に転じたりします.

　　découper 切り分ける；切り抜く ← couper 切る
　　dépendre 依存する ← pendre 垂れ下がる, ぶら下がる

【練習】　接頭辞と基語動詞

　次の派生動詞は接頭辞と基語動詞で形成されています. 接頭辞(dé- またはその異形)と基語動詞を見つけましょう.

　　　　　　　　　　　　　　　　　　　　　　[接頭辞]　　[基語動詞]

1. débattre 討論する _____ _____
2. découler (結果が)生じる, 由来する _____ _____

3. définir 定義する, 規定する   _____   _____

4. délaisser 見限る   _____   _____

5. délivrer (人を)解放する；(証明書などを)交付する   _____   _____

6. se démener 動き回る；奮闘する   _____   _____

7. démontrer 証明する   _____   _____

8. dénier 否認する   _____   _____

9. dépasser 追い越す；通り越す   _____   _____

10. dépeindre (言葉で)描写する   _____   _____

11. déposer (持っていた物を)置く；預ける   _____   _____

12. dessécher 乾燥させる, ひからびさせる   _____   _____

13. desservir (交通機関などが)…に連絡している   _____   _____

14. détailler 細かく切る   _____   _____

15. détenir 保持する；拘留する   _____   _____

16. détourner 進路[方向]を変える, 迂回させる   _____   _____

17. déverser 流し込む   _____   _____

〔解答〕 ＊基語動詞の意味を添えてあります. 派生動詞の意味と比べてみましょう.
1. dé-+battre「殴る, 打つ」 2. dé-+couler「流れ(出)る」 3. dé-+finir「終える」
4. dé-+laisser「残す；放っておく」 5. dé-+livrer「引き渡す」 6. dé-+mener「(人を)動かす」 7. dé-+montrer「見せる, 示す」 8. dé-+nier「否定する」 9. dé-+passer「通る」 10. dé-+peindre「(絵の具で)描く」 11. dé-+poser「置く」 12. des-+sécher「乾かす」 13. des-+servir「役立つ」 14. dé-+tailler「切る, 裁つ」 15. dé-+tenir「つかむ；保つ」 16. dé-+tourner「曲がる, 方向を変える」 17. dé-+verser「注ぐ」

7. re- ｛異形：r-, ré-, ra-, ren-, rem-, res-, ras-｝

re- は次のような意味を表します. 派生動詞の多くは2つ以上の意味を兼ねています.

(1) 「再び, 繰り返して」〔反復〕
　　redire 再び言う, 繰り返して言う ← dire 言う

(2) 「もとの場所[状態]に…する」〔復帰〕
　　revenir 戻って来る ← venir 来る

(3) 「…し直す」〔やり直し, 修正〕
　　refaire やり直す, 作り直す ← faire する, 作る

(4) 「…し返す」〔対応, 対抗〕
　　réagir 反応する, 反発する ← agir 行動する, 作用する

(5) 「さらに…する」〔付加, 増強〕
　　rajouter さらに加える ← ajouter 加える

(6)「しっかりと[強く, 完全に] …する」〔強意〕

    ressentir (強く)感じる ← sentir 感じる

[注意]

① re- のない動詞と re- の付いた動詞の意味がかなり異なっていたり, 逆に, ほとんど同じ意味のことがあります.

    recommander 推薦する ← commander 命令する

    remplir 満たす ← emplir 満たす〔文語的〕

② 母音の前では異形の r- または ré- を用います (ré- は子音の前でも用います). 2 種類の綴りが通用している場合 (rapprendre = réapprendre「再び学ぶ」など) や, re- と ré- で意味が異なる場合 (reformer「再形成する；再編する」/ réformer「改革する」) があります.

③ s で始まる語の前では, /s/ の発音に合わせるために res- や ras- と綴って, 基語の語頭の s と合わせて s を 2 つ続けます：上記の ressentir や後出の ressembler, rassurer.

④ ra-, ren-, rem- はそれぞれ 〈r(e)-+a-〉, 〈r(e)-+en-〉, 〈r(e)-+em-〉 の 2 つの接頭辞の組み合わせですが, 一体化して切り離せなくなっているものもあります.

⑤ r(e)- は接頭辞付きの派生語の前に付くことがあります.

    redécouvrir 再発見する ← re-+découvrir (← dé-+couvrir)

    réchauffer 温め直す ← r-+échauffer (← é-+chauffer)

【練習1】 -er 動詞

  接頭辞 re-(またはその異形)を用いて, 示された意味の -er 動詞を作りましょう.

[1] 名詞基語の規則的派生

1. 払い戻す	〈bourse 財布〉 (rem-...)	_____
2. さらに強くする	〈force 力〉 (ren-...)	_____
3. 本国に送還する	〈patrie 祖国, 本国〉 (ra...)	_____

[2] 形容詞基語の変則的派生

1. 改修する	〈neuf 新しい〉 (rénov...)	_____
2. 新しくする；更新する	〈nouveau 新しい〉 (renouvel...)	_____
3. 小さくする	〈petit 小さい〉 (rapetiss...)	_____

〔解答〕

[1] 1. rembourser 2. renforcer 3. rapatrier

[2] 1. rénover 2. renouveler 3. rapetisser

【練習2】 -ir 動詞

  接頭辞 re-(またはその異形)を用いて, 示された意味の -ir 動詞を作りましょう. 基語は形容詞です.

[1] 規則的派生

1. 冷やす 　　　　　　〈froid 冷たい〉(re...) _____
2. 若返らせる 　　　　〈jeune 若い〉(ra...) _____
3. 速度を落とす 　　　〈lent (速度が)遅い〉(ra...) _____

[2] 特殊な女性形からの派生

冷やす；涼しくする 　〈frais, *fraîche* ひんやりとした〉(ra...) _____

[3] 変則的派生

1. 短くする 　　　　　〈cour 短い〉(raccourc...) _____
2. 狭くする 　　　　　〈étroit 狭い〉(rétréc...) _____

〔解答〕

[1] 1. refroidir　2. rajeunir　3. ralentir
[2] rafraîchir (*cf.* fraîchir 涼しくなる, 冷たくなる. 『新綴り』はアクサンなし)
[3] 1. raccourcir　2. rétrécir

【練習3】 接頭辞と基語動詞

　次の語は接頭辞と動詞で形成されています. 接頭辞 re- (またはその異形) と基語動詞を見つけましょう.

	[接頭辞]	[基語動詞]
1. raccrocher 再び掛ける	_____	_____
2. radoucir (気候などを)温暖にする	_____	_____
3. rallumer (火・明かりなどを)再びつける	_____	_____
4. rappeler 呼び戻す；再び電話する；思い出させる	_____	_____
5. rassurer 安心させる	_____	_____
6. rebondir 跳ね返る	_____	_____
7. rechercher 探し求める；捜索する	_____	_____
8. réciter 暗唱する	_____	_____
9. réclamer 要求する, 要請する	_____	_____
10. réconcilier 和解させる, 仲直りさせる	_____	_____
11. reconnaître それとわかる；認める	_____	_____
12. recourir 助けを求める	_____	_____
13. recueillir 集める, 収集する	_____	_____
14. redouter 恐れる	_____	_____
15. réfléchir 熟考する；反射する	_____	_____
16. regarder 見る, 眺める	_____	_____
17. rejeter 投げ返す；拒絶する	_____	_____

18. rejoindre 再び一緒になる，追いつく _____ _____

19. réjouir 喜ばせる，楽しませる _____ _____

20. remarquer 気づく；注目する；指摘する _____ _____

21. remplacer 取り替える；取って代わる _____ _____

22. reposer 休める _____ _____

23. repousser 押し戻す；拒絶する _____ _____

24. reprendre 再び取る _____ _____

25. représenter 表現する；上演する _____ _____

26. résonner 響く，鳴り響く；反響する _____ _____

27. ressembler …に似ている _____ _____

28. ressortir (入った場所から)外に出る；浮き出る _____ _____

29. retenir 引き止める；制止する _____ _____

30. retirer 引き出す；引っ込める _____ _____

31. retourner (元いた場所に)戻る；裏返す，かき回す _____ _____

32. retrouver (なくなった物・見失った人を)見つける _____ _____

33. réunifier (分裂した国家・党などを)再統一する _____ _____

34. réunir 集める，1つにまとめる _____ _____

〖解答〗

＊基語動詞の意味を添えてあります．基語動詞と派生動詞の意味がかなり隔たっている場合も
あるので注意しましょう．

1. r-+accrocher「掛ける」　2. r-+adoucir「(刺激・痛み・怒りなどを)和らげる」

3. r-+allumer「(火・明かりなどを)つける」　4. r-+appeler「呼ぶ；電話する」

5. r-+assurer「断言する；保証する」　6. re-+bondir「跳ねる」

7. re-+chercher「探す」　8. ré-+citer「引用する」　9. ré-+clamer「大声で叫ぶ」

10. ré-+concilier「両立させる」　11. re-+connaître「知っている」(『新綴り』はアクサ
ンなし)　12. re-+courir「走る」　13. re-+cueillir「(果実・花などを)摘む」

14. re-+douter「疑う」　15. ré-+fléchir「曲げる」　16. re-+garder「見張る」

17. re-+jeter「投げる」　18. re-+joindre「結合する」　19. ré-+jouir「楽しむ」

20. re-+marquer「印を付ける」　21. rem-+placer「置く，据える」

22. re-+poser「置く」　23. re-+pousser「押す」　24. re-+prendre「取る」

25. re-+présenter「提示する；展示する」　26. ré-+sonner「鳴る」

27. res-+sembler「…のように思われる」　28. res-+sortir「出る」

29. re-+tenir「つかむ；保つ」　30. re-+tirer「引く」

31. re-+tourner「回る；回す」　32. re-+trouver「見つける」

33. ré-+unifier「統一する」　34. ré-+unir「結びつける」

§11 動詞を基語にして動詞を形成する接頭辞

§9「名詞・形容詞を基語にして名詞・形容詞を形成する接頭辞」で見た接頭辞のなかには動詞形成にも用いられるものがあります。名詞・形容詞と結びついても動詞と結びついても，接頭辞の意味はほぼ同じです。ただし，古い時代に形成された語では，接頭辞と基語の現在の意味から派生動詞全体の意味が推測しにくいものもあります。なお，この章の最後の『参考』に「現存しない動詞からの接頭辞派生」をまとめてあります。

1. sur-

「上部；上位；超過」を意味します。

　　survoler 上空を飛ぶ ← voler 飛ぶ

　　surestimer 過大評価する ← estimer 評価する

　　　◆ sur- の類義の super- も動詞形成に用いられますが例は少数です。
　　　　superposer 重ねる ← poser 置く

【練習】 sur- の派生動詞

(B)から動詞を選び，接頭辞の sur- と組み合わせて，(A)に示された意味の語を作りましょう。

(A)

1. 温めすぎる，熱しすぎる　　　＿＿＿＿＿＿＿＿＿＿＿

2. 上回る，しのぐ　　　　　　　＿＿＿＿＿＿＿＿＿＿＿

3. 驚かせる；不意に襲う　　　　＿＿＿＿＿＿＿＿＿＿＿

4. 監視する　　　　　　　　　　＿＿＿＿＿＿＿＿＿＿＿

5. 酷使する　　　　　　　　　　＿＿＿＿＿＿＿＿＿＿＿

6. 突発する；不意に来る　　　　＿＿＿＿＿＿＿＿＿＿＿

7. (思わず)飛び上がる　　　　　＿＿＿＿＿＿＿＿＿＿＿

8. …より長生きする　　　　　　＿＿＿＿＿＿＿＿＿＿＿

9. 荷を積みすぎる　　　　　　　＿＿＿＿＿＿＿＿＿＿＿

10. (困難などを)乗り越える　　　＿＿＿＿＿＿＿＿＿＿＿

11. 表面に浮かぶ　　　　　　　　＿＿＿＿＿＿＿＿＿＿＿

(B)

charger 荷を積む	prendre 取る
chauffer 熱する	sauter 跳ぶ
mener 導く；(人を)動かす	veiller 気を配る，注意する
monter 登る，上がる	venir 来る
nager 泳ぐ；浮かぶ	vivre 生きる
passer 通る；越える	

2. sous- 〔異形：sou-〕, sub- 〔異形：suc-, suf-, sup-, su-, sus-〕

「下部；下位；過小」を意味します. 新しい造語では sous- のあとにハイフンが入ります.
古い語形成では sou- も用いられています. sub- の異形の suc-, suf-, sup- はそれぞれ c, f,
p の前に現れます. 古い語形成では su-, sus- も用いられています.

souligner　下線を引く　← ligner　線を引く

sous-estimer　過小評価する　← estimer　評価する

subordonner　従属させる　← ordonner　命じる

supporter　支える；耐える　← porter　持つ, 運ぶ

【練習】 sous-, sub- の派生動詞

下線部に sous-, sou-, sub-, sup-, sus- のいずれかを書き入れて, 示された意味の語を作りましょう(基語動詞の意味を添えてあります).

1. 再分割する　　　　　　　　　　　　　……… diviser「分ける, 分割する」
2. ほのめかす, 言外ににおわせる　　　　……… -entendre「聞こえる；理解する」
3. 持ち上げる　　　　　　　　　　　　　……… lever「上げる」
4. (家屋を)転貸借する　　　　　　　　　……… -louer「貸借する」
5. 従属させる　　　　　　　　　　　　　……… mettre「置く」
6. つるす, ぶら下げる；中断する　　　　……… pendre「つるす」
7. 支える；耐える　　　　　　　　　　　……… porter「持つ, 運ぶ」
8. 推測する　　　　　　　　　　　　　　……… poser「置く」
9. ほほ笑む　　　　　　　　　　　　　　……… rire「笑う」
10. 支える；支持する　　　　　　　　　　……… tenir「つかむ；保つ」
11. 覚えている (＊代名動詞)　　　　　　　se ……… venir「来る」

3. pré- ｛異形：pres-, pre-｝, pro-

pré-は主として時間的な「前」を意味し，pro-は主として空間的な「前」を意味します．sの前で pré-の異形の pres-を，sc の前で pre-を用いることがあります．

prépayer 先払いする ← payer 支払う

pressentir 予感する ← sentir 感じる

promener 散歩させる，連れ歩く ← mener 導く

◆ pro-と同語源の接頭辞 pour-も動詞形成で用いられ，「徹底して」という強意を表します．

poursuivre 追いかける，つきまとう ← suivre 後をつける

【練習1】 pré-の派生動詞

(B)から動詞を選び，接頭辞の pré-と組み合わせて，(A)に示された意味の語を作りましょう．

(A)

1. あらかじめ熟考する ＿＿＿＿＿＿＿＿＿＿

2. 言い張る ＿＿＿＿＿＿＿＿＿＿

3. 気がかりである ＿＿＿＿＿＿＿＿＿＿

4. 先取りする，天引きする ＿＿＿＿＿＿＿＿＿＿

5. 準備する ＿＿＿＿＿＿＿＿＿＿

6. 前もって知らせる，予告する ＿＿＿＿＿＿＿＿＿＿

7. 予言する ＿＿＿＿＿＿＿＿＿＿

8. 予想する；予定する ＿＿＿＿＿＿＿＿＿＿

9. 予断を下す ＿＿＿＿＿＿＿＿＿＿

(B)

dire 言う	parer 飾る；整える
juger 判断する	tendre （ぴんと）張る；差し出す
lever 上げる；取り去る	venir 来る
méditer 熟考する	voir 見る
occuper 占める	

〖解答〗

1. préméditer　2. prétendre (*名詞は prétention)　3. préoccuper　4. prélever

5. préparer　6. prévenir (*名詞は prédiction だが意味に注意)　7. prédire (*名詞は prédiction)　8. prévoir (*名詞は prévision)　9. préjuger

【練習2】 pro-の派生動詞

(B)から動詞を選び，接頭辞の pro-と組み合わせて，(A)に示された意味の語を作りましょう．

(A)

1. …から来る；…に由来する   _____
2. 計画する；投げ出す；映し出す   _____
3. 昇進させる；促進する   _____
4. 宣言する   _____
5. 提案する   _____
6. 約束する   _____

(B)

clamer 大声で叫ぶ	mouvoir 動かす
jeter 投げる	poser 置く
mettre 置く, 入れる	venir 来る

〔解答〕

1. provenir (*名詞は provenance)　2. projeter (*名詞は projet, projection)
3. promouvoir (*名詞は promotion)　4. proclamer　5. proposer (*名詞は proposition)
6. promettre (*名詞は promesse)

♦ prolonger「延ばす, 延長する」の派生は，〈pro-+longer「…に沿って行く」〉からではなく，
形容詞の long「長い」を基語にして〈pro-+long+-er〉のように形成されました.

4. contre- {異形：contra-}

「対抗, 対立；逆方向」を意味します. 異形の contra-は動詞派生の名詞に現れることが
あります.

    contredire 反論する；矛盾する ← dire 言う　(*cf.* contradiction 反論；矛盾)
    ♦ contre-が「補助, 補足」や「近接」を表すこともあります.
      contresigner 副署する ← signer 署名する

【練習】 contre- の派生動詞

(B)から動詞を選び，接頭辞の contre-と組み合わせて，(A)に示された意味の語を作りま
しょう.

(A)

1. 違反する   _____
2. 偽造[模造]する   _____
3. 対抗デモをする   _____
4. 釣り合いをとる   _____

(B)

balancer 揺り動かす	manifester デモをする
faire 作る	venir 来る

【解答】

1. contrevenir (*名詞は contravention)　2. contrefaire (*名詞は contrefaçon)

3. contremanifester　4. contrebalancer

5. mal-〔異形：mau-, malé-〕, mé-〔異形：més-〕

「悪く, 誤って, 不十分に」を意味します. mé- の異形の més- は母音の前で用いられます.

malmener （人を）邪険に扱う ← mener 導く；（人を）動かす

maudire 呪う ← dire 言う　(*cf.* malédiction 呪い(の言葉))

méprendre 取り違える ← prendre 取る

mésestimer 過小評価する ← estimer 評価する

【練習】 mal-, mé- の派生動詞

下線部に mal-, mé-, més- のいずれかを書き入れて, 示された意味の語を作りましょう (基語動詞の意味を添えてあります).

1. 身分の低い者と結婚する (*代名動詞)　　se ＿＿＿allier「縁組する」
2. 正しく認識しない　　　　　　　　　　＿＿＿connaître「知る」
3. 悪く言う　　　　　　　　　　　　　　＿＿＿dire「言う」
4. 用心する, 気をつける (*代名動詞)　　　se ＿＿＿fier「信頼[信用]する」
5. 軽蔑する　　　　　　　　　　　　　　＿＿＿priser「高く評価する」
6. 虐待する　　　　　　　　　　　　　　＿＿＿traiter「扱う」

【解答】

1. se mésallier　2. méconnaître　3. médire (*名詞は médisance)　4. se méfier
(*名詞は méfiance)　5. mépriser (*名詞は mépris)　6. maltraiter

6. co-, con-〔異形：com-, col-, cor-〕

「共に[共同で]…する」を意味します. 現在では基語が動詞でも常に co- の形で用いられますが, 古い語形成では con- が基本形であり, com-(b, m, p の前で), col-(l の前で), cor-(r の前で)などの異形も用いられました. 造語力が大きく, 数多くの動詞が作られています. 基語の意味を強めたり, 比喩的な意味に変える働きをしている場合もあります.

cohabiter 同居する ← habiter 住む

congeler （食品を）冷凍する ← geler 凍らせる

comporter 含む；伴う ← porter 持つ, 運ぶ

correspondre 相当する, 対応する ← répondre 答える, 応じる

　(répondre の古形は *respondre*. responsable「責任のある」も同じ語源)

【練習】 co-, con- の派生動詞

(B)から動詞を選び，接頭辞の co-, con-(またはそれらの異形)と組み合わせて，(A)に示された意味の語を作りましょう.

(A)

1. 預ける；打ち明ける　　　_____
2. (犯罪・過ちなどを)犯す　_____
3. 合致させる　　　　　　　_____
4. 共存する　　　　　　　　_____
5. 共同管理[経営]する　　　_____
6. 協力する；競い合う　　　_____
7. 構成する，組み立てる　　_____
8. 混同する　　　　　　　　_____
9. 集中させる　　　　　　　_____
10. 戦う，交戦する　　　　　_____
11. 堕落させる　　　　　　　_____
12. 都合がよい；合意する　　_____
13. 同意する　　　　　　　　_____
14. 納得させる　　　　　　　_____
15. 含む，中に収める　　　　_____
16. 有罪の判決を下す　　　　_____
17. 理解する　　　　　　　　_____

(B)

battre　殴る，打つ	mettre　置く，入れる
centrer　中心に置く	poser　置く
courir　走る	prendre　取る
damner　地獄に落とす	rompre　絶つ；折る，砕く
exister　存在する	sentir　感じる
se fier　信頼する (*現用では代名動詞のみ)	tenir　つかむ；保つ
fondre　溶かす	vaincre　打ち勝つ
former　形作る，組織する	venir　来る
gérer　管理[経営]する	

〚解答〛

1. confier (*名詞は confiance, confidence)　2. commettre (*名詞は commission で，この名詞の一般的意味は「伝言」)　3. conformer　4. coexister (*名詞は coexistence)　5. cogérer (*名詞は cogestion)　6. concourir (*名詞は concours)　7. composer (*名詞は composition)　8. confondre (*名詞は confusion)　9. concentrer

10. combattre （*名詞は combat）　11. corrompre （*名詞は corruption）

12. convenir （*名詞は convenance）　13. consentir （*名詞は consentement）

14. convaincre （*名詞は conviction）　15. contenir （*名詞は contenance）

16. condamner　17. comprendre （*名詞は compréhension）

7. entre- ｛異形：entr-｝，inter-

「間；相互」を意味します.

　entre- の異形の entr- は母音の前で用います. entre- が「互いに（…し合う）」を意味する
ときは, ふつうハイフンが入り代名動詞になります. inter- は entre- の古形です. 母音の
前でも同じ綴りで/ɛ-tɛr/と発音します.

　　entrecouper　中断させる　← couper　切る, 遮断する

　　s'entraider　助け合う　← aider　助ける

　　interposer　間に置く　← poser　置く

【練習】　entre-, inter- の派生動詞

　(B)から動詞を選び, 接頭辞の entre-, entr-, inter- と組み合わせて, (A)に示された意味
の語を作りましょう.

(A)

1. 維持する；手入れをする　　　　　　　＿＿＿＿＿＿＿＿＿＿

2. 介入する　　　　　　　　　　　　　＿＿＿＿＿＿＿＿＿＿

3. 禁止する　　　　　　　　　　　　　＿＿＿＿＿＿＿＿＿＿

4. 企てる, 取りかかる　　　　　　　　＿＿＿＿＿＿＿＿＿＿

5. 殺し合う (*代名動詞になる)　　　(s')＿＿＿＿＿＿＿＿＿＿

6. 少し開ける, 半開きにする　　　　　＿＿＿＿＿＿＿＿＿＿

7. 倉庫に入れる　　　　　　　　　　　＿＿＿＿＿＿＿＿＿＿

8. 相互に作用する　　　　　　　　　　＿＿＿＿＿＿＿＿＿＿

9. 中断させる　　　　　　　　　　　　＿＿＿＿＿＿＿＿＿＿

10. 混ぜ合わせる　　　　　　　　　　　＿＿＿＿＿＿＿＿＿＿

11. 見かける, かいま見る　　　　　　　＿＿＿＿＿＿＿＿＿＿

(B)

agir　作用する　　　　　　　　rompre　絶つ；折る, 砕く

dire　言う　　　　　　　　　　tenir　つかむ；保つ

mêler　混ぜる　　　　　　　　tuer　殺す

ouvrir　開ける　　　　　　　　venir　来る

poser　置く　　　　　　　　　voir　見る

prendre　取る

8. trans- 〔異形：tra-, tré-²〕

「向こう側に…する」を意味します．古い語形成では tra-, tré- も用いられています．

transporter　輸送する，運搬する ← porter　持つ，運ぶ

trépasser　他界する ← passer　移る

♦ trans- の類義の outre- も動詞形成に用いられますが例は少数です．

outrepasser　(権限や命令の)範囲を越える ← passer　通る，移る

※ tré-¹ は§9-1.に出てきました．

【練習】　trans- の派生動詞

(B)から動詞を選び，接頭辞の trans- と組み合わせて，(A)に示された意味の語を作りましょう．

(A)

1. 移植する　　　　　　　　　　　_____

2. (様態を)変える，変形させる　　_____

3. 透けて見える　　　　　　　　　_____

4. 伝える，伝達する　　　　　　　_____

5. 貫く，貫通する　　　　　　　　_____

6. 変貌させる　　　　　　　　　　_____

(B)

figurer　形に表す　　　　　　　　　paraître　姿を見せる，現れる

former　形作る，組織する　　　　　percer　穴をあける

mettre　置く，入れる　　　　　　　planter　植える

~~~~~~

その他の動詞形成接頭辞

動詞を基語にして動詞を形成する接頭辞には，本文の解説で取り上げたもの以外に次のようなものがあります．

ob- ｛異形：oc-, of-, op-, o-｝

「対立して…する，反対の方向に…する」を意味します．強意を表すこともあります．

    obtenir 得る，手に入れる ← tenir つかむ；保つ

    opposer 対立させる ← poser 置く

    omettre 省く，抜かす ← mettre 置く，入れる

par-, per-

「完全に…する，最後まで…する」を意味します．

    parachever 完全に仕上げる ← achever 終える，完了させる

    parcourir 歩き[走り]回る；走破する ← courir 走る

    pardonner 許す，許容する ← donner 与える

    parfaire 仕上げる，完成する ← faire 作る *(cf.* perfection 完全，完璧)

    parvenir たどり着く ← venir 来る

    permettre 許可する ← mettre 置く，入れる

ab- ｛異形：abs-｝, sé-

どちらも，「離れて…する，離れるように…する」を意味します．

    s'abstenir 差し控える ← tenir つかむ；保つ

    séduire 誘惑する ← *duire* 導く (現用に自立語はない)

    ◆ 形容詞の absent「欠席の，不在の」は ab- + *esse*「存在する」の現在分詞に由来し，対義語の présent「出席している」は pré-「前に」(⇨§9-4.) + *esse* に由来します．

~~~~~~

第3章の総合練習

【練習1】 接頭辞付き対義語 (1)

(A) の文中の下線の形容詞に接頭辞を付けて対義語を作り，(B) の空欄に書き入れましょう．ほとんどは既出の語です．

(A) Paul est un homme <u>poli</u> et <u>agréable</u>. Il est <u>content</u> de tout.

C'est <u>plaisant</u> avec lui parce qu'il est <u>discret</u>, <u>courtois</u> et <u>honnête</u>.

ポールは礼儀正しく感じのいい男だ．彼はすべてに満足している．

彼と一緒にいると快い，彼は慎みがあって丁重で誠実だから．

(B) Jean est un homme ＿＿＿＿ et ＿＿＿＿. Il est ＿＿＿＿ de tout.

C'est ＿＿＿＿ avec lui parce qu'il est ＿＿＿＿, ＿＿＿＿ et

＿＿＿＿.

ジャンは無礼で不愉快な男だ．彼はすべてに不満だ．

彼と一緒にいると不快だ，彼は無遠慮で無作法で不誠実だから．

〔解答〕

impoli - désagréable - mécontent - déplaisant - indiscret - discourtois - malhonnête

【練習2】 接頭辞付き対義語 (2)

適切な接頭辞を選び下線部に書き入れて，示された意味の語を作りましょう．接頭辞の異形を用いる場合もあります．

[1] 〈 hyper- / hypo- / infra- / sous- / sub- / super- / sur- / ultra- 〉

1. (a) 人口過剰の .... peuplé
   (b) 人口過疎の .... -peuplé
2. (a) 生産過剰 .... production
   (b) 生産不足 .... -production
3. (a) 超音速の .... sonique
   (b) 音速以下の .... sonique
4. (a) 上部構造 .... structure
   (b) 下部構造 .... structure
5. (a) 高血圧(症) .... tension
   (b) 低血圧(症) .... tension
6. (a) トレーニングウェア，トラックスーツ .... vêtement
   (b) 下着 .... -vêtement
7. (a) 紫外線 .... violet
   (b) 赤外線 .... rouge

[2] 〈 après- / arrière- / avant- / post- / pré- 〉

1. (a) 前庭 .... -cour
   (b) 裏庭 .... -cour
2. (a) 序文 .... face
   (b) 後記 .... face
3. (a) 前衛(部隊) .... -garde
   (b) 後衛(部隊) .... -garde
4. (a) 予感 .... -goût
   (b) (後からの)感想 .... -goût
5. (a) 戦前 .... -guerre
   (b) 戦後 .... -guerre
6. (a) おととい .... -hier
   (b) あさって .... -demain
7. (a) 出産前の .... natal
   (b) 誕生直後の, 生後の .... natal
8. (a) 就学前の .... scolaire
   (b) 学校修了後の .... scolaire

[3] 〈 a- / anti- / dé- / in- / mal- / mé- / syn- 〉

1. (a) 世に知られていない[無名の]画家 un peintre .... connu
   (b) 真価を認められていない[不遇の]画家 un peintre .... connu
2. (a) 不誠実な男 un homme .... honnête
   (b) 慎みのない言葉 une parole .... honnête
3. (a) 道徳とは関係のない行為 un acte .... moral
   (b) 道徳に反する[不道徳な]行為 un acte .... moral
4. (a) 反社会的な活動 une activité .... sociale
   (b) 非社交的な人物 une personne .... sociale
5. (a) 同義[類義]語 ....onyme (*onyme「名」)
   (b) 反義[対義]語 ....onyme
6. (a) 好感 ....pathie (*pathie「感情」)
   (b) 反感 ....pathie

〔解答〕

[1] 1. (a) surpeuplé (b) sous-peuplé 2. (a) surproduction (b) sous-production
3. (a) supersonique (b) subsonique 4. (a) superstructure (b) infrastructure
5. (a) hypertension (b) hypotension 6. (a) survêtement (b) sous-vêtement
7. (a) ultraviolet (b) infrarouge

第 3 章 接頭辞派生

[2] 1. (a) avant-cour (b) arrière-cour 2. (a) préface (b) postface

3. (a) avant-garde (b) arrière-garde 4. (a) avant-goût (b) arrière-goût

5. (a) avant-guerre (b) après-guerre 6. (a) avant-hier (b) après-demain

7. (a) prénatal (b) postnatal 8. (a) préscolaire (b) postscolaire

[3] 1. (a) inconnu (b) méconnu 2. (a) malhonnête (b) déshonnête

3. (a) amoral (b) immoral 4. (a) antisociale (b) asociale

5. (a) synonyme (b) antonyme 6. (a) sympathie (b) antipathie

【練習3】 意味的共通性のある接頭辞

適切な接頭辞を選んで下線部に書き入れましょう.

[1] 〈 bi- / mono- / multi- / poly- / tri- / uni- 〉

1. Cet interprète est .... glotte.
   この通訳は数か国語を話す.

2. Cette .... nationale est l'une des plus importantes du monde.
   この多国籍企業は世界最大級のものの1つだ.

3. Ici les employées travaillent en .... forme.
   ここでは従業員は制服姿で仕事をする.

4. Il paraît qu'une famille sur cinq est .... parentale en France.
   フランスでは5つに1つの家庭は片親だそうだ.

5. La collecte des ordures ménagères est .... hebdomadaire.
   家庭ごみの回収は週2回だ.

6. Le paiement du loyer est .... mestriel.
   家賃の支払いは3か月ごとだ.

[2] 〈 demi- / mi- / micro- / mini- / quasi- / semi- 〉

1. C'est une .... -conserve pasteurisée.
   これは殺菌処理された冷蔵食品だ.

2. Dans cet hôtel, toutes les chambres sont munies d'un .... bar.
   このホテルでは, 全室にミニバーが備わっている.

3. Il est interdit de faire un .... -tour dans une rue à sens unique.
   一方通行路でUターンをするのは禁じられている.

4. Il travaille à .... -temps dans une supérette.
   彼はコンビニでパートで働いている.

5. Je prépare quelquefois mes repas au .... -onde.
   私は時々電子レンジで調理をする.

6. La .... -totalité de la France sera couverte demain.
   明日はフランスのほぼ全体が雲に覆われるだろう.

[3] 〈 extra- / sous- / sub- / super- / sur- / ultra- 〉

1. Ce réalisateur tourne actuellement une .... production à Hollywood.
   この監督は現在ハリウッドで超大作を撮影している.

2. Ces îles sont situées dans une région .... tropicale.
   これらの島は亜熱帯地域に位置している.

3. Ce PC en tablette est .... léger mais résistant.
   このタブレット型 PC は超軽量だが丈夫だ.

4. Croyez-vous à l'existence des .... terrestres ?
   あなたは地球外生物の存在を信じていますか？

5. Ils vont faire de la plongée ....-marine en Nouvelle-Calédonie.
   彼らはニューカレドニアでスキューバダイビングをしに行く.

6. Le stade était rempli de fans .... excités.
   スタジアムは熱狂したファンでいっぱいだった.

[4] 〈 co- / entre- / ex- / inter- / outre- / trans- 〉

1. Il a repris l'entraînement avec ses .... équipiers.
   彼はチームメートと一緒にトレーニングを再開した.

2. J'ai acheté un appareil photo numérique avec objectif .... changeable.
   私は交換レンズ付きのデジタルカメラを買った.

3. La Martinique est un département d' ....-mer.
   マルチニークは海外県だ.

4. La voiture qu'elle conduit appartenait a son ....-mari.
   彼女が運転している車は彼女の前夫のものだった.

5. Le premier chemin de fer .... continental a été construit aux États-Unis au 19ᵉ siècle.
   最初の大陸横断鉄道は 19 世紀にアメリカで建設された.

6. Les Premiers ministres des deux pays auront une .... vue cet après-midi.
   両国の首相が今日の午後会談することになっている.

〔解答〕
[1] 1. polyglotte　2. multinationale　3. uniforme　4. monoparentale
　　5. bihebdomadaire　6. trimestriel
[2] 1. semi-conserve　2. minibar　3. demi-tour　4. mi-temps　5. micro-onde
　　6. quasi-totalité
[3] 1. superproduction　2. subtropicale　3. ultraléger　4. extraterrestres
　　5. sous-marine　6. surexcités
[4] 1. coéquipiers　2. interchangeable　3. outre-mer　4. ex-mari
　　5. transcontinental　6. entrevue

【練習4】 接頭辞 a-, en-, é-, dé-

日本語の意味に相当するフランス語を選び，かっこ内にその番号を書き入れましょう．また，基語の名詞・形容詞を空欄に書きましょう．この練習の解答は[1], [2], … の後に載せてあります．また，派生語と基語の意味がかなりずれているものもあるので，解答欄に意味変化についての簡単な説明を付けてあります．

[1] 接頭辞 a-（および異形）

（1）aborder （2）accommoder （3）s'accroupir （4）s'acharner
（5）acheminer （6）s'affaisser （7）affoler （8）affronter （9）agréer
（10）ajourner （11）aménager （12）amortir （13）apaiser （14）apprécier
（15）apprivoiser （16）approvisionner （17）arriver （18）assaisonner
（19）assommer （20）assortir （21）atterrer （22）attraper

---

1. 味をつける （　　） [基語] ＿＿＿＿＿＿
2. 受け入れる （　　） [基語] ＿＿＿＿＿＿
3. うまく組み合わせる （　　） [基語] ＿＿＿＿＿＿
4. 延期する （　　） [基語] ＿＿＿＿＿＿
5. 送る，運ぶ，向かわせる （　　） [基語] ＿＿＿＿＿＿
6. 落ち着かせる；静める （　　） [基語] ＿＿＿＿＿＿
7. 飼いならす （　　） [基語] ＿＿＿＿＿＿
8. (頭を殴って)気絶させる；撲殺する （　　） [基語] ＿＿＿＿＿＿
9. しゃがむ，うずくまる （　　） [基語] ＿＿＿＿＿＿
10. (家・部屋などを)整備する （　　） [基語] ＿＿＿＿＿＿
11. 高く評価する （　　） [基語] ＿＿＿＿＿＿
12. 立ち向かう （　　） [基語] ＿＿＿＿＿＿
13. たわむ，へこむ （　　） [基語] ＿＿＿＿＿＿
14. (人に)近づいて話しかける （　　） [基語] ＿＿＿＿＿＿
15. 調理する （　　） [基語] ＿＿＿＿＿＿
16. つかまえる （　　） [基語] ＿＿＿＿＿＿
17. 着く，到着する （　　） [基語] ＿＿＿＿＿＿
18. 強い衝撃を与える （　　） [基語] ＿＿＿＿＿＿
19. 動転させる；ひどく心配させる （　　） [基語] ＿＿＿＿＿＿
20. 激しく襲いかかる （　　） [基語] ＿＿＿＿＿＿
21. 物資を供給する （　　） [基語] ＿＿＿＿＿＿
22. (衝撃・苦痛などを)和らげる （　　） [基語] ＿＿＿＿＿＿

〔解答〕

1. (18) assaisonner [基語] saison 季節

*「作業(特に農耕)をそれに適した季節に行う」→「作業の手はずを整える」から，特に料理に関する意味に限定された．

2. (9) agréer [基語] gré 好み

*「あるものが好みに合う」→「それを受け入れる」．

3. (20) assortir [基語] sorte 種類

*かつては「店がいろいろな種類の商品を取りそろえる」という意味だった．

4. (10) ajourner [基語] jour 日

*「期日を別の日に繰り延べる」こと．

5. (5) acheminer [基語] chemin 道

*「道につかせる，経路をたどらせる」の意味が拡大した．接頭辞なしの cheminer は自動詞で「道をたどる」．

6. (13) apaiser [基語] paix 平和；平穏

*「平和・平穏にする」が比喩的意味に推移した．

7. (15) apprivoiser [基語] privé 私有の；私的な

*「自分ものにする」→「自分の思いどおりにする」→「手なずける，飼いならす」のように意味が限定された．

8. (19) assommer [基語] somme 眠り

*「眠り」が比喩的に「気絶」や「死」を指す．

9. (3) s'accroupir [基語] croupe 馬の臀部(でんぶ)

*もとは，臀部を低くし，そこに体の重心をかける馬の動作を指したが，人がする類似した動作も指すようになった．

10. (11) aménager [基語] ménage 家事

*ménage の古義の「家，家財道具」に由来．「家に家財道具を備えること」が原義．なお，接頭辞なしの ménager は，「家事を取り仕切る」→「節約する；大事に扱う」などに意味に広がった．

11. (14) apprécier [基語] précieux 高価な；貴重な

*「高価・貴重なものとみなす」の意．

12. (8) affronter [基語] front 額(ひたい)

*動物が額を突き合わせて戦う様子から．

13. (6) s'affaisser [基語] faix 重荷

*「重荷が載る」→「(床などが)たわむ」の因果関係がもとになっている．

14. (1) aborder [基語] bord 縁(ふち)，へり

*bord は「船のへり，舷(げん)」も指す．海事用語で「(攻撃のために)敵の船に横づけする，接舷する」から，意味が拡大した．

15. (2) accommoder [基語] commode 便利な；都合のよい

*「都合のよいようにする；適応[適合]させる」の意味でも用いられるが文語的であり，日常語では，料理に関することに意味が限定されている．なお，接頭辞 r- の付いた raccommoder の意味は「繕う」．

16. (22) attraper　[基語] trappe 落とし穴，罠(わな)
　　*「動物を落とし穴や罠をつかってつかまえる」が原義.

17. (17) arriver　[基語] rive 岸
　　*「船が岸に着く」の意味が拡大.

18. (21) atterrer　[基語] terre 地面
　　*「(殴ったり投げ飛ばしたりして)人を地面に打ち倒す」という原義が比喩的意味に拡大した.

19. (7) affoler　[基語] fou 気の狂った
　　*文字どおりの「気を狂わせる」の意味が弱化.

20. (4) s'acharner　[基語] chair 肉
　　*もとは狩猟用語で，猟犬や鷹に肉の味を覚えさせて獲物を襲わせることを指した. 襲うという行為が焦点化し，襲いかかる主体と対象が拡大した.

21. (16) approvisionner　[基語] provision 蓄え
　　*物資を供給することで蓄えができるという因果関係があるので，結果を表す事態によって原因となる行為を指している.

22. (12) amortir　[基語] mort 死んだ
　　*「死なせる」→「死んだようにする」→「弱める，和らげる」.

[2]　接頭辞 en-（および異形 em-）

---

(1) embêter　(2) embouteiller　(3) embrasser　(4) empester　(5) empiéter
(6) encaisser　(7) endimancher　(8) englober　(9) enjamber　(10) enrager
(11) enregistrer　(12) enrober　(13) s'entêter　(14) envisager

1.　悪臭で満たす　　　　　　　　　　　　　(　)　　[基語] ＿＿＿＿＿＿

2.　キスする　　　　　　　　　　　　　　　(　)　　[基語] ＿＿＿＿＿＿

3.　考察する；考慮する　　　　　　　　　　(　)　　[基語] ＿＿＿＿＿＿

4.　固執する　　　　　　　　　　　　　　　(　)　　[基語] ＿＿＿＿＿＿

5.　困らせる；うんざりさせる　　　　　　　(　)　　[基語] ＿＿＿＿＿＿

6.　渋滞させる　　　　　　　　　　　　　　(　)　　[基語] ＿＿＿＿＿＿

7.　(代金を)受領する；(手形などを)現金化する　(　)　　[基語] ＿＿＿＿＿＿

8.　侵す；侵害する　　　　　　　　　　　　(　)　　[基語] ＿＿＿＿＿＿

9.　包み込む　　　　　　　　　　　　　　　(　)　　[基語] ＿＿＿＿＿＿

10.　包む, くるむ　　　　　　　　　　　　　(　)　　[基語] ＿＿＿＿＿＿

11.　晴れ着を着せる　　　　　　　　　　　　(　)　　[基語] ＿＿＿＿＿＿

12.　ひどく悔しがる　　　　　　　　　　　　(　)　　[基語] ＿＿＿＿＿＿

13.　またぐ　　　　　　　　　　　　　　　　(　)　　[基語] ＿＿＿＿＿＿

14.　録音[録画]する　　　　　　　　　　　　(　)　　[基語] ＿＿＿＿＿＿

〔解答〕

1. （4）empester　[基語] peste　ペスト

*おそらく，ペストが蔓延した時期の大量の死者から発する死臭のイメージに由来．接頭辞なしの pester は自動詞で「毒づく，悪態をつく」．

2. （3）embrasser　[基語] bras　腕

*かつては文字どおり「腕に抱く，抱擁する」を指していたが（*cf.* [英語] *embrace*），「抱く」→「キスする」の連続する行為から現在の意味で用いられるようになった．動詞 baiser が本来の「キスする」から「性行為をする」の意味で使われ始めたので，誤解を避けるためでもあった．

3. （14）envisager　[基語] visage　顔

*古義は「相手の顔を見つめる」．

4. （13）s'entêter　[基語] tête　頭

*ある思いが頭の中に入り込んでいる，考えを変えない．

5. （1）embêter　[基語] bête　愚かな

*くだけた日常語ではしばしば誇張した表現が用いられるが，この動詞も，度の過ぎた言動で「頭をおかしくする」が文字どおりの意味．

6. （2）embouteiller　[基語] bouteille　瓶

*原義は「ワインなどを瓶に詰める」．それが「（通路などを）詰まらせる」に意味が拡大したが，日常語では主として交通渋滞の意味で用いられる．

7. （6）encaisser　[基語] caisse　箱

*「箱に詰める」の一般的意味から「（お金を）金庫にしまう」に意味が特化し，さらにその隣接行為である「お金を受け取る」の意味になった．

8. （5）empiéter　[基語] pied　足

*「足を踏み入れる」が比喩的意味で用いられるようになった．

9. （8）englober　[基語] globe　球体

*ものを包み込むと一般に丸い形になる．

10. （12）enrober　[基語] robe　ドレス

*包装紙や菓子・料理などの衣(ころも)で包むことを，ドレスをまとわせることにたとえた．英語の発想は「コートを着せる，コーティングする」（*to coat*）．

11. （7）endimancher　[基語] dimanche　日曜日

*日本語の「晴れ着」に相当するフランス語は habits [costume] du dimanche（日曜日の服）．endimancher の dimanche はこの意味．

12. （10）enrager　[基語] rage　激怒；狂犬病

*最初の意味の「狂犬病にかかる」から比喩的な「激怒する」の意味になり，それが転化して現用の意味になった．

13. （9）enjamber　[基語] jambe　脚

*脚を大きく開いてまたいだり飛び越したりする．

14. (11) enregistrer　[基語] registre 登録簿
　　*登録簿に記載することからさまざまな記録行為を表すようになった.

[3]　接頭辞 é- (および異形 ef-)

(1) écœurer　(2) effacer　(3) effleurer　(4) énerver　(5) épuiser

1. 苛立たせる　　　　　　　　　　　　　( )　[基語] ＿＿＿＿＿＿＿

2. 軽く触れる, かすめる　　　　　　　　( )　[基語] ＿＿＿＿＿＿＿

3. 消す　　　　　　　　　　　　　　　　( )　[基語] ＿＿＿＿＿＿＿

4. 使い果たす；疲労困憊させる　　　　　( )　[基語] ＿＿＿＿＿＿＿

5. 吐き気を催させる　　　　　　　　　　( )　[基語] ＿＿＿＿＿＿＿

〔解答〕

　1. (4) énerver　[基語] nerf 神経
　　*もとの意味は「神経を取り去る」→「衰弱させる, 無気力にする」(古義だが文語とし
　　ては現用)だったが, 接頭辞 é- の解釈が変わり「神経を露出させる(ような感覚を起
　　こさせる)；神経にさわる, 苛立たせる」の意味になったと思われる.

　2. (3) effleurer　[基語] fleur 花
　　*原義は「花を摘む」. 花を摘むときにそっと触れることから, その意味が一般化した.

　3. (2) effacer　[基語] face 面, 表面
　　*「表面から消し去る」の意味の一般化.

　4. (5) épuiser　[基語] puits 井戸
　　*「井戸の水を汲み尽くす」から意味が拡大. 接頭辞なしの puiser は「…を汲む」.

　5. (1) écœurer　[基語]　cœur 心；胸
　　*胸がむかついて, そこから嘔吐する感覚.

[4]　接頭辞 dé-

(1) déborder　(2) dégoûter　(3) déranger　(4) dévaliser

1. (容器・中身が)あふれる　　　　　　　( )　[基語] ＿＿＿＿＿＿＿

2. 金品を奪う　　　　　　　　　　　　　( )　[基語] ＿＿＿＿＿＿＿

3. 嫌悪感を抱かせる　　　　　　　　　　( )　[基語] ＿＿＿＿＿＿＿

4. 邪魔をする；(場所・物を)散らかす　　( )　[基語] ＿＿＿＿＿＿＿

〔解答〕

　1. (1) déborder　[基語] bord 縁(ふち)
　　*容器の縁を越えて中身があふれる.

2. (4) dévaliser [基語] valise スーツケース

   *「スーツケースから中身を取り出す」が「金品を奪い取る」の意味に変化した.

3. (2) dégoûter [基語] goût 好み

   *好ましい感じが失せる. 接頭辞なしの goûter は「…を味見する, 味わう」.

4. (3) déranger [基語] rang 列

   *「列を乱す」からの意味の拡大.

【練習5】 接頭辞 a-, en-, é-, re-

次の形容詞を基語とする接頭辞付きの動詞(-er 動詞または-ir 動詞)を作りましょう. 用いる接頭辞は a-, en-, é-, re- およびそれらの異形です.

1. (a) 大きくする　　　　　grand　　→ _____

   (b) 小さくする　　　　　petit　　→ _____

2. (a) 軽くする　　　　　　léger　　→ _____

   (b) 重くする　　　　　　lourd　　→ _____

3. (a) 幅を広げる　　　　　large　　→ _____

   (b) 狭くする　　　　　　étroit　　→ _____

4. (a) 近づける (*2語ある)　proche　→ _____

   　　　　　　　　　　　　　　　　　→ _____

   (b) 遠ざける　　　　　　loin　　→ _____

5. (a) 美しくする　　　　　beau　　→ _____

   (b) 醜くする　　　　　　laid　　→ _____

6. (a) 陽気にする　　　　　gai　　　→ _____

   (b) 悲しませる　　　　　triste　　→ _____

7. (a) 金持ちにする　　　　riche　　→ _____

   (b) 貧しくする　　　　　pauvre　→ _____

〔解答〕

1. (a) agrandir (b) rapetisser   2. (a) alléger (b) alourdir

3. (a) élargir (b) rétrécir   4. (a) approcher / rapprocher (b) éloigner

5. (a) embellir (b) enlaidir   6. (a) égayer (b) attrister

7. (a) enrichir (b) appauvrir

【練習6】 接頭辞の交替による対義語

適切な接頭辞を選んで下線部に記入し, 対義語の動詞を作りましょう. 同じ接頭辞を2度以上用いることがあります.

〈 a- / ac- / ap- / at- / dé- / dis- / é- / en- / em- / ex- / im- 〉

1. ＿＿＿baller 包装する, 梱包する ⇔ ＿＿＿baller 荷ほどきをする
2. ＿＿＿barquer 乗船する ⇔ ＿＿＿barquer 下船する
3. ＿＿＿barrasser 邪魔になる ⇔ ＿＿＿barrasser (邪魔なものを)片付ける
4. ＿＿＿brouiller もつれさせる ⇔ ＿＿＿brouiller もつれを解く
5. ＿＿＿chaîner 鎖でつなぐ ⇔ ＿＿＿chaîner 鎖をほどく
6. ＿＿＿courager 励ます ⇔ ＿＿＿courager 落胆させる
7. ＿＿＿crocher 掛ける ⇔ ＿＿＿crocher (掛けてあるものを)はずす
8. ＿＿＿dommager 損害を与える ⇔ ＿＿＿dommager 損害賠償をする
9. ＿＿＿ménager 新居に入居する ⇔ ＿＿＿ménager 旧居を引き払う
10. ＿＿＿mener (ある場所に)連れて行く[来る] ⇔ ＿＿＿mener (ある場所から)連れ去る
11. ＿＿＿migrer 他国から移住する ⇔ ＿＿＿migrer 他国へ移住する
12. ＿＿＿paraître 現れる ⇔ ＿＿＿paraître 消える
13. ＿＿＿porter (ある場所に)持って行く[来る] ⇔ ＿＿＿porter (ある場所から)持ち去る
14. ＿＿＿porter 輸入する ⇔ ＿＿＿porter 輸出する
15. ＿＿＿précier 高く評価する ⇔ ＿＿＿précier 低く評価する
16. ＿＿＿raciner 根づかせる ⇔ ＿＿＿raciner 根こそぎにする
17. ＿＿＿tacher つなぐ, 結ぶ ⇔ ＿＿＿tacher (つないだものを)外す, ほどく

〔解答〕 ＊注記のあるもの以外は, 対応する接頭辞なしの動詞は存在しません.

1. emballer ⇔ déballer
2. embarquer ⇔ débarquer
3. embarrasser ⇔ débarrasser
4. embrouiller ⇔ débrouiller (＊接頭辞なしの brouiller は「かきまぜる」)
5. enchaîner ⇔ déchaîner (『新綴り』はアクサン・シルコンフレクスなし)
6. encourager ⇔ décourager
7. accrocher ⇔ décrocher
8. endommager ⇔ dédommager
9. emménager ⇔ déménager (＊接頭辞なしの ménager は「大事に扱う」)
10. amener ⇔ emmener (＊接頭辞なしの mener は「導く」)
11. immigrer ⇔ émigrer (＊接頭辞なしの migrer は「(集団的に)移動する」)
12. apparaître ⇔ disparaître (＊接頭辞なしの paraître は「…のように見える」.
    『新綴り』はアクサン・シルコンフレクスなし)
13. apporter ⇔ emporter (＊接頭辞なしの porter は「持つ, 運ぶ」)
14. importer ⇔ exporter (＊接頭辞なしの porter は「持つ, 運ぶ」)
15. apprécier ⇔ déprécier
16. enraciner ⇔ déraciner
17. attacher ⇔ détacher (＊接頭辞なしの tacher は基語が tache の「染みをつける」)

【練習7】 派生動詞の形態と意味の比較 (1)

　同一基語からいくつもの派生動詞が作られることがあります．それらの派生動詞は接頭辞の有無や種類の違いによって意味が異なります．下記のかっこ内の派生動詞のうちで適切なものを選び，指示された形にして空欄に書き入れましょう (代名動詞を書き入れるものもあります)．既出の派生動詞も含まれています．

1. 〈 border / aborder / déborder 〉← bord 縁(ふち)；船縁(ふなべり)

(a) Elle porte toujours un mouchoir ＿＿＿＿＿＿ de dentelle. 〔過去分詞〕
　　 彼女はいつもレースの縁飾りのついたハンカチを持っている．

(b) La baignoire a ＿＿＿＿＿＿. 〔過去分詞〕
　　 バスタブがあふれた．

(c) Un passant m'a ＿＿＿＿＿＿ pour me demander son chemin. 〔過去分詞〕
　　 通行人が私に声をかけて道を尋ねた．

2. 〈 chérir / enchérir / renchérir 〉← cher 大切な；高価な

(a) Il hésitait à ＿＿＿＿＿＿ sur ce prix. 〔不定詞〕
　　 彼はその価格より高い競り値を付けるのをためらっていた．

(b) La mère ＿＿＿＿＿＿ ses enfants. 〔現在形〕
　　 母親は子供を慈しむ．

(c) Les légumes ont ＿＿＿＿＿＿. 〔過去分詞〕
　　 野菜が値上がりした．

3. 〈 adosser / endosser 〉← dos 背

(a) ＿＿＿＿＿＿ un manteau 〔不定詞〕
　　 コートをはおる

(b) ＿＿＿＿＿＿ une échelle à un arbre 〔不定詞〕
　　 木にはしごを立てかける

4. 〈 adoucir / se radoucir 〉← doux 穏やかな；温暖な

(a) Le temps ＿＿＿＿＿＿ et le printemps se fait sentir. 〔現在形〕
　　 気候が和らぎ，春の気配がする．

(b) Le temps ＿＿＿＿＿＿ le chagrin. 〔単純未来形〕
　　 時が悲しみを和らげるだろう．

5. 〈 affiner / raffiner 〉← fin 上質の (*同じ語を2度選ぶことがあります)

(a) ＿＿＿＿＿＿ le fer 〔不定詞〕
　　 鉄を精錬する

(b) ＿＿＿＿＿＿ le pétrole 〔不定詞〕
　　 石油を精製する

(c) ＿＿＿＿＿＿ ses manières 〔不定詞〕
　　 マナーを洗練する

6. 〈 forcer / s'efforcer / renforcer 〉← force 力 (*同じ語を2度選ぶことがあります)

(a) _____ de résoudre un problème 〔不定詞〕
    問題を解こうと努める

(b) _____ le mur avec des traverses 〔不定詞〕
    横木で壁を補強する

(c) _____ un suspect à avouer 〔不定詞〕
    容疑者に自白を強要する

(d) _____ une porte 〔不定詞〕
    ドアをこじ開ける

7. 〈 gorger / engorger / égorger 〉← gorge 喉

(a) Ils _____ leurs enfants de jouets. 〔現在形〕
    彼らは子供たちにおもちゃをたくさん買い与える.

(b) La canalisation est _____. 〔過去分詞〕
    導管がつまっている.

(c) La victime a été _____. 〔過去分詞〕
    被害者は喉を切って殺された.

8. 〈 goutter / dégoutter / égoutter 〉← goutte しずく

(a) _____ bien les légumes avant de les faire sauter 〔不定詞〕
    炒(いた)める前によく野菜の水を切る

(b) Du sang _____ des blessures. 〔現在形〕
    血が傷口からしたり落ちている.

(c) Le robinet _____. 〔現在形〕
    蛇口からしずくが落ちている.

9. 〈 ménager / aménager / emménager / déménager 〉
    ← ménage 家事；所帯；《古風》節約；《古》家；家財道具

(a) Il ne faut pas _____ ses efforts. 〔不定詞〕
    努力を惜しんではならない.

(b) Ils n'habitent plus ici : ils ont _____ le mois dernier. 〔過去分詞〕
    彼らはもうここには住んでいない. 先月引っ越した.

(c) Ils ont _____ dans un nouvel appartement. 〔過去分詞〕
    彼らは新しいアパルトマンに入居した.

(d) Ils ont _____ leur appartement. 〔過去分詞〕
    彼らはアパルトマンを改修した.

10. 〈 anoblir / ennoblir 〉← noble 貴族の；高貴な

(a) C'est le cœur qui _____ l'homme. 〔現在形〕
    人間を気高くするのは心だ.

(b)　Comment était-on _____ sous l'Ancien Régime ?　〔過去分詞〕

　　アンシャンレジームではどのように爵位が授けられていたのか？

11.　〈 ranger / arranger / déranger 〉← rang　列

(a)　Elle a _____ des fleurs dans un vase.　〔過去分詞〕

　　彼女は花瓶に花を活けた.

(b)　Excusez-moi de vous _____.　〔不定詞〕

　　お邪魔をしてすみません.

(c)　Les titres sont _____ par ordre alphabétique.　〔過去分詞〕

　　タイトルはアルファベット順に並んでいる.

〔解答〕

1.　(a) bordé　(b) débordé　(c) abordé
2.　(a) renchérir　(b) chérit　(c) enchéri
3.　(a) endosser　(b) adosser
4.　(a) se radoucit　(b) adoucira
5.　(a) affiner　(b) raffiner　(c) raffiner
6.　(a) s'efforcer　(b) renforcer　(c) forcer　(d) forcer
7.　(a) gorgent　(b) engorgée　(c) égorgée
8.　(a) égoutter　(b) dégoutte　(c) goutte
9.　(a) ménager　(b) déménagé　(c) emménagé　(d) aménagé
10.　(a) ennoblit　(b) anobli
11.　(a) arrangé　(b) déranger　(c) rangés

【練習8】　派生動詞の形態と意味の比較 (2)

　　同一基語から派生した動詞の形態と意味の比較の続きです. [練習7] の派生動詞は接頭辞の有無や種類が異なりましたが, 今度の練習には, それに加えて, 基語と派生動詞の語幹が異なる場合や, 不定詞語尾が -iser, -ifier, -oyer などで終わるものがあります.

　　下記のかっこ内の派生動詞のうちで適切なものを選び(代名動詞もあります), 指示された形にして空欄に書き入れましょう. 既出の派生動詞も含まれています.

1.　〈 embêter / abêtir / bêtifier 〉← bête　愚かな

(a)　Cet élève bavard _____ ses voisins.　〔現在形〕

　　このおしゃべりな生徒はまわりの生徒を困らせる.

(b)　Il _____ avec ses petits-enfants.　〔現在形〕

　　彼は孫たちと一緒にふざけている.

(c)　Le tyran emploie tous les moyens pour _____ le peuple.　〔不定詞〕

　　専制君主は人民を愚かにするためにあらゆる手段を用いる.

2. 〈 échauder / chauffer / s'échauffer / réchauffer / surchauffer 〉
 ← chaud 熱い，暖かい

(a) Chat _____ craint l'eau froide. 〔過去分詞〕
 〔諺〕熱湯でやけどした猫は冷水を恐れる.

(b) commencer à _____ 〔不定詞〕
 ウォーミングアップを始める

(c) faire _____ de l'eau 〔不定詞〕
 湯を沸かす

(d) _____ la soupe 〔不定詞〕
 スープを温め直す

(e) veiller à ne pas _____ la pièce 〔不定詞〕
 部屋を暖めすぎないように留意する

3. 〈 éclairer / éclaircir / clarifier 〉← clair 明るい；澄んだ；はっきりした
 (*同じ語を2度選ぶことがあります)

(a) Le commissaire Maigret a enfin _____ les énigmes. 〔過去分詞〕
 メグレ警視はついに謎を解き明かした.

(b) Le temps s'_____ demain. 〔単純未来形〕
 あしたは天候が回復するでしょう.

(c) On peut _____ un liquide en le filtrant. 〔不定詞〕
 濾過(ろか)することで液体を澄ますことができる.

(d) Un lampadaire _____ la chambre. 〔現在形〕
 フロアスタンドが部屋を照らしている.

(e) Vos explications m'ont _____ les idées. 〔過去分詞〕
 あなたの説明で私の考えがはっきりした.

4. 〈 accoster / côtoyer 〉← côte 海岸，沿岸

(a) Le paquebot va _____ le quai. 〔不定詞〕
 客船はまもなく埠頭(ふとう)に接岸する.

(b) Nous _____ la Seine. 〔半過去形〕
 私たちはセーヌ川沿いを歩いていた.

5. 〈 couder / s'accouder / coudoyer 〉← coude 肘(ひじ)

(a) Ils buvaient du vin en _____ au comptoir du bar. 〔現在分詞〕
 彼らはバーのカウンターに肘をついてワインを飲んでいた.

(b) J'ai _____ un homme bizarre. 〔過去分詞〕
 私は奇妙な男とすれ違った.

(c) L'homme herculéen _____ une barre de fer. 〔過去分詞〕
 怪力男は鉄の棒をくの字に曲げた.

6.　〈 ajuster / justifier 〉← juste　正当な；適切な

(a) Elle _____ une jupe à la taille de sa fille. 〔現在形〕
　　彼女は娘のサイズに合うようにスカートを調整する.

(b) La fin _____ les moyens. 〔現在形〕
　　目的は手段を正当化する.

7.　〈 émincer / mincir / amincir 〉← mince　薄い；ほっそりした

(a) _____ des oignons 〔不定詞〕
　　タマネギを薄切りにする

(b) Elle a _____ grâce à son régime. 〔過去分詞〕
　　彼女はダイエットのおかげでスマートになった.

(c) Son régime l'a _____. 〔過去分詞〕
　　ダイエットをして彼女はスマートになった.

8.　〈 noter / annoter / dénoter / notifier 〉
　　　← note　ノート, メモ；注；(通達)文書　(*同じ語を2度選ぶことがあります)

(a) Ce texte est _____ par un savant célèbre. 〔過去分詞〕
　　このテキストは高名な学者の注釈が付いている.

(b) Il est à _____ que la demande est à faire avant la fin de ce mois. 〔不定詞〕
　　注文は今月の末までにしなければならないことに注意しなさい.

(c) J'ai _____ la date et l'heure du rendez-vous. 〔過去分詞〕
　　私は待ち合わせの日時を書き留めた.

(d) L'employeur lui a _____ son licenciement par lettre recommandée.
　　〔過去分詞〕
　　雇用者は書留便で彼(女)に解雇を通知した.

(e) Son visage _____ la fatigue. 〔半過去形〕
　　彼(女)の表情には疲労が表れていた.

9.　〈 apaiser / pacifier 〉← paix　平和；平穏

(a) _____ un enfant qui pleure 〔不定詞〕
　　泣く子をなだめる

(b) _____ un pays en désordre 〔不定詞〕
　　乱れた国を平定する

10.　〈 se terrer / atterrer / enterrer / déterrer / atterrir 〉← terre　陸；地面

(a) Cette statue antique a été _____ dans une petite île grecque. 〔過去分詞〕
　　この古代彫像はギリシャの小島で発掘された.

(b) L'avion va _____. 〔不定詞〕
　　飛行機はまもなく着陸する.

(c) Le renard _____ le jour et sort la nuit. 〔現在形〕
　　キツネは昼間穴ぐらに隠れ, 夜外に出る.

(d) _____ les morts dans le cimetière 〔不定詞〕
死者を墓地に埋葬する

(e) Tout le monde a été _____ par cette nouvelle. 〔過去分詞〕
全員がその知らせにぼう然となった.

11. 〈 évaporer / vaporiser 〉← vapeur 蒸気

(a) Elle a _____ de l'eau de Cologne sur sa robe. 〔過去分詞〕
彼女はドレスにオーデコロンを吹きかけた.

(b) Le contenu du flacon s'est _____. 〔過去分詞〕
フラスコの中身が蒸発した.

〔解答〕

1. (a) embête (b) bêtifie (c) abêtir
2. (a) échaudé (b) s'échauffer (c) chauffer (d) réchauffer (e) surchauffer
3. (a) éclairci (b) éclaircira (c) clarifier (d) éclaire (e) clarifié
4. (a) accoster (b) côtoyions
5. (a) s'accoudant (b) coudoyé (c) coudé
6. (a) ajuste (b) justifie
7. (a) émincer (b) minci (c) amincie
8. (a) annoté (b) noter (c) noté (d) notifié (e) dénotait
9. (a) apaiser (b) pacifier
10. (a) déterrée (b) atterrir (c) se terre (d) enterrer (e) atterré
11. (a) vaporisé (b) évaporé

【練習9】 基本動詞からのさまざまな接頭辞派生

下線部に接頭辞を書き入れて, 示された意味の動詞にしましょう. ほとんどが既出の動詞です. 必要な場合は先行する語をエリジョンしてください.

[1] dire「言う」の派生語

1. Ce devin avait .... dit la catastrophe.
その占い師は大惨事を予言していた.

2. Certaines personnes ont du plaisir à .... dire des autres.
他人の悪口を言うことに喜びを感じる人たちがいる.

3. Elle a .... dit ce que je lui avais confié.
彼女は私が打ち明けたことを口外した.

4. Il est .... dit aux visiteurs de prendre des photos.
見学者が写真を撮ることは禁じられている.

5. Les deux témoins se .... disent.
二人の証人の言い分は食い違っている.

[2] joindre「結合する」の派生語

1. Il s'est ＿＿＿＿ joint un étudiant brillant comme assistant.
   彼は優秀な学生を助手につけた.

2. Le coureur a enfin ＿＿＿＿ joint le peloton de tête.
   ランナーはとうとうトップ集団に追いついた.

3. On a ＿＿＿＿ joint les planches abîmées du parquet.
   傷んだ板を床からはがした.

[3] lever「上げる」の派生語

1. Dans cette ferme, on ＿＿＿＿ lève des vaches et des moutons.
   この農場では, 牛と羊を飼育している.

2. Elle a aidé une personne âgée à se ＿＿＿＿ lever.
   彼女は転んだお年寄りが立ち上がるのに手を貸した.

3. Il faisait chaud et j'ai ＿＿＿＿ levé ma veste.
   暑かったので, 私は上着を脱いだ.

4. Le camion roulait sur un chemin de campagne en ＿＿＿＿ levant de la poussière.
   トラックはほこりを舞い上げながら田舎道を走っていた.

[4] mener「導く；(人を)動かす」の派生語

1. Il ＿＿＿＿ mène son chien dans le parc.
   彼は犬を公園で散歩させる.

2. Il ne faut pas ＿＿＿＿ mener les animaux.
   動物を虐待してはいけない.

3. Il s'est ＿＿＿＿ mené pour répondre à nos attentes.
   彼は私たちの期待に応えようと奮闘した.

4. Je vais vous ＿＿＿＿ mener chez vous en voiture.
   あなたを車で家に送りましょう.

5. Michel ＿＿＿＿ mène sa fiancée à la maison.
   ミシェルがフィアンセを家に連れて来る.

6. Repose-toi un peu, tu te ＿＿＿＿ mènes.
   少し休めよ, 君は働きすぎだ.

7. Un inconnu a ＿＿＿＿ mené le petit garçon.
   見知らぬ男が少年を連れ去った.

[5] mettre「置く, 入れる」の派生語

1. Après le repas, elle a ＿＿＿＿ mis du rouge aux lèvres.
   食事の後, 彼女は口紅を付け直した.

2. Ces appareils sont ＿＿＿＿ mis à des tests de sécurité.
   これらの器具には安全テストが課せられている.

3. Cette coutume s'est .... mise dans ce village de génération en génération.

　このしきたりはこの村で代々受け継がれてきた.

4. Elle ne .... met pas à ses filles de sortir le soir.

　彼女は娘たちに夜外出することを許さない.

5. Il ne faut .... mettre aucun détail.

　どんな細部も省いてはいけない.

6. On .... met les chiens dans ce café.

　このカフェは犬を連れて入ることができる.

7. Ses parents lui ont .... mis un vélo pour Noël.

　クリスマスに自転車を買ってあげると両親は彼に約束した.

8. Tu as .... mis une erreur grave.

　君は重大な間違いを犯した.

[6] porter「持つ, 運ぶ」の派生語

1. Ce document .... porte des informations importantes.

　この資料には重要な情報が含まれている.

2. Ce pays .... porte des matières premières et .... porte des produits industriels.

　この国は原材料を輸入し工業製品を輸出している.

3. Il paraît que cet investissement .... portera beaucoup.

　この投資はとても儲かるらしい.

4. Je ne .... porte plus ce bruit !

　この騒音にはもう我慢ならない!

5. La fête de musique a .... porté un grand succès.

　音楽祭は大成功を収めた.

6. La réunion a été .... portée au lendemain.

　会議は翌日に延期された.

7. Le blessé a été .... porté en ambulance.

　負傷者は救急車で運ばれた.

8. Le garçon nous a .... porté une carafe d'eau.

　ウエーターが私たちに水差し入りの水を持って来た.

9. Quand elle part en voyage, elle .... porte trop de bagages.

　旅行に出るとき, 彼女はあまりにも多くの荷物を持って行く.

[7] poser「置く」の派生語

1. Ce musée .... pose des objets d'art orientaux.

　この美術館は東洋の工芸品を展示している.

2. Il veut toujours .... poser ses idées aux autres.

　彼はいつも自分の考えを他人に押しつけようとする.

3. Je ne l'ai pas vu sur le quai d'arrivée ; j'ai _____ posé qu'il avait raté le train.

   到着ホームに彼の姿が見えなかった．私は彼が列車に乗り遅れたのだろうと思った．

4. L'équipe nationale se _____ pose des joueurs les plus en forme en ce moment.

   ナショナルチームは現在最も好調な選手たちで編成されている．

5. Nous lui avons _____ posé de l'aider, mais il a refusé.

   私たちは彼に援助しようと申し出たが，彼は拒絶した．

6. On continue ou on se _____ pose un peu ?

   続ける，それとも少し休むかい？

7. Pour ouvrir la porte, j'ai dû d'abord _____ poser les paquets que je portais.

   ドアを開けるために，私はまず運んでいた荷物を置かなければならかかった．

8. Ses parents se sont _____ posés à ce qu'elle aille seule dans ce pays.

   両親は彼女が一人でその国に行くことに反対した．

9. Vous pouvez _____ poser de ces outils.

   これらの道具を自由に使ってかまいません．

[8] prendre「取る」の派生語

1. Comment avez-vous _____ pris le français ?

   あなたはどのようにフランス語を学びましたか？

2. Il a réussi tout ce qu'il a _____ pris.

   彼は企てたことをすべて成功させた．

3. Je ne _____ prends pas bien votre question.

   あなたの質問がよくわかりません．

4. Je vais _____ prendre mon manteau au vestiaire.

   クロークでコートを受け取ってくるよ．

5. L'orage a _____ pris les promeneurs en pleine forêt.

   散策者たちは森の真っただ中で突然の雷雨に襲われた．

[9] tenir「つかむ；保つ」の派生語

1. À partir de quel âge peut-on _____ tenir le permis de conduire ?

   何歳から運転免許証を取得できますか？

2. Il s'apprêtait à sortir dans la tempête, mais sa famille l'a _____ tenu.

   彼は暴風雨の中を外出しようとしたが，家族が引き止めた．

3. Le jardin est laissé à l'abandon : personne ne l' _____ tient.

   庭は荒れるがままになっている．誰も手入れをしていないのだ．

4. Nous avons toujours _____ tenu ce député.

   私たちはずっとこの議員を支持してきた．

5. On doit s' _____ tenir de dépenser de l'argent pour rien.

   無意味に金を使うことは慎むべきだ．

[10] venir「来る」の派生語

1. Cette date vous _____ vient-elle ?

   この日は都合がいいですか？

2. Cette viande _____ vient d'Australie.

   この肉はオーストラリア産だ.

3. Elle est _____ venue toute pâle en voyant ce spectacle horrible.

   そのすさまじい光景を見て彼女は真っ青になった.

4. Je me _____ viens très bien de ce voyage en Europe avec vous.

   あなたたちとのあのヨーロッパ旅行のことはとてもよく覚えています.

5. Je te _____ viendrai de l'heure de mon arrivée.

   前もって到着時間を君に知らせるよ.

6. Je _____ viens tout de suite.

   すぐに戻って来ます.

7. Les alpinistes _____ viendront au sommet avant le midi.

   登山隊は昼前に山頂に達するだろう.

8. Les pompiers sont _____ venus rapidement et ont maîtrisé l'incendie.

   消防隊がすばやく出動して火事を消し止めた.

9. Un problème est _____ venu lors du téléchargement d'une application.

   アプリケーションのダウンロード中に問題が起こった.

〔解答〕

[1] 1. prédit 2. médire 3. redit 4. interdit 5. contredisent

[2] 1. adjoint 2. rejoint 3. disjoint

[3] 1. élève 2. relever 3. enlevé 4. soulevant

[4] 1. promène 2. malmener 3. démené 4. ramener 5. amène
  6. surmènes 7. emmené

[5] 1. remis 2. soumis 3. transmise 4. permet 5. omettre 6. admet
  7. promis 8. commis

[6] 1. comporte 2. importe - exporte 3. rapportera 4. supporte
  5. remporté 6. reportée 7. transporté 8. apporté 9. emporte

[7] 1. expose 2. imposer 3. supposé 4. compose 5. proposé 6. repose
  7. déposer 8. opposés 9. disposer

[8] 1. appris 2. entrepris 3. comprends 4. reprendre 5. surpris

[9] 1. obtenir 2. retenu 3. entretient 4. soutenu 5. abstenir

[10] 1. convient 2. provient 3. devenue 4. souviens 5. préviendrai
  6. reviens 7. parviendront 8. intervenus 9. survenu

現存しない動詞からの接頭辞派生

　接頭辞派生の基語動詞が，現在では自立語としては用いられなくなったり，形や意味が変わってしまった場合があります．そうした基語動詞についての概略的な知識は，現用の派生語の構成や意味を理解するのにも役立つので，解説や練習で取り上げなかった語の派生をまとめて見てみます(以下の例では派生語における基語動詞の部分を下線で示します)．

céder「行く」(*現用の自立語の意味は「譲る」)
　ac<u>céder</u>　達する
　con<u>céder</u>　譲歩する
　dé<u>céder</u>　死亡する, 死去する
　ex<u>céder</u>　超過する
　pré<u>céder</u>　先行する
　pro<u>céder</u>　…にとりかかる, 行う, 進める
　suc<u>céder</u>　跡を継ぐ；続いて起こる

cepter「取る」
　ac<u>cepter</u>　受け取る, 受け入れる
　ex<u>cepter</u>　除く
　inter<u>cepter</u>　途中で奪う

cevoir「取る」
　aper<u>cevoir</u>　見かける
　con<u>cevoir</u>　考える；思いつく
　dé<u>cevoir</u>　失望させる
　per<u>cevoir</u>　知覚する, 聞き[感じ]取る
　re<u>cevoir</u>　受け取る

citer「動かす」(*現用の自立語の意味は「引用する」)
　ex<u>citer</u>　興奮させる
　in<u>citer</u>　…する気にさせる
　ré<u>citer</u>　暗唱する
　sus<u>citer</u>　(感情・考えなどを)呼び起こす

clure「閉じる」(*現用の自立語は clore)
　con<u>clure</u>　(協定などを)取り決める
　ex<u>clure</u>　追い出す；除く
　in<u>clure</u>　含める

duire「導く」
　con<u>duire</u>　連れて行く
　dé<u>duire</u>　差し引く：推論する, 演繹する

in<u>duire</u>　(結論を)導き出す, 帰納する
intro<u>duire</u>　招き入れる；導入する
pro<u>duire</u>　生産する
ré<u>duire</u>　減らす；割引する；縮小する
sé<u>duire</u>　誘惑する
tra<u>duire</u>　翻訳する

férer「運ぶ」
dif<u>férer</u>　違う, 異なる
pré<u>férer</u>　より好む
se ré<u>férer</u>　参照する
trans<u>férer</u>　移す, 移転する

♦ offrir「贈る」の -frir も同語源．

gresser「進む」
ag<u>resser</u>　襲う, 襲撃する
pro<u>gresser</u>　進歩する；前進する
ré<u>gresser</u>　後退する

jecter「投げる」(*現用の自立語は jeter)
é<u>jecter</u>　投げ出す
in<u>jecter</u>　注射する, 注入する
ob<u>jecter</u>　反対理由にあげる, 異議を唱える

laborer「働く」
(*現用の自立語は labourer「耕す」)
col<u>laborer</u>　協力する
é<u>laborer</u>　入念に作り上げる

merger「浸す」
é<u>merger</u>　水面に現れる
im<u>merger</u>　沈める
sub<u>merger</u>　水没させる

pliquer「折る, たたむ」
(*現用の自立語は plier)
ap<u>pliquer</u>　押し当てる, 貼り付ける
com<u>pliquer</u>　複雑にする

expliquer　説明する
impliquer　巻き添えにする；引き起こす
répliquer　(すばやく)言い返す, 反駁する

primer「押す」(*現用の自立語は presser)
comprimer　圧縮する
déprimer　(精神的に)落ち込ませる
exprimer　表現する
imprimer　印刷する
opprimer　抑圧する
réprimer　抑止する
supprimer　取り除く

quérir「探す, 求める」(*自立語としては古語)
acquérir　手に入れる；得る
conquérir　征服する；獲得する
s'enquérir　《文》調べる, 尋ねる
requérir　《文》要請する

scrire {異形} *crire*「書く」(*現用の自立語は écrire)
circonscrire　周りに線を引く, 囲む
décrire　描写する
inscrire　記入する
prescrire　(薬などを)処方する
souscrire　応募する
transcrire　書き写す；書き換える

sister {異形} *ister*「立つ」
assister　出席する
consister　…から成る
exister　存在する
insister　強調する；言い張る
persister　固執する
résister　抵抗する
subsister　存続する

specter「見る」
inspecter　視察する
prospecter　探査する；市場調査する
respecter　尊敬する
suspecter　疑う, 嫌疑をかける

spirer {異形} *pirer*「呼吸する」
aspirer　(息・空気を)吸い込む
conspirer　陰謀を企てる
expirer　息を吐く；期限が切れる
inspirer　息を吸う；引き起こす
respirer　呼吸する
transpirer　汗をかく

stituer「立てる」
constituer　構成する, 成り立たせる
instituer　制定する, 設立する
prostituer　売春をさせる
restituer　返す；復元する
substituer　置き換える

struire {異形} *truire*「積み上げる」
construire　建てる, 建設する
détruire　破壊する
instruire　教育する

traire「引く」(*現用の自立語の意味は「(家畜の)乳を搾る」)
abstraire　抽象する；抽出する
distraire　気晴らしをさせる, 気をそらせる
extraire　引き抜く
soustraire　引く, 差し引く

tribuer「分配する」
attribuer　割り当てる
contribuer　貢献する
distribuer　配る, 分配[配分]する
rétribuer　給料を払う

vertir「回す, 向ける」
avertir　通報する, 警告する
convertir　改宗させる
divertir　楽しませる, 気晴らしをさせる
subvertir　(既成の価値・体制などを)覆す

voquer「呼ぶ」
convoquer　招集する；呼び出す
évoquer　思い起こす
invoquer　引き合いに出す
provoquer　挑発する

第4章　複合

　本来独立した語が2つ以上結合して，新たに1つの語としての意味・機能を持つようになったものを**複合語**と言います．複合語がどういう品詞に属するかによって，**複合名詞，複合形容詞，複合副詞，複合動詞，複合前置詞，複合接続詞**などに分けることができます(文法用語としては，名詞句，形容詞句，副詞句，動詞句，前置詞句，接続詞句と呼ぶのが一般的です)．この章では複合名詞，複合形容詞，複合副詞，複合動詞を扱います．時間関係や論理関係を示す前置詞句と接続詞句は第6章で詳しく見ます．

§12　複合名詞

　複合名詞は，その構成の仕方によって，下記のように分類できます(〈名詞〉は名詞化した不定詞・形容詞・分詞なども含み，〈形容詞〉は形容詞化した分詞も含みます．また，〈前置詞〉，〈副詞〉は前置詞句，副詞句も含みます)．

　下記の例を見てわかるように，複合名詞の綴り方は一律ではありません．複合名詞を構成する語句を1語として続けて書いたり，語句をハイフンで結んだり，ハイフンを入れずスペースを空けたりします．語句の切り離しやハイフンの有無が一定していないものもあります(ハイフンの使用が任意な場合は (-) と表示します)．

1. 〈名詞＋形容詞 / 形容詞＋名詞〉

    tableau noir　黒板

    poisson rouge　金魚

    millefeuille　ミルフィーユ

    grand magasin　デパート

2. 〈名詞₁＋前置詞＋名詞₂〉

    pomme de terre　ジャガイモ

    pot-au-feu　(料理の)ポトフ

    machine à laver　洗濯機

3. 〈名詞₁＋名詞₂〉

    voiture-restaurant　食堂車

    jupe-culotte　キュロットスカート

    pause-café　コーヒーブレイク

4. 〈前置詞・副詞＋名詞〉

    hors-d'œuvre　オードブル

    sans-emploi　失業者

    non-fumeur　非喫煙者

    ◆ 複合名詞に含まれる前置詞や副詞を接頭辞とみなすのが適切と思われる場合もあります．
    　 sur, sous, contre, entre, mal などは第3章の「接頭辞派生」で扱いました．

5. 〈動詞(現在3人称単数形)＋名詞・不定代名詞〉

　　sèche-cheveux　ヘアドライヤー

　　portefeuille　財布

　　brise-tout　(何でも壊してしまう)そそっかし屋

6. 〈動詞(現在3人称単数形)＋副詞〉

　　passe-partout　マスターキー

　　lève-tôt [lève-tard]　早起きの人 [朝寝坊の人]　(se lever の再帰代名詞の省略)

　　touche-à-tout　何にでも触りたがる人，何にでも手を出す人

7. その他，表現や文が名詞化したもの(構成要素をハイフンで結ぶのが原則)

　　pardessus　(男性用の) オーバーコート　(副詞句の par-dessus「上を，上から」に由来.
　　　名詞にはハイフンがない)

　　va-et-vient　往来，行き来；往復運動　(<aller と venir の現在3人称単数形)

　　laisser-faire　無干渉，自由放任　(<laisser faire「させておく」)

　　rendez-vous　会う約束　(<se rendre「行く」の命令形)

　　cache-cache　かくれんぼ　(3人称単数形と同形だが，おそらく命令形で「隠れろ，隠
　　　れろ」)　(『新綴り』ではハイフンなしで cachecache と綴る)

　　qu'en-dira-t-on　人のうわさ (Qu'en dira-t-on?「それについて人々は何と言っているか」
　　　から)

　　　　◆ 単一語になって綴り字が変化したものもあります.
　　　　　　faitout　深鍋，シチュー鍋　(<fait (faire の3人称単数形)+tout「すべて」=「すべてをす
　　　　　　　る，何でも調理できる」の意. fait-tout とも綴る)
　　　　　　lieutenant　中尉；代理者　(<tenir lieu「代わりになる」の意)
　　　　　　pissenlit　セイヨウタンポポ　(<pisse+en+lit)「ベッドで小便」の意. 利尿作用がある)
　　　　　　denim　デニム　(<de Nîmes　ニーム産の(生地). 英語から逆輸入した語)

　　複合名詞の構成は必ずしも文法規則に従っていません. 上記の millefeuille の feuille は
単数形で用いられ，voiture-restaurant などは前置詞なしで2つの名詞が結びついており，
sèche-cheveux, portefeuille などは無冠詞の名詞が動詞に結びついています. また，上記
の 4.から 7.の構造の複合名詞はふつうは名詞として機能しない語群で構成されています.

　　意味について言えば，複合名詞の意味は，複合名詞を構成する各語の意味を合算するだ
けで得られるとは限りません. millefeuille の文字どおりの意味は「千枚の葉」ですから，
名称だけでは実体がわかりませんし，前記の 4.から 7.の構造の複合名詞には，総じて指示
対象を示す名詞が含まれていません.

　　複合名詞を構成する語句の凝結度や一体性，すなわち「複合名詞らしさ」には程度の差が
あります. 複合名詞を厳密に規定しようとするのは学習上あまり意味がありません. 「事物
や観念のひとつのカテゴリーを指すまとまった語句」というようにゆるやかにとらえてお
けばいいでしょう.

　　※ 複合名詞を構成する要素の意味関係については，第5章「名付け」で考察します.

【練習1】 〈名詞＋形容詞 / 形容詞＋名詞〉

(B)から適切な形容詞を選んで(A)の空欄に書き入れ，示された意味の複合名詞を作りましょう．形容詞は名詞と性・数を一致させてください．

[1] 〈名詞＋形容詞〉

(A)

1. 清涼飲料　　　　　boisson ＿＿＿＿＿＿　(boisson　飲み物)
2. 金庫　　　　　　　coffre-＿＿＿＿＿＿　(coffre　大箱)
3. エスカレーター　　escalier ＿＿＿＿＿　(escalier　階段)
4. 車椅子　　　　　　fauteuil ＿＿＿＿＿　(fauteuil　肘掛け椅子)
5. ブリキ　　　　　　fer-＿＿＿＿＿　(fer　鉄)
6. スパイクタイヤ　　pneu ＿＿＿＿＿　(pneu　タイヤ)
7. 酢　　　　　　　　vin ＿＿＿＿＿　(*1語で綴る)　(vin　ワイン)
8. 天の川, 銀河　　　Voie ＿＿＿＿＿　(voie　道)

(B)

aigre　酸っぱい	lacté　ミルクの
blanc　白い	mécanique　機械で動く
clouté　鋲(びょう)を打った	rafraîchissant　涼しくする
fort　頑丈な	roulant　移動式の

[2] 〈形容詞＋名詞〉

(A)

1. 団地　　　　　　　　　＿＿＿＿＿ ensemble　(ensemble　(建物の)一群)
2. 雑草　　　　　　　　　＿＿＿＿＿ herbe　(herbe　草)
3. ロータリー，環状交差点　＿＿＿＿＿-point　(point　地点)
4. グリーンピース　　　　＿＿＿＿＿(-)pois　(pois　豆)
5. (経済・商業上の)閑散期　＿＿＿＿＿-saison　(saison　季節)
6. 三段跳び　　　　　　　＿＿＿＿＿ saut　(saut　跳躍, ジャンプ)
7. フルタイム，常勤　　　＿＿＿＿＿(-)temps　(temps　時, 時間)
8. 下腹，下腹部　　　　　＿＿＿＿＿-ventre　(ventre　腹)

(B)

bas　低い	petit　小さい
grand　大きい	plein　いっぱいの
mauvais　悪い	rond　丸い
mort　死んだ	triple　三重の

〖解答〗

[1] 1. boisson rafraîchissante　2. coffre-fort　3. escalier mécanique (*escalier
roulant とも言うがやや古風)　4. fauteuil roulant　5. fer-blanc　6. pneu clouté

7. vinaigre /vi-nɛgr/   8. Voie lactée

[2] 1. grand ensemble   2. mauvaise herbe   3. rond-point   4. petit(-)pois
5. morte-saison   6. triple saut   7. plein(-)temps   8. bas-ventre

【練習2】 〈名詞₁＋前置詞＋名詞₂〉

(B)から適切な名詞を選んで(A)の空欄に書き入れ，示された意味の複合名詞を作りましょう(前置詞の de が d' になる場合があります).

(A)

1. 虹   arc-en-‥‥‥‥‥‥   (arc　アーチ)
2. 傑作，代表作   chef-de‥‥‥‥‥‥   (chef (集団の)長，トップ)
3. 晴れ着，よそ行きの服   habits du‥‥‥‥‥‥   (habits　服)
4. サングラス   lunettes de‥‥‥‥‥‥   (lunettes　めがね)
5. 船酔い   mal de‥‥‥‥‥‥   (mal　気分の悪さ)
6. 横断歩道   passage pour‥‥‥‥‥‥   (passage　通路)
7. グランドピアノ   piano à‥‥‥‥‥‥   (piano　ピアノ)
8. 角砂糖   sucre en‥‥‥‥‥‥   (sucre　砂糖)
9. 茶碗，ティーカップ   tasse à‥‥‥‥‥‥   (tasse　カップ)
10. 注文服   vêtements sur‥‥‥‥‥‥   (vêtements　衣服)

(B)

ciel　空	œuvre　作品
dimanche　日曜日	piétons　歩行者
mer　海	queue　尾
mesure　計測；寸法	soleil　太陽，日光
morceaux　かけら，断片	thé　茶

〚解答〛

1. arc-en-ciel   2. chef-d'œuvre /ʃɛ-dœːvr/   3. habits du dimanche
4. lunettes de soleil   5. mal de mer   6. passage pour piétons (*passage clouté とも言うが古風)   7. piano à queue   8. sucre en morceaux   9. tasse à thé
10. vêtements sur mesure

~~ 〚参考〛 ~~~~~~

〈名詞₁＋前置詞＋名詞₂〉に関して

(1) 名詞₁と名詞₂が同一語の複合名詞があります.

bouche-à-bouche　(人工呼吸の)経口法，口移し法 / coude-à-coude　団結，結束 /
face-à-face　対面；(公開の)対決論争 / mot-à-mot　逐語訳，直訳 /
porte-à-porte　(セールスなどの)戸別訪問 / tête(-)à(-)tête　差し向かい；対談

(2) bureau de poste「郵便局」を単に poste と言うように，複合語の一部を省略して短くすることがあります．この現象については，第5章の§18-2.「短縮」で扱います．

(3) 特に商業用語では，名詞₂の前の前置詞を省いて簡略な表現にする傾向があります．

assurance sur la vie = assurance-vie　生命保険

code à barres = code-barre(s)　バーコード

veste en duvet = veste duvet　ダウンジャケット

~~~~~~

【練習3】　〈名詞₁＋名詞₂〉

(B)から適切な名詞を選んで(A)の空欄に書き入れ，示された意味の複合名詞を作りましょう．

(A)

1. (水泳の)バタフライ	brasse	(brasse　平泳ぎ)
2. タンクローリー	camion-...............	(camion　トラック)
3. カスタードプリン	crème	(crème　クリーム)
4. 潜水夫	homme-...............	(homme　男)
5. セミコロン	point-...............	(point　点, 終止符)
6. フランス窓, ガラス戸	porte-...............	(porte　ドア)
7. 靴ふきマット	tapis-...............	(tapis　敷物)
8. ベッドタウン	ville-...............	(ville　町, 都市)

(B)

brosse　ブラシ	fenêtre　窓
caramel　キャラメル	grenouille　カエル(蛙)
citerne　(燃料や液体を入れる)タンク	papillon　チョウ(蝶)
dortoir　共同寝室	virgule　コンマ, 読点

〔解答〕

1. brasse papillon　2. camion-citerne　3. crème caramel

4. homme-grenouille　5. point-virgule　6. porte-fenêtre　7. tapis-brosse

8. ville-dortoir (*cité-dortoir とも言う)

【練習4】　〈前置詞・副詞＋名詞〉

(B)から適切な前置詞・副詞を選んで(A)の空欄に書き入れ，示された意味の複合名詞を作りましょう(前置詞の de が d' になる場合があります)．

(A)

1. チップ, 心づけ	...............boire	(boire　飲む)
2. 薄情な人, 情け知らず	...............-cœur	(cœur　心)

3. 不規則な動き；(エンジンの)ノッキング　　　　..............-coup　(coup　打つこと)

4. わが家, マイホーム　　　　..............-moi　(moi　私)

5. 花壇　　　　..............terre　(terre　地面)

6. レターヘッド　　　　..............-tête　(tête　頭, 頭部)

7. 歓迎　　　　..............venue　(venue　来ること)

8. 非暴力(主義)　　　　..............-violence　(violence　暴力)

(B)　à / bien / chez / en / non / par / pour / sans

◆　前置詞の à は, 1 語で書く複合語では一般に a と綴られます：affaire 事柄；用事 (←à+faire
「する」), amont 川上 (←à+mont「山」), aplomb 鉛直, 垂直 (←à+plomb「鉛」).

【練習5】　〈動詞(現在3人称単数形)＋名詞〉

　(B)から適切な動詞を選び, その直説法現在3人称単数形を(A)の空欄に書き入れて, 示
された意味の複合名詞を作りましょう(名詞が単数形でも複数形でも用いられる場合は複
数の s をかっこに入れて示してあります). 訳は必要と思われる語にだけ付けてあります.

(A)

1. 缶切り　　　　.....................-boîte(s)

2. 食前のおつまみ　　　　.....................-bouche　(口)

3. (ワインなどの)コルク抜き　　　　.....................-bouchon

4. (列車や自動車の座席の)ひじ掛け　　　　.....................-bras　(腕)

5. レモン搾り器　　　　.....................-citron

6. つまようじ　　　　.....................-dent(s)　(歯)

7. マウスピース　　　　.....................-dents

8. フィンガーボール　　　　.....................-doigts

9. (背中をかく道具の)孫の手　　　　.....................-dos

10. 湯沸かし器　　　　.....................-eau

11. 火かき棒　　　　.....................-feu

12. 砕氷船　　　　.....................-glace

13. (電灯などの)笠(かさ), シェード　　　　.....................-jour　(光, 照明)

14. (挟んでかける)スカートハンガー　　　　.....................-jupe

15. ベッドカバー　　　　.....................-lit

16. 本立て, ブックエンド　　　　.....................-livres

17. 手ぬぐい, 手拭き　　　　.....................-main(s)

18. (公衆トイレなどの)ハンドドライヤー ....-main(s)

19. 要約参考書, 便覧, 要覧 ....-mémoire （記憶）

20. ミサイル発射装置[発射台] ....-missiles

21. (鼻まで覆える)マフラー ....-nez

22. 爪切り ....-ongle(s)

23. (本のページに挟む)栞(しおり) ....-page

24. 生計手段, 飯の種 ....-pain

25. トースター ....-pain

26. 体重計, ヘルスメーター ....-personne （人）

27. 靴べら ....-pied （足）

28. (列車などの)ステップ ....pied

29. 暇つぶし, 趣味 ....-temps （時, 時間）

30. 骨の折れる仕事；ジクソーパズル；難問 ....-tête （頭）

31. 皿[食器]洗い機 ....-vaisselle

32. ねじ回し, ドライバー ....vis

(B)

abattre 弱める, 静める

aider 助ける

amuser 楽しませる

appuyer もたせかける

briser 砕く

cacher 隠す

casser 割る

chauffer 熱する

chausser 履物をはかせる

couper 切る

couvrir 覆う

curer 掃除する

essuyer 拭く

gagner 稼ぐ, 得る

gratter ひっかく, こする

griller (焼き網などで)焼く

lancer 発射する

laver 洗う

marcher 歩く

marquer 印(しるし)を付ける

ouvrir 開ける

passer 通る, 過ごす

peser 重さをはかる

pincer 挟む

piquer 突く

presser 搾る

protéger 保護する

rincer すすぐ

sécher 乾かす

serrer 絞めつける

tirer 引き抜く

tourner 回す

〖解答〗

1. ouvre-boîte(s) (『新綴り』はアクサンなしで〜-boite)　2. amuse-bouche (*《話》では〜-gueule とも言う)　3. tire-bouchon　4. appuie-bras　5. presse-citron

6. cure-dent(s)　7. protège-dents　8. rince-doigts　9. gratte-dos　10. chauffe-eau

11. pique-feu   12. brise-glace   13. abat-jour   14. pince-jupe   15. couvre-lit
16. serre-livres   17. essuie-main(s)   18. sèche-main(s)   19. aide-mémoire
20. lance-missiles   21. cache-nez   22. coupe-ongle(s)   23. marque-page
24. gagne-pain   25. grille-pain   26. pèse-personne   27. chausse-pied
28. marchepied   29. passe-temps   30. casse-tête   31. lave-vaisselle   32. tournevis

◆ 複合名詞を構成する〈動詞＋名詞〉は行為とその対象を指しています. 対象が単数の具体物(あるいは物質や抽象物や集合)であれば名詞を単数形にし, 複数の具体物であれば複数形にするのが原則ですが, どちらとも決めかねる場合については, 上記の練習での表記のように単数形も複数形も許容されています. しかし辞書によって扱いが異なることが多々あります. そこで『新綴り』では, 簡潔で分かりやすい規則にするために, 複合名詞が単数形の場合は名詞をすべて単数形にして, 複合名詞が複数形の場合は名詞をすべて複数形にします. したがって, 17. の「手ぬぐい」を例にとれば, un essuie-main / des essuie-mains になります. 次ページの〚参考〛「複合名詞の複数形」も参照してください.

【練習6】 表現や文に由来する複合名詞

(B)から適切な語句を選んで(A)の空欄に書き入れ, 示された意味の複合名詞を作りましょう.

(A)

1. おおよそ, おおまか   à-peu-.....................
2. あの世, 彼岸   au-.....................
3. 率直[無遠慮]な物言い   franc-.....................
4. 名状しがたいもの   je(-)ne(-)sais(-).....................
5. 停戦   ....-le-feu
6. うわさ   on-.....................
7. (慶弔)通知状   ....-part
8. 通行許可証   ....-passer
9. 「退却」の叫び声；我先に逃げること ....-qui-peut
10. 礼儀作法   ....-vivre
11. すでに見たもの；既視(感)   ....(-)vu

(B) cessez / déjà / delà / dit / faire / laissez / parler / près / quoi / sauve / savoir

〚解答〛
1. à-peu-près   2. au-delà (*副詞の意味は「その先に, その向こうに」)   3. franc-parler
4. je(-)ne(-)sais(-)quoi (*「何だかわからない」)   5. cessez-le-feu (*「発砲をやめよ」)
6. on-dit (*「人が言っている」)   7. faire-part (*「知らせる」)   8. laissez-passer (*「そのまま通せ」)   9. sauve-qui-peut (*「逃げられる者は逃げろ」. se sauver の再帰代名詞が省略されている)   10. savoir-vivre (*「礼儀をわきまえている」)   11. déjà(-)vu

複合名詞の複数形

　複合名詞の複数形の作り方については次のような原則があります.

1. 構成要素が結合して1語で綴られているものは単一語と同様に扱います. すなわち語末に複数記号のsやxを書き加えます.

　　bonjour　おはよう, こんにちは (< bon+jour) (複 bonjour**s**)

　　vinaigre　酢, ビネガー (< vin+aigre) (複 vinaigre**s**)

　　　　♦ 次のような例外があります.
　　　　bonhomme　男, やつ (< bon+homme) (複 bon**s**homme**s**)
　　　　gentilhomme　(昔の)貴族 (< gentil+homme) (複 gentil**s**homme**s**)
　　　　monsieur　男性, …氏 (< mon+sieur) (複 m**es**sieur**s**)
　　　　madame　奥様, …夫人 (< ma+dame) (複 m**es**dame**s**)
　　　　mademoiselle　お嬢様, …嬢 (< ma+demoiselle) (複 m**es**demoiselle**s**)

2. 構成要素が分離しているものは次のようになります.

(1) 〈名詞＋形容詞 / 形容詞＋名詞〉── 名詞・形容詞ともに変化します.

　　coffre-fort　金庫 (複 coffre**s**-fort**s**)

　　rond-point　ロータリー (複 rond**s**-point**s**)

(2) 〈名詞₁＋前置詞＋名詞₂〉── 多くは名詞₁のみ変化します.

　　pomme de terre　ジャガイモ (複 pomme**s** de terre)

　　arc-en-ciel　虹 (複 arc**s**-en-ciel)

　　　　♦ 複合語の言外の事物を指す場合は一般に不変化です.
　　　　pot-au-feu　(料理の)ポトフ (字義は「火にかけた鍋」)

(3) 〈名詞₁＋名詞₂〉── 一般に名詞₁, 名詞₂ともに変化します.

　　jupe-culotte　キュロットスカート (複 jupe**s**-culotte**s**)

　　chou-fleur　カリフラワー (複 chou**x**-fleur**s**)

(4) 〈前置詞・副詞＋名詞〉── 多くは名詞が変化しますが, 変化しない場合もあります.

　　arrière-cour　裏庭 (複 arrière-cour**s**)

　　sans-emploi　失業者 (複 sans-emploi または sans-emploi**s**)

(5) 〈動詞(現在3人称単数形)＋名詞〉── 動詞は常に無変化ですが, 名詞は変化することもしないこともあり, 慣用が一定していないものもあります.

　(a) 変化するもの (名詞は具体物を指す可算名詞)

　　couvre-lit　ベッドカバー (複 couvre-lit**s**)

　　tire-bouchon　コルク抜き (複 tire-bouchon**s**)

　(b) 不変化のもの (名詞は非可算名詞)

　　chauffe-eau　湯沸し器

　　lave-linge　洗濯機

　　　　♦ 『新綴り』では, ハイフンの入る複合語の複数形は2番目の要素を常に複数形にします. したがって, 上記の chauffe-eau, lave-linge の複数形は chauffe-eau**x**, lave-linge**s** になります.

§13 複合副詞

　副詞的な働きをする語句を複合副詞と言います(副詞句とも呼ばれます). 複合副詞で最も多いのは〈前置詞＋無冠詞名詞〉の構成ですが, 冠詞付きの名詞や動詞を伴うこともあり, いろいろな品詞の語を組み合わせた表現もあったりして多様です. 表記に関しては, 稀に, 構成要素がハイフンで結ばれたり, 連結して1語で綴られる場合もあります. いくつかの例をあげましょう.

d'abord　まず, 最初に	quelque part　どこかに, どこかで
en général　一般に	surtout　とりわけ (＜ sur + tout)
à ce moment(-là)　その時, その頃	tout de suite　すぐに, ただちに
à perdre haleine　息が切れるほど	peut-être　もしかすると

以下の練習でこうしたさまざまなタイプの複合副詞を見ていきます.

【練習1】　-ment の副詞と複合副詞

　-ment で終わる副詞と類義の複合副詞があります. それらのほとんどは前置詞の付いた語句です. 次の前置詞のうちで適切なものを選んで空欄に書き入れましょう(前置詞に後続する名詞はほとんどが無冠詞ですが, 定冠詞が付くものもあります).

〈 à / avec / de [d'] / en / par / sans 〉

1. 多量に	abondamment	≒ _____	abondance
2. 偶然に	accidentellement	≒ _____	accident
3. 見たところ, 見かけは	apparemment	≒ _____	apparence
4. 熱烈に, 熱心に	ardemment	≒ _____	ardeur
5. 実際, 確かに	effectivement	≒ _____	effet
6. 全面的に, すっかり	entièrement	≒ _____	entier
7. 過度に	excessivement	≒ _____	l'excès
8. 親しく	familièrement	≒ _____	familiarité
9. 最終的に	finalement	≒ _____	la fin
10. 熱狂的に	follement	≒ _____	la folie
11. 一般に	généralement	≒ _____	général
12. 親切に	gentiment	≒ _____	gentillesse
13. いつもは, ふだんは	habituellement	≒ _____	habitude
14. 幸運にも, 運よく	heureusement	≒ _____	bonheur
15. 情け容赦なく	impitoyablement	≒ _____	pitié
16. 疑いなく	indubitablement	≒ _____	aucun doute
17. 不幸なことに, 運悪く	malheureusement	≒ _____	malheur
18. すばらしく, 見事に	merveilleusement	≒ _____	merveille
19. 奇跡的に	miraculeusement	≒ _____	miracle
20. 口頭で	oralement	≒ _____	vive voix

21. 穏やかに, 安らかに	paisiblement	≒	....	paix
22. 完璧に	parfaitement	≒	....	la perfection
23. 特に, とりわけ	particulièrement	≒	....	particulier
24. 部分的に	partiellement	≒	....	partie
25. 情熱的に	passionnément	≒	....	passion
26. 辛抱強く	patiemment	≒	....	patience
27. 苦労して	péniblement	≒	....	peine
28. 慎重に	prudemment	≒	....	prudence
29. ひそかに (*表現は2つある)	secrètement	≒	....	secret
		≒	....	le secret
30. 厳しく	sévèrement	≒	....	sévérité
31. 黙って, 静かに	silencieusement	≒	....	silence
32. 念入りに, 丁寧に	soigneusement	≒	....	soin
33. 確実に, 間違いなく	sûrement	≒	....	coup sûr
34. 優しく	tendrement	≒	....	tendresse
35. 全員一致して	unanimement	≒	....	l'unanimité
36. 無駄に, むなしく	vainement	≒	....	vain

〔解答〕
1. en 2. par 3. en 4. avec 5. en 6. en 7. à 8. avec 9. à 10. à 11. en
12. avec 13. d' 14. par 15. sans 16. sans 17. par 18. à 19. par 20. de
21. en 22. à 23. en 24. en 25. avec 26. avec 27. avec 28. avec
29. en / dans 30. avec 31. en 32. avec 33. à 34. avec 35. à 36. en

♦ -ment の副詞と複合副詞の意味が異なる場合もあります.
　moyennement 中くらいに, ほどほどに / en moyenne 平均して
　principalement 主として / en principe 原則として

【練習2】 類義の複合副詞

　(A)と類義の複合副詞を(B)から選んで, 番号をかっこ内に書き入れましょう. 類義の複合副詞が2つ以上ある場合もあります.

(A)

1. 息を切らせて	à bout de souffle ≒ ( )	
2. いつかは, 時がたてば	à la longue ≒ ( )	
3. 声をふり絞って, 声を限りに	à pleine gorge ≒ ( )	
4. どんな代価[犠牲]を払っても, ぜひとも	à tout prix ≒ ( )	
5. 全速力で	à toute vitesse ≒ ( ) ≒ ( )	
6. 喜んで, 快く	avec plaisir ≒ ( ) ≒ ( )	

7.　時々　　　　　　　　　　　　de temps en temps ≒ (　　) ≒ (　　)

8.　今, 現在　　　　　　　　　　en ce moment ≒ (　　) ≒ (　　)

9.　実際は, 実は　　　　　　　en réalité ≒ (　　) ≒ (　　)

10.　こっそりと, ひそかに　　　en secret ≒ (　　) ≒ (　　)

11.　またたく間に, たちまち　　en un clin d'œil ≒ (　　) ≒ (　　)

12.　横に並んで　　　　　　　　l'un à côté de l'autre ≒ (　　)

13.　しぶしぶ, いやいや, 不承不承　malgré soi ≒ (　　)

14.　少しずつ　　　　　　　　　petit à petit ≒ (　　)

15.　絶え間なく；絶えず, しょっちゅう　sans arrêt ≒ (　　) ≒ (　　)

16.　すぐに, ただちに　　　　　tout de suite ≒ (　　) ≒ (　　)

(B)

(1)　à bride abattue

(2)　à contrecœur

(3)　à l'instant

(4)　à la dérobée

(5)　à présent

(6)　à toute allure

(7)　à tue-tête

(8)　avec le temps

(9)　côte à côte

(10)　coûte que coûte

(11)　de bon cœur

(12)　de bonne grâce

(13)　de nos jours

(14)　de temps à autre

(15)　en cachette

(16)　en fait

(17)　en moins de rien

(18)　en un rien de temps

(19)　en vérité

(20)　hors d'haleine

(21)　par moments

(22)　peu à peu

(23)　sans cesse

(24)　sur-le-champ

(25)　tout le temps

〔解答〕

1. (20)　2. (8)　3. (7)　4. (10)　5. (1) ≒ (6)　6. (11) ≒ (12)　7. (14) ≒ (21)

8. (5) ≒ (13)　9. (16) ≒ (19)　10. (4) ≒ (15)　11. (17) ≒ (18)　12. (9)　13. (2)

14. (22)　15. (23) ≒ (25)　16. (3) ≒ (24)

◆ 同じ語あるいは類義の語を用いた複合副詞の意味の違いに注意しましょう.

à l'heure　定刻に / à temps　間に合って, 遅れずに

à présent, en ce moment　今, 現在 /

　　pour le présent, pour le moment　今のところ, さしあたり

à l'instant　すぐに, ただちに；たった今 / pour l'instant　今のところ, さしあたり

d'ailleurs　それに, その上 / par ailleurs　その一方で, その反面で；それに, ちなみに

de nouveau　再び, もう一度 / à nouveau　改めて, 新たに

en fait　(ところが)実際は, 実際には / de fait　(そのとおり)実際に, 本当に

sans doute　おそらく / sans aucun doute　疑いなく

【練習3】 対義語を用いた複合副詞

　類似したあるいは対比的な事物・事態を表す語を組み合わせた複合副詞があります. 下記
(A)の意味の複合副詞を構成する語を(B)から選んで空欄に書き入れましょう.

(A)

1. 執拗に, やかましく
   à cor et à _____

2. でたらめに, 無分別に
   à tort et à _____

3. 是非はともかく
   à tort ou à _____

4. まさに, 本当に, まったく
   bel et _____

5. あちこち, あちらこちら
   çà et _____

6. いやが応でも, 有無を言わさず
   de gré ou de _____

7. (同じ所を)行ったり来たりして
   de long en _____

8. 昼も夜も
   jour et _____

9. 多かれ少なかれ, 多少とも
   plus ou _____

10. 無事に
    sain et _____

11. 上下逆さまに；乱雑に；気が動転して
    sens dessus _____

12. 遅かれ早かれ, いずれ
    tôt ou _____

(B) bien / cri / dessous / force / là / large / moins / nuit / raison / sauf / tard / travers

〔解答〕
1. cri (*字義は「(狩猟用の)らっぱと(猟犬の)吠え声で」) 2. travers (*à tort も à travers も「間違って」の意) 3. raison 4. bien (*bel は beau の古形. 類義語の反復) 5. là
6. force (*字義は「自発的であれ強制的であれ」) 7. large (*cf.* en long et en large 縦横に；あらゆる面[角度]から) 8. nuit (*nuit et jour とも言う) 9. moins 10. sauf
(*性・数の変化をする：Ils sont revenus sains et saufs.「彼らは無事に戻って来た」)
11. dessous (この表現での sens の発音は /sɑ̃/) 12. tard

§14　複合形容詞

　フランス語の複合形容詞はあまり多くありません. 以下にいくつかの例をあげます. な
お, 複合形容詞はしばしば名詞や副詞としても用いられます.

1. 〈形容詞＋形容詞・名詞〉

   sourd-muet 聾唖(ろうあ)の　(*形容詞は両方とも性・数の変化をする)
   bon marché 安い　(*複合副詞に由来しており不変化)

   ◆ 色彩を表す複合形容詞は, 〈形容詞＋形容詞〉も〈形容詞＋名詞〉も変化しません.
   　 bleu foncé ダークブルーの　(*cf.* une veste bleu foncé ダークブルーの上着)
   　 rouge brique 赤れんが色の　(*cf.* des chaussettes rouge brique 赤れんが色の靴下)

2. 〈前置詞＋名詞〉(*不変化)

   hors service 使えない状態の, 故障した

3. 〈前置詞・副詞＋形容詞〉(*ハイフンなしで1語として綴ることがある)

    avant-dernier　最後から2番目の

    bienfaisant　恩恵をもたらす，有益な

4. 〈名詞＋前置詞＋名詞〉(*不変化)

    gorge-de-pigeon　(鳩の胸のように光の当たり具合によって)色の変わる，玉虫色の

【練習】　さまざまな複合形容詞

  (A)の意味の複合形容詞を構成する語を(B)から選んで空欄に書き入れましょう.

(A)

1.	幸運な出来事	un évènement bien ＿＿＿＿ (*1語で綴る)
2.	生まれたばかりの女の子	une petite fille ＿＿＿＿-née
3.	無遠慮な招待客	un invité sans-＿＿＿＿
4.	すその短い服を着た若い女性	une jeune fille ＿＿＿＿-vêtue
5.	ワインの澱(おり)の色[赤紫色]のコート	un manteau lie(-)de(-)＿＿＿＿
6.	生まれつき盲目の音楽家	un musicien ＿＿＿＿-né
7.	卵の殻の色[薄いベージュ色]の磁器	une porcelaine ＿＿＿＿ d'œuf
8.	税抜き価格	un prix hors ＿＿＿＿
9.	まばらな観客	un public ＿＿＿＿semé (*1語で綴る)
10.	枯葉色のセーター	un pull ＿＿＿＿-morte
11.	エメラルドグリーンのドレス	une robe vert ＿＿＿＿
12.	甘酸っぱいソース	une sauce ＿＿＿＿-douce
13.	酔いつぶれた老人	un vieillard ＿＿＿＿ mort
14.	人の良い村人	un villageois bon ＿＿＿＿

(B)

aigre　酸っぱい	feuille　葉
aveugle　盲目の	gêne　遠慮
clair　まばらに	heureux　幸せな
coquille　殻	ivre　酔った
court　短く	nouveau　…したばかりの
émeraude　エメラルド	taxes　税
enfant　子供	vin　ワイン

〔解答〕

1. bienheureux　2. nouveau-née (*「新生児」を意味する名詞としても用いられる)

3. sans-gêne　4. court-vêtue　5. lie(-)de(-)vin　6. aveugle-né　7. coquille d'œuf

8. hors taxes　9. clairsemé　10. feuille-morte　11. vert émeraude

12. aigre-douce　13. ivre mort　14. bon enfant

§15 複合動詞

　動詞を含む成句を複合動詞(または動詞句)と呼びます. 以下の練習で見るように, 複合動詞の多くは, avoir sommeil「眠い」や faire attention「注意する」のように, avoir, faire などの基本動詞と無冠詞名詞で構成されます. 稀に, 動詞と冠詞付きの名詞や形容詞や副詞が結びつきます. 動詞が無冠詞名詞以外の語句を伴う場合は, 複合動詞かどうかの判断が難しいこともあります.

【練習1】 複合動詞 (1)

　avoir, donner, faire, mettre, prendre のいずれかを, 不定詞または指示された時制にして書き入れましょう. エリジョンが起こる箇所もあります.

1.　... l'air

(a)　Je vais _____ l'air. 〔不定詞〕
　　　外の空気を吸ってくるよ.

(b)　Tu _____ l'air fatigué, ça va ? 〔現在〕
　　　君は疲れているみたいだけど, 大丈夫かい？

2.　... confiance

(a)　Nous _____ confiance à un spécialiste. 〔複合過去〕
　　　私たちは専門家を信じて任せた.

(b)　Vous ne devez pas _____ confiance en cet homme. 〔不定詞〕
　　　あの男を信頼すべきではありません.

3.　... faim

(a)　Faire du sport, ça _____ faim. 〔現在〕
　　　スポーツをするとお腹がすく.

(b)　Les enfants _____ faim. 〔現在〕
　　　子供たちはお腹をすかせている.

4.　... feu

(a)　Dans cette région de conflit, les soldats _____ feu sur la foule. 〔複合過去〕
　　　その紛争地帯で, 兵士が群衆に向けて発砲した.

(b)　La paille _____ feu facilement. 〔現在〕
　　　藁(わら)は燃えやすい.

5.　... fin

(a)　Le contrat _____ fin automatiquement à la date déterminée d'avance. 〔現在〕
　　　契約は前もって定められた期日に自動的に終了する.

(b)　Quels sont les moyens pour _____ fin à un harcèlement ? 〔不定詞〕
　　　ハラスメントをやめさせるためにどのような方法があるだろうか？

6. ... froid

(a) Il a marché sous la pluie et il _____ froid. 〔複合過去〕
   彼は雨の中を歩いて，風邪をひいた．

(b) Vous ne _____ pas froid ? 〔現在〕
   寒くありませんか？

7. ... honte

(a) Il _____ honte de sa faute. 〔現在〕
   彼は自分の落ち度を恥じている．

(b) Ton comportement me _____ honte. 〔複合過去〕
   君の振る舞いで私は恥ずかしい思いをした．

8. ... lieu

(a) La cérémonie _____ lieu samedi après-midi. 〔単純未来〕
   式は土曜日の午後に行われる．

(b) Les évènements politiques _____ souvent lieu à des discussions entre amis.
   〔現在〕
   政治的出来事はしばしば友人間で議論を引き起こす．

9. ... mal

(a) Les nouvelles chaussures _____ mal aux pieds. 〔現在〕
   新しい靴は足が痛む．

(b) Où est-ce que tu _____ mal ? 〔現在〕
   どこが痛いの？

10. ... naissance

(a) Dans un zoo chinois, une femelle panda géant _____ naissance à des
   jumeaux. 〔複合過去〕
   中国の動物園で，雌のジャイアントパンダが双子を産んだ．

(b) L'incendie _____ naissance dans la cuisine. 〔複合過去〕
   火災は台所で発生した．

11. ... peur

(a) Cet enfant _____ peur des chiens. 〔現在〕
   この子は犬を怖がる．

(b) La vue du sang me _____ peur. 〔複合過去〕
   血を見て私はぞっとした．

12. ... pitié

(a) Cela me _____ pitié de voir des gens dans ce mauvais état. 〔現在〕
   そうした恵まれない状態にいる人たちを見ると気の毒だと思う．

(b) Je _____ pitié de lui qui doit supporter la responsabilité. 〔現在〕
   責任を引き受けなくてはならない彼を気の毒に思う．

13. ... place

(a) Les spectateurs _____ place et le rideau s'est levé. 〔複合過去〕
観客が席につき，幕が上がった.

(b) Les tickets _____ place aux cartes magnétiques. 〔現在〕
切符は磁気カードに取って代わられつつある.

14. ... raison

(a) Je pense que vous _____ raison. 〔現在〕
私はあなたが正しいと思う.

(b) Tout le monde vous _____ raison. 〔単純未来〕
誰もがあなたが正しいと認めるだろう.

15. ... soif

(a) Ce qui est salé _____ soif. 〔現在〕
塩辛いものは喉を渇かす.

(b) Tu _____ soif ? 〔現在〕
喉が渇いているかい？

16. ... tort

(a) Personne ne te _____ tort. 〔現在〕
誰も君が間違っているとは思っていない.

(b) Tu _____ tort de dire ça. 〔現在〕
そういうことを言うのは間違っている.

〔解答〕
1. (a) prendre (b) as   2. (a) avons fait (b) avoir   3. (a) donne (b) ont
4. (a) ont fait (b) prend   5. (a) prend (b) mettre   6. (a) a pris (b) n'avez
7. (a) a (b) m'a fait   8. (a) aura (b) donnent   9. (a) font (b) as
10. (a) a donné (b) a pris   11. (a) a (b) m'a fait   12. (a) fait (b) J'ai
13. (a) ont pris (b) font   14. (a) avez (b) donnera   15. (a) donne (b) as
16. (a) donne (b) as

【練習2】 複合動詞 (2)

(A)の文の意味に合致するように，適切な語を(B)から選んで空欄に書き入れましょう.

(A)

1. Ces documents te rendront _____.
この資料は君の役に立つだろう.

2. Cet acteur a fait _____ de talent dans plusieurs films.
この俳優は数多くの映画作品で才能を発揮してきた.

3. Cette idée prendra _____ et se réalisera sûrement.
   このアイディアは具体化し，きっと実現するだろう.

4. Comment faire _____ à une telle situation d'urgence?
   いかにしてこのような緊急事態に対処するべきだろうか?

5. Dans son travail, il a _____ à toutes sortes de gens.
   彼は仕事であらゆる種類の人を相手にする.

6. Hier, j'ai rendu _____ à un ami qui venait d'emménager.
   きのう，私は引っ越して来たばかりの友人を訪れた.

7. Il faisait _____ d'écouter, mais il avait l'esprit ailleurs.
   彼は聞いているふりをしていたが，うわの空だった.

8. Il y a des gens qui veulent faire _____ aux réformes.
   改革を妨害しようとする人々がいる.

9. Ils n'osent pas tenir _____ à leur supérieur.
   彼らは上司に逆らう勇気がない.

10. J'ai _____ d'un nouveau PC.
    私は新しいパソコンが欲しい.

11. J'ai eu _____ essayer de le convaincre, il ne m'a jamais écouté.
    私は懸命に彼を説得しようとしたが，彼は私にまったく耳を貸さなかった.

12. L'enfant, qui a perdu _____, est devenu affolé.
    子供は水中で背が立たなくなり，パニック状態になった.

13. La musique fait _____ de sa vie.
    音楽は彼(女)の生活の一部になっている.

14. La tempête a fait _____ toute la nuit.
    嵐が一晩中荒れ狂った.

15. Le boxeur a perdu _____ juste après l'arrêt de l'arbitre.
    ボクサーはレフェリーストップの直後に意識を失った.

16. Les trois chefs de parti ont pris _____ au débat télévisé.
    3人の党首がテレビ討論会に参加した.

17. Mes enfants tiennent souvent _____ à leur grand-mère.
    子供たちはよく祖母の相手をする.

18. Nous devons tirer _____ de cette rare occasion.
    私たちはこのめったにないチャンスを利用すべきだ.

19. Prenez _____ de ne pas vous laisser tromper.
    だまされないように注意しなさい.

20. Sous la menace d'un couteau, le policier a fait _____ de son arme.
    ナイフで威嚇され，警官は武器を使用した.

21. Tu as _____ d'un peu de repos.

　　君は少し休息が必要だ.

(B)

affaire	forme	preuve
beau	garde	rage
besoin	obstacle	semblant
compagnie	part	service
connaissance	parti	tête
envie	partie	usage
face	pied	visite

〔解答〕

1. service　2. preuve　3. forme　4. face　5. affaire　6. visite　7. semblant
8. obstacle　9. tête　10. envie　11. beau　12. pied　13. partie　14. rage
15. connaissance (*cf.* reprendre connaissance「意識を取り戻す」)　16. part
17. compagnie　18. parti (*類義の表現として tirer profit de がある)　19. garde
20. usage　21. besoin

~~ 〚参考〛 ~~~~~~

中性代名詞を含む複合動詞

　中性代名詞の le, y, en を含む次のような複合動詞や慣用表現があります.

le　　l'échapper belle　危うく助かる

　　　l'emporter sur ...　…に勝つ

y　　Ça y est.　うまくいった.

　　　Allez-y !　さあ !

　　　J'y suis.　わかった.

　　　s'y connaître (en ...)　(…に)精通している

　　　s'y prendre　取りかかる

en　　s'en aller　立ち去る

　　　s'en faire　心配する

　　　Je m'en fiche !　そんなことはどうだっていい !

　　　en avoir assez　もうたくさんだ

　　　en vouloir à ...　…を恨む

　　　n'en pouvoir plus　もう駄目である

~~~~~~

§16 語形成要素を用いる複合

語形成要素は，接頭辞や接尾辞と同じく非自立的要素です．接頭辞と接尾辞は語と結びつきますが，語形成要素は語とだけでなく他の語形成要素とも結びつきます．語形成要素どうしが結びつくときは，もう一方の要素の前に置かれるもの，後ろに置かれるもの，少し形を変えて，前にも後ろにも置かれるものがあります．語と結びつくときは語の前に置かれるので，接頭辞との区別が明確でないものもあります．

接頭辞の多くはギリシャ語・ラテン語の前置詞や副詞に由来しますが，語形成要素のほとんどはギリシャ語・ラテン語の名詞や形容詞に由来します．したがって，語形成要素は事物自体や事物の属性を表し，名詞や形容詞に準じる働きをするので，語形成要素を含む語を広義の複合語に含めることができるでしょう．

ギリシャ語・ラテン語由来の語形成要素は，ヨーロッパのいくつもの言語で用いられているので，たとえば英語とフランス語で語形が同一あるいは類似しているものが多数あります．また，複合語を構成する語形成要素が，複合語を短縮した結果として自立語になることがあり，この現象については§18-2.「短縮」で詳しく見ます．

語形成要素は何百もあります．ここでは，日常語でも用いられる若干数しか扱いませんが，主要な語形成要素は語と同様に辞書に載っているので，語形成のしくみがわかれば，自分で学習し語彙を増やしていくことができるでしょう．

【練習1】 いくつもの複合語に用いられている語形成要素

(B)から適切な語形成要素を選んで(A)の空欄に書き入れ，示された意味の語を作りましょう(語形成要素にハイフンを付けてありますが，作られる語にハイフンは入りません)．

(A)

-graphie 「書く[記録する]こと」

1. 映画技術[芸術] ……………graphie
2. 書誌, 文献目録 ……………graphie
3. 地理(学) ……………graphie
4. 伝記 ……………graphie

-logie 「学問」

5. 生物学 ……………logie
6. 地質学 ……………logie
7. 動物学 ……………logie

-phile 「愛する，好む」

8. 愛書家 ……………phile
9. イギリスびいきの(人) ……………phile
10. 映画愛好家 ……………phile
11. 動物愛護[愛好]の ……………phile

-phone 「音, 声；話す」

12. 英語を話す(人) ……………phone
13. テープレコーダー ……………phone
14. マイクロホン ……………phone

-scope 「見る道具, …鏡」

15. 顕微鏡 ……………scope
16. ビデオデッキ ……………scope

-thèque 「保管所, 戸棚」

17. テープライブラリー ……………thèque
18. 図書館[室], 書棚 ……………thèque
19. フィルムライブラリー ……………thèque

(B)

anglo- 「イギリス」	géo- 「土地」
biblio- 「書物，図書」	magnéto- 「磁気」
bio- 「生物，生命」	micro- 「非常に小さい，極小」
ciné-, cinéma-, cinémato- 「映画」	zoo- 「動物」

〔解答〕

1. cinématographie 2. bibliographie 3. géographie 4. biographie
5. biologie 6. géologie 7. zoologie 8. bibliophile 9. anglophile
10. cinéphile 11. zoophile 12. anglophone 13. magnétophone
14. microphone 15. microscope 16. magnétoscope 17. magnétothèque
18. bibliothèque 19. cinémathèque

【練習2】 語形成要素＋culture

　culture は「耕作，栽培，養殖」を意味する名詞ですが，さまざまな語形成要素と結びついて複合語を形成します．(B)から適切な語形成要素を選んで(A)の空欄に書き入れ，示された意味の語を作りましょう(語形成要素にハイフンを付けてありますが，作られる語にハイフンは入りません)．

(A)

1. 稲作	........culture		8. 農業	........culture
2. 園芸	........culture		9. 花の栽培	........culture
3. オリーブ栽培	........culture		10. ブドウ栽培	........culture
4. 牡蠣養殖	........culture		11. 養魚	........culture
5. 水産養殖	........culture		12. 養蚕	........culture
6. 樹木栽培	........culture		13. 養蜂	........culture
7. 鳥類飼育	........culture		14. 林業	........culture

(B)

agri- 「農地」	oléi- 「油，オリーブ油」
api- 「蜜蜂」	ostréi- 「牡蠣」
aqua- 「水」	pisci- 「魚」
arbori- 「樹木」	rizi- 「稲」
avi- 「鳥」	sérici- 「蚕，絹」
flori- 「花」	sylvi- 「森林」
horti- 「庭園，菜園」	viti- 「ブドウ(の木)」

217

第4章 複合

〔解答〕

1. riziculture　2. horticulture　3. oléiculture　4. ostréiculture　5. aquaculture
6. arboriculture　7. aviculture　8. agriculture　9. floriculture　10. viticulture
11. pisciculture　12. sériciculture　13. apiculture　14. sylviculture

【練習3】 語形成要素 -cide, -fuge

　-cide は「殺す」を意味し，-fuge は「避ける，追い払う」を意味します．(B)から適切な語形成要素を選び，-cide あるいは-fuge と組み合わせて，示された意味の複合語を作りましょう．以下の複合語のほとんどは形容詞としても用いられますが，名詞の意味を載せてあります(語形成要素にはハイフンを付けてありますが，作られる語にハイフンは入りません).

(A)

1. 解熱剤　　　　　　　　　　　_____

2. 殺菌剤　　　　　　　　　　　_____

3. 殺人(罪)　　　　　　　　　　_____

4. 殺虫剤　　　　　　　　　　　_____

5. 自殺　　　　　　　　　　　　_____

6. 除草剤　　　　　　　　　　　_____

7. 耐火[不燃]物質　　　　　　　_____

8. 断熱材　　　　　　　　　　　_____

9. 防虫剤　　　　　　　　　　　_____

10. 虫下し，駆虫薬　　　　　　　_____

11. 幼児殺人，嬰児(えいじ)殺し　_____

(B)

bactéri-「バクテリア，細菌」	igni-「火」
calori-「熱，熱量」	infanti-「子供」
fébri-「熱，発熱」	insecti-「虫，昆虫」(*2度用いる)
herbi-「草」	sui-「自分」
homi-「人間」	vermi-「(体の細長い)虫，蠕虫(ぜんちゅう)」

〔解答〕

1. fébrifuge　2. bactéricide　3. homicide　4. insecticide　5. suicide
6. herbicide　7. ignifuge　8. calorifuge　9. insectifuge　10. vermifuge
11. infanticide

218

第4章の総合練習

【練習1】 複合副詞

(B)から適切な複合副詞を選んで(A)の空欄に書き入れましょう.

[1] 前置詞 à の付く複合副詞

(A)

1. Autour du bateau, il n'y avait que la mer _____.
   船の周りは見渡す限り海だった.

2. Cet écrivain est _____ connu au Japon.
   この作家は日本ではほとんど知られていない.

3. Cet enfant est si distrait qu'il enfile souvent son pull _____.
   この子はとてもうっかりしているので, セーターを裏返しに着ることがよくある.

4. Dites-moi comment mettre _____ les applications sur mon ordinateur.
   私のパソコンに入っているアプリケーションのアップデートの仕方を教えてください.

5. Il est venu _____ sans nous prévenir.
   彼は私たちに予告することなく不意にやって来た.

6. Il était très tard ; il a marché _____ pour ne pas réveiller ses parents.
   夜更けだった. 彼は親の目を覚まさせないように抜き足差し足で歩いた.

7. Je me sens _____ ici.
   私はここにいるとくつろいだ気分になる.

8. L'accusé a été condamné _____ : il avait commis un crime atroce.
   被告が有罪判決を受けたのは当然だ, 残忍な罪を犯したのだから.

9. La bouteille était _____ vide.
   瓶は半分空(から)だった.

10. Ne le croyez pas : il parle _____.
    彼の言うことを信じてはいけない, 口から出まかせに話すのだから.

11. Nous sommes arrivés _____ pour le concert.
    私たちはコンサートに間に合って着いた.

12. _____, tu sais que Richard a changé de profession ?
    ところでリシャールが転職したことを知っているかい?

(B)

à jour	à l'improviste	à perte de vue
à juste titre	à moitié	à propos
à l'aise	à pas de loup	à temps
à l'envers	à peine	à tort et à travers

[2] 前置詞 de, en の付く複合副詞

(A)

1. Dès qu'il a reçu un coup de téléphone, il est parti _____.
   電話を受けるとすぐに，彼は大急ぎで出かけた.

2. Elle aimait ses enfants _____.
   彼女は子供たちを心から愛していた.

3. Il a du talent et, _____ il est travailleur.
   彼は才能があるし，その上，努力家だ.

4. Il était tout tendu : il parlait _____ pour la première fois.
   彼はとても緊張していた. 人前で話すのは初めてだったのだ.

5. J'ai fait un cauchemar qui m'a réveillé _____.
   私は悪い夢を見て，はっと目を覚ました.

6. Le train part à 7 heures du matin, je dois me réveiller _____.
   列車は朝7時に出発する. 私は早起きしなければならない.

7. Les goûters, appréciés de tous, ont disparu _____.
   おやつはみんなに好評で，またたく間になくなった.

8. Nous avons travaillé _____ avant l'examen.
   試験前に私たちは必死に勉強した.

9. Un foyer français consomme _____ 330 litres d'eau par jour.
   フランスの家庭では平均して日に330リットルの水を消費している.

(B)

d'arrache-pied	en moyenne	en sursaut
de bonne heure	en outre	en toute hâte
de tout son cœur	en public	en un clin d'œil

[3] その他の構成の複合副詞

(A)

1. Après avoir monté de longs escaliers, nous étions _____.
   長い階段を上ったあと，私たちは息を切らしていた.

2. Il sait _____ plusieurs poèmes en français.
   彼はフランス語の詩をいくつも暗記している.

3. J'espère vous revoir _____.
   またいつかお会いできることを期待しています.

4. Je me suis rappelé _____ ce que je voulais lui dire.
   私はあとになって彼(女)に言いたかったことを思い出した.

5. Je reviens dans une heure. À _____ !
   1時間後に戻って来ます. またのちほど！

6. Je suis _____ de votre avis.

　　私はあなたとまったく同意見です.

7. La neige couvrait encore le sol, mais _____ on voyait quelques
brins d'herbe.

　　まだ雪が地面を覆っていたが，ところどころに草の若茎が見えていた.

8. Seriez-vous _____ M. Guichard ?

　　もしやギシャールさんではありませんか？

(B)

après coup	par endroits	tout à l'heure
hors d'haleine	par hasard	une autre fois
par cœur	tout à fait	

〔解答〕

[1] 1. à perte de vue　2. à peine　3. à l'envers　4. à jour　5. à l'improviste
6. à pas de loup　7. à l'aise　8. à juste titre　9. à moitié
10. à tort et à travers　11. à temps　12. À propos

[2] 1. en toute hâte　2. de tout son cœur　3. en outre　4. en public
5. en sursaut　6. de bonne heure　7. en un clin d'œil　8. d'arrache-pied
9. en moyenne

[3] 1. hors d'haleine　2. par cœur　3. une autre fois　4. après coup
5. tout à l'heure　6. tout à fait　7. par endroits
8. par hasard (*cf.* au hasard「偶然にまかせて」)

~~ 〖参考〗 ~~~~~~

同一語を反復する複合副詞

　同一の語を繰り返す複合副詞がかなりあります．これまでにいくつか出てきましたが，
よく用いられる表現を追加しましょう.

coude à coude　肘を接して；団結して (*男性名詞の coude-à-coude は「団結，結束」)
face à face　顔を突き合わせて (*男性名詞の face-à-face は「対面；(公開の)対決論争」)
mot à mot　(翻訳などが)一語一語，逐語的に (*男性名詞の mot-à-mot は「逐語訳」)
pas à pas　一歩一歩，少しずつ
d'instant en instant　今にも，じきに，ほどなく (*d'un instant à l'autre とも言う)
de moment(s) en moment(s)　刻々と，絶えず
d'heure en heure　刻々と，絶えず；1時間ごとに，頻繁に
de jour en jour　日に日に，しだいに
d'année en année　年ごとに，年々 (*d'une année à l'autre とも言う)
de bout en bout　端から端まで，隅々まで (*d'un bout à l'autre とも言う)
de loin en loin　ところどころに，とびとびに；時々，時折

de proche en proche 少しずつ，徐々に

de plus en plus ますます(多く)

de moins en moins ますます少なく

de mieux en mieux ますますよく

~~~~~~

【練習2】 複合動詞

　同じ動詞と名詞を用いる表現で，限定詞の有無や違いによって意味が異なる場合があります．どちらか適切な語句を選び，空欄に書き入れましょう．

1. l'affaire / une affaire

(a) Il a acheté une moto d'occasion pour pas cher. Il a fait ＿＿＿＿＿＿＿＿.
　　彼は中古バイクを安い値段で買った．彼は有利な取引をした．

(b) Une petite voiture fera ＿＿＿＿＿＿＿＿ pour deux personnes.
　　二人用なら小型車がいいだろう．

2. appel / l'appel

(a) Dans cette situation difficile, il a fait ＿＿＿＿＿＿＿ à ses amis.
　　その困難な状況で，彼は友人に助けを求めた．

(b) Le professeur fait ＿＿＿＿＿＿＿ au début de la classe.
　　教師は授業の始めに出席をとる．

3. compte / les comptes

(a) C'est lui qui tient ＿＿＿＿＿＿＿＿ du magasin.
　　店の経理を担当しているのは彼だ．

(b) Il faudrait tenir ＿＿＿＿＿＿＿ des avis des autres.
　　他の人たちの意見も考慮に入れるべきだろう．

4. confiance / la confiance

(a) Elle a ＿＿＿＿＿＿＿＿ en son fils.
　　彼女は息子を信頼している．

(b) Il a ＿＿＿＿＿＿＿ de ses collègues.
　　彼は同僚たちに信頼されている．

5. congé / son congé

(a) Il vient d'avoir un enfant ; il compte prendre ＿＿＿＿＿＿＿ de paternité.
　　彼に子供ができた．彼は育児休暇を取るつもりだ．

(b) Nous avons pris ＿＿＿＿＿＿＿ de nos amis en les remerciant du dîner.
　　私たちは夕食のお礼を述べて友人たちに別れの挨拶をした．

6. connaissance / la connaissance

(a) J'ai fait ＿＿＿＿＿＿＿ avec M. Bonnard à Paris.
　　私はボナールさんとパリで知り合った．

(b) J'ai fait ＿＿＿＿＿＿＿ de M. Bonnard à Paris.
　　私はボナールさんとパリで知り合った．

7. feu / du feu

(a) Il faisait très froid. J'ai fait _____ dans la cheminée.
とても寒かった. 私は暖炉に火をおこした.

(b) Le chasseur a bien visé et a fait _____ sur le cerf.
ハンターは狙いを定め, 鹿に向けて発砲した.

8. mal / du mal

(a) J'ai _____ aux dents depuis ce matin.
私は今朝から歯が痛い.

(b) J'ai eu _____ à cacher mes émotions.
私は心の動揺を押し隠すのに苦労した.

9. partie / une partie

(a) Il fait _____ de cette équipe de football.
彼はそのサッカーチームの一員だ.

(b) Nous faisons _____ de cartes en attendant le dîner.
私たちは夕食を待つ間にトランプを一勝負する.

10. plaisir / le plaisir

(a) Ça me fait _____ de te revoir.
君にまた会えて嬉しい.

(b) Faites-moi _____ de me laisser tranquille.
どうか私をそっとしておいてください.

11. raison / sa raison

(a) Cet artiste est un peu original, mais il a toute _____.
この芸術家は少し変わっているけれど, まったく正気だ.

(b) Je suis obligé de reconnaître qu'il a _____.
私は彼が正しいと認めざるを得ない.

12. tête / la tête

(1) Cet homme se tenait _____ entre les mains, l'air accablé.
その男は, 打ちのめされた様子で, 頭を両手でかかえていた.

(b) Les enfants tiennent _____ à leurs parents quelquefois.
子供は時々親に反抗する.

〔解答〕
1. (a) une affaire (b) l'affaire   2. (a) appel (b) l'appel
3. (a) les comptes (b) compte   4. (a) confiance (b) la confiance
5. (a) son congé (b) congé   6. (a) connaissance (b) la connaissance
7. (a) du feu (b) feu   8. (a) mal (b) du mal   9. (a) partie (b) une partie
10. (a) plaisir (b) le plaisir   11. (a) sa raison (b) raison   12. (a) la tête (b) tête

【練習3】 語形成要素 auto-, télé-

[1] auto...

語形成要素の auto- は元来「自分の, 自分で；自力の, 自動の」を意味しますが,「自動車 (automobile)」の意味でも用いられるようになっています. (B)から適切な語あるいは語形成要素を選んで(A)の空欄に書き入れ, 示された意味の語を作りましょう.

(A) (*すべてハイフンなしで綴ってよい)

1.	(サッカーの)オウンゴール	auto _____
2.	カーラジオ	auto _____
3.	高速道路, 自動車専用道路	auto _____
4.	(有名人の)サイン	auto _____
5.	自画像	auto _____
6.	自己暗示	auto _____
7.	自己防衛, 自衛	auto _____
8.	自己満足	auto _____
9.	自主管理	auto _____
10.	自伝, 自叙伝	auto _____
11.	自動車教習所	auto _____
12.	自費出版	auto _____
13.	雪上車, スノーモービル	auto _____
14.	ヒッチハイク	auto _____

(B)

biographie 伝記	neige 雪
école 学校	portrait 肖像画
édition 出版	radio ラジオ
défense 防衛	route 道路
gestion 管理	satisfaction 満足
goal ゴール	stop 停止
graphe 書かれたもの	suggestion 暗示

[2] télé...

語形成要素の télé- は元来「遠距離, 遠隔」を意味しますが,「テレビ(télévision), 電話 (téléphone), 遠距離通信(télécommunication), ロープウエー(téléphérique)」の意味でも用いられるようになっています. (B)から適切な語あるいは語形成要素を選んで(A)の空欄に書き入れ, 示された意味の語を作りましょう.

(A) (*すべてハイフンなしで綴ってよい)

1.	(電気通信を利用する)遠隔会議	télé _____
2.	(監視カメラによる)遠隔監視	télé _____
3.	遠隔教育, オンライン授業	télé _____

4. 遠隔操作, リモコン(装置)   télé ....

5. 遠隔操縦する   télé ....

6. オンライン振り込み   télé ....

7. (警備センターなどに直結する)緊急通報装置   télé ....

8. (スキー場などの)腰掛け式リフト   télé ....

9. (高速道路の)自動料金支払いシステム, ETC   télé ....

10. ダウンロードする   télé ....

11. テレビ視聴者   télé ....

12. テレビショッピング   télé ....

13. テレビ放映する   télé ....

14. テレフォンオペレーター   télé ....

15. テレワーク   télé ....

16. 電光掲示板   télé ....

17. ファックス   télé ....

18. (カメラの)望遠レンズ   télé ....

(B)　(*人を表す名詞は男性形を載せてある)

achat　買い物	guider　案内する, 誘導する
affichage　掲示, 表示	objectif　対物レンズ
alarme　警報	opérateur　オペレーター
charger　チャージする	paiement　支払い
commande　操縦, 制御	péage　(高速道路などの)料金所
conférence　会議	siège　腰掛け
copie　コピー	spectateur　観客
diffuser　放送する	surveillance　監視
enseignement　教育	travail　仕事

〔解答〕

[1] 1. autogoal　2. autoradio　3. autoroute　4. autographe　5. autoportrait

6. autosuggestion　7. autodéfense　8. autosatisfaction　9. autogestion

10. autobiographie　11. autoécole (*auto-école とも綴るが『新綴り』はハイフンなし)

12. autoédition　13. autoneige　14. autostop (*auto-stop とも綴るが『新綴り』は

ハイフンなし)

[2] 1. téléconférence　2. télésurveillance　3. téléenseignement　4. télécommande

5. téléguider　6. télépaiement　7. téléalarme　8. télésiège　9. télépéage

10. télécharger　11. téléspectateur　12. téléachat　13. télédiffuser

14. téléopérateur　15. télétravail　16. téléaffichage　17. télécopie　18. téléobjectif

【練習4】 さまざまな語形成要素

　下記の語は語形成要素を組み合わせて作られています．下線の要素の意味を(B)から選んでその番号を(A)のかっこ内に書き入れましょう．

(A)

1.　astro-「天体，星」

(a)　astro<u>naute</u>　宇宙飛行士　　　　　　　　　　　(　)

(b)　astro<u>nome</u>　天文学者　　　　　　　　　　　　(　)

2.　-drome「走路」

(a)　<u>aéro</u>drome　(小規模な)飛行場　　　　　　　　(　)

(b)　<u>hippo</u>drome　競馬場　　　　　　　　　　　　(　)

3.　-fère「持つ，運ぶ」

(a)　<u>mammi</u>fère　哺乳類，哺乳動物　　　　　　　　(　)

(b)　<u>somni</u>fère　睡眠薬　　　　　　　　　　　　　(　)

4.　-graphie「書く」

(a)　<u>calli</u>graphie　書法，書道　　　　　　　　　　(　)

(b)　<u>dactylo</u>graphie　タイプライティング　　　　　(　)

5.　-ligne「線」

(a)　<u>curvi</u>ligne　曲線の　　　　　　　　　　　　　(　)

(b)　<u>recti</u>ligne　直線の　　　　　　　　　　　　　(　)

6.　-logie「学問」

(a)　<u>archéo</u>logie　考古学　　　　　　　　　　　　(　)

(b)　<u>théo</u>logie　神学　　　　　　　　　　　　　　(　)

7.　-manie「耽溺，中毒」

(a)　<u>pyro</u>manie　放火癖　　　　　　　　　　　　　(　)

(b)　<u>toxico</u>manie　毒物嗜癖(しへき)，麻薬中毒　　(　)

8.　-mètre「測定器」

(a)　<u>baro</u>mètre　気圧計　　　　　　　　　　　　　(　)

(b)　<u>thermo</u>mètre　温度計　　　　　　　　　　　　(　)

9.　mis(o)-「嫌う，憎む」

(a)　mis<u>anthrope</u>　人間嫌いの(人)　　　　　　　　(　)

(b)　miso<u>gyne</u>　女嫌いの(人)　　　　　　　　　　(　)

10.　-onyme「名」

(a)　<u>homo</u>nyme (← <u>homo</u>+onyme)　同形異義の　(　)

(b)　<u>pseudo</u>nyme (← <u>pseudo</u>+onyme)　偽名　　(　)

11. -phobe 「嫌う，恐れる」
(a) hydrophobe 恐水病の   (   )
(b) xénophobe 外国人嫌いの(人)   (   )

12. -thérapie 「治療(法)」
(a) héliothérapie 日光療法   (   )
(b) psychothérapie 精神療法，心理療法   (   )

13. -vore 「食べる」
(a) carnivore 肉食性の   (   )
(b) herbivore 草食性の   (   )

(B)

(1)「馬」   (14)「太古，原始」
(2)「同じ，同一の」   (15)「太陽」
(3)「重さ，気圧」   (16)「乳房」
(4)「女」   (17)「毒」
(5)「外国，外部」   (18)「肉」
(6)「学者」   (19)「人間」
(7)「神」   (20)「熱，温度」
(8)「擬，偽」   (21)「火」
(9)「空気，航空」   (22)「美」
(10)「草」   (23)「曲がった」
(11)「航行する人」   (24)「まっすぐな」
(12)「睡眠」   (25)「水」
(13)「精神，心理」   (26)「指」

〔解答〕
1. (a) (11) (b) (6) 2. (a) (9) (b) (1) 3. (a) (16) (b) (12) 4. (a) (22) (b) (26)
5. (a) (23) (b) (24) 6. (a) (14) (b) (7) 7. (a) (21) (b) (17) 8. (a) (3) (b) (20)
9. (a) (19) (b) (4) 10. (a) (2) (b) (8) 11. (a) (25) (b) (5)
12. (a) (15) (b) (13) 13. (a) (18) (b) (10)

第5章　名付け

　人や物には「**名前**」があります. 名前は対象を識別するために必要です. 名前は「名称」, あるいは単に「名」とも言い, 文法上の品詞分類としては「名詞」と呼ばれます.

　名前を付けることを「**名付ける**」あるいは「命名する」と言います. 名付ける対象は, ひとつの概念として認識しうるものであればよく, 具体物・抽象物, 行為・出来事・事態など多岐に渡りますが, ここでは主として具体物について見ていきます.

§17　名付けの種類と形態

　どの言語共同体においても, ものの名前はすでに決まっていて, 人はふつう名付けの由来を知らず, あるいは意識せずに使っています. このことは単一の要素である**単純語**についてはほぼ当てはまります. しかし, いくつかの要素を組み合わせて作った**複合語**や**派生語**の場合は, 初めて接する言葉であっても, どのようなものを指すのか大方の察しがつきます. 名前からその指示対象を推測できるのは, 名付け方についての知識を共有しているからです.

　名前は本来, ものを識別するためのレッテルですから, ほかと区別のつく名前を付けるのは当然です. だからといって, 無意味な言葉や記号を用いることはふつうはありません. 名付けの対象の実体を(必ずしも忠実にではないが)反映した, わかりやすい名前を付けます. わかりやすい名前にするために, 情報を伝えるときの同様の配慮をします. すなわち, 共有している既知の情報をベースにし, それに新たな情報を加えます. これを名付けの手順に適用すれば, まず, 名付けの対象を周知のものの一種であるととらえて, 対象が属するカテゴリー名を名前の中心(フランス語の場合は一般に名前の先頭の位置)に据える, そして, 同じカテゴリーの他種と区別するために, 対象の特徴を言い表す語句を添える. したがって, 語の形態としては, 通常, 2つ以上の要素を結合した複合語になります.

　対象の特徴を説明するには, その形状や性質, 機能などを述べるのがふつうですが, 「何に似ている」とか「何と関連がある」など, よく知られているものを引き合いに出すこともできます. またしばしば, 何々の一種であるという分類は明示せず, 似ているものや関連のあるものをそのまま名前にしたり, 名前の主体にします. このタイプの名前には, 複合語だけでなく, 接辞を付加する派生語も用いられます.

　要するに, 名付けでは, 対象が何の一種であるか(=**包摂関係**), 何に似ているか(=**類似性**), 何と関連があるか(=**関連性**)のいずれかに重点が置かれます. おのおの, 「包摂関係に基づく名付け」, 「類似性に基づく名付け」, 「関連性に基づく名付け」と呼ぶことにしましょう. 以下の3つの項で, それぞれの名付けで用いる語形態を示して, 例を添えていきます. 例の大半は第3章と第4章で出てきたものです.

1. 包摂関係に基づく名付け

　名付けの対象となるものが何かの一種である場合, その何かを上位カテゴリーまたは「類」, 対象物を下位カテゴリーまたは「種」と言います. 類と種の包摂関係に基づく名付

けは，基本的には，上位カテゴリーを指す語(=主要部)に他の語句(=補足部)を加えた複合名詞の形態をとります.

(1) 〈名詞＋形容詞〉/ 〈形容詞・接頭要素＋名詞〉

　　上位カテゴリーを指す名詞に，対象物の特徴的属性を示す形容詞や接頭要素を付加して，下位カテゴリーの種別名を作ります. 綴りに関しては，複合名詞を構成する語や要素をハイフンで結んだり，1語として続けて書いたりすることがあり，綴り方が一定していないものもあります.

① 〈名詞＋形容詞〉

　　coffre-fort　金庫（←「大箱」＋「頑丈な」）

　　fauteuil roulant　車椅子（←「肘掛け椅子」＋「車で動く」）

　　fer-blanc　ブリキ（←「鉄」＋「白い」）

② 〈形容詞＋名詞〉

　　grand magasin　デパート，百貨店（←「大きい」＋「商店」）

　　petit(-)pois　グリーンピース（←「小さい」＋「豆」）

　　rond-point　ロータリー（←「丸い」＋「地点」）

③ 〈接頭要素＋名詞〉

　　demi-bouteille　ハーフボトル，小瓶（←「半分の」＋「瓶」）

　　minibus　小型バス（←「小さい」＋「バス」）

(2) 〈名詞$_1$＋前置詞＋名詞$_2$〉

　　名詞$_1$が上位カテゴリーを表す主要部です. 名詞$_2$は名詞$_1$に関係するさまざまな事物を指します. この構成の補足部の前置詞はà か de がほとんどです. 名詞$_2$は一般に無冠詞ですが定冠詞が付くものもあり，名詞$_2$の位置に不定詞が用いられることもあります.

　　以下に，前置詞のà または de を含む複合名詞を，名詞$_1$と名詞$_2$の関係性によっておおまかに分類して示します.

① 〈名詞$_1$＋à＋名詞$_2$〉

　　補足部は主に次のような意味を表します. なお，これから例示する複合語では，構成する個々の要素の意味が明らかである場合はそれらに訳語を付けてありません.

(a) 用途 ―「…に用いる」

　　brosse à dents　歯ブラシ

　　canne à pêche　釣り竿

　　tasse à thé　茶碗，ティーカップ

(b) 燃料, 動力, 道具 ―「…で動く，…を用いる」

　　cuisinière à gaz　ガスレンジ

　　moulin à vent　風車

　　peinture à l'huile　油絵

　　saut à la corde　縄跳び

(c) 付属, 含有 ―「…の付いた, …を含んだ」

　　chemise à manches longues　長袖シャツ

　　café au lait　カフェオレ, ミルク入りコーヒー

　　soupe à l'oignon　オニオンスープ

(d) その他の特徴

　　bête à bon Dieu　テントウムシ〔字義は「神の虫」. 伝承話に由来する名付け〕

　　magasin à prix unique　均一価格の店, 廉価販売店

　　ouvrier à la journée　日雇い労働者

② 〈名詞₁＋de＋名詞₂〉

　　de で導かれる補足部は, à の補足部よりも抽象性が高く, 関係する事柄や領域を表すことが多い.

(a) 関連 ―「…の, …に関する」

　　camarade de classe　同級生, クラスメート

　　accident de voiture　自動車事故

　　roman d'amour　恋愛小説

　　étoile du soir　宵の明星

(b) 材料, 産地 ―「…で作られた, …製の」

　　chapeau de paille　麦藁帽子

　　huile d'olive　オリーブ油

　　moutarde de Dijon　ディジョンマスタード

(c) 用途, 目的 ―「…のための」

　　ceinture de sécurité　安全ベルト

　　lunettes de soleil　サングラス

　　chien de garde　番犬

(d) その他の特徴

　　grain de beauté　ほくろ〔字義は「美しさの粒」〕

　　tache de rousseur　そばかす〔字義は「赤茶色のしみ」〕

③ 〈名詞₁＋à, de 以外の前置詞＋名詞₂〉

　　serviette en papier　紙ナプキン

　　boisson sans alcool　ノンアルコール飲料

(3) 〈名詞₁＋名詞₂〉

　　フランス語では修飾語が被修飾語に後続するのが原則ですから, この構造の複合名詞も名詞₁が主要部で名詞₂が補足部になります. 前置詞を用いないこの構造は, 前置詞の意味による制約がないため, より自由に2つの名詞を結びつけることができます. とりわけ, 「主体である名詞₁に名詞₂が付随している, 名詞₁であるが名詞₂の役割も果たす, 名詞₁であるが名詞₂のような様子をしている」と解釈できるような, 名詞₁の側面的特徴を表すのに便利な形態です.

以下はおおまかな目安による分類で，どちらとも解釈できる表現もあります．

(a) 名詞₂は兼備，付随するもの

　　voiture-restaurant　食堂車（←「車両」＋「食堂」）

　　point-virgule　セミコロン（←「ピリオド」＋「コンマ」）

　　camion-grue　クレーン車（←「トラック」＋「クレーン」）

　　crème caramel　カスタードプリン（←「クリーム」＋「キャラメル」）

(b) 名詞₂は外見や形状の似ているもの

　　chou-fleur　カリフラワー（←「キャベツ」＋「花」）

　　homme-sandwich　サンドイッチマン（←「人」＋「サンドイッチ」）

(c) 名詞₂は特性の似ているもの

　　roman-fleuve　大河小説（←「小説」＋「大河」）

　　nouvelle-éclair　ニュース速報（←「ニュース」＋「稲妻」）

　　ville-dortoir　ベッドタウン（←「都市」＋「共同寝室」）

(d) 名詞₂は関連するもの

　　timbre-poste　郵便切手（←「証紙」＋「郵便」）

　　motoneige　スノーモービル（←「オートバイ」＋「雪」）

　　micro-cravate　ピンマイク（←「マイク」＋「ネクタイ」）〔ネクタイや襟に付ける〕

　　coquille Saint-Jacques　帆立貝（←「貝」＋「聖ヤコブ」）〔帆立貝は聖ヤコブの象徴物〕

【練習1】〈名詞₁＋名詞₂〉

(B)から適切な名詞を選んで(A)の空欄に書き入れ，示された意味の複合名詞を作りましょう（名詞₁には訳語を付けてありません）．

(B)に載せた名詞₂は，兼備するもの，形状や特性の似ているもの，関連性のあるものなどさまざまです．

(A)

1.　往復(切符)　　　　　　　　　　aller-........................

2.　山高帽　　　　　　　　　　　　chapeau ....

3.　人気番組　　　　　　　　　　　émission(-)........................

4.　刈取り脱穀機, コンバイン　　　moissonneuse-........................

5.　コトドリ(琴鳥)　　　　　　　　oiseau-........................

6.　ハチドリ(蜂鳥)　　　　　　　　oiseau-........................

7.　ナマズ(鯰)　　　　　　　　　　poisson-........................

8.　マンボウ　　　　　　　　　　　poisson-........................

9.　パンツスーツ　　　　　　　　　tailleur-........................

10.　新興都市　　　　　　　　　　ville(-)........................

11.　イタリア製西部劇　　　　　　western-........................

(B)

batteuse　脱穀機	mouche　ハエ(蠅)
champignon　キノコ	pantalon　ズボン
chat　猫	retour　帰り，帰路
lune　月	spaghetti　スパゲッティ
lyre　竪琴(たてごと)	vedette　スター，花形
melon　メロン	

〔解答〕

1. aller-retour (*aller et retour とも言う)　2. chapeau melon　3. émission(-)vedette

4. moissonneuse-batteuse　5. oiseau-lyre〔尾羽の形状が竪琴に似ている〕

6. oiseau-mouche〔小さくて羽音がハエと似ている〕

7. poisson-chat〔長い口ひげが特徴〕　8. poisson-lune〔満月のような丸い体形〕

9. tailleur-pantalon　10. ville(-)champignon〔キノコのように急速に大きくなる〕

11. western-spaghetti〔日本語では一般に「マカロニウエスタン」と呼ばれる〕

【練習2】〈名詞₁＋前置詞＋名詞₂〉

(B)から適切な名詞を選んで(A)の空欄に書き入れ，示された意味の複合名詞を作りましょう(前置詞の de が d'になる場合があります).

(A)

1.	スープ皿	assiette à ....
2.	イヤリング	boucle de ....
3.	日曜ドライバー	chauffeur du ....
4.	番犬	chien de ....
5.	おとぎ話	conte de ....
6.	徒競走	course à ....
7.	ヘアピン	épingle à ....
8.	チョコレートケーキ	gâteau au ....
9.	懐中電灯	lampe de ....
10.	ミシン	machine à ....
11.	ティッシュペーパー	mouchoir en ....
12.	ホームページ	page de ....
13.	ガ(蛾)	papillon de ....
14.	持ち帰り[テイクアウト]料理	plat à ....
15.	コブラ	serpent à ....
16.	新婚旅行	voyage de ....

232

(B)

accueil 迎えること	lunettes めがね
cheveux 髪	noces 結婚
chocolat チョコレート	nuit 夜
coudre 縫う	oreille 耳
dimanche 日曜日	papier 紙
emporter 持ち去る	pied 足
fées 妖精, 仙女	poche ポケット
garde 見張り	soupe スープ

〔解答〕
1. soupe 2. d'oreille 3. dimanche 4. garde 5. fées 6. pied 7. cheveux
8. chocolat 9. poche 10. coudre 11. papier 12. d'accueil 13. nuit
14. emporter 15. lunettes〔頚部の背面にめがね模様の斑点がある〕 16. noces

2. 類似性に基づく名付け

対象をそれとは別種の, 形状や特性の似たものにたとえる名付けです. 語形態としては, 複合語と派生語が用いられます.

(1) 〈名詞＋形容詞〉/〈形容詞＋名詞〉

前項「包摂関係に基づく名付け」の複合語には, roman fleuve「大河小説」のように補足部が類似物を指すものもありましたが, この項「類似性に基づく名付け」の複合語は, 主要部(ひいては複合語全体)が類似物を表します. 名付けに用いた複合語を転用して, さらに他の対象を指すこともあります(下記の cerf-volant など).

複合語の性は原則として主要部の名詞の性と同じですが, 対象物のカテゴリーを表す名詞の性と同じになることがあります(たとえば feuille「葉」は女性名詞だが, 下記の millefeuille は gâteau「ケーキ」と同じ男性名詞).

cerf-volant クワガタムシ；凧(たこ) (←「シカ」＋「飛ぶ」)
fine mouche したたか者 (←「抜け目のない」＋「ハエ」)
millefeuille ミルフィーユ (←「千の」＋「葉」)

(2) 〈名詞₁＋前置詞＋名詞₂〉

包摂関係の場合と同じく, 前置詞は à または de がほとんどで, de が大半を占めます. de を含む複合名詞はとりわけ動植物の通称・俗称として用いられます.

① 〈名詞₁＋à＋名詞₂〉

(a) 補足部が用途を表す.
sac à vin 大酒飲み (←「袋」＋「ワイン」)

(b) 補足部が付属物を表す.
chou à la crème シュークリーム (←「キャベツ」＋「クリーム」)

(c) 補足部が所有者を表す.

barbe à papa 綿菓子, 綿あめ （←「あごひげ」＋「パパ」）

② 〈名詞₁＋de＋名詞₂〉

(a) 名詞₁が部分, 名詞₂がその部分を含む全体を表す.

pomme de pin 松かさ, 松ぼっくり （←「リンゴ」＋「松」）

(b) 名詞₂が材料や材質を表す.

bouton-d'or ミヤマキンポウゲ （←「ボタン」＋「金」）

(c) 名詞₂が時や場所を表す.

belle-de-nuit オシロイバナ （←「美人」＋「夜」）〔夕方に花が開く〕

étoile de mer ヒトデ （←「星」＋「海」）

(3) 〈名詞＋接尾辞〉

接辞を用いる造語である派生語も名付けに用いられます. 接頭辞派生については第3章で見たので, この章では, 接尾辞派生を名付けの観点から考察します.

類似性に基づく名付けに関しては, 名付けの対象に似たものを指す語を基語にして, それに接尾辞を付加します（下に示す例では, 接尾辞の部分に下線を引いてあります）. 接尾辞を付加する際に, 基語名詞の綴り字や発音が変化することもあります.

派生語が名詞のときは, 基語と派生語の指示対象が, 同類異種とみなせる場合と, 類が異なる場合とがあります.

(a) 基語と派生語の指示対象は同類異種とみなせる.

cigarette 紙巻たばこ ← cigare 葉巻

saucisson (サラミ風)ソーセージ ← saucisse (加熱して食べる)ソーセージ

(b) 基語と派生語の指示対象の類が異なる.

lunette(s) めがね；望遠鏡 ← lune 月

cornichon (酢漬け用)小キュウリ ← corne (動物の)角(つの)

派生語が動詞のこともあり, 基語の指示対象と様態の類似した行為を表します.

serpenter 蛇行する ← serpent 蛇

chiffonner 皺(しわ)くちゃにする ← chiffon ぼろきれ；紙くず

※ 接尾辞を用いる派生の詳細については第2巻の『語形成』を参照してください.

【練習1】 〈名詞＋形容詞 / 形容詞＋名詞〉

(B)から適切な形容詞を選んで(A)の空欄に書き入れ, 示された意味の複合語を作りましょう(形容詞は名詞と性・数を一致させてください).

(A)

1. 落ちこぼれ　　　　　　　　　canard .... （canard カモ）

2. モモンガ　　　　　　　　　　écureuil .... （écureuil リス）

3. 偽善者, ペテン師　　　　　　................. jeton （jeton 賭博用チップ）

4. 好色漢　　　　　　　　　　　................. lapin （lapin ウサギ）

5. 臆病者, 怖がり屋   poule .... (poule 雌鶏)

6. コウモリ   ....-souris (souris ネズミ)

(B)

boiteux 足の不自由な	faux 偽の
chaud 熱い	mouillé 濡れた
chauve 禿げた	volant 飛ぶ

〚解答〛

1. canard boiteux   2. écureuil volant   3. faux jeton   4. chaud lapin

5. poule mouillée   6. chauve-souris

【練習2】 〈名詞₁＋前置詞＋名詞₂〉

(B)から適切な名詞を選んで(A)の空欄に書き入れ, 示された意味の複合語を作りましょう (de がエリジョンする場合があります).

(A)

1. モルモット   cochon de .... (cochon 豚)

2. 行き止まり, 袋小路   cul-de- .... (cul 尻)

3. セイヨウタンポポ   dent-de- .... (dent 歯)

4. エーデルワイス   étoile de .... (étoile 星)

5. キンギョソウ(金魚草)   gueule-de- .... (gueule 口)

6. (足指の)うおのめ   œil-de- .... (œil 目)

7. 千鳥格子   pied-de- .... (pied 足)

8. のどぼとけ   pomme de .... (pomme リンゴ)

9. ポニーテール   queue(-)de(-) .... (queue 尾)

(B)

Adam /a-dɑ̃/ アダム	loup オオカミ
argent 銀	perdrix ヤマウズラ
cheval 馬	poule 雌鶏
Inde インド	sac 袋
lion ライオン	

〚解答〛

1. cochon d'Inde (*cobaye の俗称)   2. cul-de-sac   3. dent-de-lion 〔葉の縁のギザギザをライオンの歯に見立てた. 英語に借用され *dandelion* となった〕

4. étoile d'argent (*edelweiss の通称)   5. gueule-de-loup 〔形態の類似. 英語ではドラゴンの口に見立てた〕 6. œil-de-perdrix   7. pied-de-poule 〔形態の類似. 英語では猟犬の歯に見立た〕 8. pomme d'Adam   9. queue(-)de(-)cheval

【練習3】 接尾辞派生の名詞

　接尾辞の付いた派生語を類似性に基づく名付けに用いることがあります. 次の基語からの派生語(右側に意味が載っています)を見つけましょう. 派生語の後半の綴りは-eau, -elle, -et, -ette, -in, -on のいずれかです.

1. casque　ヘルメット　　　　→ ＿＿＿＿＿＿＿＿＿　庇(ひさし)付きの帽子
2. cheval　馬　　　　　　　　→ ＿＿＿＿＿＿＿＿＿　画架, イーゼル
3. craie　白墨, チョーク　　　→ ＿＿＿＿＿＿＿＿＿　鉛筆
4. dent　歯　　　　　　　　　→ ＿＿＿＿＿＿＿＿＿　(編み物の)レース
5. drap　シーツ　　　　　　　→ ＿＿＿＿＿＿＿＿＿　旗
6. moine　修道士　　　　　　→ ＿＿＿＿＿＿＿＿＿　スズメ
7. ours　クマ　　　　　　　　→ ＿＿＿＿＿＿＿＿＿　ウニ
8. poivre　コショウ　　　　　→ ＿＿＿＿＿＿＿＿＿　ピーマン
9. pomme　リンゴ　　　　　　→ ＿＿＿＿＿＿＿＿＿　頬骨
10. tambour　太鼓　　　　　　→ ＿＿＿＿＿＿＿＿＿　タンバリン庇

〔解答〕

1. casquette　2. chevalet〔荷物を積んだ馬とカンバスを支えるイゼールとの類似〕
3. crayon　4. dentelle〔レース模様が歯のように見えるため〕　5. drapeau
6. moineau〔スズメと茶色の修道服を着た修道士との類似〕　7. oursin〔oursin はかつて南仏語で子グマを指し, ウニを oursin de mer「海の子グマ」と呼んだことに由来する〕
8. poivron　9. pommette　10. tambourin

【練習4】 接尾辞派生の動詞

　類似性に基づく派生動詞です. 基語の名詞を見つけましょう.

1. bazarder　(安く)売り払う　　　　　　　　　　　＿＿＿＿＿＿＿
2. caviarder　黒く塗りつぶす　　　　　　　　　　　＿＿＿＿＿＿＿
3. charcuter　へたな手術をする　　　　　　　　　　＿＿＿＿＿＿＿
4. chatoyer　玉虫色にきらめく　　　　　　　　　　＿＿＿＿＿＿＿
5. cochonner　(仕事を)雑にやる, やり散らかす　　　＿＿＿＿＿＿＿
6. couder　くの字に曲げる　　　　　　　　　　　　＿＿＿＿＿＿＿
7. marmotter　もぶもぐ言う；つぶやく　　　　　　　＿＿＿＿＿＿＿
8. papillonner　(あちこち)飛び回る；気が移る　　　　＿＿＿＿＿＿＿
9. pistonner　後押しする, 推薦する　　　　　　　　＿＿＿＿＿＿＿

〔解答〕

1. bazar　雑貨屋〔bazar は中近東諸国・北アフリカの市場(いちば)のことだが, フランスでは, いろいろな商品を扱い安売りをすることの多かった雑貨屋を指すようになった〕

2. caviar キャビア〔黒いキャビアを塗るように〕 3. charcutier 豚肉屋〔手術を豚肉屋の肉切り作業にたとえて〕 4. chat 猫〔おそらく猫の目との様態の類似から〕
5. cochon 豚〔豚には「汚い, いやしい」の暗示的意味がある〕 6. coude ひじ
7. marmotte マーモット 8. papillon チョウ 9. piston ピストン

3. 関連性に基づく名付け

　包摂や類似以外の関連性に着目する名付けもあります. この場合も複合語あるいは派生語が使われます.

(1)〈名詞＋形容詞〉/〈形容詞・接頭要素＋名詞〉

　この構造の複合語のほとんどは, 実体を指す語を明示せずに, 特徴的な部分によって全体を表します. 複合語の性はそこに含まれる名詞の性と同じですが, 暗示される主要部の性と同じになることがあります(たとえば, 下記の rouge-gorge は oiseau「鳥」と同じ男性名詞).

①〈名詞＋形容詞〉

　col blanc 事務系職員, ホワイトカラー (←「襟」＋「白い」)

　main courante (階段やエスカレーターの)手すり (←「手」＋「流れるように進む」)

②〈形容詞・接頭要素＋名詞〉

　mille-pattes 多足類, ムカデ (←「千の」＋「足」)

　rouge-gorge ロビン, ヨーロッパコマドリ (←「赤い」＋「喉」)〔喉のあたりが赤い鳥〕

　tricycle 3輪車 (←「3つの」＋「輪」)

(2)〈名詞₁＋前置詞＋名詞₂〉

　この構造の複合語で関連性を表す例はあまり多くありません. 下記のような, 主として空間的な隣接関係に基づく名付けの例が見られます.

　pot-au-feu (料理の)ポトフ (←「壺, 鍋」＋「火」)

　dessous-de-table 賄賂, 袖の下 (←「下」＋「テーブル」)〔テーブルの下でひそかに金銭を手渡ししたことから〕

(3)〈前置詞・接頭要素＋名詞〉

　この構成の複合語は主要部の名詞がなく, 属性を表す補足部が名詞化して「…のもの」を意味します. 主要部がないので男性名詞になるのが原則ですが, 暗示される主要部の性と同じになるものもあり(たとえば, 下記の entrecôte は viande「肉」と同じ女性名詞), 人を指す場合は男性名詞にも女性名詞にもなります(下記の sans-emploi など).

　antivol 盗難防止装置 (←「盗難を防ぐ」)

　contrepoison 解毒剤 (←「毒に対抗する」)

　entrecôte (牛の)肋間肉, リブロース (←「肋骨の間にある」)

　hors-d'œuvre オードブル, 前菜 (←「作品[手間をかけた料理]の外にある」)

　parapluie 雨傘 (←「雨を避ける」)

sans-emploi 無職の人, 失業者 (←「職のない」)

sous-sol 地階, 地下室 (←「地面の下にある」)

(4) 〈動詞＋名詞・不定代名詞〉

　　動詞を組み入れた複合語にはいくつかのタイプがありますが, 最も多いのが〈動詞＋名詞〉の構成です. 動詞は 3 人称単数形, 名詞は目的語に相当し, 複合語中では一般に無冠詞で用いられます. 動詞の主語, すなわち名付けの対象を指す語は示されませんが, 「…を…するもの」を意味し, 多くは事物を, 稀に人を指します. この構成の複合語は作りやすくわかりやすいので, とりわけ器具・機器の名付けに使われます.

　　複合語全体の性は, 主要素を含まないので男性名詞になるのが原則です. 人を指す場合は男性名詞にも女性名詞にもなります(下記の risque-tout など).

chauffe-eau 湯沸かし器 (←「水を熱くする」)

ouvre-boîte(s) 缶切り (←「缶を開ける」)

porte-monnaie 小銭入れ, がま口 (←「小銭を持ち運ぶ」)

risque-tout 向こう見ずな人 (←「すべてを危険にさらす」)

tournevis ねじ回し, ドライバー (←「ねじを回す」)

　　また garde-robe は「衣装を保管する」の意味で「衣装戸棚」を指していましたが, 「衣装一式」を指すようになったため, robe と同じ女性名詞として扱われます.

(5) 〈名詞＋接尾辞〉/〈動詞＋接尾辞〉

　　派生語は, 前項で見た類似性に基づく名付けだけでなく, 関連性に基づく名付けにも用いられます. 基語は名詞あるいは動詞で, 名付けの対象は人も物もあります.

※ 詳細は第 2 巻『語形成』の第 1 章と第 2 章を参照してください.

① 〈名詞＋接尾辞〉

(a) 派生語が人を指す場合 — 人は職業人や専門家を初めとするさまざまな関係者.

artiste 芸術家 ← art 芸術

cuisinier 料理人, コック ← cuisine 料理

musicien 音楽家 ← musique 音楽

vigneron ブドウ栽培者 ← vigne ブドウ

(b) 派生語が物を指す場合 — 物は容器, 用具, 設備, 樹木などさまざまだが, それらのほんどは, 部分に対する全体や空間的な隣接物とみなすことができる. 稀に, 関係する人物に由来するものもあり, 動詞を派生することもある.

sucrier 砂糖入れ ← sucre 砂糖

bracelet 腕輪, ブレスレット ← bras 腕

ombrelle 日傘, パラソル ← ombre 日陰

boulangerie パン屋の店 ← boulanger パン屋の主人

pommier リンゴの木 ← pomme リンゴ

marionnette マリオネット, 操り人形〔聖母被昇天の祝日に聖母マリアの人形を中心とする人形劇が上演されたことから〕← Maire マリア

pasteuriser 低温殺菌する〔低温殺菌法を考案した細菌学者の名前にちなむ〕
  ← Pasteur パスツール

② 〈動詞＋接尾辞〉

 (a) 派生語が人を指す場合 — 動詞の表す行為を，多くは専門的に行う人を指す．接尾辞
   は動詞の語幹に付けるのが原則．

   chanteur 歌手 ← chanter 歌う
   consommateur 消費者 ← consommer 消費する
   étudiant 学生 ← étudier 学ぶ
   président 会長，議長 ← présider 主宰する

 (b) 派生語が物を指す場合 — 道具や機器，設備などを指すものが大半だが，行為の主体
   や行為の結果としての産物などを表すこともある．

   jouet おもちゃ，玩具 ← jouer 遊ぶ
   rasoir かみそり，シェーバー ← raser 剃る
   imprimante (コンピュータの)プリンター ← imprimer 印刷する
   garage 車庫；自動車修理工場 ← garer 車を駐車させる
   sauterelle バッタ，イナゴ〔行為の主体〕← sauter 跳ねる
   bâtiment 建物〔産物〕← bâtir 建てる
   dessert デザート〔メインディッシュの食器を下げてからデザートを出すという時間
   的隣接関係〕← desservir 食器を下げる

【練習１】〈名詞＋形容詞 / 形容詞＋名詞 / 前置詞＋名詞〉

  (B)から適切な名詞を選んで(A)の空欄に書き入れ，示された意味の複合名詞を作りましょう．

(A)

 1. (芝居・映画などの)プレミアショー, 試演[試写]会　　avant-..................
 2. 国連平和維持軍の兵士　　..................bleu
 3. 2輪車　　deux-..................
 4. 口の肥えた人, 食通　　..................fin
 5. (ラグビー・サッカーなどの)オフサイド　　hors-..................
 6. 望遠鏡　　longue-..................
 7. 3本マストの帆船　　trois-..................

(B)

bec くちばし；口	première 初日, 封切り
casque ヘルメット	roues 車輪
jeu ゲーム	vue 視野
mâts マスト, 帆柱	

〖解答〗

1. avant-<u>première</u> 2. casque bleu (*国際平和維持軍の兵士がかぶる) 3. deux-<u>roues</u>
4. bec fin 5. hors-<u>jeu</u> 6. longue-<u>vue</u> 7. trois-<u>mâts</u>

【練習2】 〈動詞 (現在3人称単数形) ＋名詞〉

(B)から適切な動詞を選び，その直説法現在3人称単数形を(B)の空欄に書き入れて，示された意味の複合名詞を作りましょう．

　※ 〈動詞＋名詞〉の複合名詞は第4章§12の[練習5]で多くの例を見ました．ここでは幾つかを追加するにとどめます．

(A)

1. (ビールなどの)栓抜き　　　　　　　　.................-bouteille(s) (bouteille 瓶)
2. くぎ抜き　　　　　　　　　　　　　.................-clou
3. (自動車の)ワイパー　　　　　　　　.................-glace (glace 窓ガラス)
4. ブックカバー　　　　　　　　　　　.................-livre
5. 馬跳び　　　　　　　　　　　　　　.................-mouton (mouton 羊)
6. 鼻めがね　　　　　　　　　　　　　.................-nez
7. クルミ割り　　　　　　　　　　　　.................-noix
8. 耳かき　　　　　　　　　　　　　　.................-oreille(s)
9. ペーパーナイフ　　　　　　　　　　.................-papier
10. ヘッドレスト　　　　　　　　　　　.................-tête

(B)

appuyer 支える	essuyer 拭く
casser 割る	ouvrir 開ける
couper 切る	pincer つまむ, 挟む
couvrir 覆う	sauter 跳ぶ
curer 掃除する	tirer 引く, 引き出す

〖解答〗

1. <u>ouvre</u>-bouteille(s) 2. <u>tire</u>-clou 3. <u>essuie</u>-glace 4. <u>couvre</u>-livre
5. <u>saute</u>-mouton 6. <u>pince</u>-nez 7. <u>casse</u>-noix 8. <u>cure</u>-oreille(s)
9. <u>coupe</u>-papier 10. <u>appuie</u>-tête

【練習3】 接尾辞派生の名詞

派生語のもとになっている語(=基語)を書きましょう(「人」を表す派生語は男性形を載せてあります)．

[1] 基語は名詞

1. chocolatier チョコレート屋(の主人)　　　　　_____

240

2. collégien 中学生　　　　　　　　　_____

3. culotte 半ズボン, ショートパンツ　_____

4. dossard 背番号, ゼッケン　　　　_____

5. fleuriste 花屋, 花売り　　　　　_____

6. lycéen 高校生　　　　　　　　　_____

7. manchette カフス, 袖飾り　　　_____

8. oranger オレンジの木　　　　　_____

9. stagiaire 研修生　　　　　　　　_____

10. théière ティーポット, 急須　　　_____

[2] **基語は動詞** (*不定詞を書く)

1. allumette マッチ　　　　　　　_____

2. arrosoir じょうろ　　　　　　　_____

3. bouilloire やかん　　　　　　　_____

4. conducteur 運転手, ドライバー　_____

5. couverture 毛布, 掛け布団 ; (本などの)表紙　_____

6. écouteur イヤホン　　　　　　_____

7. éventail 扇　　　　　　　　　　_____

8. habitant 住民　　　　　　　　_____

9. sonnette 呼び鈴　　　　　　　_____

10. vendeur 店員, 売り子　　　　_____

〔解答〕

[1] 1. chocolat 2. collège 3. cul 4. dos 5. fleur 6. lycée 7. manche
　　8. orange 9. stage 10. thé

[2] 1. allumer 2. arroser 3. bouillir 4. conduire 5. couvrir 6. écouter
　　7. éventer 8. habiter 9. sonner 10. vendre

§18　二次的名付け

　「二次的名付け」とは，既存の語を本来の指示対象以外のものを指すのに用いたり，語句を短く縮めたり組み合わせたりして，新たな呼称を作り出すやり方を言います．第1章で触れた翻訳借用(外国語での呼び方をフランス語に翻訳して取り入れること)も二次的名付けとみなすことができるでしょう．

1. 転用

　既存の語を本来の指示対象以外のものに転用することがあります．こうした転用も，類似性や関連性によって引き起こされます．なお，転用による名付けは，意味的観点からは語義の拡大による多義化ととらえることができます(⇨ 第2章 §3「多義語」)．

(1) 類似性による転用

baguette　棒　→　バゲット(パン)

crêpe　(織物の)クレープ　→　(食べ物の)クレープ

éclair　稲光り, 稲妻　→　(菓子の)エクレア〔菓子を食べる素早さ, 菓子の表面が光る様子からなど諸説ある〕

trombone　トロンボーン　→　(書類をとめる)クリップ

(2) 関連性による転用

camembert　カマンベール(チーズ)〔産地の Camembert から〕

madeleine　(菓子の)マドレーヌ〔初めて作ったとされる女性 Madeleine から〕

pascal　(圧力の単位の)パスカル〔圧力に関する「パスカルの原理」を発見した Blaise Pascal にちなむ〕

silhouette　影絵〔倹約を奨励した政治家 Étienne de Silhouette から〕

　　◆ 固有名詞, 特に人名を普通名詞に転用する際に女性形にすることがあります：Guillotin → guillotine「ギロチン」, Montgolfier → montgolfière「(モンゴルフィエ式)熱気球」, など.

【練習】　転用による名付け

次のように転用された語を見つけましょう. 最初の 2 文字を書いてあります.

1.　キノコ　→　(自動車の)アクセルペダル　　　　　　ch

2.　海綿動物　→　スポンジ, たわし　　　　　　　　　ép

3.　フルート　→　(細長い)シャンパングラス　　　　　fl

4.　ミツバチの巣　→　ワッフル　　　　　　　　　　　ga

5.　氷　→　板ガラス；アイスクリーム　　　　　　　　gl

6.　ツル(鶴)　→　クレーン　　　　　　　　　　　　　gr

7.　苔(こけ)　→　泡　　　　　　　　　　　　　　　　mo

8.　ノミ(蚤)　→　IC チップ　　　　　　　　　　　　pu

9.　トコジラミ, ナンキンムシ　→　画鋲　　　　　　　pu

〔解答〕

1. champignon　2. éponge　3. flûte (『新綴り』は flute)　4. gaufre　5. glace

6. grue　7. mousse　8. puce　9. punaise

~~ 〖参考〗~~~~~~

婉曲表現, 言い換え

対人関係への配慮から, 不快感や困惑を与えるような直接表現を避け, 婉曲表現を用いることがあります. また近年では, 社会的差別や偏見を含むような表現を他の語句で置き換えることが多くなっています. いくつかの例をあげましょう.

disparaître　亡くなる (= mourir　死ぬ)

le repos éternel　永遠の眠り　(= la mort　死)

aller se laver les mains　手を洗いに行く　(= aller aux toilettes　トイレに行く)

les économiquement faibles　経済的弱者　(= les pauvres　貧しい人)

un(e) non-voyant(e)　目の見えない人　(= un(e) aveugle　盲人)

~~~~~~

2. 短縮

　特に話し言葉では，語や語句の一部を省略した短縮語がよく用いられます．たとえば，bureau de poste「郵便局」を poste と言ったり，télévision「テレビジョン」を télé と言ったりします．photographie「写真」→ photo, pneumatique「タイヤ」→ pneu のように短縮語が一般化しているものも少なくありません．また，cinématographe「映画」→ cinéma → ciné のように２段階の短縮が起こったり，baccalauréat「バカロレア」→ bac / bachot のように２種類の短縮形を持つこともあります．

[1]　語を結合した複合名詞の短縮

　複合名詞(⇨§12, §17)については，類を表す主要部を省略する場合と，種別を示す補足部(=修飾語句)を省略する場合とがあります．

(1)　複合名詞の主要部の省略

(a)　主要部である名詞が省略され，補足部である形容詞が残って名詞化します．

　　bœuf bourguignon　牛肉の赤ワイン煮〔字義は「ブルゴーニュの牛肉」〕→ bourguignon

　　chat siamois　シャム猫 → siamois

　　téléphone portable　携帯電話 → portable

　　train rapide　特急列車 → rapide

　　◆ chemin de fer métropolitain「首都鉄道」→ métropolitain → métro「メトロ，地下鉄」や revue hebdomadaire「週刊誌」→ hebdomadaire → hebdo のように，複合名詞の主要部の省略と補足部の短縮の両方が起こっているものもあります．

(b)　主要部に関係するものを表す修飾語句が残ります．この場合の修飾語は主に前置詞付きの名詞で，短縮する際に前置詞はなくなります．もとの複合名詞は包摂関係に基づく名付けですが，短縮後の表現は関係性に基づく名付けになります．

　　bière (à la) pression　生ビール〔字義は「圧力をかけたビール」〕→ pression

　　cabaret de café　カフェ〔字義は「コーヒーの居酒屋」〕→ café

　　chaussures à talons hauts　ハイヒールの靴 → talons hauts

　　eau-de-vie de Cognac　コニャック〔字義は「コニャック産の蒸留酒」〕→ cognac

　　◆ 上記の例のすべてが複合名詞からの省略形であると断定はできません．辞書の記述にも異同があります．また，省略によって作り出された表現だとしても，フランス語話者がそれを意識しているとは限りません．省略によって単純語が残る(1)(b)の café や cognac などについては，前節で見たような，関連性による名前の転用とみなすこともできるでしょう．

　　◆ 補足部の名詞の性が，短縮形では，省略された主要部の名詞の性と同じになることがあります．

　　　le fromage de chèvre → le chèvre　ヤギの乳のチーズ〔chèvre「ヤギ」は女性名詞〕

(2) 複合名詞の補足部の省略

　　類の名称である主要部が残ります．複合名詞では補足部で種別が明示されますが，短縮後の表現は類の名で種を指すことになります．

　　<u>tableau</u> noir　黒板　→　tableau

　　<u>timbre</u>-poste　郵便切手　→　timbre

　　<u>chambre</u> à coucher　寝室　→　chambre

　　<u>jaune</u> d'œuf　卵の黄身　→　jaune

[2] 語の一部の省略による短縮

　　語の一部を省いて短くする場合は，総じて後半部を省略し前半部を残しますが，前半部が省略されて後半部が残ったものも若干あります．このタイプの短縮は語形成要素を含む複合語(⇨§16)のことが多いです．

(a) 前半部が残る．

　　前述したように，télé「テレビ」，photo「写真」はそれぞれ télévision, photographie の前半部の語形成要素 télé-, photo-が自立語になったものです．語形成要素は -o で終わることが多いので，語形成要素でなくても，apéritif「食前酒」→ apéro のように，-o で終わる短縮語が作られる場合があります．

(b) 後半部が残る．

　　例は少ないですが，語形成要素の auto-を省略した次のような語があります．

　　auto<u>bus</u>　(市内を走る路線)バス　→　bus

　　auto<u>car</u>　(長距離)バス；観光バス　→　car

　　auto<u>caravane</u>　キャンピングカー　→　caravane

　　auto<u>stop</u> [auto-stop]　ヒッチハイク　→　stop

　　語形成要素を含まない語でも，Américain(e)「アメリカ人」→ Ricain(e) のように前半部が省略されたものがあります．

【練習1】　複合語の構成要素の省略

　　次の短縮語で省略された語を(B)から選んで補いましょう．

[1] 複合語の主要部の省略

(A)

1. après-vente　アフターサービス　　←　................　après-vente　販売後の
2. berger　牧羊犬　　←　................　de berger　羊飼いの
3. blanc　白ワイン　　←　................　blanc　白い
4. carbone　カーボン紙　　←　................　carbone　炭素, カーボン
5. classe　教室　　←　................　de classe　授業の
6. conserve　缶詰　　←　................　de conserve　保存の, 缶詰の
7. express　急行列車　　←　................　express　高速の

8. feutre　フェルトペン　　　　← .... -feutre　フェルト

9. hollandaise　ホルスタイン　← .... hollandaise　オランダの

10. liquide　現金　　　　　　　← .... liquide　すぐ使える

11. meublé　家具付きのアパルトマン ← .... meublé　家具付きの

12. micro-onde　電子レンジ　　← .... à micro-ondes　マイクロ波

13. pétrolier　石油輸送船, タンカー ← .... pétrolier　石油の

14. poche　文庫本　　　　　　← .... de poche　ポケットの

15. pur-sang　純血馬, サラブレッド ← .... (de) pur-sang　純血種の

16. tailleur　テーラードスーツ　← .... tailleur　仕立屋, テーラー

17. tartare　タルタルステーキ　← .... tartare　タタール[韃靼]の

(B)

appartement　アパルトマン	four　レンジ	steak　ステーキ
argent　金銭	livre　本	stylo　ペン
boîte　缶	navire　船	train　列車
cheval　馬	papier　紙	vache　雌牛
chien　犬	salle　部屋	vin　ワイン
costume　スーツ	service　サービス	

[2] 複合語の補足部の省略

(A)

1. appareil　カメラ, 写真機　　← appareil(-) .... 器具

2. bloc　(はぎ取り式の)メモ帳　← bloc- .... (紙をとじ合わせた)綴り

3. coffre　金庫　　　　　　　← coffre .... 大箱

4. coton　脱脂綿　　　　　　← coton .... 綿

5. courses　競馬　　　　　　← courses de .... 競争

6. fer　アイロン　　　　　　← fer à .... 鉄

7. pièce　硬貨　　　　　　　← pièce de .... 一片, 一個

8. pomme　ジャガイモ　　　← pomme de .... リンゴ

9. réveille　目覚まし時計　　← réveille- .... 目を覚まさせる

10. rouge　口紅　　　　　　　← rouge à .... 紅

11. sac　ハンドバッグ　　　　← sac à .... 袋, バッグ

12. vase　花瓶　　　　　　　← vase à .... 壺, 器

(B)

chevaux　馬	lèvres　唇	notes　ノート, メモ
fleurs　花	main　手	photo　写真
fort　頑丈な	matin　朝	repasser　アイロンをかける
hydrophile　吸水性の	monnaie　通貨	terre　土地

〔解答〕

[1] 1. <u>service</u> après-vente　2. <u>chien</u> de berger　3. <u>vin</u> blanc　4. <u>papier</u> carbone　5. <u>salle</u> de classe　6. <u>boîte</u>（『新綴り』は boite）de conserve　7. <u>train</u> express（*café express「エスプレッソコーヒー」も express と略す）　8. <u>stylo</u>-feutre（*crayon(-)feutre とも言う）　9. <u>vache</u> hollandaise〔起源はドイツのホルスタイン地方とされるが乳牛の品種はオランダ原産〕　10. <u>argent</u> liquide　11. <u>appartement</u> meublé　12. <u>four</u> à micro-ondes（*短縮語の micro-onde には s が付かない）　13. <u>navire</u> pétrolier　14. <u>livre</u> de poche　15. <u>cheval</u> pur-sang　16. <u>costume</u> tailleur　17. <u>steak</u> tartare

[2] 1. appareil(-)<u>photo</u>（*appareil photographique とも言う）　2. bloc-<u>notes</u>　3. coffre <u>fort</u>　4. coton <u>hydrophile</u>　5. courses de <u>chevaux</u>　6. fer à <u>repasser</u>　7. pièce de <u>monnaie</u>　8. pomme de <u>terre</u>　9. réveille-<u>matin</u>（*matin は「朝に」という副詞的機能）　10. rouge à <u>lèvres</u>　11. sac à <u>main</u>　12. vase à <u>fleurs</u>

【練習2】　語の一部の省略

　次の短縮語のもとの綴りを書きましょう．短縮語の綴りがもとの語と多少異なっている場合もあります．人を表す語は男性形を書いてください．

[1]　短縮語が -o で終わる．

1.　ado　青春期の若者　　　　　　　　← _____

2.　auto　自動車　　　　　　　　　　← _____

3.　bio¹　伝記　　　　　　　　　　　← _____

4.　bio²　有機(栽培)の　　　　　　　← _____

5.　colo　林間［臨海］学校　　　　　← _____

6.　croco　ワニ；ワニ革　　　　　　← _____

7.　démo　実演(販売)　　　　　　　← _____

8.　dico　辞書　　　　　　　　　　　← _____

9.　écolo　エコロジスト　　　　　　← _____

10.　expo　展示会, 博覧会　　　　　← _____

11.　hosto　病院　　　　　　　　　　← _____

12.　kilo　キログラム　　　　　　　← _____

13.　labo　実験室；試験所　　　　　← _____

14.　mécano　整備士, 修理工　　　　← _____

15.　météo　天気予報　　　　　　　← _____

16.　micro　マイク　　　　　　　　← _____

17.　moto　オートバイ　　　　　　　← _____

18.　philo　哲学　　　　　　　　　　← _____

19.　pro　プロの　　　　　　　　　　← _____

20.　proprio　大家(おおや), 家主　　← _____

21. pseudo　偽名　　　　　　　　　　　← _____

22. psycho　心理学　　　　　　　　　　← _____

23. resto (= restau)　食堂, レストラン　← _____

24. vélo　自転車　　　　　　　　　　　← _____

[2]　短縮語が -o 以外で終わる.

1. amphi　階段教室, 大教室　　　　　　← _____

2. appart /a-part/　アパルトマン　　　← _____

3. clim /klim/　空調　　　　　　　　　← _____

4. der /dɛːr/　びり, 最後の人[もの]　　← _____

5. dissert　小論文　　　　　　　　　　← _____

6. fac /fak/　(大学の)学部　　　　　　← _____

7. fana　熱中した；熱烈な愛好者　　　　← _____

8. foot /fut/　サッカー　　　　　　　　← _____

9. instit /ɛ̃s-tit/　(小学校の)教諭　　　← _____

10. mat /mat/　朝　　　　　　　　　　← _____

11. math(s) /mat/　数学　　　　　　　← _____

12. petit-déj' /p(ə-)ti-deʒ/　朝食　　　← _____

13. prof /prɔf/　先生, 教師　　　　　　← _____

14. pub /pyb/　広告, 宣伝　　　　　　← _____

15. pull　セーター　　　　　　　　　　← _____

16. réduc /re-dyk/　値引き　　　　　　← _____

17. sécu　社会保障　　　　　　　　　　← _____

18. sympa　感じのいい　　　　　　　　← _____

19. tram /tram/　路面電車, 巾街電車　　← _____

〔解答〕

[1] 1. adolescent　2. automobile　3. biographie　4. biologique　5. colonie de vacances　6. crocodile　7. démonstration　8. dictionnaire　9. écologiste　10. exposition　11. hôpital (*hosto は古語の語幹 host- からか)　12. kilogramme (*kolomètre は kilo と略さない)　13. laboratoire　14. mécanicien　15. météorologie　16. microphone　17. motocyclette　18. philosophie　19. professionnel　20. propriétaire　21. pseudonyme　22. psychologie　23. restaurant　24. vélocipède

[2] 1. amphithéâtre　2. appartement　3. climatisation　4. dernier　5. dissertation　6. faculté　7. fanatique　8. football　9. instituteur　10. matin　11. mathématique(s)　12. petit(-)déjeuner　13. professeur　14. publicité　15. pull-over　16. réduction　17. Sécurité sociale　18. sympathique　19. tramway

~~ 〚参考〛 ~~~~~~

ファーストネームを短縮した愛称

ファーストネームを縮めて愛称にすることがあります．いくつかの例をあげます．

Alexandre → Alex；Catherine → Cathy, Caty；Élisabeth → Élise；Emmanuel →
Manu；Frédéric → Fred；Gabriel, Gabrielle → Gaby；Joseph → Jo；Maxime →
Max；Philippe → Phil；Théodore, Théophile → Théo；Véronique → Véro.

~~~~~~

3. 略号

略号は Société nationale des chemins de fer français「フランス国有鉄道」が S.N.C.F.
となるような，主として語句の頭文字を用いる表記法で，組織名や団体名などでよく用い
られます．略号を1語として発音し直すもの，たとえば E.N.A. /e-na/ (← École nationale
d'administration「国立行政学院」) などは「頭字語」と呼ばれます．O.N.U. (← Organisation
des Nations unies「国際連合，国連」) などは /ɔ-ɛ-ny/ と /ɔ-ny/ の両方の呼び名が用いられ
ています (後者が頭字語)．E.N.A. → énarque /e-nark/「国立行政学院卒業生」，O.N.U. →
onusien /ɔ-ny-zjɛ̃/「国連の職員」のように，頭字語から派生語が作られることもあります．
なお，略号を構成する文字の間にはピリオドを置くのが原則ですが，一般に流布するにつ
れてピリオドが省略される傾向があり，現在ではピリオドなしが主流になっています．

【練習1】 略号 (1)

(A)の略号の意味を(B)から選んでその番号を書きましょう (略号はピリオドなしで示し
てあります)．

(A)

1. AOC (appellation d'origine contrôlée)　　　　　　　　　　　(　)
2. BD (bande dessinée)　　　　　　　　　　　　　　　　　　(　)
3. BNF (Bibliothèque nationale de France)　　　　　　　　　(　)
4. c-à-d (c'est-à-dire)　　　　　　　　　　　　　　　　　　(　)
5. CV^1 (cheval fiscal)　　　　　　　　　　　　　　　　　　(　)
6. CV^2 (<ラテン語 *curriculum vitæ*)　　　　　　　　　　　(　)
7. DOM (département d'outre-mer)　　　　　　　　　　　　(　)
8. EDF (Électricité de France)　　　　　　　　　　　　　　(　)
9. HLM (habitation à loyer modéré)　　　　　　　　　　　　(　)
10. JT (journal télévisé)　　　　　　　　　　　　　　　　　　(　)
11. NB (<ラテン語 *nota bene*)　　　　　　　　　　　　　　　(　)
12. pacs /paks/ (pacte civil de solidarité)　　　　　　　　　　(　)
13. PDG (président(e)-directeur général [directrice générale])　(　)
14. PS (<ラテン語 *post-scriptum*)　　　　　　　　　　　　　(　)

15. PV (procès-verbal) ( )
16. RATP (Régie autonome des transports parisiens) ( )
17. RER (Réseau express régional) ( )
18. RN (route nationale) ( )
19. RSVP (Répondez s'il vous plaît.) ( )
20. SAMU /sa-my/ (Service d'aide médicale d'urgence) ( )
21. SDF (sans domicile fixe) ( )
22. TGV (train à grande vitesse) ( )
23. TTC (toutes taxes comprises) ( )
24. TVA (taxe à la valeur ajoutée) ( )
25. VO (version originale) ( )
26. VTT (vélo tout-terrain) ( )

(B)

(1) 海外県	(14) 注意書き
(2) 課税馬力	(15) 追伸
(3) 緊急医療救助サービス	(16) 低賃金住宅, 公団住宅
(4) (映画の)原語版	(17) テレビニュース
(5) (ワインの)原産地統制名称	(18) パリ市交通公団
(6) 高速列車, フランス新幹線	(19) 付加価値税
(7) 調書;(特に)交通違反調書	(20) フランス国立図書館
(8) 国道	(21) フランス電力会社
(9) ご返事をお願いいたします	(22) 住居不定者, ホームレス
(10) 首都圏高速交通網	(23) マウンテンバイク
(11) すなわち	(24) (こま割りの)漫画
(12) 税込み	(25) 履歴書
(13) 代表取締役社長, 社長	(26) 連帯市民協約

〖解答〗
1.(5) 2.(24) (*bédé とも綴る. bédéiste「漫画作家」などの派生語もある) 3.(20)
4.(11) 5.(2) 6.(25) 7.(1) 8.(21) 9.(16) 10.(17) 11.(14) (*原義は「よ
く注意せよ」) 12.(26) 13.(13) 14.(15) 15.(7) 16.(18) 17.(10) 18.(8)
19.(9) 20.(3) 21.(22) 22.(6) 23.(12) 24.(19) 25.(4) 26.(23)

【練習2】 略号 (2)
次のフランス語の略号(A)に対応する英語の略号を(B)から選んでその番号を書きましょう.

(A)
1. ADN (acide désoxyribonucléique) ( )
2. AIEA (Agence internationale de l'énergie atomique) ( )

3. CEAP (Coopération économique Asie-Pacifique) ( )
4. CIO (Comité international olympique) ( )
5. FMI (Fonds monétaire international) ( )
6. IA (intelligence artificielle) ( )
7. OCDE (Organisation de coopération et de développement économiques) ( )
8. OIT (Organisation internationale du travail) ( )
9. OMC (Organisation mondiale du commerce) ( )
10. OMS (Organisation mondiale de la santé) ( )
11. ONG (Organisation non gouvernementale) ( )
12. OPEP /ɔ-pɔp/ (Organisation des pays exportateurs de pétrole) ( )
13. OTAN /ɔ-tɑ̃/ (Organisation du Traité de l'Atlantique Nord) ( )
14. ovni /ɔv-ni/ (objet volant non identifié) ( )
15. PIB (produit intérieur brut) ( )
16. QI (quotient intellectuel) ( )
17. sida /si-da/ (syndrome immunodéficitaire acquis) ( )
18. UE (Union européenne) ( )

(B)

（1） AI 人工知能	（10） IOC 国際オリンピック委員会
（2） AIDS 後天性免疫不全症候群	（11） IQ 知能指数
（3） APEC アジア太平洋経済協力会議	（12） NATO 北大西洋条約機構
（4） DNA デオキシリボ核酸	（13） NGO 非政府組織
（5） EU ヨーロッパ連合	（14） OECD 経済協力開発機構
（6） GDP 国内総生産	（15） OPEC 石油輸出国機構
（7） IAEA 国際原子力機関	（16） UFO 未確認飛行物体
（8） ILO 国際労働機関	（17） WHO 世界保健機関
（9） IMF 国際通貨基金	（18） WTO 世界貿易機関

〔解答〕
1.（4） 2.（7） 3.（3） 4.(10) 5.（9） 6.（1） 7.(14) 8.（8） 9.(18) 10.(17)
11.(13) 12.(15) 13.(12) 14.(16) 15.（6） 16.(11) 17.（2） 18.（5）

~~ 〖参考〗 ~~~~~~

英語の略号の借用

英語の略号をそのまま用いるものもあります．いくつかの例をあげます．

CD = *compact disk [compact disc]*
DVD = *digital versatile [video] disk [disc]*
GPS = *Global Positioning System*
PC = *personal computer*

~~~~~~

4. 混成

混成とは, 2つの語の一部を組み合わせて新しい語を作ることで, たとえば franglais「フラングレ(フランス語化した英語)」は français「フランス語」と anglais「英語」から作られました. 組み合わせの一方が語全体であったり語形成要素の場合もあります. 混成によって作られた語は混成語(あるいは「かばん語」)と呼ばれます.

【練習】 混成語

次の意味の混成語を見つけましょう. 語や要素を組み合わせてどのような混成語ができたのか推測してください.

1. 健康食品

   _____ (← aliment 食品 + médicament 薬)

2. ビデオカメラ

   _____ (← caméra カメラ + magnétoscope ビデオデッキ)

3. 電子メール

   _____ (← courrier 郵便物 + électronique 電子の)

4. とても大勢 ; とてもたくさん

   _____ (← foule 群衆 + multitude 多数)

5. ヘリポート

   _____ (← hélicoptère ヘリコプター + port 港)

251

6. ネットユーザー

   _____ (← Internet インターネット + -naute 航行する人)

7. スマートフォン

   _____ (← ordinateur コンピュータ + téléphone 電話)

8. ハンググライダー

   _____ (← parachute パラシュート + pente 斜面)

9. 違法コピー

   _____ (← photocopie コピー + pillage 略奪 ; 横領)

10. 情報通信

   _____ (← télécommunication 遠距離通信 + informatique 情報科学)

〔解答〕

1. alicament 2. caméscope 3. courriel (*messagerie「情報通信(システム)」と électronique を組み合わせた mél も用いられる) 4. foultitude 5. héliport
6. internaute 7. ordiphone (*英語の smartphone も用いられる) 8. parapente
9. photocopillage 10. télématique

第5章 名付け

英語の混成語の借用

英語の混成語を取り入れたものもあります. この項の練習に出てきた héliport も英語からの借用かもしれません.

brunch /brœnʃ/ ブランチ ← *br(eakfast)* + *(l)unch*

motel /mɔ-tɛl/ モーテル ← *mo(tor)* + *(ho)tel*

smog /smɔg/ スモッグ ← *sm(oke)* + *(f)og*

téléthon /te-le-tɔ̃/ テレソン ← [英] *telethon* ← *tele(vision)* + *(mara)thon*

~~~~~~

5. 畳語

畳語(じょうご)とは, 音や音節を反復して作られた語のことです. たとえば bonbon「ボンボン, キャンディー」は bon「おいしい」を繰り返して作られました. 同音を反復することによってリズミカルな響き生まれ, 覚えやすく言いやすい表現になります. 畳語はしばしばオノマトペ(⇒§8)に用いられますが, 幼児に話しかけたり幼児がよく口にする語(=幼児語)に多く見られます. bonbon のように幼児語が一般語になったものもあります. なお, 畳語の幼児語にはもとの語に含まれる音が使われている場合もそうでない場合もあり, 由来の特定できないオノマトペがもとになっていることもあります.

【練習】 畳語

(A)の語は幼児に使うあるいは幼児が使う畳語です. 意味的には一般語のどの語に相当するでしょうか. (B)から選んで番号を書き入れてください.

(A)		(B)
1. bobo	─ ( )	（1） chat 猫
2. caca	─ ( )	（2） cheval 馬
3. coco	─ ( )	（3） chien 犬
4. dada	─ ( )	（4） douleur 痛み
5. dodo	─ ( )	（5） excrément 大便
6. joujou	─ ( )	（6） grand-mère 祖母
7. mémé	─ ( )	（7） grand-père 祖父
8. mimi	─ ( )	（8） jouet おもちゃ
9. nounou	─ ( )	（9） nourrice 乳母
10. pépé	─ ( )	（10） œuf 卵
11. pipi	─ ( )	（11） oncle おじ
12. tata	─ ( )	（12） sommeil 眠り
13. tonton	─ ( )	（13） tante おば
14. toutou	─ ( )	（14） urine 尿

〔解答〕 ＊由来を確定あるいは推測できる語には注記を付けてあります.

　　[注] 畳語はしばしば無冠詞で，avoir や faire と複合動詞[動詞句]を構成する.

1. (4) (*cf.* avoir bobo 痛い)　　2. (5) (*cf.* faire caca うんちをする)　　3. (10) (*雌鶏の鳴き声に由来するらしい)　　4. (2) (*馬を御するときの掛け声に由来するらしい)

5. (12) (*dodo はおそらく dormir「眠る」の語頭音の反復. *cf.* faire dodo ねんねする)

6. (8) (*joujou は jouet あるいは jouer「遊ぶ」の語頭音の反復)　7. (6) (*mémé は mère「母」の語頭音の反復)　　8. (1) (*mini は minet「子猫」の語頭音の反復)　9. (9) (*nounou は nourrice の語頭音の反復)　10. (7) (*pépé は père「父」の語頭音の反復)

11. (14) (*pipi は pisser「小便をする」の語頭音の反復. *cf.* faire pipi おしっこをする)

12. (13) (*tata は tante の語頭音の反復)　　13. (11) (*tonton は tante → tata に模して作られた)　　14. (3) (*小さいものを指すオノマトペに由来するらしい)

~~~ 〚参考〛 ~~~~~~

さまざまな変形による二次的名付け

(1) ファーストネームを畳語にした愛称

　　ファーストネームを縮めた愛称は前記 2.「短縮」の 〚参考〛 で見ました. 畳語を用いた愛称もあります. たとえば，André → Dédé；Christine → Kiki；Claude → Cloclo；Gisèle, Gina → Gigi；Joseph → Jojo；Philippe → Phiphi，など.

(2) 接尾辞の付加や変更

　　話語や俗語においては，接尾辞を付けたり変えたりして語を変形することがあります. たとえば，costume「スーツ，背広」→ costard；fromage「チーズ」→ from(e)gi, from(e)ton；Jean → Jeannot (Jean の愛称)；Pierre → Pierrot (Pierre の愛称)；valise「スーツケース」→ valoche，など.

(3) 語句の一部の省略や結合

dinde 七面鳥　(← coq [poule] d'Inde　インドの鶏)

chandail 厚手のセーター　(← marchand d'ail　ニンニク売り)

　〔パリ中央市場でニンニクなどを売っていた青果商が着ていたことに由来する〕

Boul'Mich = Boul'Mich' (パリの)サン-ミシェル大通り　(← boulevard Saint-Michel)

fainéant 怠け者　(← qui ne fait néant　何もしない)

vaurien いたずらっ子；《古風》ろくでなし　(← qui ne vaut rien　何ものにも値しない)

(4) 逆さ言葉

　　現用の逆さ言葉の多くは，1970 年代以後に，主として北アフリカからの移住民の若者たちが用いた隠語が始まりとされています. 逆さ言葉は語の音節を入れ替えて作られますが，しばしば発音が変化し，もとの語の第 1 音節が消失することもあります. たとえば，arabe「アラブ」→ beur；bizarre「変な」→ zarbi (または zarb)；femme「女」→ meuf；fête「祭り」→ teuf；pourri「買収された」→ ripou，など. なお，「逆さ言葉」は verlan と言いますが，この語自体も (à) l'envers「逆さまに」から作った逆さ言葉です.

~~~~~~

第5章の総合練習

【練習1】 包摂関係に基づく名付け

あるカテゴリーを指す名詞に，種別を示す修飾語句を添えることによって，さまざまな下位カテゴリーを表すことができます．(B)から適切な語を選び，(A)に示された意味の複合名詞を作りましょう(前置詞の de が d' になる場合があります．修飾語句で複数形で用いられる名詞は複数形を載せてあります．形容詞は性・数を一致させてください).

[1] boîte「箱」の種類

(A)

1.	オルゴール	boîte à _____
2.	缶詰	boîte de _____
3.	救急箱	boîte de _____
4.	工具箱	boîte à _____
5.	ごみ箱	boîte à _____
6.	裁縫箱	boîte à _____
7.	びっくり箱	boîte à _____
8.	ブラックボックス，フライトレコーダー	boîte _____
9.	(段)ボール箱	boîte en [de] _____
10.	郵便ポスト；郵便受け	boîte à [aux] _____

(B)

carton 厚紙，ボール紙	noir 黒い
conserve 保存	ordures ごみ
lettres 手紙	outils 道具，工具
malice 茶目っ気，からかい	ouvrage 裁縫
musique 音楽	secours 応急処置

〔解答〕 [注] boîte の『新綴り』はアクサンなしの boite.
1. musique 2. conserve 3. secours 4. outils 5. ordures 6. ouvrage
7. malice 8. noire 9. carton 10. lettres

[2] carte「カード」の種類

(A)

1.	ICカード	carte à _____
2.	学生証	carte de _____
3.	グリーティングカード	carte de _____
4.	クレジットカード	carte de _____
5.	招待状	carte de _____
6.	滞在許可証	carte de _____

7. トランプ	carte à ....
8. 身分証明書	carte de ....
9. 名刺	carte de ....
10. 郵便はがき	carte ....

(B)

crédit　信用販売	postal　郵便の
étudiant　学生	puce　ICチップ
identité　身元, 身分	séjour　滞在
invitation　招待	visite　訪問
jouer　遊ぶ, ゲームをする	vœux　(相手の幸福などを願う)祈願の言葉

〔解答〕

1. puce　2. d'étudiant　3. vœux　4. crédit　5. d'invitation (*lettre d'invitation とも言う)　6. séjour　7. jouer　8. d'identité　9. visite　10. postale

[3] chaussures「靴」の種類

(A)

1. 編み上げ靴	chaussures ....
2. ウォーキングシューズ	chaussures de ....
3. 運動靴, スポーツシューズ	chaussures de ....
4. エナメルの靴	chaussures ....
5. 革靴	chaussures de ....
6. スキー靴	chaussures de ....
7. 底の平らな靴, フラットシューズ	chaussures ....
8. タウンシューズ	chaussures de ....
9. 短靴	chaussures ....
10. 登山靴	chaussures de ....
11. ハイヒールの靴	chaussures à ....
12. 深靴, ショートブーツ	chaussures ....
13. 婦人靴	chaussures pour ....

(B)

bas　低い	plat　平らな
cuir　革	ski　スキー
dames　婦人	sport　スポーツ
lacé　紐で締めた	talons hauts　ハイヒール
marche　歩くこと, 歩行	verni　エナメルを塗った
montagne　山	ville　町
montant　上がる, 高くなる	

[4] couteau「ナイフ」の種類

(A)

1. (スイス製)アーミーナイフ, 多機能ナイフ	couteau	....
2. 折り畳みナイフ	couteau	....
3. キッチンナイフ, 料理包丁	couteau de	....
4. チーズナイフ	couteau à	....
5. バターナイフ	couteau à	....
6. パン切りナイフ	couteau à	....
7. フィッシュナイフ, 出刃包丁	couteau à	....
8. ペーパーナイフ	couteau à	....
9. ポケットナイフ	couteau de	....

(B)

beurre バター	pliant 折りたたみ式の
cuisine 台所, キッチン	poche ポケット
fromage チーズ	poisson 魚
pain パン	suisse スイスの
papier 紙	

[5] livre「本」の種類

(A)

1. 絵本	livre de	....
2. 教科書	livre de	....
3. 子供向けの本	livre pour	....
4. 枕頭(ちんとう)の書, 愛読書	livre de	....
5. 電子書籍, 電子ブック	livre	....
6. 美術書	livre de	....
7. 古本	livre de	....
8. 文庫本	livre de	....
9. 料理の本	livre de	....

(B)

art　美術

chevet　枕元

classe　授業

cuisine　料理

enfants　子供

images　絵

numérique　デジタル(方式)の

occasion　中古品

poche　ポケット

〚解答〛

1. d'images　2. classe (*~ scolaire とも言う)　3. enfants　4. chevet　5. numérique
(*~ électrique とも言う)　6. d'art　7. d'occasion　8. poche　9. cuisine

　　＊この他にも，livre broché「仮綴じ本，ペーパーバック」，livre relié「(製本された)装丁本」，
　　livre cartonné「ハードカバーの本」など．

[6]　papier「紙」の種類

(A)

1.　アルミホイル	papier de ....
2.　印画紙	papier ....
3.　壁紙	papier ....
4.　紙粘土	papier de ....
5.　紙やすり	papier de ....
6.　五線紙	papier à ....
7.　再生紙	papier ....
8.　トイレットペーパー	papier ....
9.　便箋	papier à ....
10.　包装[梱包]用紙	papier de ....

(B)

aluminium　アルミニウム

emballage　包装，梱包

hygiénique　衛生上の

lettres　手紙

mâché　噛み砕かれた

musique　音楽

peint　彩色した；図柄の入った

recyclé　再生利用された

sensible　感光性の

verre　ガラス

〚解答〛

1. d'aluminium (* 《話》では ~ d'alu とも言う)　2. sensible,　3. peint (* ~ de tenture
とも言う)　4. mâché　5. verre　6. musique　7. recyclé　8. hygiénique (* 《話》では
~ de cabinets, ~ cul とも言う)　9. lettres　10. d'emballage

[7] robe「ドレス, ワンピース」の種類

(A)

 1. イブニングドレス　　　　　　　　robe de _____
 2. ウエディングドレス　　　　　　　robe de _____
 3. エプロンドレス　　　　　　　　　robe-_____
 4. ガウン, 部屋着　　　　　　　　　robe de _____
 5. コートドレス　　　　　　　　　　robe-_____
 6. シャツワンピース　　　　　　　　robe(-)_____
 7. 夏物のワンピース　　　　　　　　robe de _____
 8. ノースリーブのワンピース　　　　robe sans _____
 9. 半袖のワンピース　　　　　　　　robe à _____
10. ローブデコルテ, 夜会服　　　　　robe _____

(B)

chambre　部屋, 寝室	manches courtes　半袖
chemisier　シャツブラウス	manteau　コート
décolleté　首元や胸元をあらわにした	mariée　新婦
été　夏	soirée　夜のパーティ
manches　袖	tablier　エプロン

【解答】

1. soirée (* ～ du soir とも言う)　2. mariée　3. tablier　4. chambre　5. manteau
6. chemisier　7. d'été　8. manches　9. manches courtes　10. décolletée

[8] sac「バッグ, 袋」の種類

(A)

 1. ウエストポーチ　　　　　　　　　sac _____
 2. 学童かばん, ランドセル　　　　　sac de _____
 3. サンドバッグ　　　　　　　　　　sac de _____
 4. ショッピングバッグ　　　　　　　sac à _____
 5. ショルダーバッグ　　　　　　　　sac en _____
 6. 寝袋, スリーピングバッグ　　　　sac de _____
 7. (兵隊の)背囊(はいのう)　　　　　sac de _____
 8. ハンドバッグ　　　　　　　　　　sac à _____
 9. ビニール袋, ポリ袋　　　　　　　sac en _____
10. (ごみ収集用の)ポリ袋, ごみ袋　　sac-_____
11. リュックサック　　　　　　　　　sac à _____
12. 旅行かばん, ボストンバッグ　　　sac de _____

(B)

banane バナナ	plastique プラスチック
bandoulière 負い革	poubelle ごみ箱, ごみ入れ
couchage 寝ること	provisions (食糧・日用品の)買い物
dos 背	sable 砂
écolier 小学生	soldat 兵隊
main 手	voyage 旅行

〔解答〕
1. banane 2. d'écolier 3. sable 4. provisions 5. bandoulière 6. couchage
7. soldat 8. main 9. plastique 10. poubelle 11. dos 12. voyage

[9] salle「部屋, …室」の種類

(A)

1. 居間, リビングルーム   salle de _____

2. 映画館   salle de _____

3. 閲覧室   salle de _____

4. 会議室, 集会場   salle de _____

5. 教室   salle de _____

6. (精密加工のための)クリーンルーム   salle _____

7. 劇場   salle de _____

8. 講堂, 講演会場   salle de _____

9. コンサートホール   salle de _____

10. (洗面・洗濯もできる)シャワー室   salle de _____

11. 食堂, ダイニングルーム   salle à _____

12. 展示室   salle de _____

13. 法廷   salle de _____

14. 待合室   salle de _____

15. 浴室, バスルーム   salle de _____

(B)

attente 待つこと	eau 水
audience (法廷の)審問	exposition 展示
bains 入浴	lecture 読むこと
blanc 白い	manger 食事をする
cinéma 映画	réunion 会議, 集会
classe 授業	séjour 滞在
concert コンサート	théâtre 演劇
conférence 講演	

[10] table「テーブル, 台」の種類

(A)

1. アイロン台	table à _____
2. 折りたたみ式テーブル	table _____
3. (賭博用)ゲーム台	table de _____
4. 手術台	table de _____
5. 食卓, ダイニングテーブル	table à _____
6. 卓球台	table de _____
7. チェス盤	table de _____
8. (キャスター付きの)テーブルワゴン	table _____
9. テレビ台	table de _____
10. (ベッドの枕元の)ナイトテーブル	table de _____
11. ビリヤード台	table de _____
12. 勉強[仕事]机；作業台	table de _____

(B)

billard ビリヤード	ping-pong 卓球, ピンポン
échecs チェス	pliant 折りたたみ式の
jeu ゲーム	repasser アイロンをかける
manger 食事をする	roulant 移動式の
nuit 夜	télévision テレビ
opération 手術	travail 仕事, 作業

【練習2】 類似性に基づく名付け

　しばしば，海に棲む動物をよく知られた身近なものにたとえて名付けます(たとえば「ヒ
トデ」= étoile de mer「海の星」). 次の(B)から適切な名詞を選んで(A)の空欄に書き入れ，
〈名詞＋de mer〉の複合語を作りましょう(3.と4.には2つ入ります).

(A)

1. アシカ　　　　　　　　.................... de mer
2. アワビ　　　　　　　　.................... de mer
3. イソギンチャク　　　.................... de mer / .... de mer
4. ウニ　　　　　　　　　.................... de mer / .... de mer
5. カサゴ　　　　　　　　.................... de mer
6. クラゲ　　　　　　　　.................... de mer
7. ケアシガニ　　　　　　.................... de mer
8. ゾウアザラシ　　　　　.................... de mer
9. ナマコ　　　　　　　　.................... de mer
10. ネズミイルカ　　　　.................... de mer
11. ラッコ　　　　　　　　.................... de mer

(B)

anémone　アネモネ	hérisson　ハリネズミ
araignée　クモ(蜘蛛)	lion　ライオン
châtaigne　クリ(栗)	loutre　カワウソ
cochon　豚	œillet　カーネーション
concombre　キュウリ	oreille　耳
éléphant　ゾウ(象)	scorpion　サソリ
gelée　ゼリー	

〚解答〛

1. lion　2. oreille　3. anémone / œillet　4. châtaigne / hérisson　5. scorpion
6. gelée　7. araignée　8. éléphant　9. concombre　10. cochon　11. loutre

【練習3】　人を動物にたとえる

　なんらかの特徴を持った人を，動物の(しばしば主観的な)属性に当てはめて，その動物の名前で呼ぶことがあります．多くは軽蔑的な意味になります．たとえば，次の動物はどのような人を指すのに用いられるでしょうか．(A)の人をたとえる動物を(B)から選んでその番号を(A)のかっこ内に書き入れましょう．

[1] 哺乳類

(A)

1. 意地悪なやつ　　　　　　　　　　　　　　(　)
2. 愚か者；(愚鈍で)強情な人　　　　　　　(　)
3. 体の大きな人，巨漢　　　　　　　　　　(　)
4. 変わったやつ　　　　　　　　　　　　　(　)
5. 頑健な人，よく働く人　　　　　　　　　(　)

261

第5章　名付け

6. けちん坊, 吝嗇(りんしょく)家　　　　　　　　　　　（　　）

7. 猿まねする人；醜くてしわだらけの人　　　　　（　　）

8. 嫉妬深い女, 気性の激しい女　　　　　　　　　（　　）

9. 従順な人　　　　　　　　　　　　　　　　　　（　　）

10. (潜入した)スパイ　　　　　　　　　　　　　　（　　）

11. ずる賢い人　　　　　　　　　　　　　　　　　（　　）

12. (やせて)背の高い人　　　　　　　　　　　　　（　　）

13. 人づきあいの悪い人　　　　　　　　　　　　　（　　）

14. 不潔な人；好色な人　　　　　　　　　　　　　（　　）

15. 太ってのっそりした人　　　　　　　　　　　　（　　）

16. 不愉快な人, 嫌なやつ　　　　　　　　　　　　（　　）

17. 間抜け, うすのろ　　　　　　　　　　　　　　（　　）

18. 勇敢な人　　　　　　　　　　　　　　　　　　（　　）

(B)

(1) âne ロバ

(2) bœuf 牛

(3) chameau ラクダ

(4) cochon 豚

(5) éléphant ゾウ

(6) girafe キリン

(7) hippopotame カバ

(8) lion ライオン

(9) mouton 羊

(10) ours クマ

(11) rat ネズミ

(12) renard キツネ

(13) singe サル

(14) taupe モグラ

(15) tigresse 雌のトラ

(16) vache 雌牛

(17) veau 子牛

(18) zèbre シマウマ

【解答】

1. (16)　2. (1)　3. (7)　4. (18)　5. (2) (*cheval (de labour)とも言う)　6. (11)

7. (13)　8. (15)　9. (9)　10. (14)　11. (12)　12. (6)　13. (10)　14. (4)　15. (5)

16. (3)　17. (17)　18. (8)

[2]　鳥類・小動物など

(A)

1. 色男, だて男　　　　　　　　　　　　　　　　（　　）

2. 陰険な人　　　　　　　　　　　　　　　　　　（　　）

3. 移り気な人, 軽薄な人　　　　　　　　　　　　（　　）

4. おしゃべりな人　　　　　　　　　　　　　　　（　　）

5. 勤勉な人, 倹約家　　　　　　　　　　　　　　（　　）

6. 警官；私服刑事　　　　　　　　　　　　　　　（　　）

7. 傑物　　　　　　　　　　　　　　　（　　）

8. 性悪な人　　　　　　　　　　　　（　　）

9. 背の低い人，小柄な人　　　　　　（　　）

10. だまされやすい人　　　　　　　　（　　）

11. 動作ののろい人　　　　　　　　　（　　）

12. ばかな女　　　　　　　　　　　　（　　）

13. 腹黒い人　　　　　　　　　　　　（　　）

14. 間抜け，愚か者　　　　　　　　　（　　）

15. 醜い人　　　　　　　　　　　　　（　　）

(B)

（ 1 ）aigle　ワシ

（ 2 ）bécasse　ヤマシギ〔狩りの獲物になる鳥〕

（ 3 ）coq　雄鶏

（ 4 ）crapaud　ヒキガエル

（ 5 ）fourmi　アリ

（ 6 ）limace　ナメクジ

（ 7 ）oie　ガチョウ

（ 8 ）papillon　チョウ

（ 9 ）pie　カササギ

（10）pigeon　ハト

（11）poulet　ひな鶏

（12）puce　ノミ

（13）serpent　ヘビ

（14）teigne　イガ（衣蛾）

（15）vipère　クサリヘビ，マムシ

〖解答〗

1.（ 3 ）　2.（15）　3.（ 8 ）　4.（ 9 ）　5.（ 5 ）　6.（11）　7.（ 1 ）　8.（14）　9.（12）　10.（10）
11.（ 6 ）　12.（ 2 ）　13.（13）　14.（ 7 ）　15.（ 4 ）

~~ 〖参考〗 ~~~~~~

呼びかけに用いる動物名など

　動物を表す名詞を恋人や子供に対する愛情を込めた呼びかけに用いることがあります．
chat「猫」, rat「ネズミ」, pigeon「ハト」, poulet「ひな鶏」, caille「ウズラ」, loup「オ
オカミ」, lapin「ウサギ」, biche「雌鹿」, poussin「ひよこ」, puce「ノミ」などです．
ふつう mon [ma] ...「私の…」と言い，しばしば petit(e)「小さな，かわいい」を付けま
す．たとえば，mon (petit) chat「私のいとしい人；あなた，お前，坊や」．

　動物以外の，chou「キャベツ」や bijou「宝飾品」, trésor「宝」, ange「天使」, cœur
「ハート」なども同じような呼びかけでよく使われます．

~~~~~~

【練習 4 】〈porte-＋名詞〉の複合名詞

　「支える, (持ち)運ぶ」などを意味する動詞の porter(の単数 3 人称形)は，その目的語に
相当する名詞と組み合わさって多くの複合名詞を生み出しています．(B)から適切な語を選
び，(A)に示された意味の複合名詞を作りましょう．

(A)

1. お守り, マスコット   porte-........................
2. 傘立て   porte-........................
3. キーホルダー   porte-........................
4. 旗手   porte-........................
5. 航空母艦   porte-........................
6. コート掛け   porte........................ (*ハイフンなし)
7. 小銭入れ   porte........................ (*ハイフンなし)
8. 財布, 札入れ   porte........................ (*ハイフンなし)
9. シガレットケース；シガレットホルダー   porte-........................
10. シャープペンシル   porte-........................
11. 書類かばん[ケース]   porte-........................
12. スカートハンガー   porte-........................
13. 石けん入れ[置き]   porte-........................
14. (団体などの)代弁者, スポークスパーソン   porte-........................
15. ナプキンリング；タオル掛け   porte-........................
16. 荷台；荷物棚   porte-........................
17. マガジンラック   porte-........................
18. 身分証明書入れ, 名刺入れ   porte-........................
19. メガホン   porte-........................
20. ワイン棚, ワインラック   porte-........................

(B)

avions 飛行機	jupe スカート
bagages 荷物	manteau コート
bonheur 幸福	mine(s) (鉛筆などの)芯
bouteille(s) 瓶	monnaie 小銭
cartes カード	parapluies 傘
cigarette(s) たばこ	parole 発言
clés 鍵	revues 雑誌
documents 資料	savon 石鹸
drapeau 旗	serviette(s) (食卓の)ナプキン；タオル
feuille 紙片	voix 声

〔解答〕 [注]『新綴り』では porte(-) に後続する名詞はすべて単数形になります.
1. bonheur 2. parapluies 3. clés (『新綴り』はハイフンなしで porteclé)
4. drapeau 5. avions 6. manteau 7. monnaie 8. feuille 9. cigarette(s)
10. mine(s) (『新綴り』はハイフンなしで portemine) 11. documents 12. jupe

264

13. savon   14. parole   15. serviette(s)   16. bagages   17. revues   18. cartes
19. voix (『新綴り』はハイフンなしで portevoix)   20. bouteille(s)

◆ porte- の複合語に関しては，『新綴り』では，従来ハイフンありとハイフンなしの両方の綴りが用いられていたものに限って，ハイフンなしを優先します．なお，このタイプの複合名詞の単数形・複数形の綴りについては，§12 の[練習5]の注記および『参考』を参照してください.

【練習5】　人を表す複合名詞

　次にあげるのは主要部のない複合語で，人を表します．(B)から適切な語を選び，(A)に示された意味の複合名詞を作りましょう.

(A)

1.　無能な人，役立たず	bon à	(…がよくできる)
2.　うんざりさせる人，うるさい人	casse-...............	(…を折る)
3.　宵っ張りの人	couche-...............	(…寝る)
4.　稼ぎの少ない人	gagne-...............	(…稼ぐ)
5.　のんきな人	sans-...............	(…のない)
6.　薄情な人，情け知らず	sans-...............	(…のない)
7.　宿なし，ホームレス	sans-...............	(…のない)

(b)

cœur　心	rien　何も
logis　住まい	souci　心配
petit　小さいもの，少ないもの	tard　遅く
pieds　足	

〔解答〕
1. rien   2. pieds (『新綴り』は casse-pied)   3. tard   4. petit (『新綴り』はハイフンなしの gagnepetit)   5. souci   6. cœur   7. logis

第6章　時間・論理関係の表現

　この章では，さまざまな時間関係や論理関係を示す主要な表現，とりわけ**接続詞**(接続詞句を含む)や**前置詞**(前置詞句を含む)の種類と意味・用法を見ていきます．セクションの冒頭で最重要の接続詞・前置詞を一覧で示し，[練習]の補足説明で他の接続詞や前置詞を加えます．

§19　時間関係の表現

1. 同時性を表す接続詞や前置詞

　同時性を表す主な接続詞や前置詞などの表現を，代表的な用例を添えて示します．接続詞に導かれる節の動詞は直説法のさまざまな時制になります．前置詞のあとには一般に事態を表す名詞がきます．

(1) 接続詞

◇ quand ...　…するときに

　Je prends un taxi quand je suis très pressé(e).

　　とても急いでいるとき，私はタクシーを利用する．

◇ au moment où ...　(まさに)…するときに

　Un de mes amis est arrivé au moment où je sortais.

　　私が外出しようとしていたそのときに，友人がやって来た．

◇ chaque fois que ... ; toutes les fois que ...　…するたびに，…するときはいつも

　Chaque fois [toutes les fois] que quelqu'un passe devant la maison, le chien aboie.

　　人が家の前を通るたびに，犬が吠える．

◇ pendant que ...　…している間

　Les étudiants prenaient des notes pendant que le professeur expliquait.

　　教師が説明している間，学生たちはノートを取っていた．

◇ tant que ...　…する限り，…である間は

　Il est resté près de moi tant que j'ai été malade.

　　私が病気だった間，彼は私のそばにいた．

(2) 前置詞

◇ à ～　～(のとき)に

　Au retour de l'école, Daniel a commencé à lire des mangas dans sa chambre.

　　学校から戻ると，ダニエルは部屋でマンガを読み始めた．

◇ lors de ～　～のときに

　Voilà des photos prises lors de notre mariage.

　　これは私たちの結婚式のときに撮った写真です．

(3) ジェロンディフ

<u>En sortant</u> du cinéma, je suis tombé sur un vieil ami.

映画館から出るときに，私は旧友とばったり出会った．

※ ジェロンディフの用法については第1巻『文法』の§52に解説があります．

【練習1】　quand ...

quand ...「…するときに」はふたつの事態を時間的に結びつける最も一般的な接続詞で，基本的には「同時性」を表しますが，主節・従属節で述べられる事態の時間関係は下の①から⑤に示すようにさまざまです(時制の種類と用法については第1巻『文法』の第7章から第9章までを参照して再確認してください).

① ― 同時に起こるふたつの行為 (ほぼ同時とみなせる時間幅がある)

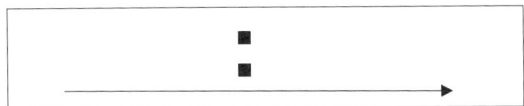

② ― ふたつの行為に時間的ずれがある．一方は完了事態．

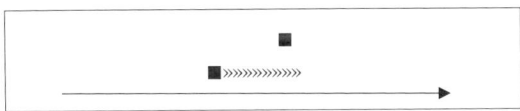

③ ― ①，②の反復

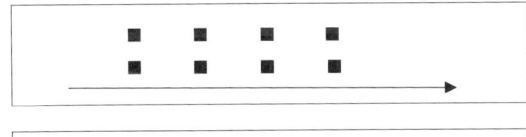

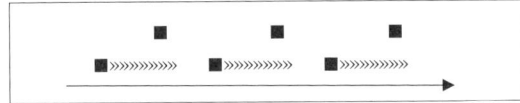

④ ― 時間的に並行するふたつの事態 (一方は反復行為の場合もある)

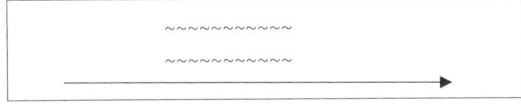

⑤ ― 瞬間的事態と継続的事態

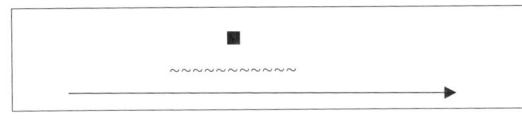

ふたつの事態の時間関係を正しくとらえるためには，動詞の時制が何でありどのような用法なのかを見極めることが大切です．次の文の下線の活用形の時制(下記 a から g)を [　] に書き入れ，述べられている事柄が前記の①から⑤のどれに相当するか考えましょう．

〈 a. 現在　b. 複合過去　c. 半過去　d. 大過去　e. 単純未来　f. 前未来　g. 命令 〉

[例] Je prends un taxi quand je suis très pressé(e).　　(③)
　　　　[a]　　　　　　　　　[a]
　　　　とても急いでいるとき，私はタクシーを利用する．

1. Je te raconterai tout quand nous nous reverrons.　　(　　)
　　　　[　]　　　　　　　　　　　　[　]
　　　今度会ったときに，君にすべてを話すよ．

2. Quand nous sommes arrivé(e)s, ils étaient déjà partis.　　(　　)
　　　　　　　　[　]　　　　　　　　　[　]
　　　私たちが着いたとき，彼らはもう出発していた．

3. Quand nous habitions à Paris, nous allions souvent au théâtre.　　(　　)
　　　　　　　　[　]　　　　　　　　[　]
　　　パリに住んでいたとき，私たちはよく芝居を見に行った．

4. Quand je suis entré(e) dans la chambre, le bébé dormait à poings fermés.　　(　　)
　　　　　　[　]　　　　　　　　　　　　　　[　]
　　　私が部屋に入ったとき，赤ん坊はぐっすり眠っていた．

5. Quand il a eu dix-huit ans, il s'est acheté une moto.　　(　　)
　　　　　　[　]　　　　　　　[　]
　　　18歳になったとき，彼は自分のオートバイを買った．

6. Quand il était enfant, il voulait être aviateur.　　(　　)
　　　　　　[　]　　　　[　]
　　　子供だったとき，彼は航空士になりたいと思っていた．

7. Quand on a bien dormi, on se sent en forme.　　(　　)
　　　　　　　[　]　　　　[　]
　　　よく眠ったときは，自分が元気だと感じる．

8. Nous vous inviterons quand nous aurons déménagé.　　(　　)
　　　　　　[　]　　　　　　　[　]
　　　引っ越しを終えたら，君たちを招待するよ．

9. Contactez-moi quand vous serez prêt.　　(　　)
　　[　]　　　　　　　[　]
　　　準備ができたら，連絡してください．

〖解答〗
1. [e] [e] (①)　2. [b] [d] (②)　3. [c] [c] (④)　4. [b] [c] (⑤)　5. [b] [b] (①)
6. [c] [c] (④)　7. [b] [a] (③)　8. [e] [f] (②)　9. [g] [e] (①)

◆ quand の類義語として lorsque があります．lorsque は改まった言い方で，特に書き言葉で多く用いられます．

♦ 同時性を表す前置詞としては à や lors de が用いられます.

Au retour de l'école, Daniel a commencé à lire des mangas dans sa chambre.

学校から戻ると, ダニエルは部屋でマンガを読み始めた.

Voilà des photos prises lors de notre mariage.

これは私たちの結婚式のときに撮った写真です.

【練習2】 au moment où ...

au moment où ...「(まさに)…するときに, …するその瞬間に」は, ふたつの出来事の同時性を強調するときに用います. au moment où ... の節で表されるのはふつう瞬間的出来事ですが, 半過去で「ちょうど…しようとしていた」を表すこともできます.

- -

au moment où ... の節の, かっこの中の動詞を適切な活用形にしましょう(エリジョンする箇所があります).

1. L'écran de mon PC est devenu tout noir au moment où je (*cliquer*) ....

   私がクリックしたその瞬間に, パソコンの画面が真っ黒になった.

2. Au moment où le rideau (*se lever*) .... , le silence se fait dans la salle de théâtre.

   幕が上がる瞬間, 劇場は静寂になる.

3. Je verserai les arrhes au moment où je (*signer*) .... mon contrat.

   契約書にサインするそのときに, 前金を支払います.

4. Au moment où l'orage (*éclater*) .... , nous étions assis(es) à la terrasse d'un café.

   雷雨になったちょうどそのとき, 私たちはカフェのテラスに座っていた.

5. Nous sommes arrivé(e)s à la gare au moment où le train (*partir*) ....

   私たちが駅に着いたのは, ちょうど列車が出ようとしていたときだった.

〔解答〕

1. j'ai cliqué 2. se lève 3. signerai 4. a éclaté 5. partait

♦ 名詞や不定詞を用いる場合は, 〈au moment de＋名詞/不定詞〉となります.

Personne n'était à la maison au moment de la livraison.

配達のときに家には誰もいなかった.

Elle avait les larmes aux yeux au moment de quitter ce pays.

この国を離れるとき, 彼女は目に涙を浮かべていた.

♦ moment と同じく「瞬間」を意味する instant や minute を用いて, à l'instant où ... や à la minute où ... と言うこともあります.

♦ 改まった言い方では, 過去の事態を表す場合に comme も用いられます. comme ... の節の動詞は一般に半過去形になります(上記[練習2]の5.の文の au moment où を comme で言い換えることができます).

【練習3】 chaque fois que ... ; toutes les fois que ...

chaque fois que ... と toutes les fois que ... はどちらも,「…するたびに, …するとき はいつも」を意味します.

---

chaque fois [toutes les fois] que ... の節の, かっこの中の動詞を適切な活用形にしまし ょう.

1. Chaque fois [Toutes les fois] qu'il (*venir*) .... me voir, il m'offre des fleurs.
   彼は私に会いに来るたびに, 花をプレゼントしてくれる.

2. Chaque fois [Toutes les fois] qu'il (*boire*) ...., il chantait la même chanson.
   彼は酒を飲むといつも, 同じ歌を歌っていた.

3. Chaque fois [Toutes les fois] qu'elle (*voyager*) .... en bateau, elle a mal au cœur.
   彼女は船旅をするたびに, 気分が悪くなる.

4. Chaque fois [Toutes les fois] que vous (*vouloir*) .... enter dans la salle de lecture, vous demanderez l'autorisation.
   閲覧室に入りたいときは, そのつど許可を求めてください.

5. Chaque fois [Toutes les fois] que nous (*aller*) .... à ce restaurant, nous rencontrons les mêmes personnes.
   私たちがそのレストランに行くといつも, 同じ人たちに出会う.

〔解答〕
1. vient 2. buvait 3. voyage 4. voudrez 5. allons

【練習4】 pendant que ...

pendant que ... 「…している間(に)」の節は継続事態を表します. 主節は, 継続事態(「そ の間ずっと…する」)と, 瞬間的事態(「その間のいつかに…する」)のいずれも可能です.

---

pendant que ... の節の, かっこの中の動詞を適切な活用形にしましょう.

1. Dans le jardin public, pendant que les enfants (*jouer*) ...., elle lisait à l'ombre des arbres.
   公園で, 子供たちが遊んでいる間, 彼女は木陰で読書をしていた.

2. Pendant que tu (*prendre*) .... ta douche, André nous a téléphoné.
   君がシャワーを浴びている間に, アンドレから電話があったよ.

3. Pendant que nous (*être*) .... en vacances, notre voisine arrosera nos plantes.
   私たちがバカンスにでかけている間, 隣人の女性が草花に水をやってくれるだろう.

4. Je me reposerai à l'hôtel pendant que vous (*visiter*) .... la ville.
   君たちが町を見に行っている間, 僕はホテルで休んでいるよ.

5. M. Duval est passé vous voir pendant que vous (*être*) .... sorti(e).
   あなたが外出している間に，デュヴァル氏が会いに寄りました．

〔解答〕

1. jouaient 2. prenais 3. serons 4. visiterez 5. étiez

◆ 名詞を用いる場合は，〈pendant＋名詞〉になります．pendant のあとに不定詞を用いることはできません．

   Quelqu'un est venu <u>pendant</u> mon absence ?　私の留守中に誰か来ましたか？

◆ pendant que ... と同じく「…している間(に)」を意味する表現として **tandis que ...** があります．話し言葉では **le temps que ...** がよく用いられます．

   <u>Tandis que</u> [<u>Le temps que</u>] tu prenais ta douche, André nous a téléphoné.
   君がシャワーを浴びている間に，アンドレから電話があったよ．

【練習5】 tant que ...

tant que ...「…する限り，…である間は」は，ふたつの事態が同じ期間続く場合に用います．主節も tant que ... の節も，期間の限られた事態を述べるので，過去の事柄については半過去ではなく複合過去を使います．

   Il <u>est resté</u> auprès de moi tant que j'<u>ai été</u> malade.
   私が病気だった間，彼は私のそばにいた．

同じ事柄を次のように言うこともできます．

   Il <u>n'a pas quitté</u> mon chevet tant que j'<u>ai été</u> malade.
   私が病気だった間，彼は私の枕元を離れなかった．

tant que ... の節を変えてみると，

   Il <u>est resté</u> auprès de moi tant que je <u>n'ai pas été</u> guéri(e).
   私が病気から治っていない間，彼は私のそばにいた．

   Il <u>n'a pas quitté</u> mon chevet tant que je <u>n'ai pas été</u> guéri(e).
   私が病気から治っていない間，彼は私の枕元を離れなかった．

以上の文を下にまとめます．主節(a)と従属節(b)で表される事態は，肯定事態(そばにいる/病気である)であれ，否定事態(治っていない/離れない)であれ，平行して同じ期間続いています．

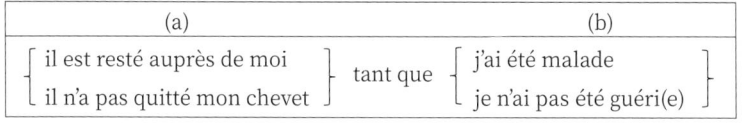

(a)		(b)
il est resté auprès de moi	tant que	j'ai été malade
il n'a pas quitté mon chevet		je n'ai pas été guéri(e)

tant que ... の節の，かっこの中の動詞を適切な活用形にしましょう．

1. Tant que la mer (*être*) .... forte, les pêcheurs ne sont pas sortis du port.
   海が荒れている間，漁師たちは港を出なかった．

2. Les risques d'incendie seront importants tant que temps sec (*dure*) ....
   乾燥した天気が続く限り, 火災の起こるおそれは大きいだろう.

3. Il a habité chez moi tant qu'il (ne pas *trouver*) .... de studio à louer.
   貸し部屋が見つからない間, 彼は私の家に住んでいた.

4. En général, tant que les enfants (*être*) .... petits, leur mère reste à la maison.
   一般に, 子供たちが小さい間, 母親は家にいる.

5. Tu n'auras pas de dessert tant que tu (ne pas tout *manger*) ....
   全部食べてしまわない限り, 君はデザートをもらえないよ.

〔解答〕
1. a été 2. durera 3. n'a pas trouvé 4. sont 5. n'auras pas tout mangé

♦ **aussi longtemps que** も tant que と同じように使えます.
   Il est resté auprès de moi aussi longtemps que j'ai été malade.
   私が病気だった間, 彼は私のそばにいた.

【練習6】 ジェロンディフ

　ジェロンディフの〈en+現在分詞〉は, 主語(=行為者)が同一である場合に用いて, quand ... や pendant ... の節と同じように同時的事態を表すことができます.

　　Quand je suis sorti du cinéma, je suis tombé sur un vieil ami.
　　= En sortant du cinéma, je suis tombé sur un vieil ami.
　　　映画館から出るときに, 私は旧友とばったり出会った.

かっこの中の動詞をジェロンディフにしましょう.

1. (*ranger*) .... ma chambre, j'ai retrouvé de vielles photos.
   部屋を片付けていて私は古い写真を見つけた.

2. (*faire*) .... les courses, nous avons rencontré les Dubois.
   買い物をしているとき, 私たちはデュボワ夫妻に出会った.

3. (*sortir*) .... de l'école, ils ont acheté des pains au chocolat.
   下校の途中で, 彼らはチョコレートパンを買った.

4. Le professeur a donné des explications (*écrire*) .... au tableau.
   教師は黒板に書きながら説明した.

5. Il a quitté la ville (*laisser*) .... sa nouvelle adresse à ses amis.
   彼は友人たちに転居先を教えて町を離れた.

6. Il est descendu du taxi (*oublier*) .... son sac sur la banquette.
   彼はかばんをシートに忘れてタクシーを降りた.

2. 先行事態を表す接続詞や前置詞

　従属節や副詞句で表す事態が主節で表す事態より前に起こる場合に用いる接続詞や前置詞には次のようなものがあります．従属節の動詞は一般に直説法の複合時制になります．

(1) 接続詞

◇ depuis que ...　…してから，…して以来

　Depuis que nous sommes arrivé(e)s ici, il pleut tous les jours.
　私たちがここに着いてから，毎日雨が降っている．

◇ après que ...　…したあとで，…してから

　J'ai vérifié ce calcul après qu'il l'avait fait.
　彼がその計算をしたあと私が検算した．

◇ une fois que ...　ひとたび…したら；…したら(すぐに)

　Une fois que les étudiants ont terminé leurs études, ils travaillent dans la vie.
　学生たちはひとたび学業を終えたら，社会に出て働く．

◇ dès que ... ; aussitôt que ...　…するとすぐに

　Il me téléphonera dès [aussitôt] qu'il sera arrivé à Bordeaux.
　ボルドーに着いたらすぐに，彼は私に電話をくれるでしょう．

(2) 前置詞

◇ depuis ～　～から，～以来

　J'ai mal au dos depuis cet accident.　その事故以来，私は背中が痛む．

◇ après ～　～のあとで

　Prenez ce médicament après le repas.　この薬を食後に飲みなさい．

◇ dès ～　(早くも)～から，～からすぐに

　Notre travail commence dès aujourd'hui.
　私たちの仕事はさっそくきょうから始まる．

【練習1】　depuis que ...

　depuis que ...「…してから，…して以来」の節で述べられる事態は，(a)「過去に起こったこと」でも，(b)「過去から現在まで続いていること」でもかまいません．

　　(a) Depuis que nous sommes arrivé(e)s ici, il pleut tous les jours.
　　　　私たちがここに着いてから，毎日雨が降っている．
　　(b) Depuis que nous sommes ici, il pleut tous les jours.

(b)は,「(着いてから)ここにいる間, 毎日雨が降っている」の意味ですが, 日本語では(a)と同じ言い方をすることが多いでしょう.

------

depuis que ... の節の, かっこの中の動詞を適切な活用形にしましょう (depuis que ... の節は主節の後に置くこともできますが, この練習では前に置いています).

1. Depuis qu'il (*faire*) _____ du sport, il se porte mieux.

   スポーツをしてから, 彼はより健康になっている.

2. Depuis que nous (*se retrouver*) _____ il y a quelques mois, nous nous contactons souvent.

   数か月前に再会してから, 私たちはしばしば連絡を取り合っている.

3. Depuis qu'ils (*avoir*) _____ une maison de campagne, ils y vont presque tous les week-ends.

   別荘を持ってから, 彼らは週末はたいていそこに行く.

4. Depuis que tu (*ne plus venir*) _____, la réunion manque d'animation.

   君が来なくなってから, 会は活気がなくなっている.

5. Depuis qu'il (*se réveiller*) _____, l'enfant n'arrêtait pas d'appeler sa sa mère.

   目を覚ましてから, 子供は母親を呼び続けていた.

〔解答〕

1. fait (*スポーツを始めて, 今も続けている) 2. nous sommes retrouvé(e)s
3. ont (*別荘を取得し, 今も所有している. avoir を「取得する」の意味に用いて Depuis qu'ils ont eu ... とも言える) 4. ne viens plus (*「来なくなっている, もう来ていない」という現在の事態を表す. 複合過去の tu n'es plus venu(e)も「もう来なくなった(あの時)から」のニュアンスで用いることができる) 5. s'était réveillé (*状態を表す être réveillé「目を覚ましている」を用いて Depuis qu'il était réveillé ... とも言える)

◆ 前置詞の **depuis** は, 過去の時点や過去に起こった事態, あるいは, 過去から現在までの期間や過去から現在まで続いている事態を表す語句を伴います.

   J'ai mal au dos depuis ce jour-là [depuis cet accident].

   その日以来[その事故以来], 私は背中が痛む.

   Elle ne fume plus depuis deux mois [depuis sa grossesse].

   彼女はふた月前から[妊娠してから]喫煙していない.

【練習2】 après que ...

après que ...「…したあとで, …してから」は, ふたつの出来事の時間的前後関係をはっきりさせるときに用いる接続詞です. après que ... の節では一般に, 主節の時制に対応する複合時制(=複合過去, 大過去, 前未来)を用います.

主節と従属節の主語が同じ場合は，après que … よりも〈après＋不定詞複合形〉を使うのがふつうです.

- -

例にならって，〈après que＋直説法〉または〈après＋不定詞複合形〉を用いて書き換えましょう.

[例] Il a fait ce calcul et après, je l'ai vérifié.
　　　彼がその計算をして，そのあと私が検算した.
　　→ J'ai vérifié ce calcul après qu'il l'avait fait.
　　　彼がその計算をしたあと私が検算した.
　　J'ai fait ce calcul et après, je l'ai vérifié.
　　　私はその計算をして，そのあと検算した.
　　→ J'ai vérifié ce calcul après l'avoir fait.
　　　私はその計算をしたあと検算した.

1. Tous les employés ont quitté le bureau et après, le gardien ferme la porte.
　　全社員が退社して，そのあと警備員が出入り口を閉める.
　→ ....
　　　警備員は全社員が退社したあと出入り口を閉める.

2. Vous êtes partis et après, il est arrivé.
　　君たちが帰って，そのあと彼が到着した.
　→ ....
　　　君たちが帰ったあと彼が到着した.

3. Le directeur reviendra et après, nous en reparlerons.
　　部長が戻って来るでしょう，そのあとその事についてまた話しましょう.
　→ ....
　　　部長が戻って来たあとその事についてまた話しましょう.

4. Elle a essayé cette jupe et après, elle l'a achetée.
　　彼女はそのスカートを試着して，そのあとそれを買った.
　→ ....
　　　彼女はそのスカートを試着したあとそれを買った.

5. Il restera quelques jours dans cette ville et après, il repartira.
　　彼はこの町に数日留まって，そのあとまた出発するだろう.
　→ ....
　　　彼はこの町に数日留まったあとまた出発するだろう.

6. Ils se sont baignés et après, ils se sont allongés au soleil.
　　彼らは水浴をして，そのあと日なたに寝転んだ.
　→ ....
　　　彼らは水浴をしたあと日なたに寝転んだ.

〔解答〕

1. Le gardien ferme la porte après que tous les employés ont quitté le bureau.

2. Il est arrivé après que vous étiez partis.

3. Nous en reparlerons après que le directeur sera revenu.

4. Elle a acheté cette jupe après l'avoir essayée.

5. Il repartira après être resté quelques jours dans cette ville.

6. Ils se sont allongés au soleil après s'être baignés.

♦ après que ... の節で接続法を用いるのは誤りとされますが，実際にはかなり使われています．この誤用は〈avant que＋接続法〉との類推によるものです．

J'ai vérifié ce calcul après qu'il l'ait fait.　彼がその計算をしたあと私が検算した.

♦ 前置詞 après のあとにはもちろん名詞を置くこともできます．

Prenez ce médicament après le repas.　この薬を食後に飲みなさい.

【練習3】 une fois que ...

　une fois que ...「ひとたび…したら；…したら(すぐに)」は，継起するふたつの事態 A と B の関連性を強調する表現で，「A になれば必ず B になる；A になればすぐに B になる」の意味合いがあります．une fois que ... の節は完了した事態を表すので，動詞は一般に複合時制になります.

　Une fois que les étudiants ont terminé leurs études, ils travaillent dans la vie.
　学生たちはひとたび学業を終えたら，社会に出て働く.

---

　une fois que ... の節の，かっこの中の動詞を適切な活用形にしましょう．エリジョンをする箇所があります.

1. Une fois que je (*lire*) .... tous les courriels, je supprime ceux qui sont sans intérêt.
　私はすべての電子メールに目を通したら，即座に興味のないメールを削除する.

2. Une fois qu'on (*changer*) .... le pneu crevé, on reprendra la route.
　パンクしたタイヤを交換したらすぐに，また出発しよう.

3. Une fois que je (*rentrer*) .... chez moi, j'allume mon ordinateur.
　私は帰宅すると，さっそくパソコンの電源を入れる.

4. Une fois qu'il (*s'asseoir*) ...., mon grand-père avait du mal à se lever.
　祖父はいちど腰を下ろすと，立ち上がるのに苦労していた.

5. Une fois qu'il (*se mettre*) .... en colère, il ne peut plus se contrôler.
　彼はひとたび怒り出すと，もう自分を抑えられない.

〔解答〕
1. j'ai lu　2. aura changé　3. suis rentré(e)　4. s'était assis　5. s'est mis (se met も可)

◆ 活用動詞を省略した〈une fois＋過去分詞/場所・状態の副詞句〉を用いることがあります．[練習9]の3., 4., 5.はそれぞれ次のようにも言えます．

    3. <u>Une fois</u> <u>entré(e)</u> chez moi, ...   4. <u>Une fois</u> <u>assis</u>, ...   5. <u>Une fois</u> <u>en colère</u>, ...

【練習4】 dès que ... ; aussitôt que ...

dès que ... と aussitôt que ... はどちらも「…するとすぐに」を意味し，継起するふたつの事態の間隔の短さを強調します．

例にならって，dès que ... と aussitôt que ... を使って質問に答えましょう (dès [aussitôt] que と略記してかまいません).

[例] Quand il sera arrivé à Bordeaux, il vous téléphonera ?

    ボルドーに着いたら，彼はあなたに電話をしますか？

    — Oui, il me téléphonera <u>dès</u> [aussitôt] qu'il sera arrivé à Bordeaux.

      はい，ボルドーに着いたらすぐに，彼は私に電話をくれるでしょう．

1. Quand tu auras lu ce livre, tu me le prêteras ?

    この本を読んだら，私に貸してくれる？

    — Oui, ...

2. Quand vous avez pris ce médicament, vous vous êtes senti(e) mieux ?

    その薬を飲んだら，具合がよくなりましたか？

    — Oui, ...

3. Quand votre chien voit un inconnu, il aboie ?

    あなたの犬は知らない人を見ると吠えますか？

    — Oui, ...

4. Avant, quand vous rentiez, vous jouiez aux jeux vidéo ?

    以前，君たちは帰宅するとテレビゲームで遊んでいたかい？

    — Oui, ...

5. Quand tout sera prêt, il te préviendra ?

    すべての準備ができたら，彼は君に知らせるかい？

    — Oui, ...

〖解答〗

1. je te prêterai ce livre dès [aussitôt] que je l'aurai lu.

2. je me suis senti(e) mieux dès [aussitôt] que j'ai pris ce médicament.

3. mon chien aboie dès [aussitôt] qu'il voit un inconnu.

4. avant, nous jouions aux jeux vidéo dès [aussitôt] que nous rentrions.

5. il me préviendra dès [aussitôt] que tout sera prêt.

◆ 名詞を用いる場合は，〈dès＋名詞〉となります．dès のあとに不定詞を用いることはできません．aussitôt は元来，副詞なので，名詞も不定詞も伴うことができません．

Il me téléphonera dès son arrivée à Bordeaux.

ボルドーに着きしだい，彼は私に電話をくれるでしょう．

♦ aussitôt que ... は〈aussitôt＋過去分詞〉の構文でも用います．

Aussitôt arrivé à Bordeaux, il me téléphonera.

ボルドーに着いたらすぐに，彼は私に電話をくれるでしょう．

♦ 類義の表現である〈à peine ... que ...〉の à peine は，活用動詞の後にも文頭にも置くことができます（文頭の場合はしばしば主語を倒置します）．〈à peine＋過去分詞〉の構文も可能です．

Il sera à peine arrivé à Bordeaux qu'il me téléphonera.

À peine il sera [sera-t-il] arrivé à Bordeaux qu'il me téléphonera.

À peine arrivé à Bordeaux, il me téléphonera.

3. 後続事態を表す接続詞や前置詞

従属節や副詞句で表す事態が主節で表す事態より後に起こる場合に用いる接続詞や前置詞には次のようなものがあります．従属節の動詞は一般に接続法になります．

(1) 接続詞

◇ avant que＋接続法　…する前に

Je voudrais bien vous voir avant que vous partiez.

あなたが出発する前にお会いしたいと思います．

◇ jusqu'à ce que＋接続法　…するまで

Reste ici jusqu'à ce que je revienne.

私が戻って来るまでここにいなさい．

◇ en attendant que＋接続法　…するまでの間

Les spectateurs bavardent en attendant que le film commence.

映画が始まるまでの間，観客はおしゃべりをしている．

(2) 前置詞

◇ avant ～　～の前に ／ avant de＋不定詞　…する前に

Ils commencent à travailler avant le lever du soleil.

彼らは日の出前に働き始める．

Je voudrais bien vous voir avant de partir.

私が出発する前にお会いしたいと思います．

◇ jusqu'à ～　～まで

Les enfants ont joué au football jusqu'à la tombée de la nuit.

子供たちは日没までサッカーをした．

◇ en attendant de＋不定詞　…するまでの間

En attendant d'embarquer, ils ont fait des achats dans des boutique hors taxes.

搭乗するまでの間，彼らは免税店で買い物をした．

【練習1】 avant que＋接続法 / avant de＋不定詞

　avant que ... 「…する前に」は，ふたつの出来事の時間的前後関係をはっきりさせるときに用いる接続詞で，après que と逆の関係を表します．avant que ... の節の動詞は直説法ではなく接続法になります．ふつうは主節の時制が何であれ接続法現在形ですが，行為の完了を強調するときは接続法過去形を用います．

　Ne m'en dis pas la fin <u>avant que</u> je <u>lise</u> [j'aie lu] ce livre.
　私がこの本を読む[読み終える]前に結末を言わないで．

　また，主節と従属節の主語が同じ場合は，〈avant que＋接続法〉ではなく，〈avant de＋不定詞〉を使うのがふつうです．

- -

　主節と従属節の主語が異なるか同じかによって，〈avant que＋接続法〉または〈avant de＋不定詞〉を用いた文を作りましょう(かっこ内の動詞は直説法現在形または複合過去形で示してあります)．

[例]　Je voudrais bien vous voir ... (avant - vous partez)
　　　あなたにお会いしたいと思います... (前に - あなたが出発する)
　　　→ Je voudrais bien vous voir <u>avant que</u> vous <u>partiez</u>.
　　　　あなたが出発する前にお会いしたいと思います．
　　　Je voudrais bien vous voir ... (avant - je pars)
　　　あなたにお会いしたいと思います... (前に - 私が出発する)
　　　→ Je voudrais bien vous voir <u>avant de partir</u>.
　　　　私が出発する前にお会いしたいと思います．

1. Rentre ... (avant - il fait nuit)
　　→ Rentre _____
　　　夜になる前に帰って来なさい．

2. Nous avons pris l'autoroute ... (avant - il y a trop de circulation)
　　→ Nous avons pris l'autoroute _____
　　　私たちは交通量が多くなる前に高速道路にのった．

3. Il vaut mieux abandonner ce projet ... (avant - il est trop tard)
　　→ Il vaut mieux abandonner ce projet _____
　　　手遅れになる前にこの計画を放棄するほうがいい．

4. N'éteignez pas l'ordinateur ... (avant - le téléchargement est terminé)
　　→ N'éteignez pas l'ordinateur _____
　　　ダウンロードが完了する前にパソコン電源を切らないように．

5. Ce voyageur s'est levé de sa place ... (avant - le bus s'est complètement arrêté)
　　→ Ce voyageur s'est levé de sa place _____
　　　バスが完全に停止する前にその乗客は席を立った．

6. J'ai fermé toutes les fenêtres ... (avant - je sors)

   → J'ai fermé toutes les fenêtres ....

      私は外出する前に窓をすべて閉めた.

7. Elle lisait toujours ... (avant - elle s'endort)

   → Elle lisait toujours ....

      彼女は眠る前にいつも読書をしていた.

〔解答〕

1. avant qu'il fasse nuit.

2. avant qu'il y ait trop de circulation.

3. avant qu'il soit trop tard.

4. avant que le téléchargement soit terminé.

5. avant que le bus se soit complètement arrêté.

6. avant de sortir.

7. avant de s'endormir.

◆ 改まった表現では，avant que ... の節に虚辞の ne を用います.

   Je voudrais bien vous voir avant que vous <u>ne</u> partiez.

◆ 名詞を用いる場合は〈avant＋名詞〉になります.

   Ils commencent à travailler <u>avant</u> le lever du soleil.

   彼らは日の出前に働き始める.

【練習2】 jusqu'à ce que＋接続法

   jusqu'à ce que ...「…するまで」は，ある事態が別の事態が起こるまで続くことを表します. jusqu'à ce que ... の節の動詞は接続法になります(接続法現在と過去の使い分けは avant que ... の場合と同じです). 主節と従属節の主語が同じ場合でも jusqu'à ce que を用います.

jusqu'à ce que ... の節の，かっこの中の動詞を活用させましょう.

1. Attendez ici jusqu'à ce qu'on (*appeler*) .... votre nom.

   名前が呼ばれるまでここで待ってください.

2. Irène continue à faire des achats jusqu'à ce qu'elle (ne plus *avoir*) .... d'argent.

   イレーヌはお金がなくなるまで買い物を続ける.

3. L'enfant a pleuré jusqu'à ce que sa mère le (*prendre*) .... dans ses bras.

   子供は母親が抱いてくれるまで泣いていた.

4. Il vivra chez ses parents jusqu'à ce qu'il (*être*) .... indépendant.

   彼は自立するまで両親の家で暮らすだろう.

5. Répétez ce mot jusqu'à ce que vous le (*prononcer*) .... correctement.

　正しく発音するまでこの語を繰り返しなさい.

6. La mère laisse une petite lampe allumée jusqu'à ce que ses enfants (*s'endormir*)

....

　母親は子供たちが寝入るまで小さな電灯をつけたままにしておく.

〔解答〕

1. appelle　2. n'ait plus　3. prenne　4. soit　5. prononciez　6. s'endorment

◆ jusqu'à ce que に対応する前置詞の jusqu'à は, 一般に名詞を伴います. 不定詞を伴う場合は程度(「…するほどまでに」)を意味します.

Ils ont joué au football jusqu'à la tombée de la nuit.　彼らは日没までサッカーをした.

Nous avons ri jusqu'à en pleurer.　私たちは涙を流すほど笑った.

◆ 類義の〈d'ici (à ce) que＋接続法〉「今から…するまで」は, 事態が実現するまでの期間に重点を置く表現です.

Il faudra des années d'ici (à ce) que la chapelle brûlée soit reconstruite.

　焼失したチャペルが再建されるまで何年もかかるだろう.

【練習3】　en attendant que＋接続法 / en attendant de＋不定詞

　en attendant que ... 「…するまでの間」は jusqu'à ce que とほぼ同じ意味ですが, 「より重要な出来事を待ちながら, さしあたり…する」といったニュアンスがあります. また, 主節で表す行為は持続的でも瞬間的でもかまいません.

　主節と従属節の主語が同じになる場合は〈en attendant de＋不定詞〉を用います.

　主節と従属節の主語が異なるか同じかによって, 〈en attendant que＋接続法〉または〈en attendant de＋不定詞〉を用いた文を作りましょう(かっこ内の動詞は直説法現在形で示してあります).

1. Prenons un café ... (en attendant - ils arrivent)

　→ Prenons un café ....

　　彼らが着くまでの間, コーヒーを一杯飲もう.

2. Je suis obligé(e) de prendre le bus ... (en attendant - ma voiture est réparée)

　→ Je suis obligé(e) de prendre le bus ....

　　車が直るまでの間, 私はバスを利用せざるをえない.

3. Les joueurs de tennis répondent aux questions des journalistes ... (en attendant - le tournoi reprend)

　→ Les joueurs de tennis répondent aux questions des journalistes ....

....

　　試合が再開されるまでの間, テニスプレーヤーはジャーナリストの質問に答えている.

4. Il a fait plusieurs petits boulots ... (en attendant - il trouver un emploi)

   → Il a fait plusieurs petits boulots --

      職を見つけるまでの間, 彼はいくつものアルバイトをした.

5. J'ai emprunté de l'argent à des amis ... (en attendant - je reçois ma bourse)

   → J'ai emprunté de l'argent à des amis --

      奨学金を受け取るまでの間, 私は友人たちにお金を借りた.

〔解答〕

1. ... en attendant qu'ils arrivent.
2. ... en attendant que ma voiture soit réparée.
3. ... en attendant que le tournoi reprenne.
4. ... en attendant de trouver un emploi.
5. ... en attendant de recevoir ma bourse.

♦ en attendant は動詞 attendre のジェロンディフです. 副詞句として「それまでの間, さしあたり」の意味で用いられます.

    Ils arriveront bientôt. <u>En attendant</u>, prenons un café.

    彼らはもうじき着くだろう. それまでの間, コーヒーを一杯飲もう.

§20　原因・理由の表現

原因・理由を表す主な接続詞には次のようなものがあります. 前置詞などは 2. で示します.

1. 接続詞

◊ parce que ...　…なので, …だから

    Je ne suis pas venu(e) à la réunion hier <u>parce que</u> j'étais malade.

    私はきのう会合に出なかったが, それは私が病気だったからだ.

◊ puisque ...　…なのだから

    Tu feras comme tu voudras <u>puisque</u> tu auras 18 ans.

    君は 18 歳になるのだから, 好きなようにしていいよ.

◊ comme ...　…なので

    <u>Comme</u> ma voiture est en réparation, je suis venu(e) en train.

    私の車は修理中なので, 電車で来た.

◊ car ...　というのは…, (なぜなら) …だから

    Je suis venu(e) en train, <u>car</u> ma voiture est en réparation.

    私は電車で来た, というのも車が修理中なのだ.

◊ sous prétexte que ...　…を口実にして

    Elle ne veut pas sortir <u>sous prétexte qu'</u>il pleut.

    彼女は雨が降っているという口実で外出しようとしない.

【練習１】　parce que ...

　parce que ...「…なので，…だから」は，相手の知らない原因・理由を明らかにするときに使います．pourquoi ... ?「どうして…？，なぜ…？」の質問に答えるときは，一般に，parce que ... の節を単独で用います．

---

　pourquoi を用いた倒置疑問文を作り，parce que を使って答えましょう．

[例]　J'étais malade et je ne suis pas venu(e) à la réunion hier.
　　　私は病気だった，それできのう会合に出なかった.
　　　　— Pourquoi n'êtes-vous pas venu(e) à la réunion hier ?
　　　　　どうしてあなたはきのう会合に出なかったのですか？
　　　　— Parce que j'étais malade.
　　　　　病気だったから.

1. Nous nous sommes trompé(e)s de route et nous sommes arrivé(e)s en retard.
　　私たちは道を間違えた，それで遅れて着いた.
　　　— ....
　　　　どうして君たちは遅れて着いたの？
　　　— ....
　　　　道を間違えたから.

2. Il y avait du verglas et la voiture a dérapé.
　　路面が凍結していた，それで車がスリップした.
　　　— ....
　　　　どうして車がスリップしたのですか？
　　　— ....
　　　　路面が凍結していたから.

3. Je n'ai rien à ajouter et je ne dis rien.
　　私は付け加えることがない，それで何も言わない.
　　　— ....
　　　　どうしてあなたは何も言わないのですか？
　　　— ....
　　　　付け加えることがないから.

4. Il est resté trop longtemps au soleil et il a attrapé une insolation.
　　彼はあまりに長時間，日なたにいた，それで日射病にかかった.
　　　— ....
　　　　どうして彼は日射病にかかったのですか？
　　　— ....
　　　　あまりに長時間，日なたにいたから.

5. Elle ne mange pas de viande et elle déjeune dans un restaurant végétarien.

彼女は肉を食べない，それでベジタリアンレストランで昼食をとる．

— ....

どうして彼女はベジタリアンレストランで昼食をとるのですか？

— ....

肉を食べないから．

〔解答〕

1. Pourquoi êtes-vous arrivé(e)s en retard ?

Parce que nous nous sommes trompé(e)s de route.

2. Pourquoi la voiture a-t-elle dérapé ?

Parce qu'il y avait du verglas.

3. Pourquoi ne dites-vous rien ?

Parce que je n'ai rien à ajouter.

4. Pourquoi a-t-il attrapé une insolation ?

Parce qu'il est resté trop longtemps au soleil.

5. Pourquoi déjeune-t-elle dans un restaurant végétarien ?

Parce qu'elle ne mange pas de viande.

284

♦ parce que ... の節を主節と一緒に用いる場合は，ふつう，結果として生じた事柄を主節で述べて，そのあと parce que ... の節で原因・理由を明らかにします．

Je ne suis pas venu(e) à la réunion hier parce que j'étais malade.

私はきのう会合に出なかったが，それは私が病気だったからだ．

~~ 〚参考〛 ~~~~~~

parce que を用いた表現

parce que ... の節はしばしば次のような構文で用いられます．

◇ ce n'est pas parce que A, mais parce que B　AだからではなくBだからだ

Il a eu un accident ; ce n'est pas parce qu'il était ivre, mais parce qu'il pensait à autre chose.

彼は事故を起こした．酔っていたからではなく，ほかのことを考えていたからだ．

なお，改まった言い方では ce n'est pas parce que の意味で ce n'est pas que や non que, non pas que を用いることがあり，その場合は一般に動詞を接続法にします．

Il a eu un accident ; ce n'est pas [non (pas)] qu'il soit (または接続法半過去の fût) ivre, mais il pensait à autre chose.

◇ ce n'est pas parce que A que B　AだからといってBだということにはならない

B parce que A「AだからBだ」の parce que A を強調構文で強調した C'est parce que A que B「AだからBなのだ」を否定形にした表現です．

Ce n'est pas parce qu'on est pressé qu'il faut bousculer des gens.

　急いでいるから人を突き飛ばさなければならないということはない，急いでいるから
といって人を突き飛ばしてよいわけはない．

　(「急いでいるから人を突き飛ばさなければならない」という言い分を否定する)

~~~~~~

【練習2】 puisque ...

　puisque ...「…なのだから」は，相手も知っている事柄や自明である事柄を，自分の意
見・判断などの根拠として述べるときに使います．parce que ... とは逆に，puisque ... の
節はたいてい主節の前に置きます．

- -

　parce que あるいは puisque のうちで適切なほうを書き入れましょう(エリジヨンする
場合があります).

1. .... il fait beau, allons faire un tour.

　　天気がいいのだから，ちょっと散歩をしに行こう．

2. Je n'ai pas pris le petit déjeuner .... je me suis réveillé(e) tard.

　　遅くに目が覚めたので，私は朝食をとらなかった．

3. Aide-moi à traduire ce texte .... tu es fort(e) en anglais.

　　君は英語に強いのだから，このテキストを訳すのを手伝って．

4. Elle a été obligée de revenir .... elle avait oublié ses clés.

　　鍵を忘れてしまったので，彼女は戻らざるをえなかった．

5. .... vendredi prochain sera un jour férié, il y aura un week-end de trois
jours.

　　こんどの金曜日は祭日だから，3日間の週末休暇になる．

6. Ne m'appelle pas ce soir .... j'irai au concert et que je rentrerai tard.

　　今夜は電話をしないで，私はコンサートへ行って帰宅が遅いだろうから．

7. Pourriez-vous garder mon chat .... vous aimez les animaux et que vous
resterez à Paris cet été ?

　　あなたは動物好きで，この夏はパリに留まるのですから，私の猫を預かっていただけ
ませんか？

〔解答〕

1. Puisqu'　2. parce que　3. puisque　4. parce qu'　5. Puisque　6. parce que
7. puisque

◆ [練習2]の4.や7.の文のように，parce que や puisque などの従属接続詞を繰り返す場合，2
番目(およびそれ以後)は que で代用することができます.

【練習3】 comme ... ; car ...

comme ...「…なので」は論理にかなっていると思われる因果関係を客観的に述べるときに使います. まず comme ... の節で原因・理由を示して, その当然の結果を主節で述べます(日本語の「…なので…だ」と同じ順番です).

car... は逆に, まず事実を述べ, そのあとで「というのは…だからだ」と, その理由・根拠を付け加えます. 主節の独立性が強いので, 主節の後にコンマを入れるのがふつうです.

例にならって, comme と car を使った文にしましょう.

[例] ma voiture est en réparation ⇒ je suis venu(e) en train
　　　私の車は修理中だ ⇒ 電車で来た
　　　→ Comme ma voiture est en réparation, je suis venu(e) en train.
　　　　私の車は修理中なので, 電車で来た.
　　　→ Je suis venu(e) en train, car ma voiture est en réparation.
　　　　私は電車で来た, というのも車が修理中なのだ.

1. ils dormaient très profondément ⇒ ils n'ont pas entendu le cambrioleur
　　彼らはぐっすりと眠っていた ⇒ 泥棒の物音が聞こえなかった
　　→ ....
　　→ ....

2. elle déteste les fast-foods ⇒ elle n'a jamais mis les pieds dans un McDonald
　　彼女はファストフードが嫌いだ ⇒ マクドナルドの店に一度も入ったことがない
　　→ ....
　　→ ....

3. le bébé avait une grosse fièvre ⇒ elle a fait venir le médecin
　　赤ん坊が高熱を出していた ⇒ 彼女は医者を呼んだ
　　→ ....
　　→ ....

4. il y avait du brouillard ⇒ les automobilistes conduisaient prudemment
　　霧がかかっていた ⇒ ドライバーは慎重に運転していた
　　→ ....
　　→ ....

〔解答〕
1. Comme ils dormaient très profondément, ils n'ont pas entendu le cambrioleur.
　Ils n'ont pas entendu le cambrioleur, car ils dormaient très profondément.
2. Comme elle déteste les fast-foods, elle n'a jamais mis les pieds dans un McDonald.
　Elle n'a jamais mis les pieds dans un McDonald, car elle déteste les fast-foods.

3. Comme le bébé avait une grosse fièvre, elle a fait venir le médecin.

   Elle a fait venir le médecin, car le bébé avait une grosse fièvre.

4. Comme il y avait du brouillard, les automobilistes conduisaient prudemment.

   Les automobilistes conduisaient prudemment, car il y avait du brouillard.

◆ car はやや文語的で，日常会話では en effet がよく用いられます．また文書では，接続詞を用いず，コロンで区切った並置節で理由を表すことがあります．

    Je suis venu(e) en train ; en effet, ma voiture est en réparation.

    私は電車で来た，なにしろ車が修理中なのだ．

    Je suis venu(e) en train : ma voiture est en réparation.

    私は電車で来た，車が修理中なのだ．

◆ étant donné que は comme と類義ですが，改まった表現で，明白な事実を述べて因果関係を強調します．

    Étant donné que le chômage augmente, les jeunes gens ont des difficultés à trouver un emploi.

    失業が増大しているので，若者は職を見つけるのに苦労している．

◆ maintenant que ... ; à présent que ... 「今では…だから」は，時を表す副詞(句)と接続詞の que を組み合わせた原因・理由の表現です．

    Maintenant [À présent] qu'il est guéri, il peut sortir. 彼はもう治っているから，外出できる．

~~ 〚参考〛 ~~~~~~

等位節と並置節

  2つ(以上)の節から成る文を複文と言います．複文の2つの節が対等の関係で結ばれているときはそれらを「等位節」と呼び，主従関係にあれば主節と従属節と呼びます．等位節を結びつける接続詞は「等位接続詞」で，その代表は et です．et でつながれる等位節が表す事柄はさまざまですが，先行する等位節で述べた事態が原因で起こる別の事態，すなわち結果を導く場合にも用いられます．

    Il était très fatigué et il s'est endormi tout de suite.

    彼はとても疲れていて，すぐに眠りについた．

  また，2つの節が等位接続詞なしに並置されることがあり，そのおのおのの節は「並置節」と呼ばれます．et を用いず，コンマ(あるいはセミコロン)で区切った並置節で結果を表すこともできます．

    Il était très fatigué, il s'est endormi tout de suite.

    彼はとても疲れていて，すぐに眠りについた．

  上の[練習3]の注記でも述べましたが，結果を先に言い，その原因・理由をコロンで区切った並置節で表すこともあります．

    Il s'est endormi tout de suite : il était très fatigué.

    彼はすぐに眠りについた，とても疲れていたのだ．

~~~~~~

【練習4】 sous prétexte que ...

sous prétexte que ...「…を口実にして」は，一般に，ほかの人が述べた原因や理由を伝える場合に用います．それが本当の原因・理由かどうかは不明で，しばしば話し手の疑念が込められています．

文の後半を sous prétexte que を用いて書き換えましょう．

[例] Elle ne veut pas sortir ; elle prétexte qu'il pleut.
　　　彼女は外出しようとしない．雨が降っているということを口実にしている．
　　　　→ Elle ne veut pas sortir <u>sous prétexte qu'il pleut</u>.
　　　　　彼女は雨が降っているという口実で外出しようとしない．

1. Lucie se lève tard le matin ; elle prétexte qu'elle est en hypotension.
　　リュシーは朝遅く起きる．低血圧だということを口実にしている．
　　　→ Lucie se lève tard le matin _____
　　　　リュシーは低血圧だという口実で朝遅く起きる．

2. Patrick a manqué trois jours ; il a prétexté qu'il avait eu un accident.
　　パトリックは3日間休んだ．事故にあったということを口実にした．
　　　→ Patrick a manqué trois jours _____
　　　　パトリックは事故にあったという口実で3日間休んだ．

3. Il arrive que mon mari rentre tard ; il prétexte qu'il a un travail urgent au bureau.
　　夫は遅く帰宅することがある．会社で緊急の仕事があるということを口実にする．
　　　→ Il arrive que mon mari rentre tard _____
　　　_____
　　　　夫は会社で緊急の仕事があるという口実で遅く帰宅することがある．

4. Ma fille a utilisé ma voiture ; elle a prétexté qu'elle en avait besoin pour aller faire des courses.
　　娘は私の車を使った．買い物に行くのに必要だったということを口実にした．
　　　→ Ma fille a utilisé ma voiture _____
　　　_____
　　　　娘は買い物に行くのに必要だったという口実で私の車を使った．

〔解答〕

1. ... sous prétexte qu'elle est en hypotension.
2. ... sous prétexte qu'il avait eu un accident.
3. ... sous prétexte qu'il a un travail urgent au bureau.
4. ... sous prétexte qu'elle en avait besoin pour aller faire des courses.

2. 前置詞・ジェロンディフ

◇ à cause de ～ ～のために，～のせいで

Les routes sont glissantes à cause de la pluie.

道路は雨のために滑りやすくなっている．

◇ grâce à ～ ～のおかげで

Le malade a été sauvé grâce à ce nouveau médicament.

病人はこの新薬のおかげで救われた．

◇ en raison de ～ ～のため，～の理由で

Le réseau routier est paralysé en raison des chutes de neige.

降雪のため，道路交通網が麻痺している．

◇ à force de ～ 大いに～したので

Il est arrivé premier au marathon à force d'entraînement.

彼はトレーニングを積んでマラソンで一着になった．

◇ faute de ～ ～がないので

Faute de temps, je n'ai pas encore lu ce livre.

時間がなくて，その本をまだ読んでない．

◇ avec ～ ; de ～ ; par ～ ; pour ～ ～のせいで，～のために

Avec ce bruit, on ne peut pas se concentrer sur le travail.

　この騒音では仕事に集中できない．

Mon grand-père est mort de vieillesse à l'âge de 90 ans.

　祖父は老衰のため90歳で死亡した．

C'est par amitié pour lui que je le soutiens.

　私が彼を支援するのは彼への友情ゆえだ．

L'automobiliste a dû payer une amende pour excès de vitesse.

　運転者はスピードの出しすぎで罰金を払うはめになった．

◇ ジェロンディフ

Je suis arrivé(e) en retard au bureau en ratant l'autobus.

私はバスに乗り遅れて会社に遅刻した．

【練習1】 à cause de ～ ; grâce à ～

　à cause de ～「～のために，～のせいで」は，原因・理由を述べるときに用いる代表的な前置詞句です．しばしば，好ましくない事柄を述べるときに用います．

　grâce à ～「～のおかげで」は好ましい結果をもたらす原因を述べるときに用います．

　à cause de ～，grâce à ～ は文の終わりに置くことが多いですが，文の初めに置くこともできます(この練習では文の終わりに置いてあります)．

à cause de か grâce à を書き入れましょう (前置詞と冠詞が縮約する場合があります).

1. Cette rue est barrée .... les travaux.

   この通りは工事のために通行止めになっている.

2. Claude a pris la bonne décision .... tes précieux conseils.

   君の貴重な助言のおかげでクロードは適切な決断をした.

3. Il a dépensé beaucoup d'argent .... sa femme.

   彼は妻のせいで大金を使った.

4. Les travaux domestiques sont devenus plus faciles .... les appareils électroménagers.

   家庭電化製品のおかげで家事がより簡単になった.

5. La promenade en bateau est annulée .... le mauvais temps.

   船での遊覧は悪天候のため中止になっている.

6. La température moyenne continue à s'élever .... le réchauffement de la planète.

   地球温暖化のために平均気温が上がり続けている.

7. Nous avons pu trouver un appartement confortable .... cette agence immobilière.

   私たちはその不動産屋のおかげで快適なアパートを見つけることができた.

〔解答〕

1. à cause des 2. grâce à 3. à cause de 4. grâce aux 5. à cause du

6. à cause du 7. grâce à

【練習2】 en raison de ～

en raison de ～「～のため, ～の理由で」は, やや改まった表現で, 報告や通知の文でよく使われます. 文の終わりに置くことが多いですが, 文の初めに置くこともできます (この練習では文の終わりに置いてあります).

次の (a) から (e) の語群を下記の文につなげて, 文を完成させましょう.

(a) en raison d'un incident technique

(b) en raison d'une forte grêle

(c) en raison d'une grave maladie

(d) en raison de la grève des pilotes

(e) en raison des travaux de renouvellement de canalisation

1. L'eau sera coupée demain, de 9 h à 10 h

   導管の取り換え工事のため, 明日9時から10時まで断水する.

2. L'émission a été temporairement interrompue

   技術的トラブルのため，放送は一時中断された.

3. Le chanteur a dû renoncer à sa tournée

   重病のため，歌手はツアーを断念せざるをえなくなった.

4. Les arbres fruitiers ont été gravement endommagés

   激しい雹(ひょう)のため，果樹は重大な被害をこうむった.

5. Tous les vols sont annulés

   パイロットのストのため，フライトはすべて欠航している.

〔解答〕

1. (e) ... en raison des travaux de renouvellement de canalisation.
2. (a) ... en raison d'un incident technique.
3. (c) ... en raison d'une grave maladie.
4. (b) ... en raison d'une forte grêle.
5. (d) ... en raison de la grève des pilotes.

♦ en raison de の類義表現として **par suite de** 〜 や **du fait de** 〜 があります.
   Le réseau routier est paralysé par suite [du fait] des chutes de neige.
   降雪のため，道路交通網が麻痺している.

【練習3】 à force de 〜 ; faute de 〜

à force de 〜 は，直訳すれば「〜の力で，効力で」という意味で，ある行為を強度にまたは頻繁に行なったことを理由・原因として述べます.

faute de 〜 のもとの意味は「〜の不足，欠落」です，物が不足していたり，行為を行わないことが原由・理由である場合に用います.

どちらの前置詞も，無冠詞名詞か不定詞を伴います.

à force de, faute de のいずれかを書き入れましょう(エリジヨンする場合があります).

1. .... patience, il est enfin arrivé à ses fins.
   強い忍耐力で彼はついに目的を達した.

2. .... preuves, le suspect sera relâché.
   被疑者は証拠不十分で釈放されるだろう.

3. Il est devenu milliardaire .... racheter de petits magasins.
   彼は小規模店舗をさかんに買収して億万長者になった.

4. .... argent, nous avons renoncé à notre voyage.

お金がなくて私たちは旅行をあきらめた.

5. Il a perdu sa fortune .... perdre beaucoup au jeu.

彼はギャンブルで大負けを繰り返して財産を失った.

6. .... avoir noté mon rendez-vous, je l'ai oublié.

私は会う約束をメモしなかったのでそれを忘れてしまった.

【解答】
1. À force de 2. Faute de 3. à force de 4. Faute d' 5. à force de 6. Faute d'

【練習4】　avec 〜 ; de 〜 ; par 〜 ; pour 〜

前置詞の avec, de, par, pour にはさまざまな用法がありますが,「原因・理由」も表すことができます.

avec — 基本的には「同伴・共同」を意味するので,「こうした事情があるので」と, 主に会話で, 相手も知っている事柄を原因として述べるときに用います.

de —「〜から」という起点や起源の意味から原因の意味につながっています. 感情や精神・身体状態を表す無冠詞名詞を伴うのが一般的です.

par — 行動の手段や方法を意味する用法から転化して, 行動の原因・理由も意味するようになりました. 無冠詞の抽象名詞とともに用いることが多いです.

pour — 目的を表すのが基本的な用法ですが, 日本語の「…のために」と同様に, 目的から, 因果関係も表すようになりました. 賞罰の理由を示す場合によく用いられ, その場合は, 無冠詞名詞や不定詞複合形を伴います.

avec, de, par, pour のいずれかを書き入れましょう.

1. Ils tremblaient .... peur.

彼らは恐怖に震えていた.

2. J'ai envoyé .... erreur un mail à une adresse.

私は間違ってメールを別のアドレスに送ってしまった.

3. Cet homme a fait un an de prison .... vol.

その男は窃盗で1年服役した.

4. .... la chaleur qu'il fait ces temps-ci, les plantes vont se faner.

このところの暑さで草花がしおれかけている.

5. Il est entré chez un antiquaire .... simple curiosité.

彼は単なる好奇心から一軒の骨董屋に入った.

6. Je vais me coucher, je tombe .... sommeil.

私は寝に行く, 眠くて倒れそうだ.

7. .... ce temps magnifique, il ne faut pas rester confiné à la maison.

こんなすばらしい天気なのだから，家に閉じこもっていてはいけない．

8. L'athlète a été félicité .... avoir battu le record du monde.

その陸上競技選手は世界記録を更新したことで称賛された．

〔解答〕

1. de 2. par 3. pour 4. Avec 5. par 6. de 7. Avec 8. pour

【練習5】 ジェロンディフ

　ジェロンディフの〈en＋現在分詞〉は，parce que や comme で導かれる節と同じように原因・理由を表すことができます．形が簡単で，節のように動詞を活用させる必要がないので，原因・理由について細かいニュアンスを伝える必要がなければジェロンディフで済ませることができます．なお，ジェロンディフの否定形は，ne ... pas を現在分詞の前後に置きます．

------

parce que ... の節を，ジェロンディフを用いて書き換えましょう．

[例]　Je suis arrivé(e) en retard au bureau parce que j'avais raté l'autobus.

　　　私はバスに乗り遅れたために会社に遅刻した．

　　　→ Je suis arrivé(e) en retard au bureau en ratant l'autobus.

　　　私はバスに乗り遅れて会社に遅刻した．

1. L'automobiliste a évité un accident parce qu'il a freiné à temps.

　　ドライバーはタイミングよくブレーキをかけたために事故にあわなかった．

　　→ L'automobiliste a évité un accident _____

2. Le petit s'est tordu la cheville parce qu'il a sauté du canapé.

　　ちびちゃんはソファーから飛び降りたために足首をくじいた．

　　→ Le petit s'est tordu la cheville _____

3. Ils ont enfin divorcé parce qu'ils vivaient séparés pendant longtemps.

　　彼らは長いこと別れて暮らしていたためにとうとう離婚した．

　　→ Ils ont enfin divorcé _____

4. Il a brûlé une chemise parce qu'il l'a repassée avec un fer trop chaud.

　　彼はあまりに高温のアイロンをかけたためにシャツを焦がしてしまった．

　　→ Il a brûlé une chemise _____

5. Cet élève a eu de mauvaises notes parce qu'il n'avait pas bien travaillé.

　　その生徒はよく勉強しなかったために悪い成績をとった．

　　→ Cet élève a eu de mauvaises notes _____

〔解答〕

1. ... en freinant à temps.

2. ... en sautant du canapé.

3. ... en vivant séparés pendant longtemps.

4. ... en la repassant avec un fer trop chaud.

5. ... en ne travaillant pas bien.

◆ 書き言葉では，原因・理由を分詞節で表すことがあります（⇨ 第 1 巻『文法』§62）

Freinant à temps, l'automobiliste a évité un accident.

タイミングよくブレーキをかけたのでドライバーは事故にあわなかった．

§21　結果の表現

結果を表す主な接続詞には次のようなものがあります．相関語句は 2.の項で示します．

1. 接続詞

◇ alors ...　それで…，だから…

Il était très fatigué, alors il s'est endormi tout de suite.

彼はとても疲れていた，それですぐに眠りについた．

◇ si bien que ...　したがって...，だから…

Il était très fatigué, si bien qu'il s'est endormi tout de suite.

彼はとても疲れていた，だからすぐに眠りについた．

◇ c'est pourquoi ...　そういうわけで…，そのせいで…

Elle a pleuré, c'est pourquoi elle a les yeux rouges.

彼女は泣いた，そのせいで目が赤い．

◇ donc ... ; par conséquent ...　それゆえ...，したがって…

La plupart des habitants sont partis en vacances, donc [par conséquent] le quartier est presque désert.

住民の大半がバカンスに出かけた，したがって界隈にはほとんど人がいない．

【練習 1】　alors ... ; si bien que ...

alors は「そのとき」を意味する副詞ですが，等位接続詞の働きをして，「それで...，だから...」のように，結果を表す節を導くことができます．

Il était très fatigué, alors il s'est endormi tout de suite.

彼はとても疲れていた，それですぐに眠りについた．

si bien que ... は，語源的には「たしかにそうだから…」のような意味ですが，現在では結果を表す節を導く接続詞として日常語でよく用いられます．後出の 2.の項で見る相関語句〈si ~ que ...〉と区別するために，一般に si bien que の前にコンマを入れます．

Il était très fatigué , si bien qu'il s'est endormi tout de suite.
彼はとても疲れていた，だからすぐに眠りについた．

例にならって，alors ... の節を si bien que ... の節に書き換えましょう．

[例] Il était très fatigué, alors il s'est endormi tout de suite.
彼はとても疲れていた，それですぐに眠りについた．
→ Il était très fatigué, si bien qu'il s'est endormi tout de suite.
彼はとても疲れていた，だからすぐに眠りについた．

1. Il s'est réveillé tard, alors il est parti sans prendre de petit déjeuner.
彼は遅く目が覚めた，それで朝食をとらずに出かけた．
→ Il s'est réveillé tard, _____

2. La pluie a commencé à tomber, alors ils se sont abrités sous un porche.
雨が降り出した，それで彼らはポーチの下で雨宿りした．
→ La pluie a commencé à tomber, _____

3. L'ascenseur est en panne, alors on est obligé de monter à pied.
エレベーターが故障している，それで歩いて上らざるをえない．
→ L'ascenseur est en panne, _____

4. J'étais un peu enrhumé(e), alors je ne suis pas sorti(e).
私は風邪ぎみだった，それで外出しなかった．
→ J'étais un peu enrhumé(e), _____

5. La mer est agitée, alors la baignade est interdite.
海が荒れている，それで遊泳は禁止になっている．
→ La mer est agitée, _____

〔解答〕

1. ... si bien qu'il est parti sans prendre de petit déjeuner.
2. ... si bien qu'ils se sont abrités sous un porche.
3. ... si bien qu'on est obligé de monter à pied.
4. ... si bien que je ne suis pas sorti(e).
5. ... si bien que la baignade est interdite.

◆ 強調して tant et si bien que とも言います．
Il était très fatigué, tant et si bien qu'il s'est endormi tout de suite.
彼はとても疲れていた，それだからすぐに眠りについた．

【練習2】 c'est pourquoi ...

c'est pourquoi ... は，「そういうわけで…なのだ，そのせいで…だ」と，結果を表す構文
です．原因と結果の関係は，〈A parce que B〉=〈B, c'est pourquoi A〉になります．

例にならって，... parce que ... の文を ..., c'est pourquoi ... の文に書き換えましょう.

[例] Elle a les yeux rouges <u>parce qu'</u>elle a pleuré.

彼女は目が赤い，泣いたからだ.

→ Elle a pleuré, <u>c'est pourquoi</u> elle a les yeux rouges.

彼女は泣いた，そのせいで目が赤い.

1. Ils ne se parlent plus parce qu'ils se sont disputés l'autre jour.

彼らはもう互いに口をきかない，先日口論したからだ.

→ ....

彼らは先日口論した，そのせいでもう互いに口をきかない.

2. Tu ne fais pas de progrès parce que tu ne travailles pas sérieusement.

君は進歩しない，まじめに勉強しないからだ.

→ ....

君はまじめに勉強しない，それだから進歩しない.

3. Je me suis fâché(e) parce qu'il m'a parlé sur un ton désagréable.

私は気を悪くした，彼が不愉快な口調で私に話したからだ.

→ ....

彼は不愉快な口調で私に話した，だから私は気を悪くした.

4. J'ai mal au foie parce que j'ai trop mangé.

私は胸やけがする，食べ過ぎたからだ.

→ ....

私は食べ過ぎた，そのせいで胸やけがする.

5. Il grossit parce qu'il mange tout le temps et qu'il ne fait pas de sport.

彼は太ってきている，しょっちゅう食べていてスポーツをしないからだ.

→ ....

彼はしょっちゅう食べていてスポーツをしない，だから太ってきている.

〔解答〕

1. Ils se sont disputés l'autre jour, c'est pourquoi ils ne se parlent plus.

2. Tu ne travailles pas sérieusement, c'est pourquoi tu ne fais pas de progrès.

3. Il m'a parlé sur un ton désagréable, c'est pourquoi je me suis fâché(e).

4. J'ai trop mangé, c'est pourquoi j'ai mal au foie.

5. Il mange tout le temps et il ne fait pas de sport, c'est pourquoi il grossit.

♦ c'est pourquoi ... と類義の表現に voilà pourquoi ... や voici pourquoi ... があります.

♦ 日常語では c'est pour ça que ... をよく使います.

Elle a pleuré, <u>c'est pour ça qu'</u>elle a les yeux rouges.

彼女は泣いた，だから目が赤い.

【練習3】　donc ... ; par conséquent ...

　donc ... と par conséquent ... は，「それゆえ…，したがって…」のように，論理的な結論を導くときに用います．やや改まった表現ですから，原因・理由の car と対応させることができるでしょう：〈A, car B = B, donc [par conséquent] A〉．なお，この場合の donc は語末の c も発音します．

　例にならって，..., car ... の文を ..., donc ... と ..., par conséquent ... の文に書き換えましょう（donc [par conséquent] と略記してかまいません）．

[例]　Le quartier est presque désert, <u>car</u> la plupart des habitants sont partis en vacances.
　　　界隈にはほとんど人がいない，住民の大半がバカンスに出かけたからだ．

　　　→ La plupart des habitants sont partis en vacances, <u>donc [par conséquent]</u> le quartier est presque désert.
　　　　住民の大半がバカンスに出かけた，したがって界隈にはほとんど人がいない．

1. Mon fils ne pourra pas voter aux prochaines élections, car il n'a pas encore dix-huit ans.
　　息子は今回の選挙で投票できない，まだ18歳になっていないからだ．

　　→ ....
　　..

　　息子はまだ18歳になっていない，したがって今回の選挙で投票できない．

2. Dans le Midi, il se produit de nombreux incendies de forêt, car il n'a pas plu depuis des mois.
　　南仏では森林火災が多発している，数か月雨が降っていないからだ．

　　→ ....
　　..

　　南仏では数か月雨が降っていない，したがって森林火災が多発している．

3. On est obligé de prendre une déviation, car il y a des travaux sur l'autoroute.
　　迂回路を通らざるをえない，高速道路で工事をしているからだ．

　　→ ....
　　..

　　高速道路で工事をしている，したがって迂回路を通らざるをえない．

4. Le président a annulé sa visite à l'étranger, car la situation intérieure a mal tourné.
　　大統領は外国訪問を取りやめた，国内情勢が悪化したからだ．

　　→ ....
　　..

　　国内情勢が悪化した，したがって大統領は外国訪問を取りやめた．

1. Mon fils n'a pas encore dix-huit ans, donc [par conséquent] il ne pourra pas voter aux prochaines élections.

2. Dans le Midi, il n'a pas plu depuis des mois, donc [par conséquent] il se produit de nombreux incendies de forêt.

3. Il y a des travaux sur l'autoroute, donc [par conséquent] on est obligé de prendre une déviation.

4. La situation intérieure a mal tourné, donc [par conséquent] le président a annulé sa visite à l'étranger.

♦ 日常語では，donc を副詞として用いて動詞の後に置きます.

..., le quartier est <u>donc</u> presque désert. ···, 界隈にはしたがってほとんど人がいない.

♦ par conséquent は en conséquence とも言います.

2. 相関語句

位置の離れたふたつの語句が，原因と結果をまとめて表現します.

(1) que＋直説法

◇ si ～ que ... ; tellement ～ que ... とても～なので…

J'avais <u>si</u> [tellement] soif <u>que</u> j'ai bu un verre d'eau d'un seul trait.

私はとても喉が渇いていたので，コップの水を一気に飲んだ.

◇ tant (de ～) que ... ; tellement (de ～) que ... たくさん(の～)なので…

Ils avaient <u>tant</u> [tellement] marché <u>qu'</u>ils étaient épuisés.

彼らはとても歩いたので，疲れ切っていた.

Elle a <u>tant</u> [tellement] <u>de</u> soucis qu'elle ne dort plus.

彼女は心配事がたくさんあるので，眠れなくなっている.

◇ un(e) tel(le) ～ que ... 大変な～なので…

J'avais <u>une telle</u> soif <u>que</u> j'ai bu un verre d'eau d'un seul trait.

私はとても喉が渇いていたので，コップの水を一気に飲んだ.

(2) que＋接続法

◇ assez (de) ～ pour que ... じゅうぶん～なので…できる

Les enfants sont déjà <u>assez</u> grands <u>pour que</u> leurs parents les laissent seuls à la maison.

子供たちはもうじゅうぶん大きいので，親は彼らだけを家に置いておける.

◇ trop (de) ～ pour que ... あまりに～なので…できない

Les enfants sont encore <u>trop</u> petits <u>pour que</u> leurs parents les laissent seuls à la maison.

子供たちはまだ小さすぎるので，親は彼らだけを家に置いておけない.

(3) pour＋不定詞

◇ assez (de) ～ pour ...　じゅうぶん～なので…できる

Les enfants sont déjà <u>assez</u> grands <u>pour</u> rester seuls à la maison.

　子供たちはもうじゅうぶん大きいので，自分たちだけで家にいられる．

◇ trop (de) ～ pour ...　あまりに～なので…できない

Les enfants sont encore <u>trop</u> petits <u>pour</u> rester seuls à la maison.

　子供たちはまだ小さすぎるので，自分たちだけで家にいられない．

【練習1】　si ～ que ... ; tellement ～ que ...

　si [tellement] ～ que ...「とても～なので…」は，強意の副詞と接続詞 que を相関語句として用いる表現です．文の前半部で原因，後半部で結果を表します．si も tellement も同じように用いられますが，tellement のほうはややくだけた言い方です．

　この表現の si と tellement は，très と同じく，形容詞，副詞，および動詞句の無冠詞名詞を修飾します．これらの副詞を同時に用いることはありません．

　例にならって，si ～ que ... と tellement ～ que ... の文に言い換えましょう(si [tellement] と略記してかまいません)．

[例]　J'avais <u>très</u> soif ; j'ai bu un verre d'eau d'un seul trait.

　　　私はとても喉が渇いていた．私はコップの水を一気に飲んだ．

　　　J'avais <u>si</u> [tellement] soif <u>que</u> j'ai bu un verre d'eau d'un seul trait.

　　　私はとても喉が渇いていたので，コップの水を一気に飲んだ．

1. J'avais très sommeil ; je ne pouvais pas garder les yeux ouverts.

　　私はとても眠かった．私は目を開けてはいられなかった．

　　→ --

2. Il ment très souvent ; personne ne croit plus ce qu'il dit.

　　彼はしょっちゅう嘘をつく．誰ももう彼の言うことを信じない．

　　→ --

3. Ce livre était très intéressant ; je l'ai lu en une nuit.

　　その本はとてもおもしろかった．私はそれを一晩で読んだ．

　　→ --

4. Cette nuit, le vent a soufflé très fort ; plusieurs arbres sont tombés.

　　昨夜は風がとても強く吹いた．何本もの木が倒れた．

　　→ --

5. La Joconde est un tableau très célèbre ; tous les visiteurs veulent le voir.

　　モナリザはとても有名な絵だ．来館者は皆それを見たがる．

　　→ --

〔解答〕

1. J'avais si [tellement] sommeil que je ne pouvais pas garder les yeux ouverts.

2. Il ment si [tellement] souvent que personne ne le croit plus.

3. Ce livre était si [tellement] intéressant que je l'ai lu en une nuit.

4. Cette nuit, le vent a soufflé si [tellement] fort que plusieurs arbres sont tombés.

5. La Joconde est un tableau si [tellement] célèbre que tous les visiteurs veulent le voir.

♦ si ～ que ... と結果を表す接続詞 si bien que ... (⇨ 前出の 1. 接続詞 [練習 1]) を混同しないよう注意しましょう. si bien que の前にコンマを入れれば誤解を避けることができます.

  Il ment <u>si bien que</u> tout le monde croit ce qu'il dit.

  彼はとてもうまく嘘をつくので, みんな彼の言うことを信じる.

  Il ment, <u>si bien que</u> personne ne croit ce qu'il dit.

  彼は嘘つきなので, 誰も彼の言うことを信じない.

♦ tellement を接続詞的に用いて, 文の前半部で結果を, 後半部で原因を表すことができます (si にはこのような用法はありません).

  Tous les hommes se retournent quand elle passe, <u>tellement</u> elle est belle.

  彼女が通ると男たちはみんな振り返る, それほど彼女は美しいのだ.

【練習 2】 tant (de ～) que ... ; tellement (de ～) que ...

 [練習 4] と同様の, 強意の副詞を含む表現ですが, 動詞を修飾する場合は tant あるいは tellement を, 名詞を修飾する場合は tant de あるいは tellement de を用います. 副詞の beaucoup, beaucoup de と同じです.

---

[1] 例にならって, tant que ... と tellement que ... の文に言い換えましょう (練習の文では tant [tellement] と表記します). なお, 下の最初の文のように, que ... の節を伴わずに tant や tellement を使うと感嘆を表します.

[例] Ils étaient épuisés : ils avaient <u>tant</u> [tellement] marché !

  彼らは疲れ切っていた. とっても歩いたのだ !

  Ils avaient <u>tant</u> [tellement] marché qu'ils étaient épuisés.

  彼らはとても歩いたので, 疲れ切っていた.

1. Je ne l'ai pas reconnu : il a tant [tellement] vieilli !

  彼だとはわからなかった. 彼はとっても老けてしまったのだ !

 → ....

  彼はとても老けてしまったので, 彼だとはわからなかった.

2. Ce jeune homme ferait n'importe quoi pour elle : il l'aime tant [tellement] !

  その若者は彼女のために何でもするだろう. 彼女をとっても愛しているのだ !

 → ....

  その若者は彼女をとても愛しているので, 彼女のために何でもするだろう.

3. Mon fils ne peut plus mettre ce blouson : il a tant [tellement] grandi !

 息子はもうこのブルゾンを着られない．とっても大きくなったのだ！

 → ....

  息子はとても大きくなったので，もうこのブルゾンを着られない．

4. Elle est mince comme un fil : elle a tant [tellement] maigri !

 彼女は糸のように細い．とっても痩せたのだ！

 → ....

  彼女はとても痩せたので，糸のように細い．

〔解答〕

1. Il a tant [tellement] vieilli que je ne l'ai pas reconnu.

2. Ce jeune homme l'aime tant [tellement] qu'il ferait n'importe quoi pour elle.

3. Mon fils a tant [tellement] grandi qu'il ne peut plus mettre ce blouson.

4. Elle a tant [tellement] maigri qu'elle est mince comme un fil.

[2] 例にならって，tant de ～ que ... と tellement de ～ que ... の文に言い換えましょう．

[例] Elle a beaucoup de soucis, alors elle ne dort plus.

  → Elle a tant [tellement] de soucis qu'elle ne dort plus.

   彼女は心配事がたくさんあるので，眠れなくなっている．

1. Il a beaucoup de travail, alors il ne pourra pas prendre de vacances.

 → ....

  彼は仕事がたくさんあるので，休暇をとれないだろう．

2. Il y a beaucoup de bruit, alors je n'arrive pas à me concentrer sur mon travail.

 → ....

  騒音がひどいので，私は仕事に集中できない．

3. Elle a beaucoup de robes, alors elle ne sait plus où les ranger.

 → ....

  彼女はドレスをたくさん持っているので，もうどこにしまっていいのかわからない．

4. Il y avait beaucoup de visiteurs, alors on ne pouvait même pas voir les tableaux.

 → ....

  来館者が大勢いたので，絵を見ることもできないほどだった．

〔解答〕

1. Il a tant [tellement] de travail qu'il ne pourra pas prendre de vacances.

2. Il y a tant [tellement] de bruit que je n'arrive pas à me concentrer sur mon travail.

3. Elle a tant [tellement] de robes qu'elle ne sait plus où les ranger.

4. Il y avait tant [tellement] de visiteurs qu'on ne pouvait même pas voir les tableaux.

【練習3】 un(e) tel(le) 〜 que ...

前出の[練習1]で見た〈si [tellement] 〜 que ...〉「とても〜なので…」を用いた文は，名詞を用いた〈不定冠詞+tel(le)+名詞+que ...〉「それほどの[大変な，ものすごい]〜なので…」の構文で表すこともできます.

    (a) J'avais <u>si [tellement]</u> soif <u>que</u> j'ai bu un verre d'eau d'un seul trait.

    (b) J'avais <u>une telle</u> soif <u>que</u> j'ai bu un verre d'eau d'un seul trait.

        私はとても喉が渇いていたので，コップの水を一気に飲んだ.

  (a)で用いられている動詞句 avoir soif の soif は無冠詞ですが，(b)では不定冠詞が付いていることに注意しましょう. 下記の問題の 2., 3., 4. のように，文の前半がほかの表現や構文のこともあります. なお，不定冠詞と tel は後続する名詞の性・数に応じて変化します.

- -

例にならって，文の前半を〈不定冠詞+tel(le)+名詞+que [qu']〉を含む構文にしましょう.

[例] J'avais très soif, j'ai bu un verre d'eau d'un seul trait.

      私はとても喉が渇いていて，コップの水を一気に飲んだ.

    → <u>J'avais une telle soif que</u> j'ai bu un verre d'eau d'un seul trait.

1. <u>Aline a très peur de l'orage,</u> elle se bouche les oreilles quand le tonnerre gronde.

    アリーヌは雷雨をとても怖がり，雷鳴がすると耳をふさぐ.

    → .... elle se bouche les oreilles ... .

2. <u>Cette entreprise était dans une forte crise,</u> elle a été obligée de licencier une partie de ses employés.

    その企業は大変な危機にあって，従業員の一部を解雇せざるを得なくなった.

    → .... elle a été obligée de ... .

3. <u>Ce roman connaît un grand succès,</u> il est traduit en plusieurs langues.

    この小説はとても売れていて，いくつもの言語に翻訳されている.

    → .... il est traduit ... .

4. <u>Le séisme a été d'une violence terrible,</u> beaucoup de maisons se sont écroulées.

    地震はすごく激しくて，多くの家屋が倒壊した.

    → .... beaucoup de maisons ... .

〔解答〕

1. Aline a une telle peur de l'orage qu' ...

2. Cette entreprise était dans une telle crise qu' ...

3. Ce roman connaît un tel succès qu' ...

4. Le séisme a été d'une telle violence que ...

【練習4】 assez (de) 〜 pour que＋接続法 / pour＋不定詞

〈assez (de) 〜 pour que＋接続法 / pour＋不定詞〉は，程度を表す副詞と目的を表す節や不定詞を組み合わせた表現で，文字どおりには「…するのにじゅうぶん〜である」という意味ですから，目的の表現に組み入れることもできますが，前出の相関語句と類似した「じゅうぶん〜なので…できる」という因果関係の表現としてとらえることもできます．否定文であれば「じゅうぶん〜ではないので…できない」の意味になります．

形容詞，副詞，動詞には assez を，名詞の前では assez de を使います．pour que ... の節と主節の主語が同じになる場合は〈pour＋不定詞〉にします．

- -

assez (de) 〜 pour que ... または assez (de) 〜 pour ... の文に言い換えましょう．この表現では，pour que や pour の後で pouvoir「できる」を用いる必要はありません．

[例] Les enfants sont déjà grands ; leurs parents peuvent les laisser seuls à la maison.
　　子供たちはもう大きい．親は彼らだけを家に置いておける．

　　→ Les enfants sont déjà <u>assez</u> grands <u>pour que</u> leurs parents les laissent seuls à la maison.
　　　　子供たちはもうじゅうぶん大きいので，親は彼らだけを家に置いておける．

Les enfants sont déjà grands ; ils peuvent rester seuls à la maison.
　子供たちはもう大きい．自分たちだけで家にいられる．

　　→ Les enfants sont déjà <u>assez</u> grands <u>pour</u> rester seuls à la maison.
　　　　子供たちはもうじゅうぶん大きいので，自分たちだけで家にいられる．

Les enfants ne sont pas encore grands ; leurs parents ne peuvent pas les laissent seuls à la maison [ils ne peuvent pas rester seuls à la maison].
　子供たちはまだ大きくない．親は彼らだけを家に置いておりない[自分たちだけで家にいられない]．

　　→ Les enfants ne sont pas encore <u>assez</u> grands <u>pour que</u> leurs parents les laissent seuls à la maison [<u>pour</u> rester seuls à la maison].
　　　　子供たちはまだじゅうぶんに大きくはないので，親は彼らだけを家に置いておけない[自分たちだけで家にいられない]．

[1] assez (de) 〜 pour (que) ... の文に言い換えましょう．

1. Le conférencier parle lentement ; l'auditoire peut le suivre.
　　講演者はゆっくり話す．聴衆は彼の話についていける．

　　→ -
　　　　講演者はじゅうぶんゆっくり話すので，聴衆は彼の話についていける．

2. Tu as travaillé ; tu pourras réussir le concours.
　　君は勉強した．選抜試験に受かるだろう．

　　→ -
　　　　君はじゅうぶん勉強したので，選抜試験に受かるだろう．

3. Ce stade est grand ; on peut y organiser des compétitions internationales.

この競技場は大きい．ここで国際大会を開ける．

→ ....

この競技場はじゅうぶん大きいので，ここで国際大会を開ける．

4. Nous avons de l'argent ; nous pouvons voyager à l'étranger.

私たちにはお金がある．外国旅行ができる．

→ ....

私たちにはじゅうぶんお金があるので，外国旅行ができる．

[2] ne ... pas assez (de) ～ pour (que) ... の文に言い換えましょう．

1. Il n'a pas beaucoup d'expérience ; on ne peut pas lui confier ce travail.

彼には多くの経験はない．彼にこの仕事を任すことはできない．

→ ....

彼にはじゅうぶんな経験がないので，この仕事を任すことはできない．

2. Ils ne se sont pas beaucoup entraînés ; ils ne gagneront pas le match.

彼らはたいしてトレーニングをしてこなかった．彼らは試合に勝たないだろう．

→ ....

彼らはじゅうぶんにレーニングをしてこなかったので，試合に勝たないだろう．

3. Son témoignage n'était pas très clair ; il ne nous a pas convaincus.

彼(女)の証言はあまり明快ではなかった．それは私たちを納得させなかった．

→ ....

彼(女)の証言はじゅうぶんに明快ではなかったので，私たちを納得させなかった．

4. Elle ne jouait pas très bien ; elle n'a pas pu obtenir le rôle.

彼女は演技があまりうまくなかった．彼女はその役を得られなかった．

→ ....

彼女は演技がじゅうぶんにうまくはなかったので，その役を得られなかった．

〔解答〕

[1] 1. Le conférencier parle assez lentement pour que l'auditoire le suive.

2. Tu as assez travaillé pour réussir le concours.

3. Ce stade est assez grand pour qu'on y organise des compétitions internationales.

4. Nous avons assez d'argent pour voyager à l'étranger.

[2] 1. Il n'a pas assez d'expérience pour qu'on lui confie ce travail.

2. Ils ne se sont pas assez entraînés pour gagner le match.

3. Son témoignage n'est pas assez clair pour nous convaincre.

4. Elle ne jouait pas assez bien pour obtenir le rôle.

【練習 5】 trop (de) 〜 pour que＋接続法 / pour＋不定詞

〈trop (de) 〜 pour que＋接続法 / pour＋不定詞〉は，「…するにはあまりに〜である；あまりに〜なので…できない」という意味です．trop と trop de，〈pour que＋接続法〉と〈pour＋不定詞〉の使い分けは〈assez (de) 〜 pour que＋接続法 / pour＋不定詞〉の場合と同様です．

Les enfants sont encore <u>trop</u> petits <u>pour que</u> leurs parents les laissent seuls à la maison [<u>pour</u> rester seuls à la maison].

子供たちはまだ小さすぎるので，親は彼らだけを家に置いておけない [自分たちだけで家にいられない].

----

trop (de) 〜 pour (que) ... の文に言い換えましょう.

1. Ma sœur est très timide ; elle ne peut pas parler en public.

私の妹はとても内気だ．彼女は人前で話ができない．

→ --

　　私の妹はあまりに内気なので，人前で話ができない.

2. Cette robe coûte très cher ; je ne peux pas l'acheter.

このドレスはとても高い．私はそれを買えない．

→ --

　　このドレスは高すぎるので，私は買えない.

3. J'ai beaucoup de travail ; je n'ai pas le temps de prendre le déjeuner.

私はとても仕事が多い．私は昼食をとる時間がない．

→ --

　　私はあまりに仕事が多いので，昼食をとる時間がない.

4. Il y a beaucoup de monuments à Paris ; nous ne pourrons pas les voir tous en quelques jours.

パリには多くの記念建造物がある．私たちは数日でそれらをすべて見ることはできないだろう．

→ --

　　パリにはあまりに多くの記念建造物があるので，私たちは数日でそれらをすべて見ることはできないだろう.

〔解答〕

1. Ma sœur est trop timide pour parler en public.
2. Cette robe coûte trop cher pour que je l'achète.
3. J'ai trop de travail pour avoir le temps de prendre le déjeuner.
4. Il y a trop de monuments à Paris pour que nous les voyions tous en quelques jours.

~~ 〚参考〛 ~~~~~~

その他の結果の表現

◇ de (telle) façon que ... ; de (telle) manière que ... ; de (telle) sorte que ...
したがって…，それで…

> La pluie ne cesse pas de tomber depuis 48 heures, <u>de façon que</u> les rivières montent dangereusement.
>
> 雨が48時間降り続いているので，川の水位は危険領域まで上昇している．
>
> ♦ 次の§22で見るように，de (telle) façon [manière, sorte] que ... は目的も表します．

◇ à (un) tel point que ... ; au point que ...　あまりに…なので…
「…するほどまでに」という程度の表現ですが因果関係も表します．

> Il était épuisé <u>à tel point</u> qu'il n'avait plus l'énergie de parler.
>
> 彼はぐったり疲れ切っていて，もう話をする気力もなかった．

副詞や副詞句が次のように接続詞として用いられることがあります．

◇ ainsi ... ; comme ça ...　そういうわけで…，したがって…，それで…
ainsi はやや改まった表現，comme ça はややくだけた日常表現です．

> Je me sentais un peu mal, <u>ainsi</u> [<u>comme ça</u>] je ne suis pas sorti(e).
>
> 私は気分がすぐれなかった，それで外出しなかった．

◇ aussi ...　それゆえ…，したがって…
改まった文語的表現です．aussi に後続する主語と動詞を倒置することがあります．

> La lumière d'Île-de-France est d'une grande douceur, <u>aussi</u> elle a [a-t-elle] inspiré les peintres impressionnistes.
>
> イル・ド・フランスの陽光はとても穏やかだ．それゆえ印象派の画家たちにインスピレーションを与えた．

◇ d'où ... ; de là ...　そのことから…，それで…，だから…
もとは「そこから」という場所の表現です．しばしば名詞だけの省略節になります．

> Le président de cette association caritative a détourné beaucoup d'argent, <u>d'où</u> [<u>de là</u>] un énorme scandale.
>
> その慈善団体の会長が大金を横領した．それで大スキャンダルになった．

◇ dès lors ...　そのことから…，それで…，だから…
もとは「その時から，それ以来」という時の表現です．

> Ils ne s'aiment plus ; <u>dès lors</u>, ils vont se séparer.
>
> 彼らはもう愛し合っていない，だからもうすぐ別れるだろう．

◇ du coup ...　そのことによって…，それで…，だから…
話し言葉で使われるくだけた表現です．

> Mon fils a eu la grippe ; <u>du coup</u>, il ne peut pas sortir.
>
> 息子はインフルエンザにかかった，だから外出できない．

~~~~~~

§22　目的の表現

　目的を表す主な接続詞や前置詞には次のようなものがあります．pour と de peur de は不定詞だけでなく名詞を伴うこともできます．

◇ pour que＋接続法 / pour＋不定詞　…するために，…するように

　Il ferme la porte pour qu'on ne le dérange pas.

　　人に邪魔されないように彼はドアを閉める．

　Il ferme la porte pour ne pas être dérangé.

　　邪魔されないように彼はドアを閉める．

◇ de peur que＋接続法 / de peur de＋不定詞　…するといけないので

　Il ferme la porte de peur qu'on le dérange.

　　人に邪魔されるといけないので彼はドアを閉める．

　Il ferme la porte de peur d'être dérangé.

　　邪魔されるといけないので彼はドアを閉める．

◇ de façon que＋接続法 / de façon à＋不定詞　…するように

　Elle met une robe voyante de façon que les invités la remarquent.

　　招待客たちが自分に注目するように，彼女は派手なドレスを着る．

　Elle met une robe voyante de façon à se faire remarquer par les invités.

　　招待客たちに注目されるように，彼女は派手なドレスを着る．

【練習1】　pour que＋接続法 / pour＋不定詞

　pour que ...「…するために，…するように」は目的を表す代表的な接続詞です．pour que ... の節の動詞は接続法で，pour que ... の節の主語は主節の主語と別でなければなりません．主語が同じになる場合は〈pour＋不定詞〉（否定形は〈pour ne pas＋不定詞〉）を用います．

- -

　pour que または pour を使った文にしましょう．

［例］　Il ferme la porte : il ne veut pas qu'on le dérange.

　　　　彼はドアを閉める．彼は人に邪魔されたくないのだ．

　　　→ Il ferme la porte pour qu'on ne le dérange pas.

　　　　　人に邪魔されないように彼はドアを閉める．

　　　Il ferme la porte : il ne veut pas être dérangé.

　　　　彼はドアを閉める．彼は邪魔されたくないのだ．

　　　→ Il ferme la porte pour ne pas être dérangé.

　　　　　邪魔されないように彼はドアを閉める．

1.　Elle fait un régime strict : elle veut maigrir.

　　　彼女は厳しいダイエットをしている．彼女はやせたいのだ．

　　→ ....

　　　　彼女はやせるために厳しいダイエットをしている．

2. Allumons le chauffage : je veux qu'il fasse plus chaud.

   ヒーターをつけよう．もっと暖かいほうがいい．

   → ....

   もっと暖かくなるようにヒーターをつけよう．

3. Ils font des économies : ils veulent acheter un pavillon en banlieue parisienne.

   彼らは貯金をしている．彼らはパリ郊外に一戸建ての家を買いたいと思っている．

   → ....

   彼らはパリ郊外に一戸建ての家を買うために貯金をしている．

4. Le professeur a répété ses explications : il voulait que les étudiants comprennent mieux.

   教師は説明を繰り返した．学生によりよく理解してもらいたかったのだ．

   → ....

   ....

   教師は学生がよりよく理解するように説明を繰り返した．

5. J'ai noté son adresse : je ne voulais pas l'oublier.

   私は彼(女)の住所を書きとめた．私はそれを忘れたくなかったのだ．

   → ....

   私は彼(女)の住所を忘れないようにそれを書きとめた．

6. Commençons le travail tout de suite : je veux que tout soit fini avant cinq heures.

   仕事をすぐに始めよう．5時までにすべてが終わるようにしたい．

   → ....

   ....

   5時までにすべてが終わるように仕事をすぐに始めよう．

〔解答〕

1. Elle fait un régime strict pour maigrir.

2. Allumons le chauffage pour qu'il fasse plus chaud.

3. Ils font des économies pour acheter un pavillon en banlieue parisienne.

4. Le professeur a répété ses explications pour que les étudiants comprennent mieux.

5. J'ai noté son adresse pour ne pas l'oublier.

6. Commençons le travail tout de suite pour que tout soit fini avant cinq heures.

♦ 〈afin que+接続法〉, 〈afin de+不定詞〉も同じ意味ですが, やや改まった表現です. 〈×afin de+名詞〉は使われません.

   Il ferme la porte afin qu'on ne le dérange pas.

   Il ferme la porte afin de ne pas être dérangé.

【練習２】 de peur que＋接続法 / de peur de＋不定詞

目的が否定的事態を表す〈pour que ... ne＋接続法＋pas / pour ne pas＋不定詞〉「…しないために，…しないように」は，ほぼ同じ意味の〈de peur que＋接続法 / de peur de＋不定詞〉「…するのを心配して，…するといけないので」という危惧・懸念の表現で置き換えることができます．[練習 1]の文を例にとりましょう．

Il ferme la porte pour qu'on <u>ne</u> le dérange <u>pas</u>.

　人に邪魔されないように彼はドアを閉める．

≒ Il ferme la porte <u>de peur</u> qu'on le dérange.

　　人に邪魔されるといけないので彼はドアを閉める．

Il ferme la porte <u>pour</u> <u>ne pas</u> être dérangé.

　邪魔されないように彼はドアを閉める．

≒ Il ferme la porte <u>de peur</u> d'être dérangé.

　　邪魔されるといけないので彼はドアを閉める．

----

de peur que または de peur de を使った文にしましょう．

1. Je lui ai fait un petit plan du quartier pour qu'il ne se perde pas.

　　道に迷わないように私は彼に近所の簡単な地図を描いてあげた．

　　→ ....

　　　　道に迷うといけないので私は彼に近所の簡単な地図を描いてあげた．

2. J'ai pris un parapluie pour ne pas me faire mouiller par une averse.

　　にわか雨で濡れないように私は傘を持って来た．

　　→ ....

　　　　にわか雨で濡れるといけないので私は傘を持って来た．

3. Elle habille chaudement son enfant pour qu'il ne s'enrhume pas.

　　風邪をひかないように彼女は子供に厚着をさせる．

　　→ ....

　　　　風邪をひくといけないので彼女は子供に厚着をさせる．

4. La vieille dame tient la rampe pour ne pas tomber.

　　転ばないように老婦人は手すりにつかまっている．

　　→ ....

　　　　転ぶといけないので老婦人は手すりにつかまっている．

5. Elle n'en a pas parlé pour que son père ne se fâche pas.

　　父親が怒らないように彼女はそのことを話さなかった．

　　→ ....

　　　　父親が怒るといけないので彼女はそのことを話さなかった．

6. Ils se sont dépêchés pour ne pas manquer leur train.

　　列車に乗り遅れないように彼らは急いだ．

→ _____

列車に乗り遅れるといけないので彼らは急いだ.

7. J'ai baissé la température du four pour que le rosbif ne brûle pas.

ローストビーフが焦げないように私はオーブンの温度を下げた.

→ _____

ローストビーフが焦げるといけないので私はオーブンの温度を下げた.

〔解答〕

1. Je lui ai fait un petit plan du quartier de peur qu'il se perde.
2. J'ai pris un parapluie de peur de me faire mouiller par une averse.
3. Elle habille chaudement son enfant de qu'il s'enrhume.
4. La vieille dame tient la rampe de peur de tomber.
5. Elle n'en a pas parlé de peur que son père se fâche.
6. Ils se sont dépêchés de peur de manquer leur train.
7. J'ai baissé la température du four de peur que le rosbif brûle.

◆ 前置詞の de の代わりに par を用いた〈**par peur que**＋**接続法**〉,〈**par peur de**＋**名詞**〉も可能です.

◆ 改まった言い方では,de peur que ... の節で虚辞の ne を用いることがあります. avoir peur que ...「…を心配する,恐れる」の節と同様です.

   Il a fermé la porte de peur qu'on <u>ne</u> le dérange.

   cf. Il a peur qu'on <u>(ne)</u> le dérange. 彼は人に邪魔されるのを心配している.

◆ peur と同じ意味の crainte を用いた〈**de [dans la] crainte que**＋**接続法** / **de**＋**不定詞**〉はやや改まった表現です.

【練習3】 pour＋不定詞／名詞

前置詞の pour の後では不定詞も名詞も用いることができます. 不定詞を名詞に変換すると,不定詞の直接目的語は de に導かれる名詞補語になります:〈**pour**＋**不定詞**＋**目的語名詞**〉→〈**pour**＋**名詞**＋**de**＋**目的語名詞**〉.「～を…する」が「～の…」に変わるわけです.

適切な語を書き入れましょう. 動詞に対応する名詞を各自で考えたり調べたりしてください.

1. J'ai fait venir un plombier pour <u>réparer</u> la salle de bains.

   浴室の修理のために私は配管工を呼んだ.

   → J'ai fait venir un plombier pour la _____ de la salle de bains.

2. Les deux pays ont conclu un accord pour <u>développer</u> leurs échanges culturels.

   文化交流を拡大するために両国は協定を結んだ.

   → Les deux pays ont conclu un accord pour le _____ de leurs échanges culturels.

3. Il y aura des épreuves préliminaires pour <u>sélectionner</u> les participants au championnat.

    選手権の参加者を選抜するために予選が行われる.

    → Il y aura des épreuves préliminaires pour la .... des participants au championnat.

4. On a construit un décor extraordinaire pour <u>tourner</u> ce film.

    その映画を撮影するために途方もないセットを組み立てた.

    → On a construit un décor extraordinaire pour le .... de ce film.

5. Quelle compagnie me conseillez-vous pour <u>assurer</u> ma voiture ?

    車に保険をかけるのにどの会社がお薦めですか?

    → Quelle compagnie me conseillez-vous pour l' .... de ma voiture ?

6. On se sert des fourgonnettes pour <u>livrer</u> les marchandises.

    商品を配送するためにライトバンが使われている.

    → On se sert des fourgonnettes pour la .... des marchandises.

7. Il a pris un crédit pour <u>acheter</u> l'appartement.

    彼はアパルトマンを買うためにローンを組んだ.

    → Il a pris un crédit pour l' .... de l'appartement.

8. Où dois-je m'adresser pour <u>renouveler</u> mon passeport ?

    パスポートを更新するにはどこに行けばいいのですか?

    → Où dois-je m'adresser pour le .... de mon passeport ?

9. J'ai payé 900 euros pour <u>louer</u> cette villa.

    私はこの別荘を借りるのに 900 ユーロ払った.

    → J'ai payé 900 euros pour la .... de cette villa.

〘解答〙
1. réparation　2. développement　3. sélection　4. tournage　5. assurance
6. livraison　7. achat　8. renouvellement　9. location

※ この練習に出てきたような, 動詞に対応する名詞の形については, 第 2 巻『語形成』の第 3 章に詳しい解説があります.

【練習 4】 de (telle) façon que＋接続法 / de façon à＋不定詞

〈de (telle) façon que＋接続法〉「…するように」も目的を表わす表現です. 接続法を用いることに注意してください. 直説法だと結果を表します (⇨ §21 〖参考〗, および [練習 5]).

de (telle) façon que ... は pour que ... と同じように使われることもありますが, 多くの場合, ある目的のために何らかの行動様式や方法を選ぶという含意があります. 対応する前置詞は de façon à で, 不定詞を伴います.

例にならって，de façon que または de façon à を用いた文にしましょう.

[例] Elle met une robe voyante ... (les invités la remarquent)
　　彼女は派手なドレスを着る… (招待客たちは彼女に注目する)
　　→ Elle met une robe voyante de façon que les invités la remarquent.
　　　招待客たちが自分に注目するように，彼女は派手なドレスを着る.
　　Elle met une robe voyante ... (elle se fait remarquer par les invités)
　　彼女は派手なドレスを着る… (彼女は招待客たちに注目される)
　　→ Elle met une robe voyante de façon à se faire remarquer par les invités.
　　　招待客たちに注目されるように，彼女は派手なドレスを着る.

1. J'ai mis mon bureau devant la fenêtre ... (j'y vois mieux)
　　私はデスクを窓の前に置いた… (よりよく見える)
　　→ J'ai mis mon bureau devant la fenêtre _____
　　　よりよく見えるように，私はデスクを窓の前に置いた.

2. Ce magasin reste ouvert jusqu'à 22 heures ... (les clients peuvent faire les courses après leur travail)
　　この店は22時まで開いている… (客が退社後に買い物をすることができる)
　　→ Ce magasin reste ouvert jusqu'à 22 heures _____
　　　_____
　　　客が退社後に買い物をすることができるように，この店は22時まで開いている.

3. Le policier porte toujours un imperméable ... (il se protège de la pluie et du froid)
　　その刑事はいつもレインコートを着ている… (雨や寒さから身を守る)
　　→ Le policier porte toujours un imperméable _____
　　　雨や寒さから身を守るために，その刑事はいつもレインコートを着ていた.

4. Je vais photocopier ce document ... (chacun en a un exemplaire)
　　私はこの資料をコピーしよう… (皆が1部ずつ持つ)
　　→ Je vais photocopier ce document _____
　　　皆が1部ずつ持つように，私はこの資料をコピーしよう.

5. Mettez un mot de passe ... (personne d'autre ne peut utiliser votre PC)
　　パスワードを入れなさい… (他の誰もあなたのパソコンを使えない)
　　→ Mettez un mot de passe _____
　　　他の誰もあなたのパソコンを使えないように，パスワードを入れなさい.

6. Nous avons fait mettre des doubles vitres ... (nous n'entendons plus le bruit de la rue)
　　私たちは二重窓を取り付けさせた… (通りの騒音が聞こえなくなる)
　　→ Nous avons fait mettre des doubles vitres _____
　　　通りの騒音が聞こえなくなるように，私たちは二重窓を取り付けさせた.

〔解答〕

1. ... de façon à y voir mieux.

2. ... de façon que les clients puissent faire les courses après leur travail.

3. ... de façon à se protéger de la pluie et du froid.

4. ... de façon que chacun en ait un exemplaire.

5. ... de façon que personne d'autre ne puisse utiliser votre PC.

6. ... de façon à ne plus entendre le bruit de la rue.

♦ de (telle) façon que と同じ意味の接続詞句として de (telle) manière que, de (telle) sorte que
があります．日常語では de façon à ce que を用いることもあります．

【練習 5】 de (telle) façon que ― 結果 / 目的

de (telle) façon que ... の節は用いる動詞の叙法によって主節との論理関係が異なります．動詞が直説法なら結果を表し，接続法なら目的を表します．

- -

かっこ内の動詞を適切な活用形にしましょう．(a)は結果を，(b)は目的を表す文です．

[例] (a) Le conférencier parle au micro de façon que chacun l'(*entendre*) entend
clairement.

講演者はマイクを使って話す，そうするので誰もが彼の言うことをはっきり聞き取れる.〔結果〕― 動詞は直説法

(b) Le conférencier parle au micro de façon que chacun l'(*entendre*) entende
clairement.

講演者はマイクを使って話す，そうすれば誰もが彼の言うことをはっきり聞き取れるので.〔目的〕― 動詞は接続法

1. (a) Il téléphone tous les jours à sa mère qui vit seule de façon qu'elle ne (*se sentir*)
_____ pas trop seule.

彼は一人暮らしの母親に毎日電話をしている，そうするので母親があまり孤独を感じない.

(b) Il téléphone tous les jours à sa mère qui vit seule de façon qu'elle ne (*se sentir*)
_____ pas trop seule.

彼は一人暮らしの母親に毎日電話をしている，そうすれば母親があまり孤独を感じないので.

2. (a) Le médecin lui a fait une piqûre de vitamine de façon qu'il (*reprendre*)
_____ des forces.

医者は彼にビタミン注射をした，そうしたので彼は元気を取り戻した.

(b) Le médecin lui a fait une piqûre de vitamine de façon qu'il (*reprendre*)
_____ des forces.

医者は彼にビタミン注射をした，そうすれば彼が元気を取り戻すので.

3. (a) Cette actrice très connue porte une perruque en sortant de façon qu'on ne la (*reconnaître*) _____ pas.

その有名な女優は外に出るときにかつらをかぶる, そうするので人に気づかれない.

(b) Cette actrice très connue porte une perruque en sortant de façon qu'on ne la (*reconnaître*) _____ pas.

その有名な女優は外に出るときにかつらをかぶる, そうすれば人に気づかれないので.

4. (a) L'accès à la bibliothèque municipale a été modifié de façon que les handicapés (*pouvoir*) _____ y accéder.

市立図書館の入口が改修された, そうしたので障害者が苦労せずに入れる.

(b) L'accès à la bibliothèque municipale a été modifié de façon que les handicapés (*pouvoir*) _____ y accéder.

市立図書館の入口が改修された, そうすれば障害者が苦労せずに入れるので.

〔解答〕
1. (a) se sent (b) se sente 2. (a) a repris (b) reprenne 3. (a) reconnaît (『新綴り』は reconnaitre, reconnait) (b) reconnaisse 4. (a) peuvent (b) puissent

~~ 〖参考〗 ~~~~~~

その他の目的の表現

◇ 移動動詞＋不定詞 …しに

aller「行く」, venir「来る」など, 場所の移動を表す動詞の後では目的を表す不定詞を一般に前置詞なしで用います.

Allons voir ce film. その映画を見に行こう.

Il est venu me chercher à la gare. 彼は駅に私を迎えに来てくれた.

◇ 命令形＋que＋接続法 …するために, …するように

日常語では, 命令形の後で〈que＋接続法〉を用いて目的を表すことがあります.

« Ouvrez la bouche que je voie votre gorge », a dit le médecin.

「喉が見えるように口を開けてください」と医者が言った.

◇ en vue de＋名詞 / 不定詞 …をめざして, …(の準備)のために

faire sa valise en vue du voyage 旅行のために荷造りする

faire des études en vue de devenir avocat 弁護士になるために勉強をする

◇ dans l'intention de＋不定詞 ; dans le but de＋不定詞 …する意図で, …する目的で

Elle a approché cette dame riche dans l'intention [dans le but] de l'escroquer.

彼女は詐欺をもくろんで[詐欺を働く目的で]その金持ちの婦人と近づきになった.

~~~~~~

§23 対立や譲歩の表現

このセクションの表現は,「1. 対比・対立」と「2. 逆接・譲歩」のふたつに分けて見ていきます.

1. 対比・対立

◇ **mais ...** だが…, しかし…

Il est gentil, <u>mais</u> son frère n'est pas très sympathique.

彼は親切だが, 兄はあまり感じがよくない.

◇ **tandis que ...** …であるのに, …である一方で

Il est gentil <u>tandis que</u> son frère n'est pas très sympathique.

彼は親切なのに, 兄はあまり感じがよくない.

◇ **par contre ...** その代わりに…, その反面…

Cet hôtel est tout petit et pas très confortable, <u>par contre</u> il est tranquille.

そのホテルはとても小さくてあまり快適ではないが, その代わり静かだ.

◇ **au lieu de＋不定詞** …する代わりに, …しないで

<u>Au lieu de</u> prendre le bus, j'y suis allé(e) à pied.

私はバスに乗らずに, 徒歩でそこへ行った.

◇ **A plutôt que B ＝ plutôt A que B** BよりはむしろA

Ce plat est épicé <u>plutôt que</u> piquant. = Ce plat est <u>plutôt</u> épicé <u>que</u> piquant.

この料理は辛いというよりむしろスパイシーだ.

【練習1】 mais ... ; tandis que ...

等位接続詞の mais ...「だが…, しかし…」は, 先に述べたことについて制限を加えるときによく用いられますが, 以下の練習の文では, ふたつの事態を対比あるいは対立させています(他の用法は[練習5]で解説します).

tandis que ... にはふたつの用い方があります. ひとつは, pendant que ... と同じように, 同時性「…する間に」を意味し, 時間的に並行するふたつの事態を表します(⇒§19). もうひとつは, 同時性よりも対比に重点を置いて,「一方は…だが, もう一方は…だ」と述べるのに用いられます. 後者の用法では, まず主節で, ある事柄を述べ, それと対照的な事柄を tandis que ... の節で述べて強調します. それぞれの事柄は, たいていの場合, 別の人や物の特性です.

---

mais で始まる次の文の後半を tandis que を使って言い換えましょう.

[例] Il est gentil, <u>mais</u> son frère n'est pas très sympathique.

彼は親切だが, 兄はあまり感じがよくない.

→ Il est gentil <u>tandis que</u> son frère n'est pas très sympathique.

彼は親切なのに, 兄はあまり感じがよくない.

1. Elle est très sportive, mais sa sœur ne l'est pas du tout.

   彼女はとてもスポーツ好きだが，妹のほうはまったくそうではない.

   → Elle est très sportive ....

2. Tous tes amis travaillent régulièrement, mais tu joues tout le temps.

   お前の友だちはみんなきちんと勉強しているのに，お前は遊んでばかりいる.

   → Tous tes amis travaillent régulièrement ....

3. Ils viennent de s'acheter une maison de campagne, mais nous n'avons même pas d'appartement.

   彼らは最近別荘を買ったが，私たちはアパルトマンさえ持っていない.

   → Ils viennent de s'acheter une maison de campagne ....

   ....

4. Il pleut souvent dans le Nord, mais dans le Midi, il fait beau et chaud.

   北フランスではよく雨が降るが南仏は晴れて暑い.

   → Il pleut souvent dans le Nord ....

5. Les Français mangent avec une fourchette et un couteau, mais les Japonais mangent généralement avec des baguettes.

   フランス人はフォークとナイフを使って食べるが，日本人は一般に箸を使って食べる.

   → Les Français mangent avec une fourchette et un couteau ....

   ....

【解答】

1. ... tandis que sa sœur ne l'est pas du tout.

2. ... tandis que tu joues tout le temps.

3. ... tandis que nous n'avons même pas d'appartement.

4. ... tandis que dans le Midi, il fait beau et chaud.

5. ... tandis que les Japonais mangent généralement avec des baguettes.

♦ tandis que ... の類義表現として alors que ... があります.

　Il est gentil alors que son frère n'est pas très sympathique.

　彼は親切なのに，兄はあまり感じがよくない.

【練習2】 par contre ...

　par contre ...「その代わりに…，その反面…，それに反して…」も「対比・対立」を表します. tandis que のようにふたつのものや事態を対比させることもあり，ある人や物事についてのふたつの面(多くはプラス面とマイナス面)を提示することもあります.

---

　mais で始まる次の文の後半を par contre を使って言い換えましょう.

［例］ Cet hôtel est tout petit et pas très confortable, <u>mais il est tranquille.</u>
　　　そのホテルはとても小さくてあまり快適ではないが，静かだ．
　　　→ Cet hôtel est tout petit et pas très confortable, <u>par contre il est tranquille.</u>
　　　　そのホテルはとても小さくてあまり快適ではないが，その代わり静かだ．

1. Je n'aime pas les boissons rafraîchissantes, mais j'aime beaucoup le lait.
　　私は清涼飲料を好まないが，ミルクは大好きだ．
　　　→ Je n'aime pas les boissons rafraîchissantes, ...

2. Nicolas est bon en français, mais il est nul en maths.
　　ニコラはフランス語の成績はいいが，数学はさっぱりだ．
　　　→ Nicolas est bon en français, ...

3. L'hiver dernier a été doux, mais cet hiver-ci, il neige beaucoup.
　　去年の冬は暖かかったが，今年の冬は雪がたくさん降る．
　　　→ L'hiver dernier a été doux, ...

4. La vie en ville est stressante, mais on peut vivre paisiblement à la campagne.
　　都会の生活はストレスがたまるが，田舎では穏やかに暮らせる．
　　　→ La vie en ville est stressante, ...

〔解答〕
1. par contre j'aime beaucoup le lait.
2. par contre il est nul en maths.
3. par contre cet hiver-ci, il neige beaucoup.
4. par contre on peut vivre paisiblement à la campagne.

◆ par contre の類義表現として，**au contraire**「反対に」，**en revanche**「（プラス面を強調して）その代わりに」などがあります．

【練習3】 au lieu de＋不定詞

〈au lieu de＋不定詞〉「～する代わりに，～しないで」は，ふたつの事柄を対比させ，一方を否定し他方を肯定する（一方の代わりに他方が実現する）場合に用います．この表現は文の初めにも終わりにも置くことができます（この練習では文の初めに置きます）．

次の文の前半を〈au lieu de＋不定詞〉を使って言い換えましょう．

［例］ <u>Je n'ai pas pris le bus</u>, j'y suis allé(e) à pied.
　　　私はバスに乗らずに，徒歩でそこへ行った．
　　　→ <u>Au lieu de prendre le bus</u>, j'y suis allé(e) à pied.

1. Il n'utilise pas les passages pour piétons, il traverse n'importe où.
　　彼は横断歩道を利用せずに，どこでも渡ってしまう．
　　　→ ...., il traverse n'importe où.

2. Tu n'as pas fait tes devoirs, tu as joué au jeu vidéo.

　　君は宿題をせずに，テレビゲームで遊んだね.

　　→ ...., tu as joué au jeu vidéo.

3. Je ne vais pas lui téléphoner, je vais lui envoyer un mail.

　　彼(女)に電話をするのではなく，メールを送るよ.

　　→ ...., je vais lui envoyer un mail.

4. Il ne m'a pas aidé(e), il est resté assis sur le canapé.

　　彼は私の手助けをせずに，ソファーに座ったままだった.

　　→ ...., il est resté assis sur le canapé.

〔解答〕

1. Au lieu d'utiliser les passages pour piétons

2. Au lieu de faire tes devoirs

3. Au lieu de lui téléphoner

4. Au lieu de m'aider

♦ au lieu que という接続詞もありますが，古風です.

♦〈au lieu de＋名詞〉「～の代わりに」も可能です.〈à la place de＋名詞〉も同様に使えます.

　　Comme garniture, on peut avoir des haricots au lieu [à la place] des frites.

　　付け合わせ野菜として，フライドポテトの代わりにインゲンマメを頼むことができる.

♦〈loin de＋不定詞〉「…するどころか」を用いれば，否定する事態を強調することができます.

　　Loin de gronder son fils, il l'a récompensé.

　　彼は息子を叱るどころか，息子にほうびを与えた.

【練習4】　A plutôt que B ＝ plutôt A que B

　〈A plutôt que B〉もふたつを対比して一方を選ぶ表現ですが，他方を全面的に否定するのではなく，「BよりはむしろA」，「どちらかと言えばBよりA」のようなニュアンスです.　plutôt をAの前に置いて〈plutôt A que B〉と言うこともできます.

　例にならって，plutôt を使って文を完成させましょう.

[例] épicé ＞ piquant　（スパイシーな ＞ 辛い）

　　　→ Ce plat est épicé plutôt que piquant.

　　　→ Ce plat est plutôt épicé que piquant.

　　　　この料理は辛いというよりむしろスパイシーだ.

1. le train ＞ l'avion　（列車 ＞ 飛行機）

　　　→ Pour voyager, je prends ....

　　　→ Pour voyager, je prends ....

　　　　旅行するのに私は飛行機よりむしろ列車を利用する.

318

2. par curiosité ＞ par nécessité　（好奇心から ＞ 必要にせまられて）

　　→ Ils y sont allés --

　　→ Ils y sont allés --

　　　　彼らがそこに行ったのは必要にせまられてというよりむしろ好奇心からだ.

3. au supermarché ＞ dans des magasins du quartier

　（スーパーマーケットで ＞ 近所の商店で）

　　→ Nous faisons les courses --

　　→ Nous faisons les courses --

　　　　私たちは近所の商店でよりむしろスーパーマーケットで買い物をする.

4. être trompé(e) ＞ tromper quelqu'un　（だまされる ＞ 人をだます）

　　→ Je préfère --

　　→ Je préfère --

　　　　私は人をだますよりむしろだまされるほうがいい.

〔解答〕

1. le train plutôt que l'avion. ／ plutôt le train que l'avion.

2. par curiosité plutôt que par nécessité. ／ plutôt par curiosité que par nécessité.

3. au supermarché plutôt que dans des magasins du quartier.

　plutôt au supermarché que dans des magasins du quartier.

4. être trompé(e) plutôt que tromper quelqu'un.

　plutôt être trompé(e) que tromper quelqu'un.

　（*que の後の不定詞に前置詞の de を付けることがあります：... que de tromper ...）

2. 逆接・譲歩

◇ pourtant＋直説法　それなのに…

　Il mange beaucoup, pourtant il ne grossit pas.

　　彼はたくさん食べる，それなのに太らない.

◇ sans que＋接続法　…することなしに

　Nous préparons une fête pour son anniversaire sans qu'il le sache.

　　私たちは彼に知られずに彼の誕生日のパーティーを準備している.

◇ bien que＋接続法　…であるのに，…にもかかわらず

　Bien qu'il fasse des efforts, il ne fait pas beaucoup de progrès.

　　彼は努力しているのだが，あまり進歩しない.

◇ alors que＋直説法　…であるのに，…にもかかわらず

　Alors qu'il fait des efforts, il ne fait pas beaucoup de progrès.

　　彼は努力しているのだが，あまり進歩しない.

◇ avoir beau＋不定詞　いくら…しても，…ではあるけれど

Il a beau faire des efforts, il ne fait pas beaucoup de progrès.

彼は努力しているのだが，あまり進歩しない.

◇ tout＋ジェロンディフ　…でありながらも

Tout en faisant des efforts, il ne fait pas beaucoup de progrès.

彼は努力しているのだが，あまり進歩しない.

◇ malgré＋名詞　〜にもかかわらず

Le match a eu lieu malgré la pluie.

雨にもかかわらず，試合は行われた.

◇ si 〜 que＋接続法　どんなに〜でも…

Si érudit qu'il soit, il ne pourra pas résoudre le problème.

どんなに博学でも，彼はその問題を解くことができないだろう.

◇ qui / quoi / où / quel(le) que＋接続法　誰が / 何を / どこに / どのように…しようとも

Quoi que tu dises, je ne changerai pas d'avis.

君が何を言おうと，私は意見を変えない.

【練習1】　pourtant＋直説法

　代表的な等位接続詞である mais は，前項の [練習1] や [練習2] で見たように，tandis que や par contre で言い換えることができるような「対比・対立」を表すこともあれば，「逆接」を表すこともあります. 逆接とは，ふたつの事柄(ひとつは前提となる事態，もうひとつは帰結となる事態)の関係性が順当でないことを指します. 前提となる事態をA，帰結となる事態をBとすれば，「AだからBになるはずなのに，Bにならない」ということです. たとえば Il mange beaucoup, mais il ne grossit pas.「彼はたくさん食べるのに，太らない」で，mais で結ばれたふたつの事柄は逆接の関係にあります(なお，フランス語文法の用語としては一般に，こうした逆接関係を含めて「譲歩」と呼ばれます).

　pourtant も mais のように逆接を表します. ただし，mais の文の語順がもっぱら〈前提＋mais＋帰結〉であるのに対し，pourtant を用いる文の語順は，〈前提＋pourtant＋帰結〉と〈帰結＋pourtant＋前提〉のどちらも可能です.

　　Il mange beaucoup, pourtant il ne grossit pas.

　　　彼はたくさん食べる，それなのに太らない.

　　Il ne grossit pas, pourtant il mange beaucoup.

　　　彼は太らない，たくさん食べるのに.

pourtant の前にet や mais を添えて et pourtant あるいは mais pourtant とも言います.

　　Il mange beaucoup, et pourtant [mais pourtant] il ne grossit pas.

　例にならって，pourtant を使ったふたつの文に言い換えましょう.

[例] Il mange beaucoup, <u>mais</u> il ne grossit pas.

彼はたくさん食べるのに，太らない.

→ Il mange beaucoup, <u>pourtant</u> il ne grossit pas.

彼はたくさん食べる，それなのに太らない.

→ Il ne grossit pas, <u>pourtant</u> il mange beaucoup.

彼は太らない，たくさん食べるのに.

1. Tu as mal à l'estomac, mais tu continues à boire.

胃が痛いのに，君は飲み続けている.

→ ....

→ ....

2. Elle a tout ce qu'elle veut, mais elle se plaint tout le temps.

望むものはすべてあるのに，彼女はしょっちゅう不平を言っている.

→ ....

→ ....

3. Alain chantait très mal, mais il est devenu chanteur de rock.

歌がとてもへただったのに，アランはロック歌手になった.

→ ....

→ ....

4. Je lui avais bien dit de faire attention, mais il a encore eu un accident.

注意するようによく言っておいたのに，彼はまた事故にあった.

→ ....

→ ....

〔解答〕

1. Tu as mal à l'estomac, pourtant tu continues à boire.

   Tu continues à boire, pourtant tu as mal à l'estomac.

2. Elle a tout ce qu'elle veut, pourtant elle se plaint tout le temps.

   Elle se plaint tout le temps, pourtant elle a tout ce qu'elle veut.

3. Alain chantait très mal, pourtant il est devenu chanteur de rock.

   Alain est devenu chanteur de rock, pourtant il chantait très mal.

4. Je lui avais bien dit de faire attention, pourtant il a encore eu un accident.

   Il a encore eu un accident, pourtant je lui avais bien dit de faire attention.

♦ mais より改まった言い方として，(et) cependant, néanmoins, toutefois などがあります.

　Il mange beaucoup, <u>cependant</u> il ne grossit pas.

♦ pourtant はもともとは副詞なので，動詞の後に置くこともできます.

　Il mange beaucoup, il ne grossit <u>pourtant</u> pas.

【練習2】 sans que＋接続法

前置詞の sans が節を伴う〈sans que＋接続法〉は，文字どおり「...することなしに」を意味しますが，多くの場合は，逆接関係にあるふたつの事態を結びつけます.

Nous préparons une fête pour son anniversaire sans qu'il le sache.
私たちは彼に知られずに彼の誕生日のパーティーを準備している.

例にならって，文の後半部を〈sans que＋接続法〉に言い換えましょう. sans que ... で述べる事態が，主節の事態に先行するときは接続法過去を用います(下記の 4.).

[例] Nous préparons une fête pour son anniversaire, mais il ne le sait pas.
　　　私たちは彼の誕生日のパーティーを準備しているが，彼はそのことを知らない.
　　　→ Nous préparons une fête pour son anniversaire sans qu'il le sache.
　　　→ 　私たちは彼に知られずに彼の誕生日のパーティーを準備している.

1. Elle est partie de la salle, mais les autres invités ne s'en sont pas aperçu.
　彼女は会場から立ち去ったが，他の招待客はそのことに気づかなかった.
　　　→ Elle est partie de la salle _____
　　　彼女は他の招待客に気づかれずに会場から立ち去った.

2. Cet homme a été détenu, mais il n'y avait pas assez de preuves.
　その男は勾留されたが，十分な証拠はなかった.
　　　→ Cet homme a été détenu _____
　　　その男は十分な証拠がなかったのに勾留された.

3. Les cours ont changé d'horaire, mais les étudiants n'en étaient pas avertis.
　授業の時間割が変更されたが，学生たちはそのことを予告されていなかった.
　　　→ Les cours ont changé d'horaire _____
　　　学生たちに予告されていなかったのに授業の時間割が変更された.

4. Les enfants sont allés au cinéma, mais leurs parents ne le leur avait pas permis.
　子供たちは映画に行ったが，両親はそのことを許可していなかった.
　　　→ Les enfants sont allés au cinéma _____
　　　子供たちは両親が許可していなかったのに映画に行った.

〔解答〕

1. sans que les autres invités s'en aperçoivent.

2. sans qu'il y ait assez de preuves.

3. sans que les étudiants en soient avertis.

4. sans que leurs parents le leur aient permis.

◆ sans que ... の節の主語は主節の主語と別でなければなりません. 主語が同じになる場合は〈sans＋不定詞〉を用います.
　Il a travaillé 24 heures sans dormir. (×Il a travaillé 24 heures sans qu'il dorme.)
　彼は眠らずに24時間働いた.

【練習3】 bien que＋接続法；alors que＋直説法

「…であるのに，…にもかかわらず」という逆接を表す代表的な接続詞句は bien que です．bien que の後の動詞は接続法になります．

　　Bien qu'il fasse des efforts, il ne fait pas beaucoup de progrès.
　　彼は努力しているのだが，あまり進歩しない．

接続詞句の alors que は，文語では「…の時に」を意味しますが，一般には，対比・対立を表し，しばしば逆接のニュアンスを含みます．動詞は直説法です．

　　Alors qu'il fait des efforts, il ne fait pas beaucoup de progrès.

- -

　mais を用いた逆接の文を bien que … および alors que … を用いた文にしましょう．これらの従属節は主節の前にも後にも置くことができますが，この練習では前に置きます．bien que … で述べる事柄が完了事態の場合は接続法過去形を用います（下記の 3.と 4.）．

[例] Il fait des efforts, mais il ne fait pas beaucoup de progrès.
　　　彼は努力しているのだが，あまり進歩しない．
　　　→ Bien qu'il fasse des efforts, il ne fait pas beaucoup de progrès.
　　　→ Alors qu'il fait des efforts, il ne fait pas beaucoup de progrès.

1. Elle a plus de cinquante ans, mais elle ne paraît pas son âge.
　　彼女は50歳を超えているが，そんな年齢には見えない．
　　→ ...., elle ne paraît pas son âge.
　　→ ...., elle ne paraît pas son âge.

2. Marc est grippé, mais il veut absolument passer son examen.
　　マルクはインフルエンザにかかっているのに，どうしても試験を受けるつもりだ．
　　→ ...., il veut absolument passer son examen.
　　→ ...., il veut absolument passer son examen.

3. J'avais relu ma dictée plusieurs fois, mais j'y ai laissé quelques fautes.
　　私は書き取りを何度も読み返したが，間違いをいくつか残してしまった．
　　→ ...., j'y ai laissé quelques fautes.
　　→ ...., j'y ai laissé quelques fautes.

4. On lui avait donné un plan clair du quartier, mais il s'est perdu.
　　この界隈のわかりやすい地図を渡しておいたのに，彼は道に迷った．
　　→ ...., il s'est perdu.
　　→ ...., il s'est perdu.

〔解答〕

1. Bien qu'elle ait plus de cinquante ans ／ Alors qu'elle a plus de cinquante ans

2. Bien que Marc soit grippé ／ Alors que Marc est grippé

3. Bien que j'aie relu ma dictée plusieurs fois

   Alors que j'avais relu ma dictée plusieurs fois

4. Bien qu'on lui ait donné un plan clair du quartier

   Alors qu'on avait donné un plan clair du quartier

♦ bien que と類義の接続詞として **quoique** があります. bien que よりやや改まった言い方です.

   Quoiqu'il fasse des efforts, il ne fait pas beaucoup de progrès.

【練習 4】 avoir beau＋不定詞；tout＋ジェロンディフ

逆接を表すのは接続詞を用いた表現だけではありません. 日常会話では,〈avoir beau＋不定詞〉やジェロンディフがよく使われます.

〈avoir beau＋不定詞〉は, 古くは「見事に…する」を意味していました. そこから, 「するのは結構なことだ」→「…するのはいいけれど(無駄だろう)」のように意味が推移して, 独立節で「いくら…しても無駄だ」を意味するようになり, さらに, 並置節を伴って「…ではあるけれど…だ」と, 逆接の表現として用いられるようになりました.

Il a beau faire des efforts, il ne fait pas beaucoup de progrès.

彼は努力しているのだが, あまり進歩しない.

完了事態を表すときは,〈avoir beau＋不定詞〉の avoir を複合形にすることも, 不定詞を複合形にすることもできます.

Il a eu beau faire [Il a beau avoir fait] des efforts, il n'a pas fait beaucoup de

progrès. 彼は努力したのだが, あまり進歩しなかった.

ジェロンディフの〈en＋現在分詞〉は同時または直前の事態を表したり, 手段・原因・条件などを表しますが, ジェロンディフの前に強調の副詞の tout を置くと対立や逆接の意味合いを帯びます. ジェロンディフの意味上の主語は主節の主語と同じです.

Tout en faisant des efforts, il ne fait pas beaucoup de progrès.

彼は努力しているのだが, あまり進歩しない.

ジェロンディフ自体は時間を指示しないので, どの時制の文脈でも使うことができます.

----

pourtant を用いた逆接の文を〈avoir beau＋不定詞〉および〈tout＋ジェロンディフ〉を用いた文にしましょう (4. はジェロンディフを用いて言い換えることはできません).

1. Elle est myope, pourtant elle ne porte ni lunettes ni lentilles de contact.

   彼女は近視なのだが, メガネもコンタクトレンズもしていない.

   → ....

   → ....

2. Je dors suffisamment, pourtant j'ai du mal à me lever le matin.

   私はたっぷり眠っているのだが, 朝起きるのがつらい.

   → ....

   → ....

3. L'accusé a crié son innocence, pourtant il a été condamné.

　　被告は無実を訴えたが，有罪を宣告された.

　　→ ....

　　→ ....

4. Tu protesteras, pourtant cette décision ne changera pas.

　　君は抗議するだろうが，この決定が変わることはあるまい.

　　→ ....

〔解答〕

1. Elle a beau être myope, elle ne porte ni lunettes ni lentilles de contact.

　Tout en étant myope, elle ne porte ni lunettes ni lentilles de contact.

2. J'ai beau dormir suffisamment, j'ai du mal à me lever le matin.

　Tout en dormant suffisamment, j'ai du mal à me lever le matin.

3. L'accusé a eu beau crier [a beau avoir crié] son innocence, il a été condamné.

　Tout en criant son innocence, l'accusé a été condamné.

4. Tu auras beau protester, cette décision ne changera pas.

【練習 5】　malgré＋名詞

　　〈malgré＋名詞〉は「〜にもかかわらず」という逆接を表すので，〈bien que＋接続法〉
の代わりに用いることができます．文の初めにも終わりにも置けます.

　　適切な名詞を書き入れましょう．動詞に対応する名詞を各自で考えたり調べたりしてく
ださい.

[例] Le match a eu lieu bien qu'il pleuve.

　　　　雨が降っていたけれど，試合は行われた.

　　　→ Le match a eu lieu malgré la pluie.

　　　　　雨にもかかわらず，試合は行われた.

1. Elle a passé son examen bien qu'elle soit malade.

　　病気だったのに，彼女は試験を受けた.

　　→ Elle a passé son examen malgré sa ....

　　　病気にもかかわらず，彼女は試験を受けた.

2. Bien qu'il soit fatigué, il continue à travailler.

　　疲れているのに，彼は仕事を続ける.

　　→ Malgré sa ...., il continue à travailler.

　　　疲労にもかかわらず，彼は仕事を続ける.

3. Bien qu'elle soit gentille, Yvette n'a pas beaucoup d'amis.

　　親切なのに，イヴェットにはあまり友人がいない.

→ Malgré sa _____, Yvette n'a pas beaucoup d'amis.

　親切さにもかかわらず，イヴェットにはあまり友人がいない.

4. La réunion aura lieu bien que le président soit absent.

　議長は欠席するけれど，会議は行われるだろう.

→ La réunion aura lieu malgré l'_____ du président.

　議長の欠席にもかかわらず，会議は行われるだろう.

5. Bien qu'elle soit belle, elle n'a pas réussi comme actrice.

　美しかったが，彼女は女優として成功しなかった.

→ Malgré sa _____, elle n'a pas réussi comme actrice.

　美しさにもかかわらず，彼女は女優として成功しなかった.

6. Gilbert continue à fumer bien que le médecin le lui interdise.

　医者が禁じているのに，ジルベールはたばこを吸い続けている.

→ Gilbert continue à fumer malgré l'_____ du médecin.

　医者からの禁止にもかかわらず，ジルベールはたばこを吸い続けている.

〔解答〕

1. maladie　2. fatigue　3. gentillesse　4. absence　5. beauté　6. interdiction

※ この練習に出てきたような，動詞や形容詞に対応する名詞の形については，第 2 巻『語形成』
の第 3 章と第 5 章に詳しい解説があります.

◆ 〈×malgré＋不定詞〉は用いません. 〈malgré que＋接続法〉の構文もありますが，これを正し
い表現と認めない人もいます. 実際には特に会話で用いられていますが〈bien que＋接続法〉に
比べて使用頻度はずっと低いです.

◆ 〈malgré＋名詞〉と類義の，やや改まった表現として，〈en dépit de＋名詞〉があります.

◆ malgré tout の原義は「なんとしても，是が非でも」ですが，その意味で使うのはやや古風であ
り，日常語では「それでもなお，やはり」の意味でよく用いられます.

【練習 6】 si ～ que＋接続法

〈si ～ que ...〉「とても～なので …」(⇒ §21-2.) は que の後で直説法を用いますが，〈si
～ que＋接続法〉を文頭に置くと，「とても～なのだが …，どんなに～でも …」という逆
接・譲歩の表現になります. si の後には形容詞または副詞がきます.

　Si érudit qu'il soit, il ne pourra pas résoudre le problème.

　　どんなに博学でも，彼はその問題を解くことができないだろう.

　　cf. Il est si érudit qu'il pourra résoudre le problème.

　　　　とても博学なので，彼はその問題を解くことができるだろう.

---

pourtant を用いた逆接の表現を〈si ～ que＋接続法〉の表現に書き換える練習です. 練
習の文では pourtant ... を主節の後に置いてあるので，文の後半は変わりません. très ～
を si ～ に変えて文頭に置く語順にも注意しましょう. 4.は接続法過去形を用います.

[例]　Il est très érudit, pourtant il ne pourra pas résoudre le problème.

彼はとても博学なのだが，その問題を解くことができないだろう．

　→ Si érudit qu'il soit, il ne pourra pas résoudre le problème.

どんなに博学でも，彼はその問題を解くことができないだろう．

1.　Ils sont très riches, pourtant ils mènent une vie modeste.

彼らはとても金持なのだが，質素な生活を送っている．

　→ ...., ils mènent une vie modeste.

とても金持なのだが，彼らは質素な生活を送っている．

2.　Il travaille très dur, pourtant il n'obtient pas d'avancement.

彼はとても懸命に働いているが，昇進できない，

　→ ...., il n'obtient pas d'avancement.

どんなに懸命に働いても，彼は昇進できない．

3.　Les joueurs de rugby paraissent très lourds, pourtant ils sont agiles.

ラグビー選手はとても鈍重に見えるが，敏捷だ．

　→ ...., ils sont agiles.

どんなに鈍重に見えようと，ラグビー選手は敏捷だ．

4.　Il a été très chétif, pourtant il est devenu champion de box.

彼はとてもひ弱かったが，ボクシングのチャンピオンになった．

　→ ...., il est devenu champion de boxe.

とてもひ弱かったが，彼はボクシングのチャンピオンになった．

〘解答〙

1. Si riches qu'ils soient　　2. Si dur qu'il travaille

3. Si lourds que les joueurs de rugby paraissent　（*que のあとの主語名詞と動詞を倒置して Si lourds que paraissent les joueurs de rugby とも言う）

4. Si chétif qu'il ait été

◆ 主語が代名詞のときは que を省いて主語と動詞を倒置することがあります：Si érudit soit-il, ...

◆ si の代わりに副詞の tout を用いて〈tout ~ que ...〉とも言います．その表現の que の後の動詞は接続法でも直説法でもかまいません．

　Tout instruit qu'il soit（または qu'il est), il ne pourra pas résoudre le problème.

◆〈si ~ que＋接続法〉と類義の表現として，〈aussi ~ que＋接続法〉や文語的な〈quelque ~ que＋接続法〉と〈pour ~ que＋接続法〉があります．

【練習7】　qui / quoi / où / quel(le) que＋接続法

〈疑問詞＋que＋接続法〉の構文の，「...しようとも」を意味する譲歩の表現があります．

　Quoi que tu dises, je ne changerai pas d'avis.

君が何を言おうと，私は意見を変えない．

上記の文では dire quelque chose「何かを言う」の quelque chose を，それに対応する疑問代名詞の quoi「何」に変えて前に移動し，そのあとに接続詞の que を置いています．こうした構文で用いられるのは，疑問代名詞の qui, quoi，疑問副詞の où，疑問形容詞の quel(le) です．que の後で主語名詞と動詞を倒置することがあります（下記練習の 4. と 8.）．

空欄に qui, que, où, quel(le) のいずれかを書き入れましょう．

1. _____ que vous soyez, vous devez respecter le code de la route.
   あなたが誰であれ，道路法規を守らなければならない．

2. C'est une célébrité. _____ qu'elle aille, on la reconnaît.
   彼女は有名人だ．どこに行っても気づかれる．

3. _____ qu'on fasse, il y a toujours des gens mécontents.
   何をしても，いつだって不満な人はいる．

4. _____ que soit le temps, la course aura lieu.
   天気がどうであれ，レースは行われるだろう．

5. Gardez votre sang-froid, _____ qu'il arrive.
   何が起ころうと，冷静でいなさい．

6. _____ que le concert ait lieu, j'irai l'écouter.
   コンサートがどこで行われても，私はそれを聞きに行きます．

7. Il ne faut pas dire cela à _____ que ce soit.
   誰にであれ，そのことを言ってはいけない．

8. Je pourrai assister à la réunion, _____ que soit la date.
   日取りがいつでも，私は会合に出られるでしょう．

〔解答〕

1. Qui　2. Où　3. Quoi　4. Quel　5. quoi　6. Où　7. qui　8. quelle

♦〈quoi que＋接続法〉と，bien que と類義の〈quoique＋接続法〉（⇨［練習 3］の注記）を混同しないように注意しましょう．

~~ 〚参考〛 ~~~~~~

その他の対立・譲歩の表現

◇ quand même ; tout de même　それでも，やはり

　Je suis fatigué(e), mais je vais quand même [tout de même] à cette soirée.
　私は疲れているが，それでもそのパーティーに行く．

◇ pour autant　（否定表現と共に用いて）だからといって，それにもかかわらず

　Les vêtements de cette marque sont chers, mais ils ne sont pas de bonne qualité pour autant.
　このブランドの服は高価だが，だからといって品質が良いわけではない．

◇ encore que＋接続法　…ではあるが，…とはいえ

主に書き言葉で用いられます．主節の後に置いて，主節で述べた事柄に制限を加えます．
接続法の代わりに直説法や条件法を用いることもあります．

　　Son travail actuel lui plaît beaucoup, encore qu'il s'en plaigne quelquefois.

　　　今の仕事を彼はたいそう気に入っている，時に不満をもらすこともあるが.

◇ tout [quelque]＋形容詞/副詞＋que＋接続法　どんなに…であろうと

改まった表現です．tout ～ que の後では直説法を用いることもあります．

　　Tout [quelque] difficiles qu'elles soient à mettre en œuvre, ces réformes sont
　　absolument nécessaire.

　　　実行するのがいかに難しかろうと，これらの改革は絶対に必要だ.

◇ quelque(s)＋無冠詞名詞＋que＋接続法　どんな…であろうと

改まった表現です．すぐ上の表現の quelque は副詞なので無変化ですが，この表現の
quelque は形容詞なので変化します．

　　Quelques décisions que vous preniez, nous y obéirons.

　　　あなたがどんな決定を下しても，私たちはそれに従うでしょう.

~~~~~~

§24　条件・仮定の表現

条件・仮定を表す接続詞や前置詞には次のようなものがあります．

1.　直説法の動詞を従える接続詞

◇ si ...　もし…なら

　　Si je ne rentre pas avant huit heures, je te téléphonerai.

　　　私が8時までに帰宅しなければ，電話をするよ.

　　S'il faisait beau, nous partirions pique-niquer.

　　　天気がよければ，ピクニックをしにでかけるのだが.

　　S'il avait fait beau, nous serions partis pique-niquer.

　　　天気がよかったら，ピクニックをしにでかけたのだが.

◇ même si ...　たとえ…でも

　　Même si tu insistes, il n'acceptera jamais.

　　　君がいくら頼み込んだところで，彼は決して承諾しないだろう.

◇ sinon ...　そうしなければ…，さもないと…

　　Je rentrerai avant huit heures, sinon je te téléphonerai.

　　　私は8時までに帰宅するだろう，さもなければ電話をするよ.

◇ sauf si ...　…でなければ，…する場合以外は

　　Je terminerai ce travail en deux heures sauf si vous me dérangez.

　　　君たちが邪魔しなければ，私はこの仕事を2時間で終わらせる.

2. 条件法または接続法の動詞を従える接続詞

◇ au cas où＋条件法 …する場合には

Au cas où il y aurait un tremblement de terre, abritez-vous sous un meuble solide.

　地震が起こった場合は，丈夫な家具の下で身を守りなさい．

◇ à (la) condition que＋接続法 …という条件で

Ce produit tiendra bien à condition qu'on l'entretienne régulièrement.

　定期的に手入れをするのであれば，この製品は長持ちする．

◇ pourvu que＋接続法 …しさえすれば，…でありさえすれば

Ce produit tiendra bien pourvu qu'on l'entretienne régulièrement.

　定期的に手入れをしさえすれば，この製品は長持ちする．

◇ à moins que＋接続法 …でなければ，…する場合以外は

Je terminerai ce travail en deux heures à moins que vous me dérangiez.

　君たちが邪魔しなければ，私はこの仕事を2時間で終わらせる．

3. 前置詞・ジェロンディフ

◇ en cas de ～ ～の場合には

En cas de tremblement de terre, abritez-vous sous un meuble solide.

　地震の場合は，丈夫な家具の下で身を守りなさい．

◇ à moins de＋不定詞 …しなければ，…する場合以外は

Je terminerai ce travail en deux heures à moins d'être dérangé.

　邪魔されなければ，私はこの仕事を2時間で終わらせる．

◇ avec ～ ～があれば

Avec de la patience, on arrive à tout. 忍耐心があれば，何事も達成できる．

◇ sans ～ ～がなければ

Sans patience, on n'arrive à rien. 忍耐心がなければ，何事も達成できない．

◇ ジェロンディフ …すれば

En prenant ce raccourci, on y arrivera à temps.

　この近道をとれば，間に合って着くだろう．

【練習1】 si ... ― 現実的事態を表す条件文

　接続詞 si ...「…なら」の節は仮定した事態を表します．その仮定を前提として成立する事態は主節で述べられます．si ... の節は「条件節」，主節は「帰結節」，条件節と帰結節で構成される文は「条件文」と呼ばれます．

　条件文は2種類に大別されます．現実的事態を表す条件文と非現実的事態を表す条件文です．現実的事態を表す場合は主節(=帰結節)の動詞を直説法(命令形を含む)にし，非現実的事態を表す場合は主節の動詞を条件法にします．

現実的事態を表す条件文においては，主節の動詞は意味に応じて直説法のあらゆる時制になりますが，si の従属節(=条件節)の動詞では未来形を用いません. 現在と未来の事柄はいずれも現在形で表します. 実際，現実世界に置いて「今」と「今後」をはっきりと区別するのが難しい場合がありますし，仮定される事柄が現在のことか未来のことかは，ふつう状況や文脈から推測できるので，動詞の時制で区別する必要はないからでしょう.

条件文ではさまざまな時制が使われます. si ... の節と主節の動詞を指示された(直説法の)活用形にしてください.

1. Si vous (*être*) _____ pressé(e), vous (*pouvoir*) _____ partir tout de suite.

   〈Si＋現在形，現在形〉

   急いでいるなら，すぐに行ってもいいですよ.

2. Si tu (*avoir*) _____ faim, (*manger*) _____ cette pomme. 〈Si＋現在形，命令形〉

   空腹なら，このリンゴを食べなよ.

3. Si tu ne (*faire*) _____ pas attention à ton sac, tu (*risquer*) _____ de te le faire voler. 〈Si＋現在形，現在形〉

   バッグに注意しないと，盗まれるおそれがあるよ.

4. Si on ne (*courir*) _____ pas, on (*aller*) _____ être en retard.

   〈Si＋現在形，現在形(近接未来)〉

   走らないと，遅れてしまう.

5. Si tu m'(*indiquer*) _____ l'heure de ton arrivée, je (*venir*) _____ te chercher. 〈Si＋現在形，単純未来形〉

   到着の時間を教えてくれたら，君を迎えに行くよ.

6. Si je vous (*fâcher*) _____, je (*être*) _____ désolé(e).

   〈Si＋複合過去形，現在形〉

   あなたの気分を害したのなら，すみません.

7. S'il (*aller*) _____ à cette soirée, il (*devoir*) _____ la rencontrer.

   〈Si＋複合過去形，複合過去形〉

   彼がそのパーティーへ行ったのなら，彼女に会ったはずだ.

8. Si tu (*agir*) _____ comme ça, tu le (*regretter*) _____.

   〈Si＋現在形，単純未来形〉

   君がそんな風に行動するなら，後悔することになるだろう.

9. Le samedi, s'il (*faire*) _____ beau, ils (*faire*) _____ du vélo.

   〈Si＋現在形，現在形〉

   日曜日，天気がよければ，彼らはサイクリングをする.

10. En vacances, s'il (*pleuvoir*) _____, nous (*jouer*) _____ aux cartes.

    〈Si＋半過去形，半過去形〉

    バカンス中は，雨が降ると，私たちはトランプで遊んだものだった.

〔解答〕

1. êtes - pouvez　2. as - mange　3. fais - risques　4. court - va

5. indiques - viendrai　6. ai fâché(e) - suis　7. est allé - a dû

8. agis - regretteras　9. fait - font　10. pleuvait - jouions

◆ si を繰り返さず，que で代用することができます.

　S'il y a du soleil et qu'il fait chaud, nous irons nous baigner.

　　日が照って温かければ泳ぎに行こう.

　改まった言い方では que の後で接続法を用います.

　S'il y a du soleil et qu'il fasse chaud, nous irons nous baigner.

【練習2】　si ... ― 非現実的事態を表す条件文

　非現実的事態とは，事実に反する事態および実現可能性が極めて低い(とみなされる)事態を言います. 現在および未来の事態については，si の条件節では直説法半過去形を用い, 主節である帰結節では条件法現在形を用います. 過去の事態については，si の条件節では直説法大過去形を用い，主節である帰結節では条件法過去形を用います.

	条件節	帰結節
現在・未来の非現実的事態	si＋直説法半過去形	条件法現在形
過去の非現実的事態	si＋直説法大過去形	条件法過去形

　S'il faisait beau, nous partirions pique-niquer.

　　天気がよければ，ピクニックをしにでかけるのだが.

　S'il avait fait beau, nous serions partis pique-niquer.

　　天気がよかったら，ピクニックをしにでかけたのだが.

　上記の例のように，表の左右同じ段にある時制がペアで使われることが多いですが，組み合わせが交差することもあります.

〈si＋直説法半過去，条件法過去〉

　S'il était courageux, il aurait affronté ce danger.

　　もし彼が勇敢であれば，その危険に立ち向かっただろうに.

　　(*「彼が勇敢でない」のは過去から現在まで続いている事態)

〈si＋直説法大過去，条件法現在〉

　Si tu n'avais pas trop bu hier soir, tu n'aurais pas mal à la tête ce matin.

　　もし昨夜飲みすぎなかったら，君はけさ頭が痛くないだろうに.

　　(*「君は頭が痛い」のは現在の事態)

意味に合わせて，動詞を適切に活用させましょう.

1. Si je (*gagner*) .... au loto, j'(*acheter*) .... une villa à Nice.

　　宝くじに当たったら，私はニースに別荘を買うだろう.

2. S'ils (*prendre*) ＿＿＿＿＿ une carte routière, ils (ne pas *se perdre*)
＿＿＿＿＿.

　　道路マップを持って来ていたら，彼らは道に迷わなかっただろう．

3. Si on (*entretenir*) ＿＿＿＿＿ régulièrement la machine, elle (ne pas *être*)
＿＿＿＿＿ en si mauvais état.

　　機械の手入れを定期的にしていれば，こんなに悪い状態ではないだろうに．

4. Si elle (*aimer*) ＿＿＿＿＿ la musique, je l'(*emmener*) ＿＿＿＿＿
au concert.

　　彼女が音楽好きなら，私は彼女をコンサートに連れて行ったのだが．

5. S'il (ne pas *avoir*) ＿＿＿＿＿ ce grave accident, il (ne pas *boiter*)
＿＿＿＿＿.

　　あの重大事故にあわなかったら，彼は足を引きずっていないだろうに．

6. Si la police (*arriver*) ＿＿＿＿＿ plus vite, elle (*pouvoir*) ＿＿＿＿＿
arrêter le suspect.

　　警察がもっと速く到着していたら，容疑者を捕えることができただろう．

〖解答〗
1. gagnais - achèterais　2. avaient pris - ne se seraient pas perdus
3. entretenait - ne serait pas　4. aimait - aurais emmenée
5. n'avait pas eu - ne boiterait pas　6. était arrivée - aurait pu

~~〖参考〗~~~~~~

事実を表す si ... の節

　接続詞の si で導かれる従属節では，仮定の事柄だけでなく，現実の事柄を述べることもあります．まず，ある事実を si ... で提示し，続いて，主節で話し手の主張を伝えます．話し手が認める事実性には幅があるので，「…かもしれないが，おそらく…であろうが，確かに…ではあるけれど」のどれも当てはまりますが，いずれにしろ譲歩の意味を込めた対立・逆接を表します．

　　S'il a du talent, ce n'est pas un génie.

　　　彼に才能があるにしても，天才ではない．

　また，「…なのは…だからだ」と，事実とその原因・理由を述べるときにも si ... が用いられます．よく使う構文は〈Si ..., c'est parce que ...〉，あるいは parce que を que で置き換えた〈Si ..., c'est que ...〉です．

　　S'il ne prend pas son congé, c'est (parce) qu'il a trop de travail.

　　　彼が休暇を取らないのは，仕事が多すぎるからだ．

~~~~~~

第6章　時間・論理関係の表現

【練習3】 même si ...

même si ...「たとえ…でも」は,「…と仮定した場合でさえ」という,仮定と譲歩の意味を同時に表します. même si を用いた条件文の時制は,[練習1], [練習2] の条件文の時制と同じく,事態の現実性・非現実性によって異なります.

------

même si ... の節の動詞を適切に活用させましょう.

1. Même s'il (*pleuvoir*) .... demain, j'irai à la pêche.
   あした雨が降ったとしても,私は釣りに行くだろう.

2. Même si je (*devoir*) .... quitter Paris, je vais prendre cet emploi.
   パリを離れなくてはならないとしても,私はその職につくつもりだ.

3. Même si elle (ne pas *être*) .... belle, il l'aimerait.
   彼女が美人ではなかったとしても,彼は彼女を愛するだろう.

4. Même s'il (*s'excuser*) ...., elle ne lui pardonnera pas.
   彼が謝罪したとしても,彼女は彼を許さないだろう.

5. Même si vous (*envoyer*) .... ce colis en exprès, il ne serait pas arrivé avant la fin de la semaine.
   あなたがこの小包みを速達で送ったとしても,週末までに届かなかったでしょう.

〔解答〕
1. pleut 2. dois 3. n'était pas 4. s'excuse 5. aviez envoyé

【練習4】 sinon ...

sinon ...「そうしなければ…,さもないと…」は,ある事態が成立しない場合の帰結を表します.

Je rentrerai avant huit heures, <u>sinon</u> je te téléphonerai.
私は8時までに帰宅するだろう,さもなければ電話をするよ.

例にならって,文の後半を sinon ... で続けましょう

[例] <u>Si</u> je <u>ne</u> rentre <u>pas</u> avant huit heures, <u>je te téléphonerai.</u>
私が8時までに帰宅しなければ,電話をするよ.

→ Je rentrerai avant huit heures, <u>sinon je te téléphonerai.</u>
私は8時までに帰宅するだろう,さもなければ電話をするよ.

1. Si tu ne travailles pas sérieusement, tu ne réussiras pas à l'examen.
   まじめに勉強しないと,試験に受からないよ.

   → Travaille sérieusement, ...
   まじめに勉強しなさい,さもないと試験に受からないよ.

2. Si vous ne réservez tout de suite, vous n'aurez pas de place.

　　すぐに予約しないと，席が取れないでしょう．

　　　→ Vous feriez mieux de réserver tout de suite, --

　　　　すぐに予約するほうがいいですよ，さもないと席が取れないでしょう．

3. Si vous ne portez pas votre badge, on ne vous laissera pas entrer.

　　IDカードを携帯していないと，入れてくれないでしょう．

　　　→ Il faut que vous portiez votre badge, --

　　　　IDカードを携帯していなければなりません，さもないと入れてくれないでしょう．

4. Si elle n'était pas très malade, elle sortirait avec nous.

　　彼女がとても疲れていなければ，私たちと外出するだろう．

　　　→ Elle est très malade, --

　　　　彼女はとても疲れている，さもなければ私たちと外出するだろう．

5. Si j'avais eu le temps d'aller au supermarché, j'aurais fait les courses.

　　私がスーパーに行く時間があったら，買い物をしたでしょう．

　　　→ Je n'ai pas eu le temps d'aller au supermarché, --

　　　　私はスーパーに行く時間がなかった，そうでなければ買い物をしたでしょう．

〔解答〕

1. sinon tu ne réussiras pas à l'examen.　　2. sinon vous n'aurez pas de place.

3. sinon on ne vous laissera pas entrer.　　4. sinon elle sortirait avec nous.

5. sinon j'aurais fait les courses.

【練習5】　au cas où＋条件法 / en cas de＋無冠詞名詞

　　〈au cas où＋条件法〉「…する場合には」は，万が一に起こるかもしれない，多くは懸念される事態を想定するときに用います．au cas où … の節の動詞が条件法になることに注意してください．名詞を用いるときは〈en cas de＋無冠詞名詞〉になります．

　　〈au cas où＋条件法〉と〈en cas de＋無冠詞名詞〉を使って，文の前半を言い換えましょう．

[例]　S'il y a un tremblement de terre, abritez-vous sous un meuble solide.

　　　もしも地震が起こったら，丈夫な家具の下で身を守りなさい．

　　　→ Au cas où il y aurait un tremblement de terre, abritez-vous sous un meuble solide.

　　　　地震が起こった場合は，丈夫な家具の下で身を守りなさい．

　　　→ En cas de tremblement de terre, abritez-vous sous un meuble solide.

　　　　地震の場合は，丈夫な家具の下で身を守りなさい．

1. S'il y a un empêchement, on pourra changer de programme.

   もしも都合が悪くなったら，予定を変更することができます．

   → ...., on pourra changer de programme.

   都合が悪くなった場合は，予定を変更することができます．

   → ...., on pourra changer de programme.

   都合が悪い場合は，予定を変更することができます．

2. Si la machine tombe en panne, contactez la compagnie de maintenance.

   もしも機械が故障したら，保守会社に連絡しなさい．

   → ...., contactez la compagnie de maintenance.

   機械が故障した場合は，保守会社に連絡しなさい．

   → ...., contactez la compagnie de maintenance.

   機械が故障の場合は，保守会社に連絡しなさい．

3. Si vous perdez votre carte de crédit, prévenez immédiatement votre banque.

   もしもクレジットカードを紛失したら，すぐ銀行に知らせなさい．

   → ...., prévenez immédiatement votre banque.

   クレジットカードを紛失した場合は，すぐ銀行に知らせなさい．

   → ...., prévenez immédiatement votre banque.

   クレジットカードを紛失の場合は，すぐ銀行に知らせなさい．

4. S'il y a un incendie, le système d'extinction se déclenche automatiquement.

   もしも火災が起きたら，消火装置が自動的に作動する．

   → ...., le système d'extinction se déclenche automatiquement.

   火災が起きた場合は，消火装置が自動的に作動する．

   → ...., le système d'extinction se déclenche automatiquement.

   火災の場合は，消火装置が自動的に作動する．

〔解答〕

1. Au cas où il y aurait un empêchement / En cas d'empêchement

2. Au cas où la machine tomberait en panne / En cas de panne de la machine

3. Au cas où vous perdriez votre carte de crédit / En cas de perte de votre carte de crédit

4. Au cas où il y aurait un incendie / En cas d'incendie

♦ 〈au cas où＋条件法〉と同じく〈dans le cas où＋条件法〉も用いられます．

♦ 慣用的に用いられる〈en cas de＋無冠詞名詞〉には，上の練習で用いたもの以外に次のようなものがあります．

   en cas d'accident　事故の場合には

   en cas de besoin　必要な場合には

   en cas d'urgence　緊急の場合には

【練習6】 à (la) condition que＋接続法；pourvu que＋接続法

〈à (la) condition que＋接続法〉の condition は「条件」という意味ですから，文字どおり「…という条件で」で，ある事柄が実現するために必要な条件を述べるときに用います．定冠詞 la の使用は任意です(以下の練習では la なしで用います)．

〈pourvu que＋接続法〉の pourvu は pourvoir「与える，備えつける」の過去分詞に由来するので，「(条件として)…が備われば」という意味ですが，「…しさえすれば，…でありさえすれば」と必要十分条件を表します．

〈à condition que＋接続法〉と〈pourvu que＋接続法〉を使って，文の後半を言い換えましょう．

[例] Ce produit tiendra bien <u>si</u> on l'entretient régulièrement.
　　　定期的に手入れをすれば，この製品は長持ちする．
　　→ Ce produit tiendra bien <u>à condition qu'</u>on l'entretienne régulièrement.
　　　　定期的に手入れをするのであれば，この製品は長持ちする．
　　→ Ce produit tiendra bien <u>pourvu qu'</u>on l'entretienne régulièrement.
　　　　定期的に手入れをしさえすれば，この製品は長持ちする．

1. On peut modifier la date si tout le monde est d'accord.
　　みんなが賛成するなら，日取りを変更することができる．
　　→ On peut modifier la date ....
　　　みんなが賛成するのであれば，日取りを変更することができる．
　　→ On peut modifier la date ....
　　　みんなが賛成しさえすれば，日取りを変更することができる．

2. Les enfants sont admis dans ce club de voile s'ils savent nager.
　　泳げれば，子供たちはこのヨットクラブに入れる．
　　→ Les enfants sont admis dans ce club de voile ....
　　　泳げるのであれば，子供たちはこのヨットクラブに入れる．
　　→ Les enfants sont admis dans ce club de voile ....
　　　泳げさえすれば，子供たちはこのヨットクラブに入れる．

3. Vous pouvez vous inscrire au deuxième degré si vous avez terminé le premier degré.
　　第1段階を終えていれば，あなたは第2段階に登録できます．
　　→ Vous pouvez vous inscrire au deuxième degré ....
　　　..
　　　第1段階を終えているのであれば，あなたは第2段階に登録できます．
　　→ Vous pouvez vous inscrire au deuxième degré ....
　　　..
　　　第1段階を終えてさえいれば，あなたは第2段階に登録できます．

4. Nous prêtons notre appartement si on n'y amène pas d'animal.

　　動物を連れ込まないなら，私たちはアパルトマンを貸します．

　　→ Nous prêtons notre appartement _____

　　　　動物を連れ込まないのであれば，私たちはアパルトマンを貸します．

　　→ Nous prêtons notre appartement _____

　　　　動物を連れ込みさえしなければ，私たちはアパルトマンを貸します．

〔解答〕

1. à condition que tout le monde soit d'accord.

　 pourvu que tout le monde soit d'accord.

2. à condition qu'ils sachent nager.

　 pourvu qu'ils sachent nager.

3. à condition que vous ayez terminé le premier degré.

　 pourvu que vous ayez terminé le premier degré.

4. à condition qu'on n'y amène pas d'animal.

　 pourvu qu'on n'y amène pas d'animal.

◆ 主節の主語と à (la) condition que ... の主語が同じでもかまいませんが，同じ場合は〈à (la) condition de＋不定詞〉を用いることもできます．

　　Les enfants sont admis dans ce club de voile à (la) condition qu'ils sachent nager.

　　= Les enfants sont admis dans ce club de voile à (la) condition de savoir nager.

◆〈pourvu que＋接続法〉を独立節で用いると，「…であればよいのだが」という願望を表します．

　　Pourvu qu'il fasse beau demain！ あしたは晴れるといいなあ！

【練習7】 sauf si＋直説法；à moins que＋接続法 / à moins de＋不定詞

　si ... の節の動詞が否定形のときは，「…でなければ，…する場合以外は，…でない限り」を意味する〈sauf si＋直説法〉や〈à moins que＋接続法〉で言い換えることができます．sauf si ... の節の動詞は直説法ですが，à moins que ... の節の動詞は接続法です．

　　Je terminerai ce travail en deux heures si vous ne me dérangez pas.

　　　君たちが邪魔しなければ，私はこの仕事を2時間で終わらせる．

　　→ Je terminerai ce travail en deux heures sauf si vous me dérangez.

　　→ Je terminerai ce travail en deux heures à moins que vous me dérangiez.

　　　　君たちが邪魔しなければ，私はこの仕事を2時間で終わらせる．

　主節と従属節の主語が同一の場合は〈à moins de＋不定詞〉を用いることができます．

　　Je terminerai ce travail en deux heures à moins d'être dérangé.

　　　邪魔されなければ，私はこの仕事を2時間で終わらせる．

　〈sauf si＋直説法〉と〈à moins que＋接続法〉（下記練習の 1.と 2.) または〈à moins de＋不定詞〉(3.と 4.) を使って，文の後半を言い換えましょう．

1. Je lui annoncerai la nouvelle si tu ne veux pas le faire toi-même.
   君が自分でそうしたくなければ，僕が彼(女)に知らせるよ．
   → Je lui annoncerai la nouvelle _____
   → Je lui annoncerai la nouvelle _____
   　　君が自分でそうしたいのでなければ，僕が彼(女)に知らせるよ．

2. Le spectacle en plein air a lieu tous les jours s'il ne pleut pas à torrents.
   どしゃぶりでなければ，野外ショーは毎晩行われる．
   → Le spectacle en plein air a lieu tous les jours _____
   → Le spectacle en plein air a lieu tous les jours _____
   　　どしゃぶりの場合を除けば，野外ショーは毎晩行われる．

3. Nous reviendrons à pied si nous ne sommes pas trop fatigués.
   疲れすぎていなければ，私たちは歩いて戻って来るだろう．
   → Nous reviendrons à pied _____
   → Nous reviendrons à pied _____
   　　疲れすぎていない限り，私たちは歩いて戻って来るだろう．

4. Ne donnez jamais vos coordonnées si vous n'avez pas une confiance absolue en la personne.
   人柄に絶対の信頼を置いていないのなら，決して連絡先を教えてはいけない．
   → Ne donnez jamais vos coordonnées _____
   _____
   → Ne donnez jamais vos coordonnées _____
   _____
   　　人柄に絶対の信頼を置いていない限り，決して連絡先を教えてはいけない．

1. sauf si tu veux le faire toi-même.
   à moins que tu veuilles le faire toi-même.
2. sauf s'il pleut à torrents.
   à moins qu'il pleuve à torrents.
3. sauf si nous sommes trop fatigués.
   à moins d'être trop fatigués.
4. sauf si vous avez une confiance absolue en la personne.
   à moins d'avoir une confiance absolue en la personne.

◆ 改まった言い方では à moins que ... の節で虚辞の ne を使うことがあります．
　Je terminerai ce travail en deux heures <u>à moins que</u> vous <u>ne</u> me dérangiez.

【練習8】 avec ～ ; sans ～

条件節の代わりに，avec ～「～があれば」や sans ～「～がなければ」の句を用いることがあります．sans の後の名詞に不定冠詞や部分冠詞(すなわち否定文で de になる冠詞)は付けませんが，それ以外の限定詞は付けます．

Si on <u>a</u> de la patience, on arrive à tout.　忍耐心があれば，何事も達成できる．

→ <u>Avec</u> de la patience, on arrive à tout.

Si on <u>n'a pas</u> de patience, on n'arrive à rien.　忍耐心がなければ，何事も達成できない．

→ <u>Sans</u> patience, on n'arrive à rien.

---

si ... の条件節を，avec あるいは sans を用いて書き換えましょう．

1. Si on ajoute un peu d'ail [＿＿＿＿＿＿＿], la sauce sera plus relevée.

   ニンニクを少し加えれば，スープにもっと風味がでるだろう．

2. Si tu ne portes pas de chapeau [＿＿＿＿＿], tu risques d'attraper une insolation.

   帽子をかぶらないと，日射病にかかるかもしれないよ．

3. Si on a plus de chance [＿＿＿＿＿＿＿], on fera mieux demain.

   もっと運が良ければ，あしたはもっとうまくやるだろう．

4. S'il n'obtient pas de bourse d'études [＿＿＿＿＿＿＿], il sera obligé de travailler à mi-temps.

   奨学金をもらえなければ，彼はアルバイトをせざるをえなくなるだろう．

5. Si vous aviez un diplôme supérieur [＿＿＿＿＿＿＿], vous trouveriez facilement du travail.

   上級免状を持っていれば，あなたはたやすく仕事を見つけられるのですが．

6. S'il ne vous avait pas aidé(e) [＿＿＿＿＿], vous auriez échoué.

   彼が助けてくれなければ，あなたは失敗していたでしょう．

〔解答〕

1. Avec un peu d'ail　2. Sans chapeau　3. Avec plus de chance

4. Sans bourse d'études　5. Avec un diplôme supérieur　6. Sans son aide

【練習9】 ジェロンディフ

条件節の〈si＋現在形〉，〈si＋半過去形〉，〈si＋大過去形〉のいずれも，si ... の節の主語が主節の主語と同じであれば，ジェロンディフの〈en＋現在分詞〉で言い換えることができます．動詞を活用させることなくあらゆる時制の仮定・条件を表せる便利な表現なので，日常語でよく用いられます．

動詞を適切な形にしましょう．主節(=帰結節)の時制に適合するように si ... の節(=条件節)の動詞を活用させます．ジェロンディフは主節の時制に影響されません．

1. Si on (*réfléchir*) _____ mieux, on trouvera la solution du problème.

   En (*réfléchir*) _____ mieux, on trouvera la solution du problème.

   もっとよく考えれば，問題の解決策が見つかるだろう．

2. S'il (*parler*) _____ plus distinctement, il se ferait mieux comprendre.

   En (*parler*) _____ plus distinctement, il se ferait mieux comprendre.

   もっと明瞭に話せば，彼はもっとよく理解してもらえるだろう．

3. Si tu (*refuser*) _____ sa proposition, tu l'aurais vexé.

   En (*refuser*) _____ sa proposition, tu l'aurais vexé.

   君が彼の提案を拒否していたら，彼の気分を害していただろう．

4. Si vous (*se teindre*) _____ les cheveux, vous paraîtrez dix ans de moins.

   En (*se teindre*) _____ les cheveux, vous paraîtrez dix ans de moins.

   髪を染めれば，あなたは10歳若く見えるでしょう．

5. Si nous (*habiter*) _____ en Province, nous aurions une maison avec un jardin.

   En (*habiter*) _____ en Province, nous aurions une maison avec un jardin.

   南仏に住んでいるのだったら，私たちは庭付きの家を持っているだろう．

6. Si vous (*partir*) _____ plus tôt, vous auriez pu prendre le train précédent.

   En (*partir*) _____ plus tôt, vous auriez pu prendre le train précédent.

   もっと早く出発していたら，君たちは前の列車に乗れただろう．

〔解答〕

1. réfléchit - réfléchissant   2. parlait - parlant   3. avais refusé - refusant

4. vous teignez - vous teignant   5. habitions - habitant   6. étiez parti(e)s - partant

~~ 〖参考〗 ~~~~~~

その他の仮定・条件の表現

◇ quand (bien) même＋条件法　　たとえ…でも

　〈même si＋直説法〉と同じく，譲歩の意味をこめた仮定を表します．一般に，従属節でも主節でも条件法を用います．

　　Quand (bien) même vous l'auriez supplié, il n'aurait pas accepté.

　　たとえあなたが頼み込んでも，彼は承諾しなかったでしょう．

◇ soit que＋接続法, soit [ou] que＋接続法　　…であろうと…であろうと

　　Soit qu'il soit fatigué, soit [ou] qu'il ait sommeil, il va au travail à heure fixe.

　　疲れていても，眠くても，彼は定時に出勤する．

◇ que＋接続法　ou non　　…であろうとなかろうと

　　Que tu le veuilles ou non, tu dois y aller.

　　望もうが望むまいが，君はそこに行かなければならない．

◇ à supposer [en supposant] que＋接続法　…であると仮定して

À supposer [En supposant] que tu sois réellement allé(e) à cette conférence, je trouve curieux que personne ne t'y aies vu(e).

仮に君が本当にその講演会へ行ったとすると，誰もそこで君を見なかったのは奇妙だと思う.

◇ si tant est que＋接続法　もしも…だとすれば

可能性が非常に少ない事態を想定した仮定の表現です.

Qu'est-ce que tu feras si tant est que tu rencontres ta vedette préférée ?

もし君の好きなスターに出会ったら，君はどうする？

◇ pour peu que＋接続法　わずかでも…であれば，…しさえすれば

Pour peu qu'elle aie cinq minutes de retard, sa mère s'inquiète.

彼女が5分でも遅くなると，母親は心配する.

◇ sauf que＋直説法；si ce n'est que＋直説法　…であること以外は

Notre voyage en Grèce s'est très bien passé, sauf que [si ce n'est que] le départ de l'avion a été retardé d'une heure.

飛行機の出発が1時間遅れた以外は，私たちのギリシャ旅行はとても順調だった.

◇ dans la mesure où＋直説法　…である範囲内で，…である限りにおいて

何らかの制限を条件として示すときの表現です.

Dans la mesure où on en boit peu, l'alcool n'est pas dangereux.

ごく少量しか飲まない限りは，酒は危険ではない.

~~~~~~

§25　比例・比較の表現

このセクションの表現は「1. 比例」と「2. 比較 (類似・同一・相違)」のふたつに分けて見ていきます.

※ plus, moins, aussi などを用いる基本的な比較級表現はここでは扱いません. それらについては，第1巻『文法』の§50「比較構文」を参照してください.

1. 比例

◇ de plus en plus　ますます多く

Cette rue est de plus en plus animée.

この通りはしだいににぎやかになっている.

◇ de moins en moins　ますます少なく

En France, les paysans sont de moins en moins nombreux.

フランスでは農民がしだいに減少している.

◇ Plus A, plus [moins] B　Aすればするほどますます多く[少なく]Bする

Plus vous roulez vite, plus vous prenez de risques.

スピードをだして運転するほど，あなたはより多くの危険を冒すことになる.

◇ Moins A, moins [plus] B　少なくAすればするほどますます少なく [多く] Bする

　　Moins tu mangeras, moins tu grossiras.

　　　君は食べる量を減らせば，それだけ太らなくなるだろう.

◇ d'autant plus [moins] A que B　Bであるだけいっそう多く [少なく] Aである

　　Les coureurs sont d'autant plus fatigués que la chaleur est écrasante.

　　　暑さがひどいので，ランナーはいっそう疲労している.

◇ A (au fur et) à mesure que B　BにつれてしだいにAする，Bに応じて順々にAする

　　Les jours deviennent plus courts à mesure que l'hiver approche.

　　　冬が近づくにつれて日はより短くなる.

【練習1】　de plus en plus ; de moins en moins

　plus「より多く」，moins「より少なく」と de ~ en ~「~から~へ」を組み合わせてできた表現で, de plus en plus は「より多くからより多くへ」→「ますます多く」, de moins en moins は「より少なくからより少なくへ」→「ますます少なく」の意味になります. plus や moins を単独で用いるときと同じように，形容詞，副詞，動詞を修飾し，名詞を修飾する場合は de を伴います.

　例にならって，de plus en plus, de moins en moins を用いた文に書き換えましょう.

[例]　Cette rue est plus animée qu'avant.

　　　この通りは以前よりにぎやかだ.

　　　→ Cette rue est de plus en plus animée.

　　　　この通りはしだいににぎやかになっている.

　　　En France, les paysans sont moins nombreux qu'avant.

　　　フランスでは農民が以前より減少している.

　　　→ En France, les paysans sont de moins en moins nombreux.

　　　　フランスでは農民がしだいに減少している.

1. Les ordinateurs sont plus performants qu'avant.

　　コンピュータは以前より高性能だ.

　　→ ....

　　　コンピュータはしだいに高性能になっている.

2. La situation semble moins stable qu'avant.

　　情勢は以前より不安定のようだ.

　　→ ....

　　　情勢はしだいに不安定になっているようだ.

3. Notre monde devient-il meilleur qu'avant ?

　　私たちの世界は以前より良くなっているだろうか?

→ ....

　　　私たちの世界はしだいに良くなっているだろうか？

4. Les appareils électroménagers coûtent moins cher qu'avant.

　　家電製品は以前より値段が安い.

　　　→ ....

　　　家電製品はだんだん値段が安くなっている.

5. Il rentre plus tard qu'avant.

　　彼は以前より帰宅が遅い.

　　　→ ....

　　　彼はだんだん帰宅が遅くなっている.

6. Elle chante mieux qu'avant.

　　彼女は以前より歌がうまい.

　　　→ ....

　　　彼女はだんだん歌がうまくなっている.

7. Plus de personnes vivent seules qu'avant.

　　一人暮らしの人が以前より増えている.

　　　→ ....

　　　一人暮らしの人がしだいに増えている.

8. Il neige moins qu'avant dans cette région.

　　この地方では以前より雪が降らない.

　　　→ ....

　　　この地方ではだんだん雪が降らなくなっている.

9. L'intelligence artificielle fait plus de progrès qu'avant.

　　人工知能は以前より進歩している.

　　　→ ....

　　　人工知能はますます進歩している.

10. Les gens écrivent moins de lettres qu'avant

　　人々は以前より手紙を書かない.

　　　→ ....

　　　人々はだんだん手紙を書かなくなっている.

〔解答〕

1. Les ordinateurs sont de plus en plus performants.

2. La situation semble de moins en moins stable.

3. Notre monde devient-il de meilleur en meilleur ?

4. Les appareils électroménagers coûtent de moins en moins cher.

5. Il rentre de plus en plus tard.

6. Elle chante de mieux en mieux.

7. De plus en plus de personnes vivent seules qu'avant.

8. Il neige de moins en moins.

9. L'intelligence artificielle fait de plus en plus de progrès.

10. Les gens écrivent de moins en moins de lettres.

【練習2】 plus ..., plus ... ; moins ..., moins

ふたつの事態が比例または反比例の関係にあることを表します．組合せは4とおりあります．

plus A, plus B	―	Aが多くなるにつれてBも多くなる
plus A, moins B	―	Aが多くなるにつれてBが少なくなる
moins A, moins B	―	Aが少なくなるにつれてBも少なくなる
moins A, plus B	―	Aが少なくなるにつれてBが多くなる

これらの構文は比較級の文をふたつ組み合わせて作ります．たとえば，

Plus vous roulez vite, plus vous prenez de risques.

　スピードをだして運転するほど，あなたはより多くの危険を冒すことになる．

上の文を作る手順は以下のようです．

Vous roulez vite.　あなたはスピードをだして運転する．

→〔比較文〕Vous roulez plus vite.　あなたはよりスピードをだして運転する．

Vous prenez des risques.　あなたは危険を冒す．

→〔比較文〕Vous prenez plus de risques.　あなたは より多くの危険を冒す．

plus(あるいは moins)を文頭に移動し，ふたつの文を並置します．

→　Plus vous roulez vite, plus vous prenez de risques.

♦ prendre des risques → prendre plus de risques のような冠詞の変化にも注意しましょう．

例にならって，比例あるいは反比例の文を作りましょう．

[例]　(−) tu mangeras / (−) tu grossiras

　　→ Moins tu mangeras, moins tu grossiras.

　　　　君は食べる量を減らせば，それだけ太らなくなるだろう．

1. (+) je fais du sport / (+) je suis en forme

　→ ....

　　　私はスポーツをするほど，より体調がいい．

2. (+) les examens approchent / (+) les étudiants deviennent nerveux

　→ ....

　　　試験が近づくにつれて，学生たちはよりナーバスになる．

3. (+) on a des soucis / (−) on dort

→ ....

悩みが増えるほど，睡眠がより少なくなる.

4. (−) on travaille / (−) on a envie de travailler

→ ....

働くことが少ないほど，働く意欲がさらに減少する.

5. (−) les rivières sont polluées / (+) il y a des poissons

→ ....

川の汚染が改善されるにつれて，魚がますます増えている.

〔解答〕

1. Plus je fais de sport, plus je suis en forme.

2. Plus les examens approchent, plus les étudiants deviennent nerveux.

3. Plus on a de soucis, moins on dort.

4. Moins on travaille, moins on a envie de travailler.

5. Moins les rivières sont polluées, plus il y a de poissons.

【練習3】　d'autant plus ～ que ... ; d'autant moins ～ que ...

〈d'autant plus [moins] ～ que ...〉「…であるだけいっそう多く[少なく]～」の構文の d'autant は「それに応じて，その分だけ」，plus [moins] は「いっそう多く[少なく]」を意味します. que ... は原因である事態を表します.

たとえば，次のような状況を想定してみましょう.「マラソンのレースの終盤で，当然ながらランナーは疲れています. しかも，きょうはひどい暑さなので，暑さがひどい分，疲れが増しています」. フランス語では次のように言えます.

Les coureurs sont d'autant plus fatigués que la chaleur est écrasante.

暑さがひどいので，ランナーはいっそう疲労している.

例にならって，d'autant ... que ... を用いた比例あるいは反比例の文を作りましょう.

[例]　la chaleur est écrasante ⇒ (+) les coureurs sont fatigués

→ Les coureurs sont d'autant plus fatigués que la chaleur est écrasante.

暑さがひどいので，ランナーはいっそう疲労している.

les ouvriers sont mal payés ⇒ (−) ils travaillent

→ Les ouvriers travaillent d'autant moins qu'ils sont mal payés.

給料が安いので，工員はいっそう働かない.

1. il est de bonne humeur aujourd'hui ⇒ (+) il est bavard

→ ....

きょう彼は上機嫌なので，いっそう饒舌だ.

2. la police n'est pas arrivée vite ⇒ (+) la bagarre est devenue violente

   → ....

   ....

   警察がすぐに来なかったので，乱闘はいっそう激しくなった.

3. l'employé était peu aimable ⇒ (−) le client était satisfait

   → ....

   店員が無愛想だったので，客はいっそう不満だった.

4. c'était le menu spécial de Noël ⇒ (+) nous avons bien mangé

   → ....

   クリスマスの特別コースだったので，私たちはいっそうおいしく食べた.

5. il pleuvait ⇒ (−) je conduisais vite

   → ....

   雨が降っていたので，私はいっそうスピードを落として運転していた.

6. son mari est au chômage ⇒ (−) elle dépense

   → ....

   夫が失業中なので，彼女は出費がいっそう少ない.

7. il a échoué la dernière fois ⇒ (+) il fait des efforts

   → ....

   前回失敗しているので，彼はいっそう努力している.

〔解答〕

1. Il est d'autant plus bavard qu'il est de bonne humeur aujourd'hui.
2. La bagarre est devenue d'autant plus violente que la police n'est pas arrivée vite.
3. Le client était d'autant moins satisfait que l'employé était peu aimable.
4. Nous avons mangé d'autant mieux que c'était le menu spécial de Noël.
5. Je conduisais d'autant moins vite qu'il pleuvait.
6. Elle dépense d'autant moins que son mari est au chômage.
7. Il fait d'autant plus d'efforts qu'il a échoué la dernière fois.

【練習4】 (au fur et) à mesure que ...

ある事態の変化がもう一方の事態の変化と並行するとき，〈A à mesure que B〉(または〈A au fur et à mesure que B〉)「B につれてしだいに A，B に応じて順々に A」の表現を用いることができます(下記の例および練習では à mesure que を用います).

Les jours deviennent plus courts à mesure que l'hiver approche.

冬が近づくにつれて日はより短くなる.

下記の à mesure que ... の節から適切なものを選んで，主節のあとに続けましょう.

à mesure qu'ils arrivent.

à mesure qu'on va vers le sud.

à mesure que la maladie progresse.

à mesure que le temps passait.

à mesure que tu les auras lus.

1. Son inquiétude grandissait _____
   時が経つにつれて，彼(女)の不安は増していった.

2. Le ciel devient plus bleu et plus clair _____
   南に向かうにつれて，空はより青くより澄んでいく.

3. Le malade s'affaiblit _____
   病気が進行するにつれて，病人は弱ってきている.

4. Tu me passeras les mangas _____
   マンガを読み終わったら順に僕に回してよ.

5. Elle place les invités _____
   彼女は招待客が到着するのに応じて席に案内する.

〔解答〕

1. à mesure que le temps passait.

2. à mesure qu'on va vers le sud.

3. à mesure que la maladie progresse.

4. à mesure que tu les auras lus.

5. à mesure qu'ils arrivent.

♦ 対応する前置詞句は (au fur et) à mesure de ～ です.
   Les jours deviennent plus courts (au fur et) à mesure de l'approche de l'hiver.
   冬の接近につれて日はより短くなる.

♦ 副詞句の (au fur et) à mesure 「それに応じて，それにつれて」を用いることもできます.
   L'hiver approche et les jours deviennent plus courts (au fur et) à mesure.
   冬が近づき，それにつれて日はしだいにより短くなる.

♦ dans la mesure où ... については，前節の最後の〚参考〛で条件を表す用法を見ましたが，(au fur et) à mesure que ... と同じく比例を表すこともあります.
   Les jours deviennent plus courts dans la mesure où l'hiver approche.
   冬が近づくにつれて日はより短くなる.

2. 比較 (類似・同一・相違)

◇ comme ～　～のように

Il est devenu enseignant comme son père.　彼は父のように教員になった.

◇ comme si ...　まるで…であるかのように

　Il dort comme s'il était mort.　彼はまるで死んだように眠っている.

◇ le même ~, la même ~, les mêmes ~　同じ~

　Ils aimaient la même femme.　彼らは同じ女性を愛していた.

◇ un(e) autre ~, d'autres ~ ; l'autre ~, les autres ~　ほかの~，別の~

　J'ai une autre idée.　私はほかのアイディアがあります.

【練習1】　comme ~

　類似を表す最も一般的な言い方は comme ~「~のように」です. comme の後にはさまざまな品詞の語句や節を置くことができます. とりわけ〈comme＋名詞〉は，Il est devenu enseignant comme son père.「彼は父のように教員になった」のようなふつうの文以外に，doux comme le miel「蜜のように甘い」のような多くの慣用句にも用いられます. 名詞を伴うそうした慣用句は次の §26 に多数出てくるので，ここでは comme が名詞以外を伴う例を取り上げます. なお，これまで見てきたように，comme は「~として」や同時性や原因・理由なども表すので，それらと混同しないように注意しましょう.

　適切な comme ~ の表現を選んで空欄に書き入れ，文を完成させましょう.

　　comme avant.

　　comme d'habitude.

　　comme en plein été.

　　comme nous l'avions espéré.

　　comme on dit.

　　comme pour gagner une course.

　　comme prévu.

　　comme quand nous étions petits.

　　comme tu voudras.

1. Aujourd'hui, il fait chaud ＿＿＿＿＿＿＿＿＿＿＿

　　きょうは真夏のように暑い.

2. Ce projet a remporté un grand succès ＿＿＿＿＿＿＿＿＿＿＿

　　私たちが期待していたとおり，この企画は大成功を収めた.

3. Ce quartier a bien changé ; il n'est plus ＿＿＿＿＿＿＿＿＿＿＿

　　この界隈はすっかり変わった. もう以前のようではない.

4. Elle sera en retard ＿＿＿＿＿＿＿＿＿＿＿

　　彼女はいつものように遅れるだろう.

5. Il conduit très vite ＿＿＿＿＿＿＿＿＿＿＿

　　彼はレースに勝つためみたいに猛スピードで運転する.

6. Je te donne mon avis, mais tu feras ―――――――――

   僕の意見は言うけれど，君は好きなようにしていいよ.

7. Nos parents sont de la génération yéyé ―――――――――

   私たちの両親はいわゆるイエイエの世代だ.

8. Nous avons joué à cache-cache ――――――――――――――――

   幼かった頃のように私たちはかくれんぼをして遊んだ.

9. Rien ne se passe ―――――――――

   何事も予定どおりには運ばない.

〔解答〕

1. comme en plein été. 2. comme nous l'avions espéré. 3. comme avant.

4. comme d'habitude. 5. comme pour gagner une cours. 6. comme tu voudras.

7. comme on dit. 8. comme quand nous étions petits. 9. comme prévu.

【練習2】 comme si …

　comme si … は，類似を表す comme と仮定を表す si … を組み合わせた表現で，「まる
で…であるかのように」の意味になります．comme si … の節の動詞は，非現実の条件節
での用法と同じく，主節と同時の事態であれば直説法半過去形に，主節に先行する事態の
ときは直説法大過去形にします.

動詞を適切な活用形にしましょう (ne がエリジヨンする場合があります).

1. Il parle comme s'il (*savoir*) ――――――― tout.

   彼はまるで何でも知っているように話す.

2. Je me sentais comme si j'(*être*) ――――――― dans un rêve.

   私はまるで夢の中にいるような気分だった.

3. Il a dévoré son repas comme s'il (ne pas *manger*) ――――――――――――――
   depuis plusieurs jours.

   彼はまるで数日間食べていなかったかのように食事をむさぼった.

4. La rue était claire comme s'il (*faire*) ――――――― grand jour.

   通りはまるで真昼のように明るかった.

5. Elle restait calme comme si rien (ne *arriver*) ――――――――――――.

   彼女はまるで何事も起こらなかったかのように平然としていた.

6. Il est tombé soudain comme s'il (*être*) ――――――――― frappé par la foudre.

   彼はまるで雷に打たれたように突然倒れた.

〔解答〕

1. savait 2. étais 3. n'avait pas mangé 4. faisait 5. n'était arrivé 6. avait été

【練習3】 le même 〜, la même 〜, les mêmes 〜

même は「同じ」を意味する形容詞です（「同じ」は、「同一」だけでなく「同様，同等，同類」なども含みます）. même は名詞の前に置き，通常，定冠詞を付けます.「…と同じ」という比較の対象は，比較文の場合と同じく que 〜 で表します.

le [la] même, les mêmes は「同じ人，同じもの」を意味する代名詞としても用いられます.

---

le même, la même, les mêmes のいずれかを書き入れましょう(前置詞と定冠詞が縮約する場合があります).

1. Ne répète plus .... erreurs.
   もう同じ間違いを繰り返すなよ.

2. Nous étions dans .... situation, nous avions .... problèmes.
   私たちは同じ状況にあり，同じ問題をかかえていた.

3. Vous viendrez à .... heure que d'habitude.
   いつもと同じ時間に来てください.

4. Ils prennent leurs vacances à .... endroit et à .... programme.
   彼らは同じ場所，同じ日程でバカンスをとる.

5. Tu as .... âge que Charles ?
   君はシャルルと同い年なの？

6. Je suis de .... avis que vous.
   私はあなたと同意見です.

7. Il y a longtemps que je n'avais pas revu Patricia ; elle est restée ....
   パトリシアと長い間会っていなかった. 彼女は同じままだった.

8. Cela revient à ....
   (いずれにしても)結局は同じことだ.

〔解答〕
1. les mêmes   2. la même - les mêmes   3. la même   4. au même - au même
5. le même   6. du même   7. la même   8. au même

~~ 〖参考〗 ~~~~~~

même を用いた副詞句や接続詞句

「同じ」を表す même は，定冠詞無しで，次のような副詞句や接続詞句で用いられます.

◇ en même temps   同時に

   Ils se sont mis à rire en même temps.   彼らは同時に笑い出した.

◇ de même   同様に

   J'ai souri et elle a fait de même.   私は微笑み，彼女もまた微笑んだ.

◇ de même que＋直説法　…と同様に，…のように

De même que vous aimez votre pays, j'aime le mien.

あなたがあなたの国を愛しているように，私は私の国を愛している.

~~~~~~

【練習4】　un(e) autre 〜, d'autres 〜

　「ほかの，別の」を意味する形容詞は autre です．même と同様に名詞の前に置きますが，冠詞は，不定冠詞のことも定冠詞のこともあります．「…のほかの，…とは別の」という比較の対象は que 〜 で表します.

　「ほかのある1つの〜」，「ほかのあるいくつかの〜」のように不特定なものを指す場合は不定冠詞とともに用います．複数形は，×des autres … ではなく d'autres … となることに注意しましょう．「ほかのその〜」，「ほかのすべての〜」のように特定なものを指す場合は定冠詞を付けますが，ここでは不定冠詞を用いる表現の練習をし，定冠詞を付けて代名詞的に用いられる場合については次の[練習5]で扱います.

- -

　un autre, une autre のいずれかを書き入れましょう．次に，〈un(e) autre＋名詞〉の部分を複数形の〈d'autres＋名詞〉に変えて文を書き改めましょう.

1. J'ai .... proposition.

　　私はほかの提案があります.

　　→ ....

2. Il y a .... musée à visiter près d'ici.

　　近くに見学すべきほかの美術館があります.

　　→ ....

3. Je voudrais essayer .... robe que celle-ci.

　　これとは別のドレスを試着したいのですが.

　　→ ....

4. Avez-vous besoin d' .... renseignement ?

　　ほかの情報が必要ですか？

　　→ ....

〔解答〕

1. une autre / J'ai d'autres propositions.

2. un autre / Il y a d'autres musées à visiter près d'ici.

3. une autre / Je voudrais essayer d'autres robes que celle-ci.

4. un autre / Avez-vous besoin d'autres renseignements ?

　　*前置詞の de の後で不定冠詞の de が省略されています：... besoin de ̶d'autres ...

~~ 〚参考〛 ~~~~~~

autre chose, autrement

◇ autre chose「ほかのこと，別のこと」は無冠詞の不定代名詞です．

   J'ai <u>autre chose</u> à faire. 　私にはほかにすることがある．

   C'est <u>autre chose</u>. 　それは別のこと[別問題]だ．

   対義の la même chose「同じこと」には定冠詞が付きます．

◇ **autrement** は autre から作られた副詞で「ほかの仕方で」を意味します．比較の対象は que ～ で表します．

   Elle fait la cuisine <u>autrement</u> que sa mère.

   彼女の料理の仕方は母親と違う．

   また，接続詞的に用いられて，sinon (⇨§24 [練習4])と同じく，「そうしなければ…，さもないと…」を意味します．

   Travaille sérieusement, <u>autrement</u> tu ne réussiras pas à l'examen.

   まじめに勉強しなさい，さもないと試験に受からないよ．

~~~~~~

【練習5】 l'un(e) … , l'autre … ; les un(e)s … , les autres …

　数詞の un, une と形容詞の autre は代名詞として用いることもできます．ふたつのものの一方と他方という場合は，単数形に定冠詞を付けて l'un(e) … , l'autre … と言い，それぞれが複数のふたつのグループを指す場合は les un(e)s … , les autres … と言います．女性形の l'une と les unes は他方を含めた全部が女性名詞のときだけ使います．なお, les autres だけで「ほかの人たち，他人」の意味にもなります．

- -

　l'un, l'une, les uns, les unes, l'autre, les autres のいずれかを書き入れましょう (前置詞と定冠詞が縮約する場合があります).

1. Dans cet hôtel, il y a deux restaurants : .... est cher et élégant, ... est moins chic mais bon marché.

   このホテルにはレストランがふたつある．一方は値段が高く上品で，もう一方はあまりしゃれてはいないが値段が安い．

2. Les Duchamp ne sont venus ni .... ni .... à cette soirée.

   デュシャン夫妻は二人ともそのパーティーに来なかった．

3. Les deux sœurs étaient jalouses .... de ....

   二人の姉妹は互いを嫉妬していた．

4. .... sont à l'intérieur du café, ... sont à la terrasse.

   ある人たちはカフェの店内に，ほかの人たちはテラスにいる．

5. Ne t'occupe pas des problèmes ....

   人の問題に口出しするな．

6. Robert a beaucoup d'idées ; ＿＿＿＿＿＿ sont géniales, ＿＿＿＿＿＿ sont folles.

ロベールはたくさんのアイディアをもっている. すばらしいのもあれば, ばかばかしいのもある.

7. Il a trois fils. Il parle toujours de l'aîné et il ne parle jamais de ＿＿＿＿＿＿.

彼には息子が 3 人いる. 彼は長男のことばかり話し, ほかの息子のことは決して話さない.

〔解答〕

1. l'un - l'autre　2. l'un - l'autre　3. l'une - l'autre　4. Les uns - les autres

5. des (← de+les) autres　6. les unes - les autres　7. des (← de+les) autres

♦ ふたつ以上のものやグループがある場合は autre に不定冠詞を付けて, l'un(e) ..., un(e) autre ... ; les un(e)s ..., d'autres ... と言います.

　À la terrasse du café, les uns bavardent, d'autres lisent.

　カフェのテラスで, ある人たちはおしゃべりをし, 読書をしている人たちもいる.

~~ 〔参考〕 ~~~~~~

その他の比例・比較の表現

◊ suivant que＋直説法 ; selon que＋直説法　…に応じて

　Le prix du billet varie suivant [selon] qu'on est étudiant ou non.

　学生であるか否かによって入場料が違う.

◊ ainsi que ～ ; aussi bien que ～　～と同様に

　この 2 つの表現は comme ～ と同じく類似を表しますが, より改まった言い方です.

　Elle est devenue pianiste ainsi que [aussi bien que] sa mère.

　彼女は母親と同様にピアニストになった.

◊ tel(le) que＋名詞 / 直説法　…のような

　形容詞の tel(le) 「そのような」を用いた類似の表現です.

　Un homme excellent tel que vous sera le bienvenu dans notre association.

　あなたのような優れた人なら私どもの会は歓迎します.

　Elle n'est plus telle que nous la connaissions.

　彼女はもはや私たちが知っていたような女性ではない.

◊ autant A, autant B　A と同じくらい B

　副詞の autant 「同じくらい」を繰り返して, 2 つの事柄を対比させます.

　Autant j'ai aimé ce roman, autant j'ai été déçu par son adaptation au cinéma.

　私はこの小説が気に入ったのと同じくらい, それを映画化した作品に失望した.

　名詞の前には de が入ります.

　Autant de têtes, autant d'avis.

　〔諺〕人の思いは多種多様.（←頭の数と同じだけの意見がある）

~~~~~~

第6章の総合練習

【練習1】 時間関係を表す接続詞

日本語訳を参考にして，下記のうちからもっとも適切な接続詞を選んで空欄に書き入れましょう（各1回用います．エリジヨンをする場合があります）．なお，この練習での文はすべて〈従属節＋主節〉の順になっています．

〈 après que / au moment où / aussitôt que / avant que / chaque fois que / depuis que / dès que / en attendant que / jusqu'à ce que / pendant que / quand / tant que / toutes les fois que / une fois que 〉

1. .... il a changé d'emploi, il est plus efficace.
   転職してから，彼はより手腕を発揮している.

2. .... j'allais payer à la caisse, je me suis aperçue que je n'avais pas mon portefeuille dans mon sac.
   レジで支払いをしようとしたそのとき，私はバックに財布がないことに気がついた.

3. .... je regardais mon émission préférée, quelqu'un a sonné à la porte.
   私が好みの番組を見ている最中，誰かがドアのチャイムを鳴らした.

4. .... la mer a été forte, le bateau n'a pas pu partir.
   海が荒れている間はずっと，船は出航できなかった.

5. .... la période des soldes finisse, les clientes se dépêchent de faire leurs achats.
   特売期間が終わる前に，女性客たちが急いで買い物をしている.

6. .... le train soit passé, les voitures s'arrêtent derrière les barrières.
   列車が通過するまで，車は遮断機の後ろで停止している.

7. .... les invités soient là, je vérifie qu'il ne manque rien sur la table.
   招待客が着くまでの間，私はテーブルに足りないものがないことを確認する.

8. .... nous en avons discuté, elle a changé d'avis.
   私たちがそのことについて議論したあとで，彼女は意見を変えた.

9. .... on est jeune, on a de l'incertitude et de l'inquiétude sur son avenir.
   若い時は自分の将来に迷いや不安を抱く.

10. .... / .... on parle de politique dans ma famille, on se dispute. (＊2つ可能)
    わが家で政治の話をすると，いつも口論になる.

11. .... Pauline commence à lire un livre, elle ne le lâche plus.
    ポリーヌはひとたび本を読み始めると，もうその本を手放さない.

12. .... / .... vous aurez pris votre décision, contactez-moi.
    (＊2つ可能)
    決心がついたらすぐに私に連絡をください.

〔解答〕

1. Depuis qu'　2. Au moment où　3. Pendant que　4. Tant que　5. Avant que
6. Jusqu'à ce que　7. En attendant que　8. Après que　9. Quand　10. Chaque fois
qu' / Toutes les fois qu'　11. Une fois que　12. Aussitôt que / Dès que

【練習2】　時を表す節から句への変換

　節 (=接続詞＋文) を句 (=前置詞＋名詞) に変えることができる場合あります．句を用いる
ほうが簡潔な表現になるので，特に書き言葉で好んで用いられます．

　下記のうちから適切な語を選んで空欄に書き入れましょう．

〈 arrivée / départ / fuite / mariage / naissance / retour / rupture / séjour /
　sortie / tombée 〉

1. Quand il est sorti de l'hôpital, il est parti se reposer à la campagne.
    退院すると，彼は田舎に休息に出かけた．
    → À sa ＿＿＿＿＿ de l'hôpital, il est parti se reposer à la campagne.

2. Ils étaient très pauvres quand leur premier enfant est né.
    最初の子供が生まれた頃，彼らはとても貧しかった．
    → Ils étaient très pauvres lors de la ＿＿＿＿＿ de leur premier enfant.

3. Au moment où le train partait, un homme est arrivé en courant.
    列車が出発しようとしたその時に，ひとりの男が走って来た．
    → Au moment du ＿＿＿＿＿ du train, un homme est arrivé en courant.

4. Pendant que nous séjournions en Italie, nous avons mangé toutes sortes de
    pizzas.
    イタリアに滞在している間，私たちはあらゆる種類のピザを食べた．
    → Pendant notre ＿＿＿＿＿ en Italie, nous avons mangé toutes sortes de pizzas.

5. Depuis que nous sommes arrivé(e)s à Nice, il fait beau tous les jours.
    私たちがニースに着いてから，毎日天気がいい．
    → Depuis notre ＿＿＿＿＿ à Nice, il fait beau tous les jours.

6. La police est arrivée après que les gangsters avaient fui.
    警察が着いたのは，ギャングが逃げたあとだった．
    → La police est arrivée après la ＿＿＿＿＿ des gangsters.

7. Jacques est sorti jouer dehors dès qu'il est rentré de l'école.
    ジャックは学校から帰ってくるとすぐに，外で遊びにでかけた．
    → Jacques est sorti jouer dehors dès son ＿＿＿＿＿ de l'école.

8. Depuis qu'ils ont rompu leurs fiançailles, ils ne se sont pas revus.
    婚約を解消して以来，彼らは会っていない．
    → Depuis la ＿＿＿＿＿ de leurs fiançailles, ils ne se sont pas revus.

9. Nous arriverons à notre destination avant que la nuit tombe.

日が暮れるまでに私たちは目的地に着くだろう.

→ Nous arriverons à notre destination avant la .... de la nuit.

10. Elle a travaillé dans une société commerciale jusqu'à ce qu'elle se marie.

結婚するまで彼女は商社に勤めていた.

→ Elle a travaillé dans une société commerciale jusqu'à son ....

〔解答〕

1. sortie 2. naissance 3. départ 4. séjour 5. arrivée 6. fuite 7. retour
8. rupture 9. tombée 10. mariage

【練習3】 原因・理由を表す接続詞・前置詞

下記のうちから適切な語句を選んで空欄に書き入れましょう(エリジョンをする場合が あります).

〈 à cause de / à force de / comme / de / faute de / grâce à / par /
parce que (*2度用いる) / pour / puisque / sous prétexte que 〉

1. Elle est arrivée à interpréter ce morceau sans faute .... le répéter.

彼女はこの曲を繰り返し練習して, ミスせずに演奏できるようになった.

2. Environ un tiers des Français ne partent pas en vacances, ce n'est pas ....
ils ne veulent pas, mais .... ils ne peuvent pas.

フランス人の約3分の1はバカンスに出かけない. したくないのではなくできないのだ.

3. Il est venu à l'improviste .... il était passé près de chez moi. En
réalité, il avait besoin de me parler.

彼は私の家の近くを通りがかったという口実で不意にやって来た. 実は, 私に話が
あったのだ.

4. J'ai payé une contravention .... stationnement interdit.

私は駐車違反で罰金を払った.

5. J'ai supprimé .... inadvertance un fichier important sur mon ordinateur.

私はうっかりしてパソコンにあった大事なファイルを削除してしまった.

6. Je suis affreusement fatiguée, je n'ai pas envie de sortir.

 — Bon, d'accord, restons à la maison .... tu es fatiguée.

私はすごく疲れているの, 外出したくないわ.

 — ああ, いいよ, 君が疲れているのなら家にいよう.

7. Le choléra est devenu une maladie rare .... la vaccination.

コレラはワクチン接種のおかげで稀な病気になった.

8. Les supporters sont fous .... joie après la victoire.

勝利の後でサポーターたちは狂喜している.

9. On ne peut pas réserver les places .... une panne d'ordinateur.

コンピュータの故障のために座席の予約ができない.

10. .... temps, je n'ai pas pris mon petit-déjeuner.

私は時間がなくて朝食をとらなかった.

11. .... un camion s'est renversé, on ne circule plus que sur une voie.

トラックが横転したので, 一車線だけの通行になっている.

〔解答〕

1. à force de　2. parce qu' - parce qu'　3. sous prétexte qu'　4. pour　5. par
6. puisque　7. grâce à　8. de　9. à cause d'　10. Faute de　11. Comme

【練習4】 結果を表す相関語句

　下記のうちから適切な語句を選んで空欄に書き入れましょう（2度使う語句や2つ可能な箇所があります）.

〈 assez / assez de / si / tant / tant de / tellement / tellement de / trop / trop de / un(e) tel(le) 〉

1. Il avait .... / .... plu que plusieurs rivières ont débordé.

ひどく雨が降ったのでいくつもの川が氾濫した.

2. Il n'y avait pas .... preuves pour confirmer l'acte criminel.

証拠が不十分で犯行を裏付けることができなかった.

3. Il y a .... désordre dans la chambre de mon fils qu'il ne retrouve pas ses affaires.

息子の部屋はひどく散らかっているので, 息子は自分の持ち物を見つけられない.

4. Jérôme est .... efficace pour faire le travail de deux personnes.

ジェロームはとても有能なので二人分の仕事をこなせる.

5. L'enfant est .... petit pour atteindre le bouton de la sonnette.

子供はとても小さいので呼び鈴に手が届かない.

6. La circulation dans Paris est parfois .... / .... difficile qu'il vaut mieux prendre le métro.

パリ市内の通行は時としてとても困難だから, 地下鉄を使うほうがよい.

7. Mon mari boit .... café pour dormir.

夫はコーヒーをたくさん飲むので眠れなくなる.

8. Nous avions .... / .... bagages que nous avons pris un taxi.

私たちはたくさんの荷物をかかえていたので, タクシーに乗った.

〔解答〕

1. tant / tellement　2. assez de　3. un tel　4. assez　5. trop　6. si / tellement
7. trop de　8. tant de / tellement de

【練習5】　目的の表現

　示された語句を適切な順に並べて，日本語訳にかなった文を作りましょう．

1. 〈de peur que / la maladie / prend des précautions / se propage / tout le monde / . 〉
   Depuis l'apparition d'une nouvelle sorte de virus, ...
   ....
   新型ウイルスが発生して以来，病気が広がるのを危惧して皆が用心をしている．

2. 〈de peur de / en chuchotant / remarquer / se faire / . 〉
   Ils parlaient ....
   彼らは目立たないように，ささやき声で話していた．

3. 〈être dérangé / mon portable / ne pas / par la sonnerie / pour / . 〉
   J'ai éteint ....
   呼び出し音に邪魔されないように，私は携帯電話の電源を切った．

4. 〈de façon que / son enfant / marche lentement / puisse la suivre / sans peine / . 〉
   La mère ....
   ....
   母親は子供が苦労せず付いてこられるように，ゆっくり歩いている．

5. 〈d'empreintes / de façon à / des gants / laisser / ne pas / portait / . 〉
   Le cambrioleur ....
   押し込み強盗は指紋を残さないように，手袋をはめていた．

6. 〈de notre immeuble / le facteur / les boîtes aux lettres / les grandes enveloppes
   / pour que / puisse y mettre / . 〉
   On a changé ....
   ....
   郵便配達員が大きな封筒を入れられるように，私たちのビルの郵便受けが変わった．

〔解答〕

1. tout le monde prend des précautions de peur que la maladie se propage.
2. en chuchotant de peur de se faire remarquer.
3. mon portable pour ne pas être dérangé par la sonnerie.
4. marche lentement de façon que son enfant puisse la suivre sans peine.
5. portait des gants de façon à ne pas laisser d'empreintes.
6. les boîtes aux lettres de notre immeuble pour que le facteur puisse y mettre
   les grandes enveloppes.

【練習6】 対立・譲歩の表現

下記のうちから適切な語句を選んで空欄に書き入れましょう.

〈au lieu de / beau / bien que / malgré / où / par contre / plutôt que / pourtant / quel(le) / qui / quoi / si / tandis que〉

1. Cet appartement est grand et bien équipé, ... le loyer est très élevé.
   このアパルトマンは広くて設備も整っているが, その代わり家賃がとても高い.

2. Elle est restée au café avec ses copains .... rentrer à la maison.
   彼女は家に帰らないで仲間とカフェに居続けた.

3. Généralement, les chiens sont fidèles à leur maître, ... les chats sont plus indépendants.
   一般に, 犬は飼い主に忠実だが, いっぽう猫はより独立心が強い.

4. Il faut éviter de dire du mal de .... que ce soit.
   誰についてであれ悪口を言うのは控えるべきだ.

5. Il ne changera pas d'avis, ... que tu lui dises.
   君がなんと言おうと, 彼は意見を変えないだろう.

6. Ils emportent de nombreux bagages .... qu'ils aillent.
   彼らはどこへ行くにもたくさんの荷物を持っていく.

7. .... j'aie déjà visité ce musée, je veux bien y retourner avec toi.
   僕はもうその美術館を見学したけれど, 君と一緒にもう一度行ってもいいよ.

8. Jean et Pierre s'entendent à merveille .... leurs caractères différents.
   ジャンとピエールは性格が違うけれどすごく仲がいい.

9. La vie à Paris a .... être très intéressante, il y a bien des gens qui préfèrent la vie en province.
   パリの生活はとてもおもしろいけれど, 地方暮らしを好む人がたくさんいる.

10. .... peureux qu'il ait été, il est devenu sauveteur en montagne.
    彼はとても怖がりだったが, 山岳救助隊員になった.

11. .... que soit la décision qu'il prenne, tous les membres la suivent.
    彼の下す決定がどのようであっても, メンバーは全員それに従う.

12. Ses cheveux sont châtains .... blonds.
    彼(女)の髪はブロンドよりはむしろ栗色だ.

13. Simone es toujours inquiète, ... il n'y a aucune raison de s'inquiéter.
    シモーヌはいつも心配している, 心配する理由などまったくないのに.

〖解答〗
1. par contre   2. au lieu de   3. tandis que   4. qui   5. quoi   6. où   7. Bien que
8. malgré   9. beau   10. Si   11. Quelle   12. plutôt que   13. pourtant

【練習 7】 条件・仮定の表現

　下記のうちから適切な語句を選んで空欄に書き入れ，イタリック体の動詞を活用形にしましょう(エリジヨンをする場合があります).

　〈 à condition que / à moins que / au cas où / avec / en cas de / même si / pourvu que / sans / sauf si / si (*2度用いる) / sinon 〉

1. Allons donc au cinéma ce soir, ... vous (*avoir*) .... d'autres projets.
   今晩映画に行こうよ，君たちにほかの予定があるのなら別だが.

2. Appelez-moi .... vous (*avoir*) .... un problème.
   もしも問題が起きた場合は電話をしてください.

3. .... collision, la ceinture de sécurité peut sauver la vie des passagers.
   万一の衝突の際は，安全ベルトで乗員の生命が守れる.

4. Elle promène sa petite fille après le déjeuner .... il (*pleuvoir*) ....
   雨が降らない限り，昼食後に彼女は幼い娘を散歩に連れて行く.

5. ...... il (*conduire*) .... prudemment, il n'aurait pas eu cet accident.
   慎重に運転していたら，彼はあんな事故にあわなかっただろう.

6. Je veux bien prêter ce DVD .... tu me le (*rendre*) .... demain.
   あした返すという条件でなら，この DVD を君に貸してもいい.

7. Mon grand-père ne peut pas lire .... ses lunettes.
   祖父はメガネがないと読書ができない.

8. .... nous (*se dépêcher*) ...., nous ne serons pas à l'heure au rendez-vous.
   急いだとしても，私たちは待ち合わせに間に合わないだろう.

9. .... plus de temps, je (*pouvoir*) .... terminer ce travail.
   もっと時間があれば，この仕事を終えることができたのだが.

10. Ton taux de cholestérol baissera .... tu (*faire*) .... plus d'exercice.
    もっと運動をしさえすれば，君のコレステロール値は下がるだろう.

11. Tu rentreras avant minuit, ... je t'(*interdire*) .... de sortir la prochaine fois.
    夜中の 12 時までには帰宅するのですよ，さもないとこの次は外出を禁じますからね.

12. .... vous (*vouloir*) .... préserver l'environnement, vous devez utiliser des matières recyclables.
    環境を守ろうと思うなら，再生可能な素材を使うべきだ.

〖解答〗
1. sauf si - avez　 2. au cas où - auriez　 3. En cas de　 4. à moins qu' - pleuve
5. S' - avait conduit　 6. à condition que - rendes　 7. sans
8. Même si - nous dépêchons　 9. Avec - j'aurais pu　 10. pourvu que - fasses
11. sinon - interdirai　 12. Si - voulez

【練習8】 比例・比較の表現

示された語句と句読点を適切な順に並べて，日本語訳にかなった文を作りましょう.

1. 〈avaient vu / comme / en hurlant / s'ils / se sont enfuis / un fantôme / . 〉
   → Ils _____
   彼らはまるで幽霊を見たかのように叫びながら逃げ去った

2. 〈 ces deux œuvres / de / l'autre / le grand prix / obtiendra / ou / . 〉
   → L'une _____
   このふたつの作品のどちらかが最優秀賞をとるだろう.

3. 〈 à mesure / le soleil / que / se dissipait / se levait / . 〉
   → La brume _____
   日が昇るにつれて，霧が晴れてきた.

4. 〈 comme / est étoilé / le soir / nous nous sommes / où / rencontrés / . 〉
   → Le ciel _____
   私たちが出会った夜のように空に星が輝いている.

5. 〈 comprennent / d'autant / est bon / le professeur / vite / que / . 〉
   → Les élèves _____
   教師がいいので，生徒はいっそう速く理解する.

6. 〈 boivent / de moins / de vin / depuis / en moins / un demi-siècle / . 〉
   → Les Français _____
   フランス人は半世紀前からだんだんワインを飲まなくなっている.

7. 〈 à / heure / jour / la même / le même / sommes arrivés / y / , / . 〉
   → Nous _____
   私たちは同じ日，同じ時刻にそこに着いた.

8. 〈 de chances / de retrouver / des survivants / il y a / le temps / moins / passe / , / . 〉
   → Plus _____
   時間が経つほど，生存者を見つける可能性が減っていく.

〔解答〕

1. (Ils) se sont enfuis en hurlant comme s'ils avaient vu un fantôme.

2. (L'une) ou l'autre de ces deux œuvres obtiendra le grand prix.

3. (La brume) se dissipait à mesure que le soleil se levait.

4. (Le ciel) est étoilé comme le soir où nous nous sommes rencontrés.

5. (Les élèves) comprennent d'autant vite que le professeur est bon.

6. (Les Français) boivent de moins en moins de vin depuis un demi-siècle.

7. (Nous) y sommes arrivés le même jour, à la même heure.

8. (Plus) le temps passe, moins il y a de chances de retrouver des survivants.

第7章　慣用句とことわざ

　慣用句とは，2つ以上の語が結びついて全体で特定の意味を表す語句や表現で，イディオムとも言います．表現がひとつの文になっていて教訓・風刺・生活の知恵などを含んでいるものは，一般に**ことわざ**と呼ばれますが，区別が難しい場合もあります．

　この章では，まず，さまざまな慣用句を，次いでことわざを見ていきます．

　　◆「慣用句」という呼称が一般に用いられており本書でもそれを採用しますが，フランス語文法で言う「句」(動詞句や前置詞句など)とは違って，慣用化した比喩表現を指します．

§26　comme を用いる慣用句

　行為や状態の特性を強調する場合，ふつうは「とても」や「非常に」などを意味する語を用いますが，その特性が知れ渡っているものを引き合いに出して，「〜のように」と表現することもよくあります．そのほうが特徴をイメージしやすく，実感しやすくなります．たとえば，「石のように固い」，「矢のように速く」などです．「固い」とか「速く」などを省略して，「石のようだ」とか「矢のように」と言うこともあります．また，比較するものも，「〜のように固い」であれば「鉄, 岩, ダイヤモンド, …」，「〜のように速く」であれば「ウサギ, 弾丸, 稲妻, …」などいろいろなバリエーションがあります．

　こうした言い回しの多くは，ほぼ決まった慣用句になっています．日本語とフランス語の表現が似ている場合が多いですが，社会的，文化的な背景の違いから発想が異なることもあるので，思いがけない表現にも出会います．すべてを網羅することはもちろん不可能なので，以下ではフランス語の代表的な言い回しを取り上げます．

1.　〈形容詞＋comme 〜〉

　「…のように」は〈comme＋名詞〉で表します．名詞には冠詞などの限定詞が付くのがふつうですが，稀に無冠詞のことがあります．〈形容詞＋comme 〜〉は形容詞が直接に名詞を修飾することもあり(=付加形容詞)，être を介して主語の属詞になることもあります．

【練習1】　顔色 (時に，肌や髪の色)

　色を表す形容詞を修飾する表現から始めましょう．この表現は物の色について用いることもありますが，一般に人の顔色について用い，時に肌や髪の色を言うこともあります．

　(A)の空欄のかっこにあてはまる語句を(B)から選び，番号を書き入れましょう(形容詞は原則として男性単数形を載せてあります．以下の練習でも同様です)．

(A)
1. 〜のように白い
   (être) blanc comme (　　) / (　　) / (　　)
2. 〜のように黒い
   (être) noir comme (　　) / (　　) / (　　) / (　　) / (　　)
3. 〜のように赤い
   (être) rouge comme (　　) / (　　) / (　　) / (　　) / (　　) / (　　)

4. 〜のように黄色い

   (être) **jaune** comme (　　)
5. 〜のようにブロンド[金髪]だ

   (être) **blond** comme (　　)

(B)

(1) les blés　麦

(2) un cachet d'aspirine　アスピリンの錠剤

(3) une cerise　サクランボ

(4) du charbon　炭

(5) du cirage　靴墨

(6) un citron　レモン

(7) un coq　雄鶏

(8) un coquelicot　ヒナゲシ

(9) un corbeau　カラス

(10) l'ébène　黒檀(こくたん)

(11) une écrevisse　ザリガニ

(12) (de) l'encre　インク

(13) un homard　ロブスター

(14) un lis　白ユリ

(15) (la) neige　雪

(16) une tomate　トマト

〖解答〗

1. (2) / (14) / (15) (*blanc [pâle] comme un linge / la mort「シーツ/死のように青白い」などの表現もある)　2. (4) / (5) / (9) / (10) / (12) (* comme (du) jais「ジェット炭のように」とも言う)　3. (3) / (7) / (8) / (11) / (13) / (16) (*comme une pivoine「ボタン(牡丹)のように」とも言う)　4. (6) (* comme un coing「マルメロのように」とも言う)　5. (1)

【練習2】　容姿，体格など

　人の容姿や体格について comme 〜 を用いた表現を見てみます. (A)の空欄のかっこにあてはまる語句を(B)から選び，番号を書き入れましょう.

(A)

1. 〜のように美しい

   (être) **beau** comme (　　) / (　　) / (　　) / (　　) / (　　) / (　　)
2. 〜のように醜い

   (être) **laid** comme (　　) / (　　) / (　　) / (　　)
3. 〜のように太っている

   (être) **gros** comme (　　) / (　　) / (　　)
4. 〜のように痩せている

   (être) **maigre** comme (　　) / (　　) / (　　) / (　　)
5. (子供が)〜ほどの背丈だ

   (être) **haut** comme (　　)
6. 〜のように力が強い，頑健な

   (être) **fort** comme (　　) / (　　) / (　　)

7. 〜のように巻き毛[縮れ毛]である
   (être) frisé comme (　　)
8. 〜のように皺(しわ)がよっている
   (être) ridé comme (　　)
9. (女性が)〜のように胸が平らだ
   (être) plate comme (　　)

(B)

(1) un amour　キューピッド
(2) un ange　天使
(3) un astre　星
(4) un bœuf　牛
(5) une boule　玉；丸パン
(6) un chêne　コナラ〔樫・柏などの総称〕
(7) un clou　釘
(8) un cochon　豚
(9) un cœur　ハート
(10) un coucou　カッコウ
(11) un crapaud　ヒキガエル
(12) un dieu [une déesse]　神[女神]

(13) une échalote　エシャロット
(14) un hareng (saur)　ニシン(の燻製)
(15) le jour　日の光
(16) une limande　カレイ
(17) un mouton　羊
(18) un pou　シラミ
(19) les sept péchés capitaux　七つの大罪
(20) un singe　サル
(21) un tonneau　樽
(22) trois pommes　3個のリンゴ
(23) un Turc　トルコ人
(24) une vieille pomme　古いリンゴ

365

〚解答〛
1. (1) / (2) / (3) / (9) / (12) / (15)　2. (11) / (18) / (19) / (20)　3. (5) / (8) / (21)
(*gras comme un moine/un porc「修道士/豚のように肥満している」などの表現もあ
る)　4. (7) / (10) / (13) / (14)　5. (22)　6. (4) / (6) / (23) (*fort comme un taureau
「雄牛のように力が強い」とも言う．また solide comme le Pont-Neuf「ポン-ヌフのよ
うに頑健だ」もよく用いられる)　7. (17)　8. (24)　9. (16)

【練習3】　性質，状態 (1)
　　人の性質や状態に関する表現を3つの練習に分けて見ていきます．(A)の空欄のかっこに
あてはまる語句を(B)から選び，番号を書き入れましょう．

(A)

1. 〜のようにおとなしい
   (être) doux comme (　　)
2. (子供が)〜のようにおとなしい
   (être) sage comme (　　)
3. 〜のように意地が悪い
   (être) méchant comme (　　) / (　　)

第7章 慣用句とことわざ

4. 〜のように愛想がよい〔「不愛想だ」を意味する反語表現〕

   (être) aimable comme (　)

5. 〜のように悪賢い

   (être) malin comme (　)

6. 〜のように愚かだ

   (être) bête comme (　) / (　) / (　) / (　)

7. 〜のように無知だ

   (être) ignorant comme (　)

8. 〜のように頑固だ

   (être) têtu comme (　) / (　)

9. 〜のように狡猾だ

   (être) rusé comme (　)

10. 〜のように高慢だ

    (être) fier comme (　) / (　) / (　)

11. 〜のように卑屈だ

    (être) plat comme (　)

12. 〜のように嫉妬深い

    (être) jaloux comme (　)

13. 〜のように怠惰だ

    (être) paresseux comme (　) / (　) / (　)

14. 〜のようにまじめだ

    (être) sérieux comme (　)

15. 〜のように規則正しい生活を送っている

    (être) réglé comme (　) / (　)

(B)

(1) un agneau　子羊

(2) un âne　ロバ (*2度用いる)

(3) un âne rouge　赤いロバ

(4) une carpe　コイ

(5) un coq　雄鶏

(6) une couleuvre　ヘビ

(7) la gale　疥癬(かいせん)

(8) une horloge　時計

(9) une image　絵；聖画像

(10) un lézard　トカゲ

(11) un loir　オオヤマネ〔齧歯目の小動物〕

(12) la lune　月

(13) un mulet　ラバ

(14) une oie　ガチョウ

(15) un paon　クジャク

(16) un pape　教皇

(17) du papier à musique　五線紙

(18) ses pieds　足

(19) une porte de prison　牢獄の扉

(20) un pou　シラミ

(21) une punaise　トコジラミ，南京虫

(22) un (vieux) renard　(老いた)キツネ

(23) un singe　サル

(24) un tigre　トラ

1. (1) (*comme un mouton「羊のように」とも言う)　2. (9)　3. (3) / (7)　4. (19)
5. (23)　6. (2) / (12) / (14) / (18)　7. (4)　8. (2) / (13) (*comme une bourrique「雌
ロバのように」，comme une mule「雌ラバのように」とも言う)　9. (22)　10. (5) /
(15) / (20)　11. (21)　12. (24)　13. (6) / (10) / (11)　14. (16)　15. (8) / (17)

【練習 4 】　性質，状態 (2)

　(A)の空欄のかっこにあてはまる語句を(B)から選び，番号を書き入れましょう．

(A)

1. 〜のように幸せだ
   (être) heureux comme (　　) / (　　) / (　　)
2. 〜のように不幸だ
   (être) malheureux comme (　　)
3. 〜のように貧しい
   (être) pauvre comme (　　)
4. 〜のように金がない，文無しだ
   (être) fauché comme (　　)
5. 〜のように陽気だ
   (être) gai comme (　　)
6. 〜のように溌剌(はつらつ)としている
   (être) frais comme (　　) / (　　) / (　　)
7. 〜のように敏捷(びんしょう)だ
   (être) agile comme (　　) / (　　) / (　　)
8. 〜のように軽やかだ
   (être) léger comme (　　)
9. 〜のように器用だ
   (être) adroit comme (　　)
10. 〜のようにおしゃべりだ
    (être) bavard comme (　　)
11. 〜のように食いしん坊だ
    (être) gourmand comme (　　)
12. 〜のように盗癖がある
    (être) voleur comme (　　)
13. 〜のように近視だ
    (être) myope comme (　　)
14. 〜のように耳が聞こえない
    (être) sourd comme (　　)

(B)

（1） les blés 麦	（10） les pierres 石
（2） un chat 猫 (*2度用いる)	（11） un pinson アトリ〔スズメ目の鳥〕
（3） un écureuil リス	（12） un poisson dans l'eau 水の中の魚
（4） un gardon ローチ〔コイ科の魚〕	（13） un pot 壺
（5） Job ヨブ〔旧約聖書の人物〕	（14） un roi 王
（6） l'œil 目	（15） une rose バラ
（7） un pape 教皇	（16） un singe サル (*2度用いる)
（8） un papillon チョウ	（17） une taupe モグラ
（9） une pie カササギ (*2度用いる)	

〚解答〛
1.（7）/（12）/（14）　2.（10）(*comme une pierre「石のように」とも言う)　3.（5）
4.（1）　5.（11）〔pinson はよい声でさえずる小鳥〕　6.（4）/（6）/（15）　7.（2）/（3）
/（16）　8.（8）　9.（16）　10.（9）　11.（2）　12.（9）〔pie は光るものを集める習癖がある〕　13.（17）　14.（13）

【練習5】 性質，状態 (3)

(A)の空欄のかっこにあてはまる語句を(B)から選び，番号を書き入れましょう.

(A)

1. ～のように体の具合が悪い
   (être) malade comme (　) / (　)
2. ～のように体がほてっている
   (être) chaud comme (　)
3. ～のように酔っている
   (être) soûl comme (　) / (　) / (　) / (　)
4. ～のように腹がいっぱいだ
   (être) plein comme (　) / (　)
5. ～のように興奮している
   (être) excité comme (　)
6. ～のように押し黙っている
   (être) muet comme (　) / (　)
7. ～のように直立している
   (être) droit comme (　) / (　) / (　)
8. ～のように濡れている
   (être) trempé [mouillé] comme (　) / (　)

9. 〜のように裸だ

   (être) **nu** comme (   )

10. 〜のように自由だ

   (être) **libre** comme (   )

11. 〜のように荷物を背負っている

   (être) **chargé** comme (   )

12. (人が乗り物などに)〜のように詰め込まれている

   (être) **serré** comme (   ) / (   )

(B)

（1） l'air　空気	(12)　des harengs　ニシン
（2） un âne　ロバ	(13)　un I　I(の字)
（3） une barrique　大樽	(14)　un mulet　ラバ
（4） une bête　獣	(15)　un œuf　卵
（5） une caille　ウズラ	(16)　un piquet　杭
（6） un canard　カモ	(17)　un Polonais　ポーランド人
（7） une carpe　コイ	(18)　une puce　シラミ
（8） un chien　犬	(19)　des sardines　イワシ
（9） un cierge　ろうそく	(20)　une soupe　スープ
(10)　un cochon　豚	(21)　une tombe　墓
(11)　une grive　ツグミ〔スズメ目の鳥〕	(22)　un ver　ミミズ

〔解答〕

1. (4)/(8)　2. (5)　3. (2) (*comme une bourrique「雌ロバのように」とも言う)/
(10)/(11)〔grive はブドウの実を好んで食べる〕/(17)　4. (3)/(15)　5. (18)　6. (7)/
(21)　7. (9)/(13)/(16)　8. (6)/(20)　9. (22)　10. (1)　11. (14) (*comme une mule
「雌ラバのように」, comme un baudet「ロバのように」とも言う)　12. (12)/(19)

【練習6】　物の特徴

   主として物の特徴を述べる表現を見てみます．(A)の空欄のかっこにあてはまる語句を
(B)から選び，番号を書き入れましょう．

(A)

1. 〜のように軽い

   (être) **léger** comme (   )

2. 〜のように速い

   (être) **rapide** comme (   ) / (   )

3. 〜のように固い, 頑丈だ

   (être) **dur** comme (   )

4. 〜のように古い，昔からある

   (être) **vieux** comme (   ) / (   )

5. 〜のように清潔な，ひかぴかの

   (être) **propre** comme (   )

6. 〜のように甘い

   (être) **doux** comme (   )

7. 〜のように苦い

   (être) **amer** comme (   )

8. 〜のように簡単だ，たやすい

   (être) **simple** [facile] comme (   ) / (être) **bête** comme (   )

9. 〜のように退屈だ

   (être) **ennuyeux** comme (   )

10. (時間が)〜のように長い

   (être) **long** comme (   )

11. 〜のように知られている，有名だ

   (être) **connu** comme (   )

(B)

(1) bonjour　こんにちは (の挨拶)	(8) le miel　蜂蜜，蜜
(2) chicotin　アロエの汁	(9) le monde　世界，この世
(3) un chou　キャベツ	(10) la pluie　雨
(4) l'éclair　稲光り，稲妻	(11) une plume　羽根
(5) une flèche　矢	(12) un roc　岩
(6) un jour sans pain　パンのない日	(13) les rues　通り
(7) le loup blanc　白いオオカミ	(14) un sou neuf　新品の1スー硬貨

〔解答〕

1. (11)　2. (4) (*comme un éclair とも言う) / (5)　3. (12) (*「頑丈」の意味では solide，ferme なども用いられる)　4. (9) / (13)　5. (14)　6. (8)　7. (2)　8. (1) / (3)
9. (10)　10. (6)　11. (7)

2. 〈動詞＋comme 〜〉

  comme 〜「〜のように」は形容詞を修飾するだけでなく，動詞とも結びついて多くの慣用句を作ります．どのような様態で動作が行われるかは comme に後続する名詞の意味から推測されます．この節の練習の日本語訳では，様態を表す語を原則としてかっこに入れて示します．

【練習1】 歩く，走るなど

(A)の空欄にあてはまる語句を(B)から選び，番号を空欄に書き入れましょう.

(A)

1. ～のように(速く)走る
   courir comme ( ) / ( )

2. ～のように(すばやく)進む
   aller comme ( )

3. ～のように(ゆっくり)進む
   aller [avancer, marcher] comme ( ) / ( )

4. ～のように(急いで)出発する [逃げ出す]
   partir [filer] comme ( ) / ( )

5. ～のように(動ずに)いる
   être [rester] comme ( ) / ( )

6. ～のように(じっと)立っている [待ち続けている]
   rester planté comme ( )

7. 檻(おり)の中の～のように(ぐるぐる[うろうろ])歩き回る
   tourner comme ( ) / ( ) en cage

8. ～のように(体を振って)歩く
   marcher comme ( )

(B)

(1) un cadavre 死体	(8) un ours クマ
(2) un canard アヒル	(9) un poireau ポロネギ，リーキ
(3) un escargot カタツムリ	(10) une souche 切り株
(4) une flèche 矢	(11) une tortue カメ
(5) une fusée ロケット	(12) le vent 風
(6) un lièvre ノウサギ	(13) un zèbre シマウマ
(7) un lion ライオン	

〔解答〕

1. (6) / (13) 2. (12) 3. (3) / (11) (*à pas de tortue, d'un pas de tortue「亀の歩みで」とも言う) 4. (4) / (5) 5. (1) / (10) 6. (9) 7. (7) / (8) 8. (2)

【練習2】 飲食など

(A)の空欄にあてはまる語句を(B)から選び，番号を空欄に書き入れましょう.

(A)

1. ～のように(ほんの少し)食べる，小食である
   manger comme ( ) / ( )

2. ～のように(とてもたくさん)食べる，大食漢である

manger comme (　) / (　)

3. ～のように(汚ならしく)食べる，がつがつ食べる

manger comme (　)

4. ～のように(大量に)酒を飲む，底なしの酒飲みである

boire comme (　) / (　)

5. ～のように(大量に)たばこを吸う，ヘビースモーカーである

fumer comme (　) / (　)

(B)

(1) un cochon　豚	(6) un oiseau　鳥
(2) une éponge　スポンジ	(7) un pompier　消防士
(3) une locomotive　機関車	(8) quatre　4人
(4) un moineau　スズメ	(9) un trou　穴
(5) un ogre　人食い鬼	

〔解答〕

1. (4)/(6)　2. (5)/(8)　3. (1)　4. (2)/(9)　5. (3)/(7) (*comme un sapeur 「工兵のように」とも言う．sapeur は sapeur-pompier「消防工兵」の短縮形)

【練習3】 特技，特性など

(A)の空欄にあてはまる語句を(B)から選び，番号を空欄に書き入れましょう．

(A)

1. ～のように(じょうずに)泳ぐ，泳ぎがうまい

nager comme (　)

2. ～のように(じょうずに)口笛を吹く，口笛がうまい

siffler comme (　)

3. ～のように(調子外れに)歌う

chanter comme (　)

4. ～のように(難しい言葉を使って)話す

parler comme (　)

5. ～のように(めちゃくちゃな)フランス語を話す

parler français comme (　)

6. ～のように(乱雑に)書く

écrire comme (　)

7. ～のように(ずうずうしく)うそをつく

mentir comme (　)

8. 〜のように(常習的に)うそをつく

    mentir comme (　　)

9. 〜のように(とても)才気がある, 機知に富んでいる

    avoir de l'esprit comme (　　)/(　　)

(B)

(1) un arracheur de dents　歯抜き屋	(6) un merle　ツグミ
(2) une casserole　鍋	(7) on respire　息をする
(3) un chat　猫	(8) un poisson　魚
(4) un démon　悪魔	(9) quatre　4人
(5) un livre　本	(10) une vache espagnole　スペインの牛

〔解答〕

1. (8)　2. (6)　3. (2)〔鍋がぶつかりあう音, あるいは鍋に入れた水が沸騰するときの音から〕　4. (5)　5. (10)　6. (3)　7. (1)〔昔, 歯抜き屋は「痛くない」と言って客寄せをした〕　8. (7)　9. (4)/(9)

【練習4】　態度, 行動 (1)

  (A)の空欄にあてはまる語句を(B)から選び, 番号を空欄に書き入れましょう.

(A)

1. 〜のように(大きく)目を開く, 目を丸くする

    ouvrir des yeux comme (　　)

2. 〜のように(大声で)叫ぶ, わめき立てる

    crier comme (　　)/(　　)/(　　)

3. 〜のように(わけもわからずに)復唱する

    répéter comme (　　)

4. 〜のように(大口を開けて)笑う

    rire comme (　　)

5. 〜のように(腹を抱えて)笑う

    rire comme (　　)

6. 〜のように(しきりに)涙を流す, さめざめと泣く

    pleurer comme (　　)/(　　)/(　　)

7. 列車が通るのを眺めている〜のようである, ぼうっと[ぽかんと]している

    être comme (　　) qui regarde passer le train

8. 〜のように(何度も大きな)あくびをする

    bâiller comme (　　)

9. 〜のように(はあはあと荒い)息をする

    souffler comme (　　)/(　　)/(　　)/(　　)

10. 〜のように (ぶるぶる) 震える

    trembler comme (　)

11. 〜のように平たくなる, 平身低頭 [ぺこぺこ] する

    s'aplatir comme (　)

(B)

(1) une baleine　クジラ

(2) un bœuf　牛

(3) un bossu　せむし

(4) un brûlé　やけどをした人

(5) une carpe　コイ

(6) une crêpe　クレープ

(7) une feuille　木の葉

(8) une fontaine　泉

(9) une forge　鍛冶場；鍛冶屋の炉

(10) une locomotive　機関車

(11) une Madeleine　マグダラのマリア

(12) un perroquet　オウム

(13) un phoque　アザラシ

(14) des soucoupes　受け皿, ソーサー

(15) un sourd　耳の聞こえない人

(16) une vache　雌牛

(17) un veau　子牛 (*2 度用いる)

〔解答〕

1. (14)　　2. (4) / (15) / (17) (*comme un veau qu'on égorge「喉を切られる子牛のように」とも言う)　3. (12)　4. (1)　5. (3)　6. (8) / (11) / (17)　7. (16) (*... regarde passer un train / les trains とも言う)　8. (5)　9. (2) / (9) / (10) / (13)　10. (7)
11. (6)

【練習 5】　態度, 行動 (2)

(A) の空欄にあてはまる語句を (B) から選び, 番号を空欄に書き入れましょう.

(A)

1. 〜のように (がむしゃらに) 働く

    travailler comme (　) / (　) / (　)

2. 〜のように (勇敢に) 戦う

    se battre comme (　)

3. 〜のように (激しく) 殴り合う [言い争う]

    se battre [se disputer] comme (　)

4. 〜のように (するりと) すり抜ける

    glisser comme (　)

5. 〜のように (不器用に) 振る舞う, へたに立ち回る

    s'y prendre comme (　)

6. 〜のように (間が悪く) やって来る

    arriver [venir] comme (　) / (　)

7. 〜のように (ひどく) 退屈する

    s'ennuyer comme (　)

8. 〜のように(ぐっすり)眠る

   dormir comme ( ) / ( ) / ( ) / ( ) / ( )

9. 〜のように(ひどく)苦しく，のたうちまわる

   souffrir comme ( ) / ( )

10. 〜のように(ばたばた)倒れる[死ぬ]

   tomber [mourir] comme ( )

(B)

(1) une anguille　ウナギ

(2) une bête　獣 (*2 度用いる)

(3) un bœuf　牛

(4) une bûche　薪(まき)

(5) un cheval　馬

(6) un cheveu sur la soupe
　　　 スープに落ちる髪の毛

(7) un chien dans un jeu de quilles
　　　 九柱戯に入り込む犬

(8) des chiffonniers　くず屋

(9) un damné　地獄に落ちた人

(10) un lion　ライオン

(11) un loir　オオヤマネ

(12) une marmotte　マーモット

(13) des mouches　ハエ

(14) un pied　足

(15) un rat mort　死んだネズミ

(16) un sabot　木靴

(17) une souche　切り株

〔解答〕

1. (2) (*comme une bête de somme「駄獣のように」とも言う) / (3) / (5)　2. (10)

3. (8)　4. (1)　5. (14)　6. (6) / (7)　7. (15)　8. (4) / (11) / (12) / (16) / (17)

9. (2) / (9)　10. (13)

【練習6】 態度，行動 (3)

　(A)の空欄にあてはまる語句を(B)から選び，番号を空欄に書き入れましょう.

(A)

1. 〜のように…に(ぴったり)ついて回る；〜のように…に忠実に従う

   suivre ... comme ( ) / ( ) / ( )

2. 〜のように…を(隅々まで)知っている

   connaître ... comme ( )

3. 〜のように…を(じろじろ)見る

   regarder ... comme ( )

4. 〜のように…を(口汚く)ののしる

   engueuler ... comme ( )

5. 〜のように…を(手荒く)扱う

   traiter ... comme ( )

6. ～のように…を(とても)怖がる
   craindre ... comme (　)

7. ～のように…を(とても)大切にする
   tenir à ... comme (　)

8. ～のように…を(熱望して)待つ, …を待ちこがれる
   attendre ... comme (　)

9. ～のように…を(無用のものとしてあっさりと)捨てる
   laisser tomber ... comme (　)

10. ～のように…を(いとも簡単に)変える
    changer de ... comme (　)

11. ～のように…の意見を(やすやすと)変えさせる
    retourner ... comme (　) / (　)

(B)

(1) une bête curieuse 珍しい動物	(8) le messie 救世主, メシア
(2) un caniche プードル	(9) un mouton 羊
(3) de chemise シャツ	(10) son ombre 影
(4) un chien 犬	(11) sa poche ポケット
(5) une crêpe クレープ	(12) du poisson pourri 腐った魚
(6) le feu 火	(13) la prunelle de ses yeux 目の瞳
(7) un gant 手袋	(14) une vieille chaussette 古い靴下

〔解答〕
1. (2) / (9) / (10)　2. (11)　3. (1)　4. (12)　5. (4)　6. (6)　7. (13) (*tenir à ... comme à la prunelle de ses yeux と à を繰り返すこともある)　8. (8) (*comme le Messie と大文字で書くこともある)　9. (14)　10. (3)　11. (5) / (7)

【練習7】　状態, 関係性, 事物の特性など

(A)の空欄にあてはまる語句を(B)から選び, 番号を空欄に書き入れましょう.

(A)

1. 体の調子が～のようである, いたって健康ある, 元気はつらつとしている
   se porter comme (　)

2. ～のようである, 安楽な生活をしている, ぬくぬくと暮らしている
   être comme (　) / (　)

3. ～のように(みじめに)暮らす
   vivre comme (　)

4. ～のようである, 不安定な立場にいる
   être comme (　)

5. ～のように互いに(とてもよく)似ている

   se ressembler comme (　　)

6. ～のようである，切っても切れない仲である，固い友情で結ばれている

   être comme (　　)

7. ～のようである，とても仲が悪い，犬猿の仲である

   être comme (　　)

8. ～のように(すぐ)壊れる，とても壊れやすい

   se briser [se casser] comme (　　)

9. ～のように伸びる[成長する]，急速に成長[発展]する

   pousser comme (　　)

10. ～のように(自由に)出入りできる

    entrer comme (　　)

11. ～のように(よく[次々と])売れる

    se vendre comme (　　)

12. ～のように(はっきりと)見える[わかる]

    se voir comme (　　)

13. ～のように(ひどい)悪臭を発する

    puer comme (　　)

14. ～のように(激しく)雨が降る，どしゃ降りである

    Il pleut comme (　　)

15. ～のように(とても)暗い

    Il fait noir comme (　　)

(B)

(1) deux gouttes d'eau
   ふたつぶの水滴

(2) bouc　雄ヤギ

(3) un champignon　キノコ

(4) un charme　魔法

(5) un chien　犬

(6) chien et chat
   犬と猫

(7) un coq en pâte
   (小麦粉を練った)生地に覆われた雄鶏

(8) les (deux) doigts de la main
   手の(2本の)指

(9) dans un four
   かまどの中

(10) dans un moulin
   風車小屋の中

(11) le nez au milieu du visage
   顔の真ん中にある鼻

(12) l'oiseau sur la branche
   枝にとまった鳥

(13) des petits pains
   プチパン，小型のパン

(14) un rat dans un fromage
   チーズの中のネズミ

(15) vache qui pisse
   小便をする雌牛

(16) (du) verre　ガラス

〔解答〕

1.（4） 2.（7）/（14） 3.（5） 4.（12） 5.（1） 6.（8） 7.（6）(*vivre comme chien et chat「犬と猫のように暮らす」, s'entendre comme chien et chat「犬と猫のような仲である」などとも言う） 8.（16） 9.（3）(*comme des champignons とも言う）

10.（10） 11.（13） 12.（11）(*comme le nez au milieu de la figure とも言う）

13.（2） 14.（15） 15.（9）(*Il fait chaud comme dans un four.「かまどの中のように暑い」という表現もある）

§27　身体部位に関する慣用句

　日本語でも同様ですが，フランス語の慣用句には身体部位を表す言葉が多く用いられています．人体を構成する様々な部位は人にとって一番身近なものであり，部位それぞれの働きや形態的特徴などは誰でも知っています．したがって，フランス語と日本語で同じような言い回しがあり，意味も推測がつくことが多いのですが，そうではない場合もかなりあります．日仏語の発想や表現の違いに留意しながらこの章の練習をしていきましょう．なお，慣用句には，親しい相手との会話で使われるようなくだけた言い方があるので，状況に配慮して使う必要があります．

1.　tête を用いる慣用句

　tête は身体部位としての「頭」から「顔, 顔つき；頭脳, 頭の働き；性格, 気性」まで意味が広がり，身体部位の中で最も多くの慣用句に用いられています．以下の練習では, tête を含む表現を構文別に見ていきます．

【練習1】 〈avoir＋tête＋修飾語〉

　tête が avoir の目的語となる慣用句は，多く「知力・思考力・性格が…である」を意味します．次の(A)の表現の意味を(B)から選んで，番号をかっこ内に書き入れましょう(添えてある〔直訳〕では tête をすべて「頭」とし, avoir la tête ... を「頭が…である」のように訳しています．なお，いくつかの表現では tête の類義語の esprit「知力, 思考力」, cerveau「脳」, cervelle「脳みそ」, crâne「頭蓋」なども用いられます).

(A)

1. (　) avoir la grosse tête 〔直訳〕頭が大きい
2. (　) avoir la tête chaude 〔直訳〕頭が熱い
3. (　) avoir la tête dure 〔直訳〕頭が固い
4. (　) avoir la tête fêlée 〔直訳〕頭がひび割れている
5. (　) avoir la tête solide 〔直訳〕頭が丈夫だ
6. (　) avoir la tête vide 〔直訳〕頭が空っぽだ
7. (　) avoir la tête qui tourne 〔直訳〕頭が回る

8. （　） avoir la tête ailleurs 〔直訳〕頭がよそにある

9. （　） avoir la tête à l'envers 〔直訳〕頭が逆さまだ

10. （　） avoir la tête dans le cul 〔直訳〕頭が尻の中にある

11. （　） avoir la tête près du bonnet 〔直訳〕頭が縁なし帽のそばにある

12. （　） avoir la tête sur les épaules 〔直訳〕頭が肩の上にある

(B)

（1）(過労・ショックなどで)頭がぼうっとして何も考えられない[思い出せない]

（2）(眠くて)頭がぼうっとしている，眠気が覚めない

（3）うわのそらである，ぼうっと[ぼんやり]している

（4）怒りっぽい，すぐかっとなる

（5）思い上がっている，うぬぼれている

（6）頑固である；物分かりが悪い

（7）気が動転する，取り乱す

（8）激しやすい，すぐかっとなる

（9）しっかりした判断力を持つている，聡明である；記憶力がよい

（10）少し頭がおかしい，ちょっといかれている

（11）分別がある，良識が備わっている

（12）平衡感覚を失う，めまいがする

〔解答〕

1.（5）(*avoir une grosse tête とも言う) 2.（8） 3.（6） 4.（10） 5.（9） 6.（1）
7.（12）(*人を間接目的語にして La tête me tourne.「私はめまいがする」(= J'ai la tête qui tourne.) のようにも言える) 8.（3） 9.（7） 10.（2） 11.（4） 12.（11）

【練習2】〈動詞＋tête〉

　tête が (avoir 以外の)動詞の目的語として用いられる慣用句を見ていきます．次の(A)の表現の意味を(B)から選んで，番号をかっこ内に書き入れましょう(添えてある〔直訳〕では tête を「頭」あるいは「顔」としています)．

(A)

1. （　） casser la tête à ～ 〔直訳〕～の頭を壊す[割る]

2. （　） se casser la tête 〔直訳〕自分の頭を壊す[割る]

3. （　） donner sa tête à couper 〔直訳〕切る頭を差し出す

4. （　） faire la tête 〔直訳〕あの[例の]顔をする

5. （　） faire une tête de six pieds de long
　　　　　〔直訳〕顔を6ピエ(約2メートル)の長さにする

6. （　） laver la tête à ～ 〔直訳〕～の頭を洗う

7. （　） mettre à ～ la tête au carré 〔直訳〕～の顔を四角にする

8. (　) monter la tête à A (contre B) 〔直訳〕(B に対して)A の頭を上げさせる

9. (　) se monter la tête 〔直訳〕自分の頭を上げる

10. (　) se payer la tête de ～ 〔直訳〕～の頭を楽しむ

11. (　) perdre la tête 〔直訳〕頭を失う

12. (　) piquer une tête 〔直訳〕頭を突き刺す

13. (　) ne (plus) savoir où donner de la tête
　　　　　〔直訳〕どこに顔を向けるのかわからなくなる

14. (　) se taper [se cogner] la tête contre les murs 〔直訳〕頭を壁にぶつける

15. (　) tenir tête à ～ 〔直訳〕～に頭を保つ

(B)

(1) (打開策を求めて)悪戦苦闘する，もがき苦しむ

(2) 頭から飛び込む；まっさかさまに落ちる

(3) (解答・方策を見つけようと)頭を悩ます

(4) 陰気な顔つきである，暗い顔をする

(5) ～をきつく叱(しか)る，～に大目玉をくらわす

(6) 正気を失う，頭がおかしくなる

(7) 絶対的に確信している，首をかけてもいい

(8) (B に対して)A をたきつける，けしかける

(9) ～に抵抗する；～に反抗する，たてつく

(10) (忙しさや混乱した状況で)どうしてよいかわからない，途方に暮れている

(11) (顔がはれ上がるほど)～を殴りつける，こっぴどく殴る

(12) (騒音などで)～を悩ます，うんざりさせる

(13) のぼせ上がる，夢中になる

(14) ～をばかにする，笑い物にする

(15) 仏頂面(ぶっちょうづら)をする，ふくれっ面をする

〔解答〕
1. (12) (*casser la cervelle [les oreilles] à ～「～の脳みそ[耳]を壊す」とも言う)
2. (3)　3. (7)　4. (15)　5. (4) (*faire [avoir] une tête d'enterrement「葬式の顔をする」とも言う)　6. (5) (*savonner la tête à ～, passer un savon à ～「～(の頭)を石鹸で洗う」とも言う)　7. (11) (*faire une grosse tête à ～「～に大きな顔を作る」とも言う)　8. (8)　9. (13)　10. (14)　11. (6)　12. (2)　13. (10)　14. (1)　15. (9)

【練習3】〈前置詞＋tête〉
　tête が前置詞の付いた状況補語として用いられている慣用句もあります．次の(A)の表現の意味を(B)から選んで，番号をかっこ内に書き入れましょう．

(A)

1. ( ) avoir une idée derrière la tête 〔直訳〕頭の後ろに考えを持つ
2. ( ) en avoir par-dessus la tête (de 〜) 〔直訳〕頭を越えて(〜を)持つ
3. ( ) ne pas avoir de plomb dans la tête 〔直訳〕頭の中に鉛が入っていない
4. ( ) n'en faire qu'à sa tête 〔直訳〕自分の頭だけでする
5. ( ) marcher sur la tête 〔直訳〕頭で[逆立ちで]歩く
6. ( ) se mettre martel en tête 〔直訳〕自分の頭を槌(つち)で打つ
7. ( ) monter à la tête (à [de] 〜) 〔直訳〕(〜の)頭に上る
8. ( ) être tombé sur la tête〔直訳〕頭を下にして落ちた, 頭から倒れた

(B)

(1) (〜に)飽き飽きする, うんざりする
(2) 頭がおかしい, 気が変である
(3) 奇抜な[突拍子もない]ことをする
(4) 軽率である, そそっかしい
(5) 下心がある
(6) 心配する, 頭を痛める
(7) (人の意見に耳を貸さず)好き勝手に振る舞う
(8) (酒・成功などが) (〜を)酔わせる ; (怒りなどが) (〜を)かっとさせる

〔解答〕
1. (5) 2. (1) 3. (4) 4. (7) 5. (3) 6. (6) 7. (8) 8. (2)

2. tête 以外の身体部位を用いる慣用句

tête 以外のさまざまな身体部位も慣用句で用いられています.

【練習1】 〈動詞＋身体部位を表す名詞/身体部位を表す名詞＋動詞〉

次の(A)の空欄に当てはまる名詞を(B)から選んで書き入れましょう. 必要な場合は名詞を複数形にしてください. 定冠詞がエリジョンする場合があります.

[1] 動詞は avoir, être, faire.

(A)

1. avoir _____ (水中で)背が立つ, 足が届く
2. avoir bon _____ bon _____ (特に老人が)元気である, 壮健である
3. avoir la _____ 空腹である
4. avoir la _____ de 〜 〜に自分の意見を聞き入れてもらえる, 信頼されている
5. avoir la _____ de 〜 〜を殺す ; 〜に仕返しをする
6. avoir le _____ sur 〜 〜がすぐ目の前にある ; 〜に没頭する, 熱中する
7. avoir 〜 dans la _____ 〜に夢中である, 惚れ込んでいる

8. avoir ～ dans le _____　～に反感を抱く，～を毛嫌いする

9. n'avoir que la _____ et les _____

　　　がりがりにやせている，骨と皮ばかりである

10. être sur les _____　くたくたに疲れている

11. être sur les _____　（緊迫した状況で）神経をぴりぴりせさている

12. faire _____ à ～　～に立ち向かう，対抗する

13. faire des _____ et des _____

　　　（目的のために）懸命になる，あらゆる手を尽くす

14. faire les _____ à ～　～にとって教訓となる，いい薬になる

15. Ça me [te] fait une belle _____.　それは私[君]には何の役にも立たない.

(B)

dent 歯 (*2度用いる)	œil 目
front 額(ひたい)	oreille 耳
genou 膝(ひざ)	os 骨
jambe 脚	peau 皮膚 (*3度用いる)
main 手	pied 足 (*4度用いる)
nez 鼻 (*2度用いる)	

〔解答〕

1. pied (*対義表現は perdre pied「水底に足が届かない，背が立たない」)　2. pied - œil
3. dent　4. l'oreille　5. peau　6. nez　7. peau　8. nez　9. peau - os (*n'avoir que
la peau sur les os「骨に皮しかついていない」とも言う)　10. genoux　11. dents
12. front (*faire tête à ～，faire face à ～ とも言う)　13. pieds - mains　14. pieds
15. jambe (*me, te は他の人称にもなる)

[2] 動詞が avoir, être, faire 以外で，身体部位は直接目的語.

(A)

1. 言いたくてたまらない

　　brûler les _____　……を燃やす

2. ～をたたきのめす；～を挫折させる, 失脚させる

　　casser les _____ à ～　～の……を砕く

3. ～を驚きのあまり動けなくする, 茫然とさせる

　　couper les _____ à ～　～の……を切る

4. ～をへとへとに疲れさせる；～を茫然自失させる

　　couper les _____ à ～　～の……を切る

5. きわめて明白である

　　crever les _____　……を破裂させる

6. 〜を手助けする

   donner la _____ à 〜　〜に……を与える

7. 〜を苛立たせる

   échauffer les _____ à 〜　〜の……を熱くする

8. 大酒を飲む

   lever le _____　……を上げる

9. (仕事などの)スピードをゆるめる

   lever le _____　……を上げる

10. まったく努力をしない，何もしない

    ne pas lever le _____　……を上げない

11. 〜を逮捕する，押収する

    mettre la _____ sur 〜　〜に……を置く

12. 〜に無遠慮に介入する

    mettre son _____ dans 〜　〜に……を入れる

13. 〜に威嚇的な態度を示す

    montrer les _____ à 〜　〜に……を見せる

14. A に B をうんざりするほど聞かせる

    rebattre les _____ à A de B　A の……を B で繰り返し叩く

15. 怖がる，びくびくする

    serrer les _____　……を締める

16. 〜を罰する

    tirer les _____ à 〜　〜の……を引っ張る

17. 〜を動転させる

    tourner les _____ à 〜　〜の……を回す

18. 話す前によく考える

    tourner sept fois sa _____ dans sa bouche　口の中で……を7回まわす

(B)

bras　腕	nez　鼻
coude　肘(ひじ)	oreille　耳 (＊3度用いる)
dent　歯	petit doigt　小指
fesse　尻	pied　脚
jambe　脚	reins　腰
langue　舌	sang　血
lèvre　唇	yeux　目
main　手 (＊2度用いる)	

[3] 動詞が avoir, être, faire 以外で，身体部位は直接目的語以外.

(A)

1. ～の足元にも及ばない

    ne pas arriver à la _____ de ～　～の……に届かない

2. 恐れを知らない，勇敢[大胆]である

    ne pas avoir froid aux _____　……に寒さを感じない

3. 全速力で走る

    courir _____ à terre　……を地面に付けて走る

4. ～の足手まといになる

    être dans les _____ de ～　～の……の中にいる

5. いとも簡単に～する

    faire ～ les _____ dans le _____　……を……に入れて～する

6. ～をひどく不快にさせる

    faire mal au _____ à ～　～の……を痛くする

7. ～を眩惑する

    jeter de la poudre aux _____ de ～　～の……に粉を投げる

8. (出世・成功などのために)他人を押しのける

    jouer des _____　……を利用する

9. (利己的な目的のために)～を踏み台にする，踏みにじる

    marcher sur le _____ à [de] ～　～の……の上を歩く

10. ～をせき立てる，せっつく

    mettre l'épée dans les _____ à ～　～の……に剣を押し当てる

11. (うっかり)本心をのぞかせる

    montrer le bout de la _____　……の端を見せる

12. もごもごと話す，もぐもぐ[ぶつぶつ]言う

    parler dans sa _____　……の中で話す

13. どうすればよいのかわからない

    ne pas savoir sur quel _____ danser　どの……で踊るのかわからない

14. (ひと目で) とても〜の気に入る

　　taper dans le _____ à [de] 〜　〜の……を叩く

15. 〜になれなれしく振る舞う

　　taper sur le _____ à [de] 〜　〜の……を叩く

16. 〜をいらいらさせる

　　taper sur les _____ à 〜　〜の……を叩く

17. 思わぬ障害にぶつかる

　　tomber sur un _____　……に出くわす

18. 〜に指一本触れない

　　ne pas toucher à un _____ de 〜　〜の……に触れない

(B)

barbe　ひげ	œil　目
cheveu　髪の毛	oreille　耳
cheville　くるぶし	os　骨
coude　肘	pied　脚
doigt　指	reins　腰
jambe　脚	ventre　腹 (*4度用いる)
nerf　神経	yeux　目 (*2度用いる)
nez　鼻	

385

〔解答〕

1. cheville (*arriver の代わりに aller や venir も用いられる)　2. yeux　3. ventre (*四つ足の動物(とりわけ馬)が全速力で走ると腹部が地面に付きそうに見えるため)　4. jambes　5. doigts - nez　6. ventre　7. yeux　8. coudes (*「(人込みを)肘でかき分ける」がもとの意味)　9. ventre (*marcher の代わりに passer も用いられる)　10. reins　11. l'oreille　12. barbe　13. pied　14. l'œil　15. ventre　16. nerfs　17. os　18. cheveu

[4] 代名動詞 (*se は身体部位の所有者で「自分の…」または「相手の…」の意).

(A)

1. 絶望する, 苦悩する

　　s'arracher les _____　自分の……を引き抜く

2. まったく問題にしない, 意に介さない

　　se battre le _____　自分の……を打つ

3. 激しい口論をする, ののしり合う

　　se bouffer [se manger] le _____　相手の……を食う

4. 転んで[事故で]けがをする；失敗する

　　se casser la _____　自分の……を壊す

5. 挫折する

　　se casser les ＿＿＿＿＿＿　　自分の……を壊す

6. (承諾する前に)何度も頭を下げさせる

　　se faire tirer la ＿＿＿＿＿＿　　自分の……を引っ張らせる

7. 自分の犯した過ちを告白する

　　se frapper la ＿＿＿＿＿＿　　自分の……を叩く

8. 口をつむぐ；(言ってしまったことを)後悔する

　　se mordre la ＿＿＿＿＿＿　　自分の……を噛む

9. 酔っぱらう

　　se piquer le ＿＿＿＿＿＿　　自分の……を突く

10. 自分のことしか関心がない，自己中心的である

　　se regarder le ＿＿＿＿＿＿　　自分の……を見つめる

11. (事業などで)失敗する，破産する

　　se rompre [se casser] le ＿＿＿＿＿＿　　自分の……を折る

12. 喜ぶ, 満足する

　　se taper (sur) les ＿＿＿＿＿＿　　自分の……を叩く

13. 暇を持て余す

　　se tourner [se rouler] les ＿＿＿＿＿＿　　自分の……を回す

(B)

cheveu　髪の毛	nez　鼻 (＊2度用いる)
cou　首	nombril　へそ
cuisse　腿(もも)	œil　目
dent　歯	oreille　耳
figure　顔	poitrine　胸
langue　舌	pouce　親指

〔解答〕

1. cheveux　2. l'œil　3. nez　4. figure (*se casser la gueule とも言う)　5. dents
6. l'oreille　7. poitrine　8. langue　9. nez　10. nombril　11. cou　12. cuisses
13. pouces

[5] **身体部位が主語** (*目的語の人称代名詞は他の人称にもなる).

(A)

1. 彼(女)はうっかり言い間違えた.

　　La ＿＿＿＿＿＿ lui a fourché.　彼(女)の……が分岐した.

2. 彼(女)は頭がくらくらする；(成功などで)のぼせ上がっている.

　　La ＿＿＿＿＿＿ lui tourne.　彼(女)の……が回る.

3. 本当にあきれた；それはがっかりだ；(疲れて)へとへとだ.

Les _____ m'en tombent.　私の……がそれで落ちる.

4. (ふざけて)さんざんあなた(方)のうわさをしました.

Les _____ ont dû vous tinter.　あなた(方)の……が鳴ったに違いない.

5. (隠しても)わかるよ；ちょっと小耳にはさんだ.

Mon _____ me l'a dit.　私の……が私にそう言った.

6. 私はすっかり動転した.

Mon _____ n'a fait qu'un tour.　私の……が一回りしかしなかった.

(B)

bras 腕	petit doigt 小指
langue 舌	sang 血
oreille 耳	tête 頭

〔解答〕

1. langue (*Sa langue a fourché. とも言う)　2. tête (*Il [Elle] a la tête qui tourne. とも言う)　3. bras　4. oreilles　5. petit doigt　6. sang

【練習2】 〈動詞＋身体部位を表す名詞＋修飾語〉

[1] 修飾語は形容詞.

次の(A)の空欄に当てはまる形容詞を(B)から選んで書き入れましょう. 形容詞の性・数を適切に一致させてください.

(A)

1. 高望みをする

avoir les yeux plus _____ que le ventre　腹より……目を持つ

2. がっかりした[不満そうな]顔をする

faire un _____ nez　……鼻をする

3. 通ぶる, 口うるさい

faire la _____ bouche　……口をする

4. 手厳しい批判をする, 辛辣である

avoir la dent _____　……歯を持つ

5. (名誉・金銭に対して)貪欲である, 野心家である

avoir les dents _____　……歯を持つ

6. おしゃべりである；口が達者である

avoir la langue (bien) _____　……舌を持つ

7. 落胆している, しょげている

avoir l'oreille _____　……耳を持つ

8. 〜を(意地悪く)からかう，嘲笑する

    faire des gorges _____ de 〜　〜を……喉にする

9. 影響力がある，力を持つ

    avoir le bras _____ ……腕を持つ

10. 仕事に疲れ果てる，疲労困憊する

    avoir les bras _____ ……腕を持つ

11. (手先が)器用である；(高圧的でなく)物腰が柔らかい

    avoir la main _____ ……手を持つ

12. 〜を厳しく罰する；〜を過度に増量する

    avoir la main _____ sur 〜　〜の上に……手を持つ

13. 〜を意のままに支配する，牛耳る

    avoir la _____ main sur 〜　〜の上に……手を持つ

14. 困難[非難]に耐えられる，忍耐力がある

    avoir le dos _____ ……背を持つ

15. (試練に耐えられるほどの)十分な力量[資力]がある

    avoir les reins _____ ……腰を持つ

16. (悲しみや心痛で)胸がつまる，胸がつぶれる思いである

    avoir le cœur _____ ……心臓を持つ

17. 貴族の血筋を引いている，高貴な出である

    avoir du sang _____ ……血を持つ

18. 長生きしない；(ある場所に)長居しない

    ne pas faire de _____ os　……骨を作らない

(B)

bas　低い	léger　軽い
bleu　青い	long　長い (＊3度用いる)
chaud　熱い	lourd　重い
dur　固い	pendue　垂れ下がった
fin　鋭敏な；繊細な	rompu　折れた
gros　大きい (＊2度用いる)	solide　丈夫な
haut　高い	vieux　古い
large　広い	

〔解答〕

1. gros (＊「食べ切れないほどの料理を注文する[自分の皿に取る]」の意味もある)
2. long (＊faire un drôle de nez「変な鼻をする」とも言う)　3. fine (＊faire la petite bouche「小さな口をする」とも言う)　4. dure　5. longues　6. pendue (＊avoir la langue (bien) déliée「ほどけた舌を持つ」とも言う)　7. basse　8. chaudes　9. long

10. rompus 11. légère 12. lourde 13. haute 14. large 15. solides 16. gros
17. bleu 18. vieux

[2] 修飾語は前置詞付きの語句.

 次の(A)の空欄に当てはまる語句を(B)から選んで, 番号をかっこ内に書き入れましょう.

(A)

1. 細かい点にこだわりすぎる
   couper les cheveux ( ) ……髪の毛を切る
2. (好奇心が旺盛で)何事も見逃さない, 無遠慮にじろじろ見る
   ne pas avoir les yeux ( ) ……目を持たない
3. (疲労・飲酒・睡眠不足などで)ものがよく見えない
   ne pas avoir les yeux ( ) ……目を持たない
4. 口が達者である; すばやく言い返す
   ne pas avoir la langue ( ) ……舌を持たない
5. ひどい思い違いをする
   se mettre le doigt ( ) 自分の……指を入れる
6. (疲れて)足に力が入らない
   avoir les jambes ( ) ……足を持つ
7. (考え・行動が)堅実である
   avoir les (deux) pieds ( ) ……(2本の)足を持つ
8. 微妙な事柄を無神経に口にする
   mettre les pieds ( ) ……足を入れる
9. とても腹がすいている
   avoir l'estomac ( ) ……胃を持つ
10. 勇気がある, 血気盛んである
    avoir du sang ( ) ……血を持つ
11. ひどい怠け者だ
    avoir un poil ( ) ……毛を持つ

389

(B)

(1) dans l'œil 目に
(2) dans la main 手に
(3) dans le plat 皿に
(4) dans les talons かかとに
(5) dans les veines 血管に
(6) dans sa poche ポケットに (*2度用いる)
(7) en coton 綿の
(8) en face des trous 穴の正面に
(9) en quatre 4つに
(10) sur terre 地面に

【練習3】　〈動詞＋名詞＋身体部位を表す名詞を含む修飾語〉

[1]　動詞は avoir か être.

　　次の(A)の空欄に当てはまる語句を(B)から選んで，番号をかっこ内に書き入れましょう.

(A)

1.　(危険が迫って)恐怖を感じる

　　avoir chaud (　　)　……熱さを感じる，……が熱い

2.　明白なことが理解できない

　　avoir de la merde (　　)　……糞（ふん）がある

3.　人の言うことを聞かない，馬耳東風である

　　avoir du coton (　　)　……綿（わた）がある

4.　欲望をそそられる

　　avoir l'eau (　　)　……水がある

5.　気前がいい；とても親切だ

　　avoir le cœur (　　)　……心臓がある

6.　吐き気がする

　　avoir le cœur (　　)　……心臓がある

7.　正確に目測する

　　avoir le compas (　　)　……コンパスがある

8.　飲みすぎて頭が痛い，二日酔いで気分が悪い

　　avoir mal (　　)　……痛みがある，……が痛い

9.　少し酔っている，ほろ酔い気分である

　　avoir un verre (　　)　……グラス(1杯)がある

10.　そそっかしい

　　ne pas avoir de plomb (　　)　……鉛がない

11.　恐れを知らない，勇敢[大胆]である

　　ne pas avoir froid (　　)　……寒さを感じない，……が寒くない

12.　恐怖に震えあがっている

　　ne plus avoir une goutte de sang (　　)　……もう一滴の血もない

13. 居心地が悪い

    être assis (　) ……座っている

14. くつろいだ気分でいる

    être bien (　) ……心地よい

15. ～の言葉にじっと聞き入る

    être suspendu (　) ……ぶら下がっている

(B)

（1） à la bouche　口に	（9） dans les oreilles　耳に
（2） aux cheveux　髪に	(10) dans les veines　血管に
（3） aux fesses　尻に	(11) dans les yeux　目に
（4） aux lèvres de ～　～の唇に	(12) dans sa peau　皮膚の中で
（5） aux yeux　目に	(13) sur la main　手に
（6） dans l'œil　目に	(14) sur les lèvres　唇に
（7） dans la tête　頭に	(15) sur une fesse　片方の尻に
（8） dans le nez　鼻に	

〖解答〗

1. （3）　2. (11)　3. （9）　4. （1）(*この表現での eau は「唾液, つば」)　5. (13)　6. (14)
(*au bord des lèvres「唇の端に」とも言う)　7. （6）　8. （2）　9. （8）　10. （7）　11. （5）
12. (10)　13. (15)　14. (12) (*対義表現は être mal dans sa peau)　15. （4）

[2] 動詞は avoir, être 以外.

  次の(A)の空欄に当てはまる語句を(B)から選んで, 番号をかっこ内に書き入れましょう.

(A)

1. 意見[方針, やり方]を変える

    changer son fusil (　) ……銃を変える

2. ～を知り尽くしている

    connaître [savoir] ～ (　)　～を……知っている

3. (暴食や偏食など)食事で命を縮める

    creuser sa fosse (　) ……墓穴を掘る

4. 安心してぐっすり眠る

    dormir (　) ……眠る

5. 前言を撤回させる

    faire rentrer les paroles [les mots] (　) ……言葉を戻させる

6. (朝から)機嫌が悪い

    se lever (　) ……起き上がる

7. (立ったまま)急いで食事をする

    manger（　　）　……食べる

8. (食欲がなく)いやいや食べる

    manger（　　）　……食べる

9. ～を食い入るように見る

    manger ～（　　）～を……食べる

10. ～を意のままに操る

    mener ～（　　）～を……操る

11. 死ぬ, 埋葬される

    partir [sortir, s'en aller]（　　）……出発する [でかける, 立ち去る]

12. 大急ぎで駆ける；一目散に逃げる

    prendre ses jambes（　　）……脚を持って行く

13. つかみ合いのけんかをする

    se prendre（　　）……相手をつかむ

14. 腹の中で笑う, ほくそえむ

    rire（　　）……笑う

15. 先見の明がない

    ne pas voir（　　）……見えない

(B)

（1）à son cou　首に

（2）aux cheveux　髪で

（3）avec ses dents　歯で

（4）dans la gorge　喉の中に

（5）dans sa barbe　ひげの中で

（6）d'épaule　肩に関して

（7）des yeux　目で

（8）du bout des dents　歯の先で

（9）du pied gauche　左足で

（10）les pieds devant　足を先にして

（11）par le bout du nez　鼻の先で

（12）plus loin que le bout de son nez
       鼻の先より遠く

（13）sur le bout du doigt　指の先で

（14）sur le pouce　親指にのせて, 親指を使って

（15）sur ses deux oreilles　両耳の上で

〔解答〕

1.（6）(*「銃を担ぐ肩を変える」の意)　2.（13）(*sur le bout des ongles「爪の先で」とも言う)　3.（3）　4.（15）　5.（4）　6.（9）　7.（14）(*急いで簡単な食事をするときに, 左手でパンやソーセージなどを(親指を押し当てて)持ち, 右手に持ったナイフで切って口に運んだことから)　8.（8）　9.（7）　10.（11）　11.（10）(*頭を先にして生まれて来ることの逆として, 足を先にして去ることは死のメタファー)　12.（1）(*前傾姿勢で早く走る人のイメージ)　13.（2）　14.（5）　15.（12）

身体部位で人を表す

　身体部位が「人」そのものを指す場合があります. とりわけ tête については「…な頭の人」を意味する多くの表現があり, cœur は「…な心の人」, bouche は「食べる人, 話す人」などを表します. それ以外の身体部位を用いる表現もあります.

　　une forte tête　反抗的な人, 強情張り (← 強い頭)

　　une petite tête　頭の悪い人 (← 小さな頭)

　　une tête brûlée　激情家, 無鉄砲な人 (← 燃えた頭)

　　une tête d'oiseau　思慮の足りない人, 軽率な人 (← 鳥の頭)

　　un cœur d'or　優しい心の持ち主 (← 金の心)

　　un cœur de lion　勇猛な人 (← 獅子の心)

　　un cœur de pierre　非情な心の持ち主, 冷酷な人 (← 石の心)

　　une bouche inutile　むだ飯食らい, ごくつぶし (← 役に立たない口)

　　une bouche éloquente　雄弁な人 (← 雄弁な口)

　　une mauvaise [méchante] langue　中傷家, 毒舌家 (← 意地の悪い舌)

　　une petite main　見習いのお針子 (← 小さな手)

　　le bras droit de ～　～の右腕 [最も信頼している優秀な部下]

~~~~~~

§28　動植物などに関する慣用句

　日常生活で身近な動物や植物もまた, 多くの慣用句に取り入れられています. 動植物に関する慣用句はそれぞれの言語圏の社会・文化を反映していることが多く, フランス語と日本語とでは発想が異なる場合が多々あります.

1.　動物に関する慣用句

　動物を指す語は, 最小の慣用句である複合語を構成する要素や述語の一部としてさまざまな表現で用いられています. 最初に複合語を, 次いでそれ以外の表現を見ていきましょう.

【練習1】　複合名詞

　(A)の空欄に当てはまる名詞を(B)から選んで書き入れましょう.

[1]　**動物を表す名詞が複合名詞の主要部.**

(A)

1.　エイプリルフール, 四月ばか

　　　_____　d'avril　四月の……

2.　得意の話題, おはこ

　　　_____　de bataille　戦いの……

3.　図書館に入り浸りの人, 本の虫

　　　_____　de bibliothèque　図書館の……

4. 落ちこぼれ，うまく立ちゆかない人[企業]

    _____ boiteux　足の不自由な……

5. 好色漢，精力絶倫の男

    chaud _____　熱い……

6. 抜け目のない人，したたか者

    fine _____　抜け目のない……

7. (集団内の)嫌われ者

    _____ galeuse　疥癬(かいせん)にかかった……

8. (政界・財界の)若い野心家，ホープ

    jeune _____　若い……

9. がさつ者，不作法者

    _____ mal léché　十分に舐(な)められていない……

10. 臆病者，怖がり屋

    _____ mouillée　濡れた……

11. 嫌いなもの，苦手なもの

    _____ noire　黒い……

(B)

bête　獣	mouche　ハエ
brebis　雌羊	ours　クマ
canard　カモ	poisson　魚
cheval　馬	poule　雌鶏
lapin　ウサギ	rat　ネズミ
loup　オオカミ	

〖解答〗

1. poisson　2. cheval　3. rat　4. canard　5. lapin　6. mouche　7. brebis
8. loup　9. ours (*幼いクマがちゃんと育つようにクマの母親が舐めると思われていた)
10. poule　11. bête

[2] 動物を表す名詞が複合名詞の補足部.

  (A)の空欄に当てはまる名詞を(B)から選んで書き入れましょう(エリジョンをする箇所があります).

(A)

1. 鳥肌

    chair de _____　……の肉

2. むち打ち症；突然の裏切り，だまし討ち

    coup du _____　……の一撃

3. 高熱

fièvre de _____　……の熱

4. 凍てつくような寒さ

froid de _____　……の寒さ

5. 中傷家, 毒舌家；中傷, 悪口

langue de _____　……の舌

6. 断崖に築かれた建物, 天然の要塞

nid de _____　……の巣

7. いがみあう人々の集団, 呉越同舟

panier de _____　……の籠(かご)

8. いやなやつ

peau de _____　……の皮

9. まずい飲み物；くだらないもの

pipi de _____　……の小便

10. 跳ね起きること

saut de _____　……の跳躍

11. 簡単な洗顔[化粧]

toilette de _____　……の洗顔[化粧]

12. 地道で根気のいる仕事

travail de _____　……の仕事

(B)

aigle　ワシ	fourmi　アリ
canard　カモ	lapin　ウサギ
carpe　コイ	poule　雌鶏
chat　猫 (*2度用いる)	vache　雌牛
cheval　馬	vipère　クサリヘビ, マムシ
crabes　カニ	

〔解答〕

1. poule　2. lapin　3. cheval　4. canard　5. vipère　6. d'aigle　7. crabes
8. vache　9. chat　10. carpe　11. chat　12. fourmi

【練習2】　さまざまな表現 (1)

　　日本語で示された意味を表すフランス語表現は(a)と(b)のどちらでしょう. 動物は哺乳類とそれ以外の鳥類, 魚類, 爬虫類などに分けてあります.

[1]　哺乳類.

1. 足音を忍ばせて, 抜き足差し足で ― ( )

(a) à pas de chat　猫の歩みで

(b) à pas de loup　オオカミの歩みで

2. 率直に[ずけずけと]物を言う ― (　)

(a) appeler un chat un chat　猫を猫と呼ぶ

(b) appeler un rat un rat　ネズミをネズミと呼ぶ

3. うちしおれている，しょげ返っている ― (　)

(a) avoir l'air d'un âne battu　打たれたロバのようである

(b) avoir l'air d'un chien battu　打たれた犬のようである

4. いつにない力を発揮する ― (　)

(a) avoir mangé du lion　ライオンを食べた

(b) avoir mangé du sanglier　イノシシを食べた

5. 鋭い目をしている；洞察力が鋭い ― (　)

(a) avoir un œil de jaguar　ジャガーの目をしている

(b) avoir un œil de lynx　オオヤマネコの目をしている

6. 物覚えがいい；執念深い ― (　)

(a) avoir une mémoire d'éléphant　ゾウの記憶力を持つ

(b) avoir une mémoire de gorille　ゴリラの記憶力を持つ

7. 一度に二つのことに手を出す ― (　)

(a) courir deux lièvres à la fois　一度に二匹の野ウサギを追う

(b) courir deux renards à la fois　一度に二匹のキツネを追う

8. いらいらする ― (　)

(a) devenir chèvre　ヤギになる

(b) devenir tigre　トラになる

9. 価値のわからない者に貴重なものを与える ― (　)

(a) donner de la confiture à un bœuf　牛にジャムを与える

(b) donner de la confiture à un cochon　豚にジャムを与える

10. たそがれ時に，夕暮れに ― (　)

(a) entre chien et loup　犬とオオカミの間に

(b) entre loup et renard　オオカミとキツネの間に

11. おどけた顔をする ― (　)

(a) faire l'orang-outan　オランウータンのようにする

(b) faire le singe　サルのようにする

12. (過ちなどについて)それは大したことではない． ― (　)

(a) Il n'y a pas de quoi fouetter un chat.　猫を鞭打つことはない.

(b) Il n'y a pas de quoi fouetter un cheval.　馬を鞭打つことはない.

13. ひどい貧乏暮らしをする ― (　)

(a) manger de la vache enragée　狂犬病にかかった雌牛を食べる

(b) manger du veau enragé　狂犬病にかかった子牛を食べる

14. 無駄な仕事をだらだらと続ける ― (　)

(a) peigner la girafe　キリンを櫛でとかす

(b) peigner le mouton　羊を櫛でとかす

15. 〜との約束をすっぽかす ― (　)

(a) poser un écureuil à 〜　〜にリスを置く

(b) poser un lapin à 〜　〜にウサギを置く

16. 取らぬタヌキの皮算用をする ― (　)

(a) vendre la peau de l'ours (avant de l'avoir tué)　(しとめるまえに)クマの皮を売る

(b) vendre la peau du cerf (avant de l'avoir tué)　(しとめるまえに)シカの皮を売る

17. (酒や麻薬のせいでで)幻覚に襲われる ― (　)

(a) voir des éléphants roses　ピンクのゾウが見える

(b) voir des panthères roses　ピンクのヒョウが見える

〔解答〕

1. (b)　2. (a)　3. (b)　4. (a)　5. (b) (*avoir des yeux de lynx とも言う)　6. (a)　7. (a) (*courir plusieurs lièvres「数匹の野ウサギを追う[いくつものことに手を出す]」とも言う)　8. (a)　9. (b)　10. (a)　11. (b)　12. (a)　13. (a)　14. (a)　15. (b)　16. (a)　17. (a)

[2] 鳥類, 魚類, 爬虫類, 小動物など.

1. 屈辱を耐え忍ぶ;何でも真に受ける ― (　)

(a) avaler des couleuvres　ヘビを飲み込む

(b) avaler des limaces　ナメクジを飲み込む

2. 小食である, 食が細い ― (　)

(a) avoir un appétit de canari　カナリアの食欲を持つ

(b) avoir un appétit de moineau　スズメの食欲を持つ

3. あら探しをする ― (　)

(a) chercher la petite bête　虫を探す

(b) chercher la puce　ノミを探す

4. 目を大きく見開く ― (　)

(a) faire des yeux de goujon frit　揚げた川ハゼの目をする

(b) faire des yeux de merlan frit　揚げたメルラン〔タラ科の魚〕の目をする

5. 危険を直視しようとしない ― (　)

(a) faire l'autruche　ダチョウのようにする

(b) faire le pélican　ペリカンのようにする

6. のんびりひなたぼっこをする ― (　)

(a) faire le lézard　トカゲのようにする

(b) faire le serpent　ヘビのようにする

7. 長い間立って待つ ― (　)

(a) faire le pied de flamant　フラミンゴの脚をする

(b) faire le pied de grue　ツルの脚をする

8. 車を追い越して乱暴に割り込む ― (　)

(a) faire une queue d'oiseau　鳥の尾のようにする

(b) faire une queue de poisson　魚の尾のようにする

9. ひどい寒さだ. ― (　)

(a) Il fait un froid de canard.　カモの寒さだ.

(b) Il fait un froid de cygne.　ハクチョウの寒さだ.

10. 公金を横領する ― (　)

(a) manger l'écrevisse　ザリガニを食べる

(b) manger la grenouille　カエルを食べる

11. 並大抵ではない ― (　)

(a) ne pas être piqué des guêpes　スズメバチに刺されていない

(b) ne pas être piqué des hannetons　コガネムシに刺されていない

12. (事態を紛糾させて)相手が疲れるのを待つ ― (　)

(a) noyer la pieuvre　タコを溺死させる

(b) noyer le poisson　魚を溺死させる

13. あり得ないことが起こったときに〔「決して…ない」を意味する否定表現〕 ― (　)

(a) quand les coqs auront des dents　雄鶏に歯が生えたときに

(b) quand les poules auront des dents　雌鶏に歯が生えたときに

14. そら涙を流す ― (　)

(a) verser des larmes de crocodile　ワニの涙を流す

(b) verser des larmes de tortue　カメの涙を流す

〔解答〕

1. (a)　2. (b)　3. (a)　4. (b)　5. (a)　6. (a)　7. (b)　8. (b)　9. (a)　10. (b)　11. (b)

12. (b)　13. (b) (*la semaine des quatre jeudis「木曜日が4回ある週に」とも言う)

14. (a)

【練習3】 さまざまな表現 (2)

　　次の(A)の表現の後半部に当てはまる語句を下記(B)から選んで，その番号をかっこ内に書き入れましょう.

[1] 前半部に動物を示す名詞が含まれている.

(A)

1. 品物をよく確かめずに買う

　　acheter chat (　) ……猫を買う

2. ほかにやるべきことがある

   avoir d'autres chats (　) ……ほかの猫がいる

3. 怪しむ，警戒する

   avoir la puce (　) ……ノミがいる

4. (命令・買収などによって)口止めされている，口を封じられている

   avoir un bœuf (　) ……牛がいる

5. 声がかれる，しゃがれ声である

   avoir un chat (　) ……猫がいる

6. 頭がおかしい

   avoir une araignée (　) ……クモがいる

7. 損な取引をする

   changer son cheval borgne (　) ……片目の馬を交換する

8. ～に言いがかりをつける

   chercher des poux (　) ……シラミを探す

9. 危険人物を(無警戒に)招き入れる

   enfermer le loup (　) ……オオカミを閉じ込める

10. だまされる，皆の笑い者になる

    être le dindon (　) ……七面鳥である

11. (大事な場面で)へまをする人である，ぶち壊し屋だ

    être un éléphant (　) ……ゾウである

12. 何か隠し事[たくらみ]があるようだ.

    Il y a anguille (　) ……ウナギがいる.

13. 敢然と困難に立ち向かう

    prendre le taureau (　) ……雄牛をつかむ

14. ～から(巧みに)秘密を聞き出す

    tirer les vers (　) ……ミミズを引っ張り出す

15. 大発見をする，掘り出し物を見つける

    trouver la pie (　) ……カササギを見つける

(B)

(1) à fouetter　鞭打つべき

(2) à l'oreille　耳に

(3) au nid　巣に

(4) au [dans le] plafond　天井に

(5) contre un aveugle　目の見えないものと

(6) dans la bergerie　羊小屋に

(7) dans la gorge　喉に

(8) dans la tête de ～　～の頭に

(9) dans un magasin de porcelaine
　　　陶器店に入り込んだ

(10) de la farce　笑劇の

(11) du nez à ～　～の鼻から

(12) en poche　袋に入った

(13) par les cornes　角(つの)で

(14) sous roche　岩の下に

(15) sur la langue　舌の上に

〔解答〕
1. (12) (*vendre chat en poche「品物を見せずに売る」の表現もある) 2. (1) 3. (2)
4. (15) 5. (7) 6. (4) 7. (5) 8. (8) (*dans la tête de を省いて chercher des poux
à ~ とも言う) 9. (6) (*faire [laisser] entrer le loup dans la bergerie「羊小屋にオオ
カミを入れる」とも言う) 10. (10) 11. (9) 12. (14) 13. (13) 14. (11) 15. (3)

[2] 後半部に動物を示す名詞か動物に関連する名詞が含まれている.

(A)
1. それは不釣合いな[突飛な]組み合わせだ.
   C'est le mariage (　　). それは……結婚だ.
2. それは支離滅裂な話だ.
   C'est une histoire (　　). それは……話だ.
3. (解答・解決策が見つからずに)かぶとを脱ぐ, さじを投げる
   donner sa langue (　　) ……舌を与える
4. しりすぼみ[しり切れとんぼ]になる
   finir (　　) ……終わる
5. 人の言動につられて行動する, 付和雷同する
   hurler (　　) ……吠える
6. 彼は虫も殺さないような男だ.
   Il ne ferait pas de mal (　　). 彼は……害を与えないだろう.
7. (軽率や無謀で)危険に身をさらす
   se jeter (　　) ……飛び込む
8. (鬼ごっこのように)なかなか相手をつかまえられない[相手に会えない]
   jouer (　　) ……遊ぶ
9. (対立する)両方の肩を持つ
   ménager (　　) ……大事に扱う, 気を配る
10. 物事の順序を逆にする, 本末を転倒する
    mettre la charrue (　　) ……犂(すき)を置く
11. 感情をたかぶらせる, いきり立つ, 息まく
    monter (　　) ……乗る
12. (次から次へ)話題が飛ぶ, とりとめのない話をする
    passer (　　) ……移る
13. 敵意を込めてにらみあう
    se regarder (　　) ……見つめ合う
14. 元気を取り戻す, 立ち直る
    reprendre du poil (　　) ……毛を取り戻す
15. 新前である, うぶである
    sortir (　　) ……出る

(B)

(1)	à une mouche　ハエに	(10)	du coq à l'âne　雄鶏からロバへ
(2)	au chat　猫に	(11)	en chiens de faïence
(3)	au chat et à la souris　猫とネズミで		陶器の犬の状態で
(4)	avant les bœufs　牛の前に	(12)	en queue de poisson　魚の尾の状態で
(5)	avec les loups　オオカミと	(13)	la chèvre et le chou
(6)	dans la gueule du loup　オオカミの口に		ヤギとキャベツを
(7)	de la bête　獣の	(14)	sans queue ni tête　尾も頭もない
(8)	de la carpe et du lapin　コイとウサギの	(15)	sur ses grands chevaux
(9)	de l'œuf　卵から		大きな馬の上に

〔解答〕
1. (8)　2. (14) (*Cette histoire n'a ni queue ni tête. などとも言う)　3. (2)　4. (12)
5. (5)　6. (1)　7. (6) (*se précipiter dans la gueule du loup とも言う)　8. (3)
9. (13)　10. (4) (*mettre la charrue devant les bœufs とも言う)　11. (15)　12. (10)
13. (11)　14. (7)　15. (9)

2.　植物に関する慣用句

　　木や草花や果実を指す名詞も多くの慣用句で用いられています．そうした名詞が直接目的語の場合とそれ以外の場合に分けて見ていきましょう．

【練習1】　植物を表す名詞が直接目的語

　　適切な語を(B)から選んで空欄に書き入れましょう(必要な場合は名詞を複数形にしてください．定冠詞がエリジョンすることがあります)．

(A)

1. (現役を引退して)田舎に引きこもる，隠居する
   aller planter ses ＿＿＿＿＿　……を植えに行く

2. 損も得も折半する，折り合いをつける
   couper la ＿＿＿＿＿ en deux　……を2つに切る

3. ～を出し抜く，～の利益を横取りする
   couper la ＿＿＿＿＿ sous le pied [les pieds] à ～　～の足元の……を刈る

4. (女性が)誘惑に負ける
   croquer la ＿＿＿＿＿　……をかじる

5. 花占いをする
   effeuiller la ＿＿＿＿＿　……の花びらをむしる

6. ～をばかにする，嘲弄する
   faire la ＿＿＿＿＿ à ～　～に……を作る

7.　長いこと待つ

　　faire le ＿＿＿＿＿　……を作る

8.　死んで墓の中にいる，草葉の陰にいる

　　manger les ＿＿＿＿＿ par la racine　……を根から食べる

9.　収入を当てにして先に金を使う

　　manger son ＿＿＿＿＿ en herbe　熟していない……を食べる

10.　人員を削減する，リストラをする

　　secouer le ＿＿＿＿＿　……を揺する

11.　手足が震える；耄碌(もうろく)する

　　sucrer les ＿＿＿＿＿　……に砂糖を振りかける

(B)

blé　麦

chou　キャベツ

cocotier　ココヤシの木

figue　イチジク

fraise　イチゴ

herbe　草

marguerite　マーガレット

pissenlit　セイヨウタンポポ

poire　ナシ

poireau　ポロネギ，リーキ

pomme　リンゴ

〔解答〕

1. choux　2. poire　3. l'herbe　4. pomme (*旧約聖書の「禁断の果実」に由来する表現)　5. marguerite　6. figue (*親指を人差し指と中指の間に挟んで握り (性器を暗示する形)相手に示す)　7. poireau (*rester planté comme un poireau (⇨§26-2.)とも言う)　8. pissenlits　9. blé　10. cocotier　11. fraises (*動作の類似)

【練習2】　植物を表す名詞が直接目的語以外

　日本語で示された意味を表すフランス語表現は(a)と(b)のどちらでしょう.

1.　女連れで森に行く ―（　）

(a)　aller aux cerises　サクランボを摘みに行く

(b)　aller aux fraises　イチゴを摘みに行く

2.　地面すれすれに；現実に即して，現実的に；次元の低い，低俗な ―（　）

(a)　au ras des coquelicots　ヒナゲシとすれすれに

(b)　au ras des pâquerettes　ヒナギクとすれすれに

3.　意気地がない，臆病である ―（　）

(a)　avoir du sang d'aubergine　ナスの血を持つ

(b)　avoir du sang de navet　カブの血を持つ

4.　移り気である，浮気っぽい ―（　）

(a)　avoir un cœur d'artichaut　アーチチョークの心[芯]を持つ

(b) avoir un cœur de maïs　トウモロコシの心[芯]を持つ

5. 〜を追い出す，追い払う；〜を投げ出す，ほうり出す ― （　）

(a) envoyer 〜 sur les œillets　〜をカーネーションの上に送る

(b) envoyer 〜 sur les roses　〜をバラの上に送る

6. (試験・競走などで)びりのほうである；失敗する；窮地に陥っている ― （　）

(a) être dans les choux　キャベツの中にいる

(b) être dans les radis　二十日(はつか)大根の中にいる

7. 万事休すだ. ― （　）

(a) Les carottes sont cuites.　ニンジンが煮えた.

(b) Les fèves sont cuites.　ソラマメが煮えた.

8. お前には関係ないことだ，人のことに口出しするな. ― （　）

(a) Occupe-toi de tes concombres.　自分のキュウリの世話をしろ.

(b) Occupe-toi de tes oignons.　自分のタマネギの世話をしろ.

9. 気絶する ― （　）

(a) tomber dans les oranges　オレンジの中に倒れる

(b) tomber dans les pommes　リンゴの中に倒れる

〔解答〕
1. (b)　2. (b)　3. (b)　4. (a)　5. (b)　6. (a)　7. (a) (*C'est la fin des haricots.「インゲンマメの終わりだ」とも言う)　8. (b)　9. (b)

3. その他の慣用句

　最後に，動植物以外を指す語を含む慣用句を大まかに分類して見ていきます.

【練習1】　食料品，飲食物

　日本語で示された意味を表すフランス語表現を選びましょう.

1. (よけいなことを)だらだらと述べる ― （　）

(a) allonger la sauce　ソースを薄める

(b) allonger le sirop　シロップを薄める

2. たくさんの仕事を抱えている ― （　）

(a) avoir du pain dans le four　かまどにパンがある

(b) avoir du pain sur la planche　棚板にパンがある

3. (髪が)白髪まじりである，ごま塩頭である ― （　）

(a) avoir les cheveux poivre et sel　コショウと塩の髪をしている

(b) avoir les cheveux sésame et sel　ゴマと塩の髪をしている

4. 大いに満足する，悦に入る ― （　）

(a) boire du cognac　コニャックを飲む

(b) boire du lait　ミルクを飲む

5. それは少しも費用がかからない. ―（　）

(a) Ça ne mange pas de pain.　それはパンを食べない.

(b) Ça ne mange pas de pomme de terre.　それはジャガイモを食べない.

6. 陰で〜の悪口を言う ―（　）

(a) casser du biscuit sur le dos à [de] 〜　〜の背でビスケットを割る

(b) casser du sucre sur le dos à [de] 〜　〜の背で砂糖を割る

7. これがなくては画龍点睛を欠く. ―（　）

(a) C'est la cerise sur le gâteau.　これはケーキの上のサクランボだ.

(b) C'est la cerise sur le parfait.　これはパフェの上のサクランボだ.

8. (気分がほぐれる)食事の終わり頃に ―（　）

(a) entre la poire et le fromage　ナシとチーズの間に

(b) entre le dessert et le café　デザートとコーヒーの間に

9. 怒りっぽい ―（　）

(a) être soupe à l'oignon　オニオンスープである

(b) être soupe au lait　ミルクスープである

10. 〜を大げさに扱う, 騒ぎ立てる ―（　）

(a) faire de 〜 un foie gras　〜でフォワグラを作る

(b) faire de 〜 un fromage　〜でチーズを作る

11. 大もうけする ―（　）

(a) faire sa confiture　ジャムを作る

(b) faire son beurre　バターを作る

12. 楽しいこと[楽なこと]から先にやる ―（　）

(a) manger son pain blanc le premier　白パンを最初に食べる

(b) manger son pain frais le premier　焼きたてのパンを最初に食べる

13. 怒りがこみあげる ―（　）

(a) la moutarde monte au nez　からしが鼻につんとくる

(b) le piment monte au nez　トウガラシが鼻につんとくる

14. 態度を軟化させる, 要求を和らげる ―（　）

(a) mettre de l'eau dans son vin　ワインを水で割る

(b) mettre de l'eau dans son whisky　ウィスキーを水で割る

15. (物事が)暮らし向きをよくする ―（　）

(a) mettre du beurre dans les champignons　マッシュルームにバターを加える

(b) mettre du beurre dans les épinards　ホウレンソウにバターを加える

16. (自主的に)仕事に加わる ―（　）

(a) mettre la main à la pâte　(小麦粉を練った)生地に手を置く

(b) mettre la main au pâté　パテに手を置く

17. 余計な口を出す, でしゃばる ― (   )

 (a) mettre son grain de maïs　トウモロコシの粒を加える

 (b) mettre son grain de sel　塩の粒を加える

18. 1つの事業に全財産を投じる ― (   )

 (a) mettre tous ses jambons dans le même panier　ハムをすべて同じ籠(かご)に入れる

 (b) mettre tous ses œufs dans le même panier　卵をすべて同じ籠に入れる

19. でたらめを言う ― (   )

 (a) raconter des bonbons　キャンディーの話をする

 (b) raconter des salades　サラダの話をする

20. 〜を(言葉巧みに)だます ― (   )

 (a) rouler 〜 dans la farine　〜を小麦粉の中で転がす

 (b) rouler 〜 dans la sucre en poudre　〜を粉砂糖の中で転がす

21. (事態が)悪化する, 険悪になる ― (   )

 (a) tourner à la mayonnaise　マヨネーズになる

 (b) tourner au vinaigre　酢になる

〔解答〕
1. (a)　2. (b)　3. (a)　4. (b)　5. (a)　6. (b)　7. (a)　8. (a)　9. (b)　10. (b)　11. (b)
12. (a)　13. (a)　14. (a)　15. (b)　16. (a)　17. (b)　18. (b)　19. (b)　20. (a)　21. (b)

【練習2】　衣服，用品，用具

　日本語で示された意味を表すフランス語表現を選びましょう.

1. 無気力である；身動きができない ― (   )

 (a) avoir les deux pieds dans la même chaussette　両足が同じ靴下に入っている

 (b) avoir les deux pieds dans le même sabot　両足が同じ木靴に入っている

2. 大食漢である, 健啖家である ― (   )

 (a) avoir un bon coup de couteau　ナイフをよく動かす

 (b) avoir un bon coup de fourchette　フォークをよく動かす

3. 辛酸をなめ尽くす ― (   )

 (a) boire la coupe jusqu'à la lie　カップ(のワイン)を澱(おり)まで飲む

 (b) boire le verre jusqu'à la lie　グラス(のワイン)を澱まで飲む

4. 事態を混乱させる ― (   )

 (a) brouiller les cartes　カードをごちゃませにする

 (b) brouiller les papiers　書類をごちゃませにする

5. 乱費する；心身をすり減らす ― (   )

 (a) brûler la bûche par les deux bouts　薪(まき)を両端から燃やす

 (b) brûler la chandelle par les deux bouts　ろうそくを両端から燃やす

6. 死ぬ ― ( )

(a) casser sa pipe　パイプを壊す

(b) casser son lit　ベッドを壊す

7. 見つけられそうもないものを探す ― ( )

(a) chercher un clou dans une botte de foin　干し草の束の中に釘を探す

(b) chercher une aiguille dans une botte de foin　干し草の束の中に針を探す

8. 不安定な状態にいる，どっちつかずの立場にいる ― ( )

(a) être assis entre deux chaises　2つの椅子の間に座っている

(b) être assis entre deux coussins　2つのクッションの間に座っている

9. (策略・うそなどが)見え透いている ― ( )

(a) être cousu de fil blanc　白い糸で縫われている

(b) être cousu de fil rouge　赤い糸で縫われている

10. 内輪のもめ事を内輪で処理する ― ( )

(a) laver sa vaisselle sale en famille　汚れた食器を家の中で洗う

(b) laver son linge sale en famille　汚れた下着を家の中で洗う

11. ～にへつらう，おべっかを使う ― ( )

(a) lécher les bottes à [de] ～　～のブーツをなめる

(b) lécher les chaussures à [de] ～　～の靴をなめる

12. ～を手玉に取る，翻弄する ― ( )

(a) mettre ～ dans sa bourse　～を財布に入れる

(b) mettre ～ dans sa poche　～をポケットに入れる

13. (保身のために)責任逃れをする ― ( )

(a) ouvrir l'ombrelle　日傘を開く

(b) ouvrir le parapluie　雨傘を開く

14. 失敗の責任をかぶせられる ― ( )

(a) porter le bonnet　縁なし帽をかぶる

(b) porter le chapeau　帽子をかぶる

15. (相手の気分を害さないように)言動に注意を払う ― ( )

(a) prendre [mettre] des gants　手袋をする

(b) prendre [mettre] un masque　マスクをする

16. 徹底的に搾取する ― ( )

(a) presser l'éponge　スポンジをしぼる

(b) presser le chiffon　雑巾をしぼる

17. 意見[主義]を変える，変節する ― ( )

(a) retourner sa veste　ジャケットを裏返しにする

(b) retourner son pull　セーターを裏返しにする

18. ～に責任を負わせる；～の悪口を言う ― (　)
 (a) tailler un costume à ～　～にスーツを仕立てる
 (b) tailler un smoking à ～　～にタキシードを仕立てる

19. (事業などの)主導権を握る，采配を振るう ― (　)
 (a) tenir la queue de la marmite　鍋の柄を握る
 (b) tenir la queue de la poêle　フライパンの柄を握る

20. 遠回しな言い方をする ― (　)
 (a) tourner autour de la cruche　水差しの周りを回る
 (b) tourner autour du pot　壺の周りを回る

21. 自分にふさわしい相手[ぴったり合う物]を見つける ― (　)
 (a) trouver chaussette à son pied　足に合う靴下を見つける
 (b) trouver chaussure à son pied　足に合う靴を見つける

22. 思いをぶちまける；秘密を明かす，過去を告白する ― (　)
 (a) vider sa corbeille à papier　紙屑かごをからにする
 (b) vider son sac　バッグをからにする

〔解答〕
1. (b)　2. (b)　3. (a)　4. (a)　5. (b)　6. (a)　7. (b)　8. (a)　9. (a)　10. (b)　11. (a)
12. (b)　13. (b)　14. (b)　15. (a)　16. (a)　17. (a)　18. (a)　19. (b)　20. (b)　21. (b)
22. (b)

【練習3】 自然現象，地球，天体
　次の(A)の表現の比喩的意味を(B)から選んで，番号をかっこ内に書き入れましょう.

(A)
 1. avoir le coup de foudre　落雷を受ける ― (　)
 2. avoir le vent dans les voiles　帆に風を受ける ― (　)
 3. briser [rompre] la glace　氷を砕く ― (　)
 4. décrocher la lune　月を取りはずす ― (　)
 5. élever ～ jusqu'au ciel　～を空まで上げる ― (　)
 6. en voir de toutes les couleurs　あらゆる色のものを見る ― (　)
 7. être dans le brouillard　霧の中にいる ― (　)
 8. être un coup de tonnerre　雷鳴だ ― (　)
 9. faire des étincelles　火花を発する ― (　)
 10. faire la pluie et le beau temps　雨と晴天を作り出す ― (　)
 11. jeter [lancer] feu et flamme　火と炎を放つ ― (　)
 12. jeter une pierre dans le jardin de ～　～の庭に石を投げ込む ― (　)
 13. se jeter à l'eau　水に飛び込む ― (　)

14. ne pas manquer d'air 空気が不足していない ―（　）

15. parler de la pluie et du beau temps 雨と晴天について話す ―（　）

16. prendre le vent 風向きを見る ―（　）

17. remuer ciel et terre 天と地を動かす ―（　）

18. soulever [déplacer] les montagnes 山を持ち上げる[移動させる] ―（　）

(B)

（1）あたりさわりのないことを話題にする

（2）厚かましい，ずうずうしい

（3）あらゆる手を使う，東奔西走する

（4）いかなる難事もやり遂げる，どんな障害でも乗り越える

（5）追い風に乗る；順風満帆である

（6）思い切った決断をする，果敢に突き進む

（7）気詰まりな雰囲気をほぐす

（8）さんざんな目にあう，さまざまな苦労を味わう

（9）状況がよくわからない；頭がぼんやりしている

（10）絶大な権力を持つ，わがもの顔に振る舞う

（11）突発事件だ，青天の霹靂(へきれき)だ

（12）成り行きをうかがう，形勢を見る

（13）華々しい成果を上げる；世間を騒がせる

（14）ひと目ぼれする

（15）不可能と思われることをする

（16）烈火のごとく怒る

（17）〜を暗に非難する，当てこする

（18）〜を絶賛する，ほめちぎる

〔解答〕

1.(14)　2.(5)（*vent に部分冠詞の付いた avoir du vent dans les voiles は「酔っ払ってふらつく」）　3.(7)　4.(15)　5.(18)　6.(8)　7.(9)　8.(11)　9.(13)　10.(10)　11.(16)　12.(17)　13.(6)　14.(2)　15.(1)　16.(12)（*observer d'où vient le vent「風がどこから来るかを観察する」などとも言う）　17.(3)　18.(4)

【練習4】 芸術，スポーツ

次の(A)の表現の比喩的意味を(B)から選んで，番号をかっこ内に書き入れましょう.

(A)

1. avoir une scène avec 〜 〜との場面[シーン]を持つ

2. brosser un tableau (de 〜) （〜の）絵をざっと描く

3. C'est tout un poème. それはまったくの詩[ポエム]だ.

4. changer de disque　レコードを変える

5. donner la note　主音[キー]を示す

6. se donner [s'offrir] en spectacle　自ら進んでショーに出る

7. faire du [son] cinéma　映画を演じる

8. jeter l'éponge　スポンジ[タオル]を投げる

9. mettre un bémol　変記号[フラット]を付ける

10. ne pas pouvoir voir 〜 en peinture　〜を絵でも見ることができない

11. ne plus être dans la course　もうレースに加わっていない

12. On connaît la chanson.　その歌は知っている.

13. renvoyer la balle à 〜　〜にボールを投げ返す

14. tourner la page　ページをめくる

(B)

（ 1 ）　大げさに騒ぎ立てる，さんざんもったいをつける

（ 2 ）　(〜を)おおまかに説明する

（ 3 ）　〜が大嫌いである

（ 4 ）　口調[態度]を和らげる

（ 5 ）　時代遅れである

（ 6 ）　実に奇妙だ，現実離れしている.

（ 7 ）　自分を誇示する；人目を引く

（ 8 ）　その話[言いぐさ]は聞き飽きた.

（ 9 ）　〜といざこざを起こす

(10)　(仕事・計画などを)投げ出す

(11)　〜に強く反論する；〜に責任をなすりつける

(12)　別の問題[話題]に移る；(過去のことは忘れて)先へ進む

(13)　模範を示す

(14)　話題を変える

〔解答〕
1.（ 9 ）　2.（ 2 ）　3.（ 6 ）　4.(14)　5.(13)　6.（ 7 ）　7.（ 1 ）　8.(10)　9.（ 4 ）　10.（ 3 ）
11.（ 5 ）　12.（ 8 ）　13.(11)　14.(12)

【練習5】　数

　(A)の空欄に当てはまる数詞を(B)から選んで書き入れましょう(複数形になる場合があります. 5.と7.は2つ可能です).

(A)

1. à ＿＿＿＿＿ pas (de 〜)　(〜の)すぐ近くに

2. attendre ＿＿＿＿＿＿ ans　とても長い間待つ

3. C'est tout _____.　それは同じことだ.

4. chercher midi à _____ heures　簡単なことをことさら難しく考える

5. faire les _____ coups / les _____ coups　無分別な行為を繰り返す

6. gagner des _____ et des _____　大金を稼ぐ

7. Il [C'] était moins _____ / _____.　すんでのところだった, 危ないところだった.

8. monter un escalier _____ à _____　階段を大急ぎで上る

9. ne faire ni _____ ni _____　ただちに行動する, 少しもためらわない

10. ne pas y aller par _____ chemins　回りくどいやり方をしない, 率直に行動する

11. se mettre en _____　精一杯努力する, 身を粉にする

12. tous les _____ du mois　ごく稀に, めったに…ない

13. voir _____ chandelles　(殴られなどして)目から火が出る, 目がくらむ

(B)

un　1	cinq　5	cent sept　107
une　1 (*2度用いる)	quatorze　14	quatre cents　400
deux　2 (*2度用いる)	trente-six　36 (*2度用いる)	mille　1000
quatre　4 (*4度用いる)	cent　100 (*2度用いる)	

〔解答〕

1. deux　2. cent sept　3. un　4. quatorze　5. cents / quatre cents　6. mille - cents
7. une / cinq (*minute(s)「…分」の省略)　8. quatre - quatre　9. une - deux (*fois「…
度, …回」の省略)　10. quatre　11. quatre　12. trente-six　13. trente-six

【練習6】 色

　(A)の空欄に当てはまる語を(B)から選んで書き入れましょう.　(B)は名詞・形容詞・副詞
として用いられます.　形容詞として用いられるときは女性形にもなります.

(A)

1. aller du _____ au _____　意見をがらりと変える；極端から極端へ走る

2. avoir la main _____　園芸[農作業]ができる, 庭[畑]仕事が得意である

3. avoir une peur _____　ひどくおびえている

4. Ce n'est pas (tout) _____.　それは楽ではない.

5. devenir _____　激高する, かっとなる

6. faire _____ mine (à 〜)　(〜に対して)むっとした顔をする；(〜を)冷たくあしらう

7. rire _____　苦笑いする, 作り笑いをする

8. voir tout en _____　すべてを悲観的に考える

(B)

blanc　白	jaune　黄色	rouge　赤
bleu　青	noir　黒 (*2度用いる)	vert　緑
gris　灰色	rose　ばら色	

〔解答〕
1. blanc - noir　2. verte (*avoir les doigts verts「緑の指を持つ」とも言う)　3. bleue
4. rose　5. rouge　6. grise　7. jaune　8. noir (*対義表現は voir tout en rose「すべてがばら色に見える，すべてを楽観的に考える」)

§29　ことわざ

　この章の冒頭で述べたように，**ことわざ**は一般に文の形をとるかあるいは文に相当する簡略な言い回しを指し，文の一部として用いられる**慣用句**とは区別されますが，慣用句がことわざに形を変えることもよくあります．たとえば§28で見た慣用句の laver son linge sale en famille「内輪のもめ事を内輪で処理する」はしばしば Il faut laver son linge sale en famille.「内輪のもめ事は内輪で処理しなければならない」という教訓的ことわざとして用いられます．また，ことわざの言い回しにはしばしばバリエーションがあり，意味の解釈もひとつだけとは限りません．このセクションで紹介することわざの表現や解釈は最も一般的であると思われるものを採用しましたが，ほかもありうることを承知しておいてください．

　ことわざの構文にはしばしばふつうの文とは違った特徴が現れます．文法に関することとしては，古い語法のなごりとして，名詞が冠詞無しで，関係代名詞の qui が先行詞無しで用いられることがあります．また，語順や語句については，主語と動詞の倒置，動詞の省略，脚韻や頭韻あるいは対義語の使用などといった手法も用いられます．以下の練習を進めながら，こうした現象の事例を見ていきましょう．

【練習１】　日本語と表現の類似したフランス語のことわざ

　ことわざはその国の文化を反映した独特の言い回しであることが多いのですが，異なる文化の間でも同等の意味を持つことわざがあり，ある国で生まれたことわざが，他のいくつもの言語に翻訳されて，ほとんど同じ表現になっている場合もあります．この練習で代表的なものを見ますが，こうしたことわざはこれ以後にも出てきます．

　(A)の空欄に当てはまる語を(B)から選んで書き入れましょう(基本的な語なので日本語訳を添えていません．ことわざの中で複数形で用いられているものは(B)の一覧に複数形で載せてあります).

(A)

1. 溺れる者は藁をもつかむ．　　Un ＿＿＿＿＿ qui se noie s'accroche à un brin de paille.

2. 壁に耳あり．　　Les murs ont des ＿＿＿＿＿.

3. 恋は盲目．　　L'amour est ＿＿＿＿＿.

4. 言葉は銀, 沈黙は金. La parole est d'argent et [mais] le _____ est d'or.

5. すべての道はローマに通ず. Tous les _____ mènent à Rome.

6. 鉄は熱いうちに打て. Il faut battre le _____ pendant qu'il est chaud.

7. 時は金(かね)なり. Le _____, c'est de l'argent.

8. 例外のない規則はない. Il n'y a pas de _____ sans exception.

9. ローマは一日にして成らず. Rome ne s'est pas faite en un _____.

(B)

aveugle	homme	règle
chemins	jour	silence
fer	oreilles	temps

〔解答〕

1. homme 2. oreilles 3. aveugle 4. silence 5. chemins 6. fer 7. temps
8. règle 9. jour

【練習2】 無冠詞名詞

ことわざには長い年月を経ているものが多く, 古い時代の文法規則に従って作られた文がそのまま伝えられていることがあります. 次に見ることわざでは名詞が冠詞無しで用いられていますが, これも古い語法のなごりです.

次のことわざの後半を(B)から選んでその番号を書き入れましょう.

(A)

1. Abondance de biens ( ). 財産が多いのは害にならない.

2. Bien mal acquis ( ). 不正に得られた財産は決して役立たない; 悪銭身につかず.

3. Bon sang ( ). 良い血は嘘をつけない; 血は争えない.

4. Chat échaudé ( ).
   熱湯でやけどした猫は冷水を恐れる; 羹(あつもの)に懲りて膾(なます)を吹く.

5. Chien qui aboie ( ). 吠える犬は噛みつかぬ; 弱い者の空(から)威張り.

6. Contentement ( ). 満足は富に勝る.

7. Nécessité ( ). 必要が法を作る; 背に腹は代えられぬ.

8. Pauvreté ( ). 貧乏は悪徳ではない.

9. Petite pluie ( ).
   小雨が大風を静める; 些細(ささい)な出来事で大騒動が収まることがある.

10. Pierre qui roule ( ). 転石苔むさず.

11. Plaie d'argent ( ). 金銭の傷は命取りではない; 金銭的損失は取り返しがきく.

12. Prudence ( ). 用心は安全の母; 転ばぬ先の杖.

412

(B)

（1） abat grand vent	（7） n'est pas vice
（2） craint l'eau froide	（8） ne mord pas
（3） est mère de sûreté	（9） ne nuit pas
（4） fait loi	（10） ne peut mentir
（5） n'amasse pas mousse	（11） ne profite jamais
（6） n'est pas mortelle	（12） passe richesse

〔解答〕

1.（9） 2.（11） 3.（10）(*Bon sang ne saurait mentir. とも言う) 4.（2） 5.（8）
6.（12） 7.（4） 8.（7） 9.（1） 10.（5） 11.（6） 12.（3）(*Méfiance est mère de
sûreté. とも言う)

【練習3】 Qui ...「…の人」

ことわざでは, 関係代名詞の qui が先行詞無しで「…の人」を意味することがあります.
これも昔の語法のひとつで現在でも文語では用いられています.

次のことわざの後半あるいは前半を(B)から選んでその番号を書き入れましょう.

(A)

1. Qui a bu ( ).
   飲んだ者はまた飲むだろう；悪い癖は直らない.

2. Qui casse les verres ( ).
   ガラスを割った者はその弁償をする；自分の行動には責任をとらなければならない.

3. Qui cherche ( ).
   探す人は見つける；努力する者は報われる.

4. Qui dort ( ).
   眠っている人は食事している；眠っていれば空腹を忘れる.

5. Qui m'aime ( ).
   我を愛する者は我に従え.

6. Qui n'entend qu'une cloche ( ).
   一つの鐘しか聞かない者には一つの音しか聞こえない；正しい判断を下すためには
   さまざまな意見を聞く必要がある.

7. Qui ne dit mot ( ).
   何も言わぬ人は同意している；沈黙は同意のしるし.

8. Qui sème le vent ( ).
   風の種をまく者は嵐を収穫する；災いは拡大する.

9. Qui veut la fin ( ).
   目的を望む者はあらゆる手段を望む；目的のためには手段を選んでいられない.

10. Qui veut voyager loin (　　).

遠くへ旅をしたい者は自分の馬をいたわる；計画を成功させるには余力を残しておけ.

11. (　　) qui rira le dernier.

最後に笑う者がよく笑う；最後に勝つのが真の勝者.

12. (　　) qui vient de loin.

遠くから来た者は平気で嘘をつける；真偽を確かめられないことなら嘘をつくのは簡単だ.

(B)

（1）a beau mentir	（7）ménage sa monture
（2）boira	（8）n'entend qu'un son
（3）consent	（9）récolte la tempête
（4）dîne	（10）rira bien
（5）les paie	（11）trouve
（6）me suive	（12）veut les moyens

〔解答〕
1. (2)　2. (5)　3. (11)　4. (4)　5. (6) (*suive は命令を表す接続法)　6. (8)　7. (3)
8. (9)　9. (12)　10. (7)　11. (10) (*11.と 12.は主語と述語が倒置されている)
12. (1) (*〈avoir beau＋不定詞〉の古い意味は「見事に[たやすく]…する」)

414

【練習4】　脚韻と頭韻

　ことわざは文形式の簡潔な表現ですが，言いやすく覚えやすいリズムを与えるために，しばしば同一または類似の音を持つ語を繰り返します．これを「韻を踏む」と言います．まとまった語群の最後と文末で韻を踏むことを脚韻，文頭とまとまった語群の最初で韻を踏むことを頭韻と呼びます.

[1]　脚韻を踏んでいる.

　次のことわざの後半を(B)から選んでその番号を書き入れましょう.

(A)

1. Ce que femme veut (　　).

女が欲することは神が欲する；女の望みは神の望み；女の一念岩をも通す.

2. Comparaison (　　).

比喩は論拠ではない；たとえは証明にならない.

3. Faute avouée (　　).

告白した過ちは半分容赦される，過ちを正直に認めれば半ば赦(ゆる)される.

4. Il vaut mieux tenir (　　).

追い求めるよりも持っているほうがよい；あすの百よりきょうの五十.

5. Les amis de nos amis (　　).

　　私たちの友の友は私たちの友；友達の友達は友達.

6. Pas de nouvelles, (　　).

　　便りのないのはよい便り.

7. Tout est bien (　　).

　　終わりよければすべてよし.

8. Vouloir, (　　).

　　望むことはできること；為せば成る；精神一到何事か成らざらん.

(B)

(1) bonnes nouvelles　　　　　(5) n'est pas raison

(2) c'est pouvoir　　　　　　　(6) que courir

(3) Dieu le veut　　　　　　　　(7) qui finit bien

(4) est à moitié pardonnée　　(8) sont nos amis

[2] Qui ... で始まり，脚韻を踏んでいる.

　　次のことわざの後半を(B)から選んでその番号を書き入れましょう.

(A)

1. Qui aime bien (　　).

　　よく愛する者は厳しく罰する；愛すればこその鞭(むち).

2. Qui ne risque rien (　　).

　　何の危険も冒さない者は何も得ない；虎穴に入らずんば虎児を得ず.

3. Qui s'excuse (　　).

　　言い訳する者は過ちを認めている；言い訳するのはやましい証拠.

4. Qui se ressemble (　　).

　　似た者は集まる；類は友を呼ぶ.

5. Qui va à la chasse (　　).

　　狩りに行く者は居場所を失う；自分の地位[特権]は一度たりと手放してはならない.

6. Qui va lentement (　　).

　　ゆっくり進む者は着実に進む；急がば回れ.

7. Qui vivra (　　).

　　生き続ける者は理解するだろう；時がたてばわかることだ.

8. Qui vole un œuf (　　).

　　卵を盗む者は牛を盗む；小さな過ちが大きな過ちにつながる；嘘つきは泥棒の始まり.

(B)

(1) châtie bien　　　　　　　(5) s'assemble

(2) n'a rien　　　　　　　　　(6) va sûrement

(3) perd sa place　　　　　　(7) verra

(4) s'accuse　　　　　　　　　(8) vole un bœuf

[3] 頭韻を踏んでいる.

次のことわざのかっこにあてはまる語を(B)から選んでその番号を書き入れましょう.

(A)

1. Autant de (　　), autant d'avis.

　　頭の数と同じだけの意見がある；十人十色.

2. Autre (　　), autre mœurs.

　　別の時代には別の風習；時代が変われば風習も変わる.

3. Chose (　　), chose due.

　　約束したことは果たすべきこと；約束は守らねばならない.

4. Les bons (　　) font les bons amis.

　　よい勘定はよい友を作る；勘定のけじめは友情のかなめ.

5. Loin des (　　), loin du cœur.

　　目から遠ざかれば心からも遠ざかる；去る者は日々に疎(うと)し.

6. Plus on est de (　　), plus on rit.

　　はしゃぐ人が多ければ笑いも多くなる；大勢いればいるほど楽しいものだ.

(B)

| （ 1 ） comptes | （ 3 ） promise | （ 5 ） têtes |
| （ 2 ） fous | （ 4 ） temps | （ 6 ） yeux |

〖解答〗

[1] 1.（3）　2.（5）　3.（4）　4.（6）(*Vaut mieux tenir ... とも言う)　5.（8）

　　6.（1）　7.（7）(*ふつうの文の語順は Tout qui finit bien est bien.)　8.（2）

[2] 1.（1）　2.（2）　3.（4）　4.（5）　5.（3）　6.（6）　7.（7）　8.（8）

[3] 1.（5）　2.（4）　3.（3）　4.（1）　5.（6）　6.（2）

【練習5】　対義語

　　ことわざでは，説得力を持たせる表現手段として，ふたつの事物やふたつの事柄を比べ合わせることがあるので，「対義語」がよく出てきます．対義語とは，意味が対立・反対の関係にある語，または対照や対比としてよく用いられる語のことですが，どれを対義語と見なすかには解釈の幅があり，また言語圏で異なることもあります.

　　空欄に当てはまる語を(B)から選んで書き入れましょう.

(A)

1. À bon chat, bon _____.

　　よい猫にはよいネズミ；敵もさるもの.

2. Après la pluie, le _____.

　　雨の後は晴；苦あれば楽あり.

3. Aux grands maux, les grands _____.

  大病には荒療治；難局には思いきった措置を講じるべきだ.

4. Le malheur des uns fait le _____ des autres.

  一方の不運は他方の好運を生み出す；誰かの不幸は別の人の幸せ.

5. Les grands diseurs ne sont pas les grands _____.

  大言を吐くものは大事をなさぬ；口自慢の仕事下手.

6. Les paroles s'envolent, les _____ restent.

  言葉は消え去り，書かれたものは残る.

7. Les petits ruisseaux font les grandes _____.

  小さな流れが大きな川を作る；塵(ちり)も積もれば山となる.

8. Si jeunesse savait, si _____ pouvait.

  若者に経験があり老人に力があったなら；若者に経験なく老人に力なし.

9. Tel père, tel _____.

  この父にしてこの子あり；蛙(かえる)の子は蛙.

(B)

beau temps	faiseurs	remèdes
bonheur	fils	rivières
écrits	rat	vieillesse

〔解答〕
1. rat　2. beau temps　3. remèdes　4. bonheur　5. faiseurs (*脚韻も踏んでいる.
Grand diseur n'est pas grand faiseur. とも言う)　6. écrits　7. rivières　8. vieillesse
(*脚韻と頭韻も踏んでいる)　9. fils (*頭韻も踏んでいる)

【練習6】 Il faut ... / Il ne faut pas ...

　ことわざは教訓的内容のものが多いので，表現形式として Il faut ...「…すべきである」
や Il ne faut pas ...「…すべきではない」がよく用いられます([問題1]に Il faut battre le
fer pendant qu'il est chaud. が出てきました). また，動詞の命令形を用いたり，on を主
語とした文で「(人は)…するものだ，…するのが当然だ」を表すこともあります.

- -

　空欄に当てはまる動詞を(B)から選んで書き入れましょう.

(A)

1. De [Entre] deux maux, il faut _____ le moindre.

  二つの災いのうち小さい方を選ぶべきだ.

2. Des goûts et des couleurs, il ne faut pas _____.

  趣味や色について議論してはならない；蓼(たで)食う虫も好き好き；十人十色.

3. Il ne faut pas _____ au lendemain ce qu'on peut faire le jour même.

その日にできることを翌日に延ばしてはならない；今日できることを明日に延ばすな.

4. Il ne faut pas _____ de l'arbre par l'écorce.

樹皮を見て木を判断してはならない；物事を外見で[人を見かけで]判断してはならない.

5. Il ne faut pas _____ deux lièvres à la fois.

二匹の野ウサギを一度に追ってはならない；二兎(と)を追う者は一兎をも得ず.

6. Il ne faut pas _____ le chat qui dort.

眠っている猫を起こしてはならない；寝た子を起こすな；藪をつついて蛇をだすな.

7. Il ne faut pas _____ le doigt entre l'arbre et l'écorce.

幹と樹皮の間に指を突っ込んではならない；内輪げんかに口出しするな.

8. Quand le vin est tiré, il faut le _____.

ワインを樽から抜いたらそれを飲むべきだ；始めた事はやり遂げなければならない.

(B)

boire	discuter	remettre
choisir	juger	réveiller
courir	mettre	

〔解答〕

1. choisir　2. discuter (*..., on ne discute pas. とも言う)　3. remettre　4. juger
5. courir　6. réveiller　7. mettre　8. boire

【練習7】 Il n'y a que 〜 qui ...

　非人称表現の il y a ...「…がある」はことわざにもよく現れますが，il y a と制限を表す ne ... que および関係代名詞の qui を組み合わせた il n'y a que 〜 qui ...「…するのは〜だけだ」がしばしば用いられます.

- -

　空欄に当てはまる動詞を(B)から選んで書き入れましょう. 動詞は現在形の適切な形にしてください.

(A)

1. Il n'y a que la vérité qui _____.

傷つけるのは本当のことだけ；真実は耳に痛い.

2. Il n'y a que le premier pas qui _____.

つらいのは最初の一歩だけ；何事も最初は大変だ.

3. Il n'y a que les imbéciles qui ne _____ pas d'avis.

意見を変えないのは愚か者だけ；考えを改めるのをためらうことはない.

4. Il n'y a que les montagnes qui ne _____ pas.

出会わないのは(動かない)山だけ；思いがけない出会いがあるものだ.

(B)

blesser	coûter
changer	se rencontrer

〔解答〕

1. blesse　2. coûte　3. changent　4. se rencontrent

【練習8】　さまざまな構文のことわざ

　フランス語のことわざは非常に多く，代表的なものに限っても数百になるでしょう．この練習は，これまで出てきたことわざ以外から選びましたが，かなり多数なので構文別に[1]から[5]に分けてあります.

　次のことわざの後半を(B)から選んでその番号を書き入れましょう.

[1]　主語は3人称単数で動詞は avoir か être.

(A)

1. Chacun (　　).

　　人それぞれに好みがある；蓼(たで)食う虫も好き好き.

2. Impossible (　　).

　　不可能はフランス語にあらず；我が辞書に不可能という言葉はない.

3. L'argent (　　).

　　金(かね)にはにおいがない；不浄な金も金は金.

4. L'excès en tout (　　).

　　何事においても行きすぎは欠点である；過ぎたるは及ばざるがごとし.

5. L'habitude (　　).

　　習慣は第二の天性である；習い性となる.

6. L'oisiveté (　　).

　　無為はあらゆる悪徳の母である；小人閑居して不善をなす.

7. La colère (　　).

　　怒りは悪しき助言者；怒りに駆られて行動してはならない.

8. La raison du plus fort (　　).

　　最も強い者の理屈が常に最上の理屈である；力は正義なり；勝てば官軍.

9. Le mieux (　　).

　　最善は善の敵；欲ばると元も子もなくす.

10. Le remède (　　).

　　薬は病気より始末が悪い；改善策がかえって事態を悪化させる.

11. Tout ce qui brille (　　).

　　光るものすべてが金とは限らない；光るもの必ずしも金ならず.

12. Toute médaille (　　).

すべてのメダルに裏側がある；物事にはすべて裏がある.

13. Un bienfait (　　).

善行は決して無駄ではない；よい事をすればよい報いがある；情けは人のためならず.

14. Une fois (　　).

一度は習慣ではない；一度だけなら癖にはならない.

(B)

（1） a son goût	（8） est un défaut
（2） a son revers	（9） est une seconde nature
（3） est l'ennemi du bien	(10) n'a pas d'odeur
（4） est mauvaise conseillère	(11) n'est jamais perdu
（5） est (la) mère de tous les vices	(12) n'est pas coutume
（6） est pire que le mal	(13) n'est pas français
（7） est toujours la meilleure	(14) n'est pas or

〔解答〕

1. (1) (*Chacun a ses goûts.; Chacun son goût.; À chacun son goût. などとも言う)
2. (13)〔ナポレオン1世の言葉とされる〕　3. (10)　4. (8)　5. (9)　6. (5)　7. (4)
8. (7)　9. (3)　10. (6)　11. (14)　12. (2)　13. (11)　14. (12)

[2] 主語は3人称単数で動詞は avoir, être 以外.

(A)

1. L'habit (　　).

服が修道士を作るのではない；人を見かけで判断してはならない.

2. L'union (　　).

団結は力を生み出す；団結は力なり.

3. La caque (　　).

ニシン樽はいつまでもニシンのにおいがする；育ちの悪さはにじみ出る；お里が知れる.

4. La faim (　　).

空腹はオオカミを森から出す；背に腹は代えられぬ.

5. La fin (　　).

目的は手段を正当化する；目的のためには手段を選ばず.

6. La fortune (　　).

運は眠っているときにやって来る；果報は寝て待て.

7. La montagne (　　).

山が一匹のネズミを産む；泰山鳴動してネズミ一匹.

8. La nuit (　　).

夜は助言をもたらす；一晩眠ればよい知恵が浮かぶ.

9. Le crime (　　).

犯罪は引き合わない.

10. Le soleil (　　).

太陽は万人のために輝く；誰でも自分の利益を享受することができる.

11. Tout (　　).

待つことのできる人にはすべてがちょうどよい時にやって来る；待てば海路の日和あり；果報は寝て待て.

12. Toute peine (　　).

どんな労苦も報酬に値する.

13. Un clou (　　).

ひとつの釘が他の釘を追い出す；古いものは新しいものに取って代わられる.

14. Un malheur (　　).

災いはけっして単独ではやって来ない；泣きっ面に蜂；弱り目にたたり目.

15. Une hirondelle (　　).

ツバメが一羽来たからといって春になったとは言えない；一事が万事ではない.

(B)

（1）accouche d'une souris

（2）brille pour tout le monde

（3）chasse l'autre

（4）chasse le loup hors du bois

（5）fait la force

（6）justifie les moyens

（7）mérite salaire

（8）n'arrive jamais seul

（9）ne fait pas le moine

(10) ne fait pas le printemps

(11) ne paie pas

(12) porte conseil

(13) sent toujours le hareng

(14) vient à point à qui sait attendre

(15) vient en dormant

〖解答〗

1.（9）　2.（5）　3.(13)　4.（4）(*chasse の代わりに fait sortir とも言う)　5.（6）

6.(15)　7.（1）(*a accouché と複合過去形にすることもある)　8.(12)　9.(11)

10.（2）(*Le soleil luit ... とも言う)　11.(14)　12.（7）(*Tout travail ... とも言う)

13.（3）　14.（8）　15.(10)

[3]　主語は3人称複数.

(A)

1. Deux avis (　　).

二つの意見は一つの意見に勝る；三人寄れば文殊の知恵.

2. Les arbres (　　).

　　木が森を隠す；木を見て森を見ず.

3. Les conseilleurs (　　).

　　助言者が金を払うわけではない；助言者は結果の責任までとってくれない.

4. Les cordonniers (　　).

　　靴屋はいつも一番ひどい靴をはいている；紺屋(こうや)の白袴.

5. Les gros poissons (　　).

　　大きな魚が小さな魚を食べる；弱肉強食は世のならい.

6. Les loups (　　).

　　オオカミは仲間内で食い合わない；同悪相助く.

7. Les mauvais ouvriers (　　).

　　へたな職人は常に悪い道具を持っている；へたな職人は道具に難癖をつける.

8. Les morts (　　).

　　死人は常に間違っている；死人に口なし.

9. Les petits cadeaux (　　).

　　ちょっとした贈り物で友情が保たれる；気は心.

10. Les voyages (　　).

　　旅は若者を鍛える；可愛い子には旅をさせよ.

(B)

(1) cachent la forêt

(2) entretiennent l'amitié

(3) forment la jeunesse

(4) mangent les petits

(5) ne se mangent pas entre eux

(6) ne sont pas les payeurs

(7) ont toujours de mauvais outils

(8) ont toujours tort

(9) sont toujours les plus mal chaussés

(10) valent mieux qu'un

〔解答〕

1.(10)　2.(1)　3.(6)　4.(9)　5.(4)　6.(5)　7.(7) (*Un mauvais ouvrier a ...
とも言う)　8.(8)　9.(2)　10.(3)

[4] 文頭に状況補語がある.

(A)

1. À bon vin (　　).

　　よいぶどう酒には看板はいらない；よいものは自(おの)ずと知れる.

2. À l'œuvre (　　).

　　作品で作者が知れる；人はその行為で判断される.

3. À Rome, (　　).

　　ローマではローマ人のようにせよ；郷に入っては郷に従え.

4. Après moi ( )！

　我があとは洪水(になれ)；あとの事はどうでもよい；あとは野となれ山となれ.

5. Au royaume des aveugles, ( ).

　盲人の国では片目の人が王様だ；鳥なき里のコウモリ.

6. Dans le doute, ( ).

　迷っていたら行動を控えよ.

7. En avril, ( ).

　四月には糸１本脱ぐな；四月に薄着は禁物.

8. Faute de grives, ( ).

　ツグミがないときはクロウタドリ〔ツグミ科の鳥〕を食べる；望みのものがなければ
　有り合わせのもので我慢する.

9. La nuit, ( ).

　夜には猫はみな灰色；暗い所[混乱した状況]では人や物の区別がつかない.

10. Petit à petit, ( ).

　少しずつ鳥は巣を作る；塵(ちり)も積もれば山となる；点滴[雨垂れ]石を穿(うが)つ.

(B)

(1) abstiens-toi

(2) fais comme les Romains

(3) l'oiseau fait son nid

(4) le déluge

(5) les borgnes sont rois

(6) ne te découvre pas d'un fil

(7) on connaît l'artisan

(8) on mange des merles

(9) point d'enseigne

(10) tous les chats sont gris

〔解答〕

1. (9)（*動詞のない省略文） 2. (7) 3. (2) 4. (4)（*動詞のない省略文. Après moi の代わりに Après nous と言うこともある） 5. (5) 6. (1) 7. (6)（*En mai, fais ce qu'il te plaît.「５月には好きにせよ」と続けることがある.「４月は急に寒くなることがあるので薄着をせず, ５月になったら好きな服装をしなさい」） 8. (8) 9. (10) 10. (3)

[5] 複文.

(A)

1. Aide-toi, ( ).

　自らを助けなさい, 天があなたを助けるだろう；天は自ら助くる者を助く.

2. Bien faire et ( ).

　きちんとやり言わせておけ；やるべきことをやり人の言うことなど気にするな.

3. Chacun pour soi et ( ).

　各人は自分のために, 神は万人のために；誰もが自分のことだけ考えて他人のことは
　神任せ.

4. Chassez le naturel, (　　).

生まれつきの性質を追い払ってみよ，駆け足で戻って来る；三つ子の魂百まで.

5. Comme on fait son lit, (　　).

寝床を整えたとおりに寝ることになる；自業自得；因果応報.

6. La critique est aisée, (　　).

批評は容易だが技芸は難しい；言うは易(やす)く行うは難(かた)し.

7. Les chiens aboient, (　　).

犬がほえても隊商は進む；言いたいやつには言わせておけ.

8. Les jours se suivent et (　　).

日々は続けど互いに似たらず；日々は巡れども同じ日はあらず.

9. Quand la corde est trop tendue, (　　).

張りすぎると綱は切れる；ものには限度がある.

10. Quand le chat n'est pas là, (　　).

猫がいなくなるとネズミたちが踊る；鬼のいぬ間に洗濯.

11. Quand on parle du loup, (　　).

オオカミの話をするとその尻尾(しっぽ)が見える；うわさをすれば影がさす.

12. Rien ne sert de courir, (　　).

走っても無駄だ，ちょうどよい時に出発しなければならない；あとで慌てずに済むよう周到に準備しなさい.

13. Tant qu'il y a de la vie, (　　).

生きている限り希望がある.

14. Voir Naples et (　　).

ナポリを見て(から)死ね.

(B)

(1) Dieu pour tous

(2) elle casse

(3) il faut partir à point

(4) il revient au galop

(5) il y a de l'espoir

(6) l'art est difficile

(7) la caravane passe

(8) laisser dire

(9) le ciel t'aidera

(10) les souris dansent

(11) mourir

(12) ne se ressemblent pas

(13) on en voit la queue

(14) on se couche

〔解答〕
1. (9) (*Aide-toi et le ciel ... と言うこともある)　2. (8)　3. (1)　4. (4)　5. (14)
6. (6)　7. (7)　8. (12)　9. (2)　10. (10) (*Quand le chat est parti [Le chat parti], les souris dansent. などとも言う)　11. (13)　12. (3)　13. (5)　14. (11)

第 7 章の総合練習

【練習 1】 慣用句 (1)

慣用句の意味は字義どおりの意味と異なるので，その違いを利用した笑い話が作られます．次の下線部は慣用句ですが，字義どおりだとどのような意味になるでしょうか．

1. ― Oh ! Pourquoi tu mets de l'insecticide dans ton bain de pieds ?

   ― Parce que j'ai des fourmis dans les pieds !

   「ああ！どうして足湯に殺虫剤を入れるの？」

   「だって，足がむずむずするんだもの！」（＿＿＿＿＿＿＿）

2. Dans une chambre d'hôtel, un type joue de la contrebasse, depuis deux heures...

   Un de ses voisins vient frapper à sa porte.

   ― Dites-moi, vous gagnez votre vie avec cet instrument ?

   ― Oh non ! Je joue pour tuer le temps.

   ― Ben, vous avez une arme redoutable !

   ホテルの一室で，一人の男がコントラバスを弾いている，2 時間前から…

   近くの部屋の客がやって来てドアをノックする．

   「あの，あなたはその楽器で生計を立てているのですか？」

   「そうではありません！暇をつぶすためにやっているのです．」（＿＿＿＿＿＿＿）

   「いやはや，恐ろしい武器をお持ちなのですね！」

3. ― Tu es un grand garçon, maintenant ! dit le grand-père à son petit-fils. Faudrait

   que tu penses à un métier, tu comprends ?

   ― Oui, pépé !

   ― Nous sommes sur terre pour travailler, tu sais !

   ― Ah bon ? Alors moi, je veux être marin !

   「お前はもう立派な少年だ！」と祖父が孫に言う．「なにか仕事を考えなくてはいけな

   いだろう．わかるかい？」

   「うん，おじいちゃん！」

   「私たちがこの世にいるのは働くためなのだよ！」（＿＿＿＿＿＿＿）

   「ああそう？それじゃあ，僕は船乗りになりたい！」

4. ― Tu sais, Louis a laissé tomber sa femme...

   ― C'est pas grave : il habite un pavillon de banlieue. Tandis que ce type, dans le

   journal, loge au septième étage...

   「ねえ，ルイが奥さんを見捨てたんだって…」（＿＿＿＿＿＿＿）

   「たいしたことはないさ．彼は郊外の一戸建に住んでいる．ところが新聞に載ってい

   るこの男は，8 階に住んでいるんだ…」

5. Un vieux couple passe la soirée chez eux. Elle tricote et il lit son journal. Tout d'un coup, il éternue et elle lui dit :

— À tes souhaits !

Et elle tombe raide morte...

老夫婦が自宅で晩を過ごしている．妻は編み物をし，夫は新聞を読んでいる．

突然，夫がくしゃみをし，妻が彼に言う．

「お大事に！」（＿＿＿＿＿＿＿＿＿＿＿）

すると，彼女がばったりと死ぬ…

6. Le président dit à l'accusé :

— Vous l'avez tuée. Qu'avez-vous à répondre ?

— Monsieur le président, je l'aimais, je l'aimais à la folie.

— L'histoire est bien connue. Ce n'est pas une excuse. Je vous condamne à vingt ans.

Alors l'avocat se penche vers l'accusé et lui glisse :

— Quand on aime, on a toujours vingt ans !

裁判長が被告に言う．

「あなたは彼女を殺害した．何か抗弁することはありますか？」

「裁判長，私は彼女を愛していました，熱烈に愛していました．」

「事情はすでに明らかです．弁解にはなりません．あなたを20年の刑に処します．」

その時，弁護士が被告のほうに身をかがめ，そっと言う．

「愛しているときはいつだって青春ですよ！」（＿＿＿＿＿＿＿＿＿＿）

7. Un couple, dont la femme est enceinte, entre dans un compartiment de train. Aucune place libre, mais l'une est occupée par une fillette à qui l'homme du couple demande :

— Tu veux bien laisser ta place ? Ma femme attend un bébé.

En rechignant, la fillette se lève. Cinq minutes après, le train s'ébranle. S'adressant à la femme enceinte, la petite fille dit :

— Le train est parti et le bébé est pas arrivé. Tu peux me rendre ma place ?

女性が妊娠しているカップルが列車のコンパートメントに入って来る．空席はないが，ひとつの席に少女が座っていたので，その少女にカップルの男性が頼む．

「君の席を譲ってくれないかな？妻は妊娠しているんだ．」（＿＿＿＿＿＿＿＿＿＿）

少女はいやいや立ち上がる．5分後，列車が動き出す．妊婦に向かって少女が言う．

「列車は出発したけど，赤ん坊は来なかったわ．私の席を返してくれる？」

〔解答〕

1. 足にアリがいる　2. 時間を殺す　3. 陸上に　4. 落とした
5. 望みが叶いますように　6. 20歳[20年]　7. 赤ん坊を待っている

【練習2】 慣用句 (2)

(a), (b), (c)... の中から，示された意味と異なる表現を1つ選びましょう．既に出てきた表現も入っています.

[1] 同じ動詞や形容詞を用いる.

1. ～を度忘れしてすぐに言うことができない ―（　）

(a) avoir ～ dans la gorge　～を喉の中に持つ

(b) avoir ～ sur la langue　～を舌の上に持つ

(c) avoir ～ sur les lèvres　～を唇の上に持つ

2. (振る舞いが)もったいぶっている, 堅苦しい ―（　）

(a) avoir avalé sa canne　ステッキを飲みこんだ

(b) avoir avalé son épée　剣を飲みこんだ

(c) avoir avalé son parapluie　傘を飲みこんだ

3. 意気地がない, 臆病である ―（　）

(a) avoir du sang de lapin　ウサギの血を持つ

(b) avoir du sang de navet　カブの血を持つ

(c) avoir du sang de poulet　ひな鶏の血を持つ

4. 体調がいい, 元気だ ―（　）

(a) avoir la frite　フライドポテトを持つ

(b) avoir la patate　サツマイモを持つ

(c) avoir la pêche　桃を持つ

(d) avoir la tomate　トマトを持つ

5. 吐き気がする ―（　）

(a) avoir le cœur serrée　胸が締めつけられている

(b) avoir le cœur sur les lèvres　唇の上に心臓がある

(c) avoir les dents du fond qui baignent　奥歯が浸かっている

6. それは非常に珍しいものだ. ―（　）

(a) C'est un merle blanc.　それは白いツグミだ.

(b) C'est un mouton à cinq pattes.　それは5本足の羊だ.

(c) C'est une tulipe noire.　それは黒いチューリップだ.

7. それは難しい！ ―（　）

(a) Ce n'est pas de la crème caramel !　それはプリンではない！

(b) Ce n'est pas de la tarte !　それはタルトではない！

(c) Ce n'est pas du gâteau !　それはケーキではない！

8. 高価である ―（　）

(a) coûter la peau des fesses　尻の皮膚の値段がする

(b) coûter le cœur de la poitrine　胸の心臓の値段がする

(c) coûter les yeux de la tête　頭部の目の値段がする

9. 同種の，似たり寄ったりの — （　）

(a) de la même étoffe　同じ布地の

(b) de la même farine　同じ小麦粉の

(c) du même tonneau　同じ樽の

10. 飽き飽き[うんざり]している — （　）

(a) en avoir gros sur le cœur　それを胸にずっしりと持つ

(b) en avoir par-dessus la tête　それを頭を越えて持つ

(c) en avoir plein le dos　それを背中いっぱいに持つ

(d) en avoir ras le bol　それを椀(わん)になみなみと持つ

11. ～を意のままに操る — （　）

(a) mener ～ à la baguette　～を細い棒[指揮棒]で動かす

(b) mener ～ au doigt et à l'œil　～を指と目で動かす

(c) mener ～ par le bout de la langue　～を舌先で動かす

(d) mener ～ par le bout du nez　～を鼻先で動かす

12. ～を十把ひとからげに扱う — （　）

(a) mettre ～ dans le même panier　～を同じ籠(かご)に入れる

(b) mettre ～ dans le même sac　～を同じ袋に入れる

(c) mettre ～ dans le même trou　～を同じ穴に入れる

13. (口をあまり開かずに)不明瞭な話し方をする — （　）

(a) parler dans sa barbe　ひげの中で話す

(b) parler du bout des lèvres　唇の端で話す

(c) parler entre ses dents　歯の間で話す

14. びっくり仰天する，茫然(ぼうぜん)自失する — （　）

(a) tomber de l'étoile　星から落ちる

(b) tomber de la lune　月から落ちる

(c) tomber des nues　雲から落ちる

(d) tomber du ciel　空から落ちる

15. (強い衝撃で)一瞬目がくらむ，目から火が出る — （　）

(a) voir des étincelles rouges　赤い火花が見える

(b) voir les étoiles en plein midi　白昼に星が見える

(c) voir trente-six chandelles　36本のろうそくが見える

[2] 動詞が異なるものもある.

1. 頭がおかしい — （　）

(a) avoir la puce à l'oreille　耳にノミがいる

(b) avoir reçu un coup de marteau (sur la tête)　ハンマーで(頭を)殴られた

(c) avoir une araignée au [dans le] plafond　天井にクモがいる

(d) être tombé sur la tête　頭から落ちた

2. 夢想にふける，ぼんやりしている ― (　)

(a) avoir la tête dans les étoiles　頭が星の中にある

(b) être dans la lune　月の中にいる

(c) être dans le brouillard　霧の中にいる

(d) être dans les nuages　雲の中にいる

3. 怒る ― (　)

(a) avoir le cafard　ゴキブリを持つ

(b) jeter feu et flamme　火と炎を放つ

(c) prendre la mouche　ハエを捕まえる

(d) La moutarde monte au nez.　からしが鼻につんとくる.

(e) Le sang monte à la tête.　頭に血が上る.

4. とても速く走る，大急ぎである ― (　)

(a) avoir le feu aux fesses　尻に火がついている

(b) courir ventre à terre　腹を地面につけて走る

(c) partir les pieds devant　足を前にして出発する

(d) prendre ses jambes à son cou　脚を首にかける

5. 非常に疲れている ― (　)

(a) avoir les jambes en coton　綿でできた足を持つ

(b) être sur les genoux　膝(ひざ)をついている

(c) se taper les cuisses　自分の腿(もも)をたたく

6. ～をうんざりさせる ― (　)

(a) casser les pieds à ～　～の足を折る

(b) sortir par les yeux à ～　～の目から出る

(c) taper sur le ventre à ～　～の腹をたたく

7. ～にへつらう ― (　)

(a) donner du fil à retordre à ～　～に撚(よ)り合わせる糸を与える

(b) lécher [cirer] les bottes à [de] ～　～のブーツをなめる [磨く]

(c) passer de la pommade à ～　～にポマードを塗る

8. ～を叱(しか)る，叱責する ― (　)

(a) donner un coup d'épaule à ～　～を肩でひと押しする

(b) laver la tête à ～　～の頭を洗う

(c) taper sur les doigts à [de] ～　～の指をたたく

(d) tirer [frotter] les oreilles à ～　～の耳を引っ張る [こする]

9. 失敗する ― (　)

(a) faire chou blanc　白いキャベツを作る

(b) faire feu de tout bois　あらゆる木を燃やす

(c) faire long feu （火器の）点火した火がいつまでもくすぶる

(d) ramasser [prendre] une veste ジャケットを拾う[着る]

10. 何もしないでいる ― （ ）

(a) ne pas lever [remuer] le petit doigt 小指を上げない[動かさない]

(b) ne rien faire de ses dix doigts 10本の指をどうにもしない

(c) se cacher derrière son petit doigt 小指の後ろに隠れる

(d) se tourner [se rouler] les pouces 両手の親指を回す

11. とても心配する ― （ ）

(a) se faire de la bile 胆汁を作り出す

(b) se faire des cheveux (blancs) 白髪になる

(c) se faire du mauvais sang 悪い血を作り出す

(d) se mettre martel en tête 自分の頭を槌(つち)で打つ

(e) se rompre les os 骨を折る

(f) se ronger [se manger] les foies 自分の肝臓をかじる[食べる]

〔解答〕

[1] 1. (a) 2. (b) 3. (a) 4. (d)

5. (a) (*強い感動を受けたり苦悩を抱えていることを表す慣用句)

6. (c) 7. (a) 8. (b) 9. (a)

10. (a) (*強い悲しみや悔しさを感じていることを表す慣用句)〔(b)は en avoir
par-dessus les oreilles [les yeux]「それを耳[目]を越えて持つ」とも言う〕

11. (c) 12. (c) 13. (b) (*「気のない話し方をする」を意味する慣用句)

14. (a) 15. (a)

[2] 1. (a) (*「疑っている」を意味する慣用句)

2. (c) (*「何が何やらわからない」の意)

3. (a) (*「憂鬱である, ふさいでいる」の意)

4. (c) (*「死ぬ」の意)

5. (c) (*喜びや満足を表す動作)

6. (c) (*「～に対してなれなれしく振る舞う」の意)

7. (a) (*「～に難題を持ち込む」の意)

8. (a) (*「～に力を貸す」の意)

9. (b) (*「あらゆる手段を用いる」の意)

10. (c) (*「現実から目をそらす」の意)

11. (e) (*「(墜落して)大けがをする」の意)〔(c)は se faire un sang d'encre「インク
の血を作り出す」とも言う〕

430

【練習3】 ことわざ (1)

この章でこれまで出ていないことわざを，最後の2つの練習で見ていきます.

次のことわざの下線部に当てはまる語を(B)から選んで書き入れましょう(エリジョンをする場合があります). 書き入れるフランス語に相当する日本語の部分は……にしてあります.

(A)

1. C'est au _____ qu'on connaît l'arbre.

   木を知るのは……によってだ；人の価値は行為で判断される.

2. C'est dans les vieux _____ qu'on fait les bonnes soupes.

   古い……でこそ最良のスープが作られる；古いものには価値がある.

3. Il n'est jamais trop tard pour _____ faire.

   ……をなすのに遅すぎることなどない.

4. Il n'y a pas de sot _____.

   愚かな……などない；……に貴賤なし.

5. Il n'y a pas de roses sans _____.

   ……のないバラはない；バラに……あり.

6. Il n'y a pas de _____ sans feu.

   火なくして……はない；火のない所に……は立たぬ.

7. Il y a loin de la coupe aux _____.

   杯(さかずき)から……へは遠い；計画[希望]がすぐ実現するとは限らない.

8. Jamais deux sans _____.

   ……なしの2は決してない；二度あることは……度ある.

9. Le _____ est pavé de bonnes intentions.

   ……は善意で舗装されている；善意も時に仇(あだ)になる.

10. On ne fait pas de _____ sans casser des œufs.

    卵を割らねば……は作れない；事を成し遂げるためにはなんらかの犠牲を払わなければならない.

11. Ventre affamé n'a pas [point] de _____.

    空腹のときは聞く……を持たない；空腹に……なし.

(B)

bien 善, 善行	fumée 煙	oreilles 耳
enfer 地獄	lèvres 唇	pots 壺, 鍋
épines 棘(とげ)	métier 職業	trois 3
fruit 果実	omelette オムレツ	

〔解答〕

1. fruit 2. pots 3. bien 4. métier (*Il n'est pas [point] de sot métier. とも言う)
5. épines 6. fumée 7. lèvres 8. trois 9. L'enfer 10. d'omelette 11. d'oreilles

【練習4】 ことわざ (2)

次のことわざの下線部に当てはまる動詞を(B)から選び, 指示された活用形または現在分詞を書き入れましょう.

(A)

1. À chaque jour _____ sa peine. 〔直説法現在〕

   日々の労苦はそれぞれの日々で十分だ；一日の労苦は一日にて足れり.

2. Avec des « si », on _____ Paris en bouteille. 〔条件法現在〕

   「もしも」というならパリを瓶に入れることもできるだろう；想像の上でなら何でも可能だ.

3. C'est en _____ qu'on devient forgeron. 〔現在分詞〕

   人は鉄を鍛えて鍛冶屋になる；習うより慣れよ.

4. Il faut qu'une porte _____ ouverte ou fermée. 〔接続法現在〕

   ドアは開いているか閉まっているかのどちらかでなければならない；中途半端は禁物だ.

5. Il n'est pire eau que l'eau qui _____. 〔直説法現在〕

   よどんだ水ほど悪い水はない；穏やかそうな人には気をつけなさい.

6. L'appétit vient en _____. 〔現在分詞〕

   食欲は食べるにつれて出てくる；持てば持つほど欲が出る.

7. _____ lentement. 〔tu に対する命令形〕

   ゆっくり急げ；急がば回れ.

8. Mieux _____ tard que jamais. 〔直説法現在〕

   遅くなってもしないよりはまし.

9. On ne _____ être à la fois au four et au moulin. 〔直説法現在〕

   パン焼きかまどと粉ひき場に同時に行くことはできない；一度に二つのことはできない.

10. On ne _____ faire boire un âne qui n'a pas soif. 〔条件法現在〕

    喉の渇いていないロバに水を飲ませることはできないだろう；その気のない人に無理強いすることはできない.

11. On ne _____ pas les mouches avec du vinaigre. 〔直説法現在〕

    酢でハエは捕まえられない；厳しさだけでは人の心はつかめない.

12. Tel qui rit vendredi, dimanche _____. 〔直説法単純未来〕

    金曜日に笑う者は日曜日に泣くだろう；朝(あした)に笑う者は夕べに泣く.

(B)

dormir 眠る	manger 食べる	prendre 取る
être …である	mettre 置く, 入れる	savoir できる
forger (金属を)鍛える	pleurer 泣く	suffire 足りる
se hâter 急ぐ	pouvoir できる	valoir 価値がある

〔解答〕

1. suffit　2. mettrait　3. forgeant　4. soit　5. dort (*このことわざの il est は il y a の意)　6. mangeant　7. Hâte-toi (*Hâtez-vous ... とも言う)　8. vaut　9. peut　10. saurait　11. prend　12. pleurera

~~ 〖参考〗 ~~~~~~

同じような意味を表すことわざ

日本語や英語などでもそうですが，フランス語のことわざにも，表現は違ってもほぼ同じ意味内容を持つものがあります．以下にあげる例の多くは練習に出てきました．

「用心や備えが大切」

Deux sûretés [précautions] valent mieux qu'une.　二つの用心は一つの用心に勝る.

Mieux vaut prévenir que guérir.　予防は治療に勝る.

Prudence [Méfiance] est mère de sûreté.　用心は安全の母.

Si tu veux la paix, prépare la guerre.　平和を望むなら戦いに備えよ.

「大胆に行動せよ」

La fortune sourit aux audacieux.　運命は大胆な者たちにほほ笑む.

Qui ne risque rien n'a rien.　何の危険も冒さない者は何も得ない.

Trop de précautions nuit.　用心のしすぎは害になる.

「危険に近づくな」

Il ne faut pas réveiller le chat qui dort.　眠っている猫を起こしてはならない.

Qui s'y frotte s'y pique.　触る者は刺される.

「急がず着実に進め」

Hâte-toi lentement.　ゆっくり急げ.

Qui va lentement va sûrement.　ゆっくり進む者は着実に進む.

「小さいことの積み重ね[不断の努力]が大切」

Il n'y a pas de petites économies [petits profits].　取るに足りない倹約[利益]などない.

Les petits ruisseaux font les grandes rivières.　小さな流れが大きな川を作る.

Petit à petit, l'oiseau fait son nid.　鳥は少しずつ巣を作る.

Rome ne s'est pas faite en un jour.　ローマは一日にして成らず.

「欲ばりは禁物，ほどほどがよい」

Il ne faut pas courir deux lièvres à la fois.　二兎(と)を追う者は一兎をも得ず.

L'excès en tout est un défaut.　何事においても行きすぎは欠点である.

Le mieux est l'ennemi du bien.　最善は善の敵.

Quand la corde est trop tendue, elle casse.　張りすぎると綱は切れる.

Qui trop embrasse mal étreint.　抱きかかえすぎる者はうまく抱きしめない.

Trop ne vaut rien.　過剰には何の価値もない.

「不確実な期待より確実に手に入る[手にしている]ものがよい」

Il vaut mieux tenir que courir.　追い求めるよりも持っているほうがよい.

Un tiens vaut mieux que deux tu l'auras.　一つの「はいどうぞ」のほうが二つの「いずれ手に入るよ」よりもよい.

「物事は最後が大事」

Rira bien qui rira le dernier.　最後に笑う者がよく笑う.

Tout est bien qui finit bien.　終わりよければすべてよし.

「人は行為の結果で判断される」

À l'œuvre on connaît l'artisan.　作品で作者が知れる.

C'est au fruit qu'on connaît l'arbre.　木を知るのは果実によってだ.

「見かけで判断するな, 外見と中身は必ずしも一致しない」

Il ne faut pas juger de l'arbre par l'écorce.　樹皮を見て木を判断してはならない.

L'habit ne fait pas le moine.　服が修道士を作るのではない.

Tout ce qui brille n'est pas or.　光るものすべてが金とは限らない.

「子は親の特質を受け継ぐ」

Bon chien chasse de race.　良い犬は血統で狩りをする.

Bon sang ne peut mentir.　良い血は嘘をつけない.

Les chiens ne font pas des chats.　犬は猫を産まない.

Tel père, tel fils.　この父にしてこの子あり.

「人の考えや好みは多種多様」

À chacun sa vérité.　人それぞれに自分の真理がある.

Autant de têtes, autant d'avis.　頭の数と同じだけの意見がある.

Chacun a son goût.　人それぞれに好みがある.

Des goûts et des couleurs, il ne faut pas discuter.　趣味や色について議論してはならない.

「さまざまな意見を出し合う[聞く]のは有益だ」

De la discussion jaillit la lumière.　議論から妙案が湧く.

Deux avis valent mieux qu'un.　二つの意見は一つの意見に勝る.

Il n'est pire sourd que celui qui ne veut pas entendre.　聞こうとしない人は聞こえない人よりも耳が悪い.

Qui n'entend qu'une cloche n'entend qu'un son.　一つの鐘しか聞かない者には一つの音しか聞こえない.

~~~~~~

主要参考書目

解説書

Bonnard, H., *Code du français courant*, Éditions Magnard, 1985.

Dauzat, A., *Les étapes de la langue française*, Collection « Que sais-je ? », Presses Universitaires de France, 1944. (川本茂雄訳『フランス語の歩み』白水社)

Delatour, Y. et al., *Nouvelle grammaire du français*, Hachette, 2004.

Grevisse, M. & Goosse, A., *Le Bon Usage*, 15e édition, Duculot, 2011.

Hamon, A., *Les mots du français*, Hachette, 1992.

Larger, N. & Mimran, R., *Vocabulaire expliqué du français* (Niveau intermédiaire), CLE international, 2005.

Mauger, M., *Grammaire pratique du français d'aujourd'hui*, Hachette, 1968.

Mitterrand, H., *Les mots français*, Collection « Que sais-je ? », Presses Universitaires de France, 1972. (内海利明・神沢栄三共訳『フランス語の語彙』白水社)

Poisson-Quinton, S. et al., *Grammaire expliquée du français*, CLE international, 2003.

練習参考書

Dictionnaire des histoires drôles, Fayard, 1975.

Exercices de langue française, Éditions Magnard, 1985.

L'exercisier, Presses Universitaires de Grenoble, 1997.

Les exercices de grammaire (Niveau A1 & A2), Hachette, 2006.

Les exercices de grammaire (Niveau B1 & B2), Hachette, 2005.

Richesse du vocabulaire (Tomes I et II), Duculot, 1991.

Vocabulaire expliqué du français (Niveau intermédiaire, Exercices), CLE international, 2005.

辞書

Dictionnaire des locutions et des expressions, Brodard & Taupin, 2003.

Le Petit Robert de la langue française, Le Robert, 2019.

Le Robert illustré, Le Robert, 2018.

Trésor de la Langue Française informatisé (TLFi) http://atilf.atilf.fr/tlf.htm

Wiktionnaire, https://fr.wiktionary.org/wiki/Wiktionnaire

『小学館ロベール仏和大辞典』小学館, 1988.

『プチ・ロワイヤル仏和辞典』(第5版) 旺文社, 2020.

新綴り字関連

RENOUVO (Réseau pour la nouvelle orthographe du français) https://www.renouvo.org

ミシェル・サガス, 常盤僚子『フランス語新つづり字ハンドブック』白水社, 2018.

あとがき

　この「フランス語講座」を構想したのは10数年前でした．フランス語の研究や教育に携わってそれなりに蓄積した知識や考察を，数冊の著作にまとめて，フランス語に関心のある幅広い層の人たちの学習に役立ててもらいたいと考えました．これまでの参考書では記述や説明が不十分だと思われる事項や，ほとんど触れられていない事柄を取り上げ，フランス語を改めて学びたい，フランス語の多様な側面を知りたいという方々を対象とした，独自の学習参考書を編むことを目指しました．

　以来，大学を定年退職してから本腰を入れて取り組む心づもりで，教科書・参考書の作成や仏和辞典の編纂のために収集した資料，大学の授業で用いた自作教材，フランス語学に関する論考などを整理し，補充すべき項目を書き加えながら準備を進めてきました．しかし，退職後ほどなくして，各巻の内容がほぼ固まった頃に，仏和辞典の改訂作業が始まり，それに全力を傾注せざるを得なくなりました．辞典の改訂版が出来上がった2020年の初頭は，折しも新型コロナウイルス感染症が拡大して，社会生活のあらゆる面に多大な影響を及ぼしていましたが，ともかく本書の仕事を継続し，記載内容の調整や表記の統一，再三の加筆修正，丹念な校正を経て，ようやく全3巻を刊行することができました．

　作成に長い時間をかけ，フランス語学習の広い範囲を扱ったので，数えきれないほどの解説書，研究書，論文，辞書を参考にしました．各巻の巻末にはその一部しか載せてありませんが，参考にさせていただいたすべての文献の著者・編者の方々にお礼を申し上げます．また，この企画に賛同され編集に尽力いただいたトレフル出版の山田仁氏をはじめ，本書の出版に協力くださったすべての皆さまに感謝いたします．

　この著書が私の最後の大きな仕事になると思うので，私事で恐縮ですが，家族への言葉を述べることをお許しください．

　56年にわたり献身的に家庭を支え続けてくれている妻，美代子と，私たち夫婦に生きがいと喜びをもたらしてくれた三人の息子，俊輔，健作，悠馬に，心からの感謝をこめて本著を捧げます．

2025年 早春
武蔵野市吉祥寺にて
倉方 秀憲

436

著者紹介

くらかた ひでのり
倉方 秀憲

フランス語学者・仏和辞典編纂者

早稲田大学名誉教授 (元早稲田大学文学学術院教授)

『プチ・ロワイヤル仏和辞典 [第 5 版]』(旺文社) 編集主幹

倉方フランス語講座　III 語彙と表現

2025 年 3 月 13 日　初版発行

著　　　者	© 倉方 秀憲
発行・発売	トレフル出版　https://www.trefle.press　trefle.press@gmail.com
	〒240-0022　神奈川県横浜市保土ヶ谷区西久保町 111
	TEL 045-332-7922　FAX 045-332-7922

装　　　丁	細野 綾子
編　　　集	山田 仁
編 集 協 力	菅家 千珠　河合 美和
印 刷 製 本	モリモト印刷

TréFLE Publishing (トレフル出版) の TréFLE は、Trésoirs du FLE （フランス語外国語教材の宝物の意）からきています。

倉方フランス語講座　全3巻

倉方 秀憲 ［著］

長年にわたりプチ・ロワイヤル仏和辞典（旺文社刊）に携わってきた
著者による、渾身のフランス語学習書シリーズ。

I　文法　　　　　　　（初級〜中級対象）

フランス語文法を基礎から段階的かつ着実に習得する。
丁寧な解説と豊富な練習に加え、新たな見方や考え方が
随所に示されている。内容：文の基本的な要素と構文 /
修飾語句 / 否定文、疑問文 / 直説法現在の活用 / 疑問
詞 / 現在時制 / 過去時制 / 未来時制 / 人称代名詞、中
性代名詞 / 代名動詞、関係代名詞 / さまざまな構文 / さま
ざまな代名詞 / 条件法と接続法 / 書き言葉

ISBN: 978-4-909912-19-0　定価：3,850 円（税込）

II　語形成　　　　　（初級修了〜中級対象）

接尾辞の種類と特徴、派生語の作り方、派生の過程にお
ける諸現象を詳しく学び、フランス語の語形成でもっとも重
要な接尾辞派生のしくみを理解する。内容：語形成と接
尾辞派生に関する基本事項 / 「人・物」を表す名詞を作
る接尾辞 / 「行為」を表す名詞を作る接尾辞 / 形容詞を
作る接尾辞 / 「性質・状態」を表す名詞を作る接尾辞 /
動詞を作る接尾辞 / 副詞を作る接尾辞

ISBN: 978-4-909912-20-6　定価：3,630 円（税込）

III　語彙と表現　　　　　（中級以上対象）

フランス語の歴史と主な言語事象を概観した後、現代フラ
ンス語の語彙と表現をさまざまな面から考察して、幅広い
知識を身につける。内容：フランス語の由来と変遷 / 語形
と語義（多義語、同形異義語、類音語、類義語、対義
語、オノマトペ）/ 接頭辞派生 / 複合（複合名詞、複合
動詞など）/ 名付け（名付けの発想と表現形態）/ 時間・
論理関係の表現 / 慣用句とことわざ

ISBN: 978-4-909912-21-3　定価：3,630 円（税込）